사브리나 시드니의 초상으로 리처드 제임스 레인의 동판화 작품이다. 고아 출신의 사브
리나는 토머스 데이라는 조지 시대 상류층 남성에 의해 '완벽한 아내'로 만들어지기 위
한 실험 대상이 된다. 이 사건은 훗날 영국을 뒤흔들게 된다.

토머스 데이의 초상화로 조지프 라이트가 그렸다. 그는 상당한 유산을 물려받았지만, 검소함을 최대 미덕으로 여겼고, 여성에 대한 교육을 강조하는 진보적인 면을 보이면서도 여성 혐오증을 동시에 드러냈다. 그는 완벽한 아내를 만들기 위해 고아 둘을 입양하고, 여성을 완벽하게 가꾸려는 그의 실험은 필생의 프로젝트가 된다. 하지만 이것은 곧 한계에 부딪히는데……

18세기 사상가 루소가 쓴 『에밀』의 한 장면. 당대의 상류층은 자연주의 사상에 기초해
쓴 이 책에 따라 자녀를 양육하는 데 실전 지침으로 삼기도 했다. 그에 따라 제도권 교
육 시스템에서 벗어난 아이들은 상상치도 못한 모습으로 귀결되기도 한다. 토머스 데이
의 친구인 에지워스 역시 그의 장남을 루소의 책에 따라 키웠으나 아들은 결코 바람직
하지 못한 모습으로 자라났다.

Engraved by A. Cardon.

R. L. EDGEWORTH.

1812.

Published, March 1st 1820, by R. Hunter, No 72 St Pauls Church Yard, London.

토머스 데이의 가장 친한 친구인 리처드 러벌 에지워스의 초상화. 그는 데이가 고아를 입양하고 자신의 이상에 맞는 여성으로 가꿔가는 계획에 명의를 빌려주면서 협조하게 된다. 하지만 먼 훗날엔 고아 중 한 명인 사브리나가 믿고 의지할 수 있는 존재가 되어준다.

틸리 케틀이 그린 애나 수어드의 초상화. 지적인 그녀는 이래즈머스 다윈을 중심으로
토머스 데이 등이 모인 루나 모임의 주 멤버였다. 작가로서도 활약한 그녀는 데이와 그
주변의 남성들이 갖는 여성과의 관계, 그리고 그 여성들의 미래에 상당한 정도로 개입
하면서 영향력을 발휘한다.

수어드 가문에 입양된 호노라는 한때 토머스 데이의 연애 상대가 된다. 하지만 종국엔 데이의 친구인 에지워스와 사랑에 빠져 결혼하게 된다.

내셔널 갤러리에 소장된 헨리 빅널의 초상화로 추정되는 작품. 이 책의 주인공인 고아 소녀 사브리나는 마침내 자신을 양육한 데이가 아닌 다른 사람과 결혼하게 되는데, 헨리 빅널은 그녀에게서 태어난 아들이다.

완벽한
아내
만들기

걸작
논픽션
013

How to
Create
the
Perfect
Wife

완벽한
아내
만들기

웬디 무어
Wendy Moore

이진옥 옮김

피그말리온 신화부터
계몽주의 교육에 이르는
여성 혐오의 연대기

글항아리

차
례

15 ··· **1장 마거릿** – 1769년 봄 런던

27 ··· **2장 로라** – 1735년 즈음 런던 근교 스토크 뉴잉턴

65 ··· **3장 소피** – 1766년 여름 스태퍼드셔

101 ··· **4장 앤과 도카스** – 1769년 8월 런던

131 ··· **5장 사브리나와 루크레티아** – 1769년 11월 파리

161 ··· **6장 애나와 호노라** – 1770년 봄 리치필드

205 ··· **7장 엘리자베스** – 1771년 봄 서턴 콜드필드

251 ··· **8장 사브리나** – 1773년 7월 런던

293 ··· **9장 에스터** – 1775년 요크셔 웨이크필드

335 ··· **10장 버지니아, 벌린다 그리고 메리**
　　　　　– 1783년 5월 버밍엄 파이브 웨이즈

377 ··· **11장 갈라테이아** – 1805년 1월 그리니치

작가 후기 – 나의 고아 찾기 ··· 405

감사의 글 ··· 409

옮긴이의 말 ··· 415

약어 ··· 417

주 ··· 419

참고문헌 ··· 459

찾아보기 ··· 467

1장

마거릿

1769년 봄 런던

봄 햇살이 교외의 오래된 벽돌 벽과 런던 법조 타운의 방을 따스하게 비추고 있었다. 파운틴 법정의 분수대에서 30피트 높이의 물줄기가 반짝거리면서 연못 바닥으로 요란하게 떨어졌다. 그 계절의 온기가 나뭇가지에서 꽃망울을 터트리고, 법학도들이 방에서 나와 강가의 정원을 어슬렁거리게 만들었다. 그러나 딱 한 학생에게만은 봄소식이 기쁨이 아니라 우울함으로 다가왔다.

토머스 데이는 아일랜드에서 약혼녀가 보낸 편지를 믿을 수 없다는 표정을 지으며 읽었다.[1] 그는 지난가을에도 결혼하기로 예정된 마거릿 에지워스에게서 한 차례 이별을 통보받은 적이 있었다. 가까스로 그녀의 마음을 돌리고 겨울 내내 데이는 다가올 결혼을 진심으로 기대하며 법학 책을 충실하게 읽고 있었다. 그런데 마거릿이 그에게 약혼을 깨고 싶다는 말을 정식으로 써서 보냈고 데이는 굴욕을 느꼈다. 두려움과 경멸감에 사로잡혀 깊은 절망에 빠졌다.

사실 그들의 연애가 출발부터 휘청거렸기 때문에 그 소식은 그리 놀랍지 않았다. 데이는 스무 살밖에 되지 않았지만, 이미 이전의 연애에 실망한 적이 있어 새로운 관계를 망설이고 있었다. 그래서 열정이 넘치는 아일랜드 친구 리처드 러벌 에지워스의 동생인 마거릿을 1년 전에 처음 만났을 때 금방 매력을 느끼지는 못했다. 그때 데이는 옥스퍼드 대학을 떠난 뒤 일정한 직업이 없어 쉬다가 그해 여름에 우연히 에지워스를 만나 그의 아들 딕과 함께 아일랜드를 여행하는 중이었다. 롱퍼드 지방의 평야와 늪지대 사이에 위치한 조상 대대로 내려온 에지워스의 별장에 도착해서 마거릿을 처음 만났을 때, 데이는 탐탁해하지 않았고 마거릿 또한 오빠의 젊은 친구에게 별 관심을 보이지 않았다. 실제로 그 둘은 모든 면에서 정반대인 듯 보였다.

스물두 살의 마거릿은 지방에서는 보기 드물게 매력적이며 지적인 여성이었다. 그녀는 아일랜드에서 영향력 있는 앵글로 아이리시 가문에서 교육을 제대로 받은 여성으로서, 이른 나이에 지주들의 사교 자리에 소개되었다. 마거릿은 자부심이 강하고 세련되었으며 위트가 넘치는 대화와 나무랄 데 없는 스타일로 명성이 자자했다. 한 지인의 말에 따르면, 마거릿이 넝마를 걸치고 동냥 그릇을 든 채 문 앞에 서 있어도 그녀를 "마담"이라고 부를 수밖에 없을 것이라 했다.[2]

반면 토머스 데이는 마거릿보다 두 살 연하였지만 그다지 매력을 끌 만한 총각은 아니었다. 데이는 분명 똑똑하고 교육을 잘 받았으며 조만간 상당한 재산을 상속받을 것이었지만, 우스꽝스럽게 생긴 외모와 관행에 어긋나는 예법으로 인해 매력이 떨어졌다. 큰 키에 까만 머리칼이 적당히 구불거리고 녹갈색 눈이 컸기에 좁은 어깨만 아니라면, 마마자국으로 얽은 얼굴과 헝클어진 머리만 아니었어도 그는 봐줄 만했을 것이다. 데이는 당시 유행하던 말끔하게 빗은 짧은 가발을 경멸하여 머리카락을

완벽한 아내 만들기

되는대로 길게 늘어뜨리고 다녔다. 게다가 복장도 유행을 따르지 않아 낡고 칙칙한 옷을 아무렇게나 걸쳐 입었다. 친한 친구인 에지워스도 "데 이의 외양은 오늘날의 풍속을 따르지 않고, 머리는 빗질조차 안 한다. 그러면서 시냇물에 대충 씻는 것을 좋아한다"고 인정할 지경이었다.[3] 게 다가 데이는 개인 위생 문제에도 기이할 정도로 고집을 피우며 당시 에티 켓을 전혀 신경 쓰지 않았다.

저녁 식사 자리에서도 데이의 매너는 너무나 저속해서 에지워스의 아 버지마저 질려버렸다.[4] 수프를 소리 내서 후루룩 마신다든가 진흙투성이 의 부츠를 그냥 식탁 위에 올려놓고도 말 한마디 하지 않은 채 있기도 해 서, 에지워스의 형은 "식사 예절에 관해서는 확실히 그의 지위에 어울리 지 않는" 데이에 대해 "아주 무례하다는 선입견"을 가지게 되었다. 데이 는 거실에서 차를 마신 뒤에도 사소한 얘기조차 꺼내지 않고 그저 조용 히 앉아 있거나 아니면 자기의 교조적인 견해를 크게, 그것도 아주 길게 늘어놓곤 했다.

그러나 어수룩해 보이는 외모와 저속한 매너에도 불구하고 데이도 누 군가에게는(여기서는 에지워스 한 명뿐이었지만) 젊은 기운으로 분명하게 매력을 발산했다. 데이가 인권을 강조하는 대목은 당대 급진주의자만큼 강한 호소력을 지녔고 자신보다 약한 사람에 대한 헌신을 역설하자 많 은 숭배자가 뒤따랐다. 옥스퍼드의 친구나 동료 법학생들은 데이를 얼 빠진 철학자나 감상적인 반항자 정도로 여기고 있었다. 그는 확실히 당 대와는 안 어울리는 듯했다. 고대 영웅이나 기사도 정신에 대한 그의 헌 사는 과거에 얽매인 듯 보였고, 계급이 철저히 구분된 사회와 전통적 위 계질서에 대한 반항은 너무 시대를 앞서갔다. 확실히 데이의 생각은 조지 시대 영국을 지배하던 소비 지향적이고 찬양을 남발하며 유행에 미쳐 돌아가는 문화와는 어울리지 않았다.

처음부터 데이와 마거릿은 공통점이라곤 하나도 없어 보였다. 마거릿에게 데이는 오빠의 촌뜨기 친구일 뿐이었고 그의 대담한 생각에 동조하지 않았지만 그냥 최대한 예의를 다해 그를 대했을 뿐이다. 데이도 마찬가지로 그녀를 친구의 우아한 동생으로 여겼고 그녀의 정중한 예의를 사양하면서 거리를 두었다. 마거릿의 오빠 리처드의 말에 따르면, 데이에게 그녀는 "공포와 같은 감정을 느끼게 하는 어떤 존재"일 뿐이었다. 그래서 시골의 넓은 집에서 두 사람은 "엄청난 거리"를 유지한 채 처음 몇 주를 보냈다. 1768년 초여름의 며칠간 어색한 상황에서 같이 보내다보니, 서서히 서로에게 구미가 당겨지는 부분이 있음을 알게 되었다.

마거릿은 이 이상한 영국 남자에게 사로잡혀가고 있음을 깨달았다. 예전에 그녀에게 적극적으로 구애했지만 그리 적절한 방식은 아니었던 장교로 인해 사랑에 실망한 적이 있었는데, 데이는 그녀의 관심을 끌기 위해 알랑거리던 남자들과는 다른 신선함을 주었다. 그녀는 데이의 옷차림이나 빈약한 사교 기술 따위에 전혀 신경 쓰지 않고, 그가 인간다움에 대해 논하는 독백에 감동하거나 그의 박애주의적 계획에 존경을 표했다. 데이를 대화에 끌어들이면서 에지워스는 마거릿의 "사람을 편하게 하는 예법과 고개를 끄덕이게 만드는 대화"가 데이의 냉담한 행동거지를 "누그러뜨리게 될 것"이라고 말하곤 했다.

동시에 데이도 똑똑하고 매력적인 여주인에게 마음을 빼앗기기 시작했다. 에티켓의 중요성이나 '귀족적 습관'에서 마거릿과 약간의 견해차가 있긴 했지만 문학과 자연에 대해서는 같은 생각을 가지고 있음을 알게

완벽한 아내 만들기

되었다. 에지워스의 말에 따르면 한 발짝 비켜서서 보면 그의 똑똑한 어린 동생은 늘 데이보다 더 뛰어나게 자신의 견해를 밝힐 수 있었다. 오로지 에지워스가 데이와 단둘이 있을 때만 "데이의 웅변이 설득력 있다"고 생각했다. 잘 만든 로맨틱 코미디에서처럼 치고받는 설전으로 둘의 열정은 고조되어갔다.

8월이 시작되자 데이는 조심스럽게 마거릿에게 청혼했고 그녀는 주저하며 받아들였다. 가족이 모인 자리에서 이 커플이 계획을 공표하자 마거릿의 아버지는 충격에 사로잡혔고 오빠는 비슷한 지경으로 경악했다. 아버지는 그 결혼 계획을 축복할 생각이 전혀 없었으며, "너무 말도 안 돼서 언급할 가치도 없는" 그 추레한 영국 젊은이를 극구 반대했다. 그러나 마거릿은 개의치 않고 밀어붙이기로 결심했고, 그래서 둘은 데이가 스물한 살이 되는 이듬해 여름에 결혼하기로 뜻을 모았다. 데이는 미래의 배우자와 서로 좀더 알아가기 위해 런던으로 돌아가기를 늦추고 에지워스의 시골집에서 여름 내내 머물렀다. 돌이켜보면 이는 그리 좋은 생각이 아니었다. 데이가 결혼의 축복에 대한 자신의 비전을 그려나간 반면 마거릿의 열정은 눈에 띄게 식어버리기 시작했기 때문이다.

고상한 덕과 자기희생에 몰두하던 고대 그리스 스토아학파를 존경했기에 데이는 모든 안락함이나 기분 전환거리를 버리고 오로지 미래의 배우자와 단둘이 시골에서 은거하며 소박하게 살 작정이었다. 자연으로 돌아갈 것을 주장하는 제네바 출신의 철학자 장자크 루소의 생각에 감화된 데이는 제대로 된 파트너와 함께라면 이와 같은 금욕적인 고립의 상태에서도 즐거움과 기쁨으로 충만한 삶을 살아가리라 믿었다. 행복한 결혼생활이라는 자신의 그림에 빛을 더하기 위해 데이는 약혼녀에게 "사랑이라 부르는 유치한 열정"은 합리적인 인간이라면 도저히 빠져들 수 없는 한낱 상상의 산물에 지나지 않는다고 계속해서 말했다. 그 당시 한 친구에게 이런 말을 하기도 했다. "확신하건대 사랑이란 선입견과 상상의 결과다. 합리적으로 생각해보면 어떤 식으로든 열렬히 사랑에 빠지기란 불가능하다."[5] 데이는 자신과 결혼하는 여성은 일관되게 논리적인 애정으로 그와 일생을 보내거나 아니면 "나에 대한 우호적인 감정"으로 살아야 한다고 믿었다. 처음 8월 한 달은 마거릿도 장미꽃이 덮인 오두막에서 성자 같은 배우자와의 소박한 생활이라는 이미지에 혹했다. 그러나 9월이 되자 해는 나날이 짧아지고 가을의 냉기가 엄연히 서려오면서 그녀는 덜컥 겁이 났다.

마침내 마거릿은 자신의 감정이 변했음을 고백하면서 이제 결혼을 할지 말지에 대해 '완전히 다른' 마음을 먹었고, 앞으로 열두 달 동안 각자에게 더 적당한 배우자가 나타나지 않으면 그때 가서 결혼하자고 저돌적으로 제안했다. 이런 갑작스런 제안에 데이는 당연히 울화가 치밀었지만 마거릿이 "냉정하게 심사숙고하더라도 나와 비교할 만한 그 누구도 찾지 못할 것"이라는 자신만만한 신념에 따라 그 제안에 마지못해 동의했다. 물론 그 신념은 거의 진실에 가까웠다.

그러나 데이가 10월에 잉글랜드로 돌아가려 하자 마거릿은 그에게 다시 살아난 온정을 고백했다. "그녀는 내가 떠나려 하자 스스로 생각했던 것보다 나를 더 사랑한다는 것을 깨달았지"라고 데이는 친구에게 의기양양하게 말했다. 마거릿은 결국 그와 결혼하기로 마음먹고, 데이가 용모를 좀더 깔끔하게 하는 데 노력해야 한다는 조건으로 결혼 계획이 다시 유효해졌음을 선언했다. 마거릿은 겨울 내내 지식을 늘리려고 물리학

완벽한 아내 만들기

에 관한 책을 읽으며 지냈고, 데이는 런던으로 돌아가 법 공부를 다시 시작하면서 6월의 결혼을 기대하고 있었다.

봄에 마거릿이 변심했을 때 그들의 친구 중 어느 누구도 놀라지 않았지만 데이는 완전히 충격에 빠졌고 결국 나가떨어졌다. 그는 옥스퍼드 대학에 다닐 때 여성에게 거절당해 상처받은 적이 있는데, 그때 자신을 찬 여자를 "창녀"로 묘사했었다.[6] 지금의 상황은 훨씬 더 나빴다. 그는 더 나은 판단을 하지 못하고, 여성과의 약속을 또 믿었으며 또다시 잔혹하게 차였다. 그는 꿈꿔온 삶을 나누기 위해 평생의 파트너를 찾아 헤맸고, 이제 드디어 얻었다고 믿어 의심치 않았으나 참혹하게 차이고 말았다. 그는 가족과 친구들에게 결혼 계획을 떠들고 다녔는데 이제 정정해야만 했다. 데이는 마거릿을 믿었던 자신에게도 화가 나고 그녀의 변덕스런 감정이 혐오스러워서 고통과 분노로 반응했다. 후에 그는 마거릿을 "내가 마음을 다치지는 않았지만 나를 당혹감에 사로잡히게 했던 기분 나쁜 년"이라고 표현했다.[7] 동료 법학도들이 봄볕에 산책을 하고 신나게 돌아다니는 동안 토머스 데이는 불행에 빠져 허우적거리고 있었다.

그 나이대의 남자들은 비슷하게 연애에 실패하곤 한다. 젊은 남녀란 언제나 그러했고 또 그러할 것이었다. 상대에게 거절당하고 비참함을 느낄 때 대다수의 사람은 아직 완전한 짝을 만나지 못했을 뿐이라며 극복하거나 받아들인다. 그러나 데이는 그럴 수 없었다. 도대체 왜 여성들이 자신을 거부하는지 이해할 수 없어서 데이는 극도로 좌절했고, 끝내 기상천외한 결론을 내렸다. 아직까지 제대로 된 여성을 만나지 못했다면, 그런 여성은 아예 존재하지 않는다고 말이다.

이상하게도 이렇게 내린 결론이 데이로 하여금 결혼에 대한 열망을 꺾지는 못했다. 오히려 데이는 반드시 결혼하고야 말겠다는 확신을 이전보다 더 강하게 품게 되었다. 동시에 소박한 시골 은둔지에서 복 받은 여성 파트너와 보내겠다는 자신의 '인생 계획'을 실현해내고야 말겠다고 굳게 다짐했다. 그러나 지금까지의 짧은 연애 경험을 미루어보았을 때 어디에서도 이 고상한 꿈을 나눌 이상적인 여성을 찾을 수 없을 것이라고 확신했다. 마거릿과의 파혼은 여성이 모두 가볍고 변덕스러우며 비논리적이고 신뢰할 가치가 없는 존재라는 그의 의심을 확인시켜주었다. 마거릿이 초창기에 흔들릴 때, 데이는 한 친구에게 "지금 나의 약혼녀는 모든 여성이 그렇듯 선입견과 변덕으로 가득하다네"라며 "사치스럽고 비합리적인 것 외에는 그 어떤 것도 그녀를 기쁘게 할 수 없지" 하고 불평했다.[8] 하지만 그는 이런 치명적인 약점 자체만으로 여성을 비난하지는 않았다.

분명히 여성은 신체적으로나 지적으로나 약한 성性이었다. 그러나 데이는 그런 결함이 대개 다른 양육 방식과 교육의 결과라고 이해하고 있었다. 남자아이는 기숙 학교와 대학에서 법, 의학, 경영, 정부 분야에서 미래의 지도자가 될 교육을 받는 반면, 여자아이는 집에서, 혹은 운이 좋다면 학교에서 간단한 교육을 받아 바느질을 꼼꼼하게 하거나 하프시코드를 연주하거나, 차 모임에서 경쾌한 대화를 나눌 정도로만 배울 뿐이었다. 대학이나 로스쿨에 입학할 수도 없었고, 그래서 의학이나 법학 같은 분야의 전문직에서 배제되기 때문에 여성들은 그저 가사를 잘 돌보거나 남자를 기쁘게 하도록 훈련받았다.

여전히 18세기 사회의 사람들은 별다른 의심 없이 여성이 본래 남자보다 열등하다고 받아들였고 그나마 데이는 여성의 지적 수준이 잠재적으로 동등하다는 대담하고도 진보적인 견해를 가지고 있었다. 나아가

"여성은 의심할 여지 없이 완전한 존재일 수 있다"고 주장하기도 했다. 여자들이 자주 마음을 바꾸고, 킥킥거리며 감정을 쉽게 드러내는 존재가 된 것은 변덕스러운 가상세계에서 자라고 교육받았기 때문이라고 그는 결론 내렸다. 선구적인 페미니스트인 메리 울스턴크래프트라도 아마 데이의 여성 교육에 관한 자유주의적인 생각에 박수를 보냈을 것이다. 그러나 역시 데이는 여성 평등의 선구자가 아니었다.

데이는 남자인 친구들만큼 똑똑하고 글을 잘 읽고 위트가 넘치는, 그러면서 일생을 함께할 파트너를 원했다. 그는 동료들과 그러하듯 정치와 철학 그리고 문학에 대해 자유롭게 토론하고 논쟁할 수 있는 연인을 갈망했다. 그리고 자신만큼 단단하고 거친 육체를 가진 동료를 원했다. 간단히 말해 그는 좀더 남자 같은 여자를 원했던 것이다. 그는 그저 사람일 뿐이었고 게다가 남자였다. 그렇게 겉으로는 교육에 관해 평등주의적 태도를 보였지만 데이는 미래의 배우자가 남편의 견해와 희망을 옹호해주기 위해 자신의 타고난 지성을 억누르고 배움을 포기하길, 그것도 기꺼이 그래주길 원했다. 언제나 자신의 희망 사항에 따라 완벽하게 순종할 아내를 원했던 것이다. 그렇다면 이제 어떤 방식으로 그가 꿈에 그리던 여성을 얻을 것인가?

데이는 절망의 늪에서 빠져나와 대담하고도 무모한 계획을 세웠다. 만약 처음부터 한 여성의 교육 과정을 장악할 수만 있다면 동등한 사람, 다시 말해 그를 가치 있게 여길 여자를 스스로 만들 수 있을 것이다. 이는 사실 그가 몇 년 동안 조용히 꾸려왔던 계획이었다. 마거릿과 관계가 틀어지면서 이 대담한 계획이 다시 꿈틀대기 시작했다. 그때 그는 한 친구에게 "나는 이제 편견에 빠지기 전에 여성의 마음을 받아들이려고 노력할 거야. 아마 편견이 생기는 일도 막을 수 있겠지"라고 털어놓았다. 마거릿에 대한 관심이 다시 살아나자 잠시 그 계획을 한쪽으로 접어두었다. 그러나 이제 그는 실험을 본격적으로 진행하리라 결심했다.

완벽한 아내가 존재하지 않는다면, 만들어내기만 하면 되는 것이었다.

완벽한 아내 만들기

2장

로라

1735년 즈음 런던 근교 스토크 뉴잉턴

유아용 속옷을 걸친 한 남자아이가 교구 신부에게 질문을 하자 북적거리던 방이 이내 조용해졌다.[1] 두뇌가 명석한 그 소년은 일찍 글을 깨우쳤는데, 성경에 나온 특정 구절을 읽고 어리둥절한 상태였다. 그는 어머니에게 그 구절을 설명해달라고 했지만 그녀는 별 생각 없이 다음에 신부님이 방문하면 그때 물어보라고 말했다. 어머니는 아이가 분명 그 질문에 대해 금방 잊을 것이라 생각했고 자신도 잊고 말았다. 그러나 마침내 교구 신부가 오자 아들은 방 가운데를 가로질러 뛰어가서는 큰소리로 물었던 것이다. "신부님, 바빌론의 창녀가 누구예요?"

　　옆에 있던 다른 사람들이 빤히 쳐다보자 당황한 신부는 할 말을 잊었다. 물론 요한묵시록에 7개의 머리와 10개의 뿔을 가진 붉은색 짐승에 올라탔다고 묘사된 창녀의 어미에 대한 설명을 요구한 이가 그 소년이 처음은 아니었다. 그러나 그 아이는 최연소 질문자였다. 잠시 후 평온을 되찾은 신부가 대답했다. "얘야, 그건 하나의 우화란다." 그러나 이 모호한 대답은 다른 교구민들을 침묵시켰을지 모르지만 어린 질문자를 만족시키진 못했다. "우화라고!" 아이는 중얼거렸다. "난 그 단어를 모르는 데." 토머스 데이는 성직자를 향해 경멸의 표정을 지으면서 어머니에게 다가가서 큰소리로 속삭였다. "신부님도 아는 게 없어."

토머스 데이는 1748년 6월 22일 런던의 이스트엔드에서 태어났다.[2] 그는 부유한 정부 관료의 외아들이었다. 그의 아버지는 지방의 영지를 많이 소유한 지주였고, 어머니 제인은 부유한 런던 상인의 딸이었다. 결혼할 당시 아버지는 50대 후반이었고 어머니는 그 절반의 나이에도 미치지 못했기에 그들의 결혼은 사랑의 행진이라기보다는 경제적인 이유를 고려한 정략결혼이었으리라 예상된다. 어쨌든 그들의 아들이자 상속자인 데이가 2년 뒤에 태어났는데, 그는 부모가 많이 기다렸고 원했던 아이였다.

데이의 가족은 런던의 세관과 가까워서 이름 붙여진 주소인 웰클로스 스퀘어에 위치한 4층짜리 넓은 집에서 살았는데, 그곳에서 토머스의 아버지는 수출세를 주로 걷어 영업이 잘 되는 우체국을 경영했다. 토머스 데이는 7월 8일에 근처에 있는 세인트조지이스트 교회에서 세례를 받았다.[3] 그러나 1년 뒤 아버지가 죽었는데, 생후 13개월이 된 아들에게 엄청난 재산과 토지를 남겼고 아이가 스물한 살이 될 때까지 신탁 경영을 맡겼다. 그래서 토머스는 자라면서 자신이 먹고살기 위해 열심히 일을 할 필요가 없다는 사실을 정확히 알게 되었다.

유언으로 150명이 넘는 친구와 하인들, 소작인이라는 선물을 남긴 그의 아버지로부터 토머스는 어려운 친구를 도와주라는 약속뿐만 아니라 그 약속을 실현시킬 만큼의 돈도 상속받았다. 어머니로부터는 고집스런 완고함과 흔들리지 않는 자신감을 물려받았다. 실제로 그의 어머니는 들판을 거닐다 자신을 놀라게 했던 소를 노려보아 꼼짝 못하게 만든 적도 있었다.[4] 토머스는 이렇듯 흥미로운 조합을 물려받았다. 덕분에 토머스 데이는 좋은 일을 하려고 애쓰며 자부심이 아주 강한 근엄한 소년으로 자랐다.

성격이 만만찮은 데이 부인은 과부가 된 지 얼마 안 되어 "아들의 건강을 위해" 토머스를 데리고 런던의 스모그를 피해 스토크 뉴잉턴으로 이사했다.[5] 데이가 특별히 아팠는지는 모르겠으나 어머니는 외동아들을 보호하려 했던 듯하다. 마을의 사교 모임을 만든 데이 부인은 명석한 아들의 재능을 손님들에게 보여주는 것을 즐겼다. 어린 토머스가 마을의 신부에게 경멸을 표현했던 그 일도 그녀가 주선한 지역의 젠트리 모임에서 일어난 일이었다.

토머스도 어머니에게 헌신했다. 그래서 어머니가 재혼할 때 그의 조그만 세계는 뒤집혀버렸다. 상대는 아버지의 대학 동료이자 친구이면서 동시에 유언 집행자인 토머스 필립스였다. 그 사건은 일곱 살짜리 토머스의 인생에서 극적인 경험이었다. 아버지를 기억하지 못했던 토머스는 어머니에게 완전히 찰싹 붙어 지냈다. 아이가 어머니에게 의존하는 건 자연스러운 일이지만, 그의 어머니는 남편의 유일한 상속인이기 때문에 경제적으로 아들에게 의존했다. 어린 아들의 눈에 어머니는 강한 의지를 지녔고 자신감이 충만하면서 자신을 맹목적으로 사랑하고 모든 변덕을 받아주었기에 완벽한 여성의 모델로 보였다. 어느 여성도 이런 이상에 맞춰질 수 없었다. 그와 어머니는 그가 살아온 짧은 나날에서 느꼈던 모든 감정이나 신체적인 욕구를 만족시켜줄 만한 완벽하고도 완전한 관계를 맺었다. 어머니는 황소를 위협할 만큼 충분히 자신을 돌볼 수 있었지만, 법적으로 가장이었던 일곱 살짜리 소년의 마음에는 자신이 어머니의 보호자로서 모든 위협과 위험에 맞섰다. 그래서 그 어린아이가 사랑하는 어머니를 제압하려는 남성을 경계하는 모습은 자연스러웠다.

토머스와 계부가 서로 눈을 마주 보고 말한 적은 없었다.[6] 필립스는 아이의 재산과 교육을 감독할 책임을 지닌 보호자로서, 그리고 이제는 계부로서 양아들의 양육을 맡으며 경비 지출을 통제하는 지배자의 역할을 했다. 데이는 그의 앞에서 18세기 아이들에게 으레 요구되었던 아버지의 규율에 복종하는 태도와 존경심을 표현해야 했다. 그렇지만 뒤돌아서는 필립스를 합법적인 결혼을 통해 재산을 늘리려는 "그렇고 그런 사람들 중 하나"로 묘사하면서 비꼬았다. 계부가 자신의 생활을 통제하려 하자 데이는 분노했고, "실제로는 나한테 관심도 없으면서 시시때때로 간섭하고 괴롭힌다"며 그를 비난했다.

그럼에도 그 세 명이 데이의 집에서 하나의 그룹이 될 것임이 분명해 보였다. 침울한 소년은 스토크 뉴잉턴의 기숙 학교에 즉시 보내졌고 그동안 새로 결혼한 이들은 버크셔의 워그레이브 근처 베어힐에 위치한 시골 집으로 이사했다.[7] 토머스는 수두를 치료하기 위해 집에 돌아왔을 때나 어머니의 품에 안길 수 있었다. 수두에 걸리고도 운 좋게 살아남은 다른 아이들과 마찬가지로 데이의 얼굴에 살짝 얽은 자국이 남았다. 그러나 아홉 살이 되자 차터하우스에서 7년 동안 라틴어와 그리스어 그리고 문법과 대수학을 배우기 위해 다시 짐을 꾸렸다. 그곳은 런던 중심에 위치한 영국에서 가장 오래된 명문 학교 중 하나였다.

100여 명의 기숙 학생 중 한 명인[8] 어린 토머스는 학교 서열에서 자신의 위치를 빨리 익혔다. 아름다운 중세식 안뜰과 운동장이 있는 차터하우스에는 그 시대의 여느 학교처럼 선생과 학생 모두에게 잔인한 규율이 있었다. 교장인 루이스 크루셔스는 '능력과 규율'로 평판이 높았는데, 특히 규율은 빈틈없이 그대로 학교의 위계질서에 적용되었다. 선생들이 학생을 벌주기 위해 정기적으로 채찍질하는 것을 묵인했고, 반장은 그들의 명령에 따라 소년들을 때렸으며 나이가 많은 아이들은 자기 차례가 됐을 때 스스럼없이 어린아이들을 때리곤 했다.

이런 관례화된 폭력에서 살아남는 것이 상급반 교육에서 중요한 것으로 간주되었다. 학교 폭력은 공적 행사였고, 여기서는 가해자와 피해자 가릴 것 없이 용기와 금욕주의로 그 시련을 이겨내야 했다. 신입생을 담요에 말아 굴리거나 불 앞에서 어린아이들을 마치 구울 것처럼 하는 신고식과 거의 노예와 같이 '심부름 시키기'의 관행이 자행되었고 학교 당국은 이를 묵인했다. 이런 구타와 고문 외에도 소년들은 극도의 신체적 고난을 견뎌야만 했다. 음식은 빈약한 데다 맛이 없었으며 기숙사는 바람이 송송 들어왔고 사람으로 넘쳐나는 통에 열악하기 그지없었다. 차터하우스에서 소년들은 매일 새벽 5시에 공동 침대에서 끌려나오듯 일어났고, 밤이 늦어서야 덮개 속으로 웅크려 들어갈 수 있었다.

나약한 아이였던 토머스는 이런 야만적이고 엄격한 체제에 버려졌지만 살아남았을 뿐만 아니라 튼튼하게 자랐다. 가혹한 기숙사에서 차가운 회색 식기에 담긴 아침을 먹기 위해 일찍 일어났던 그는 스토아학파의 철학과 생활 방식에서 힘을 끌어냈다. 꽉 막힌 교실의 벤치로 밀려들어가 강제로 앉혀지면서 고전 문학 및 역사 속 전설적인 인물들과 그들의 육체적 열정, 정신적 용기에 감명을 받았다. 스파르타의 입법자인 리쿠르고스처럼 어린 토머스는 쾌락과 안락을 경멸했고, 스토아 철학자가 되었던 노예 출신의 에픽테토스처럼 역경을 받아들이도록 스스로를 단련시켰다. 다른 소년들이 불편한 생활에 대해 투덜거릴 때 토머스는 고난을 견디는 것에 자부심을 가졌고 검소한 생활을 즐겼다.

학교생활이 계속되면서 토머스는 친구들의 키와 힘을 제쳤다. 심지어 먼지 속에서 난투를 벌이는 복싱 경기에서 챔피언으로 등극해 명성을 날리기도 했다.[9] 그의 어머니가 황소에 맞섰던 것처럼 그도 자신의 위치에서 더 크고 힘센 도전자에게 맞서는 법을 배웠다. 소년들은 맨주먹으로 무자비하게 상대 선수를 난타하는 토머스를 응원했다. 그러나 어떤 경기에서는 라이벌을 굴복시키려고 녹초가 되도록 때리다가도 갑자기 경기가 공평하지 않았다고 주장하면서 주먹을 내리고는 상대방을 도와주기도 했다. 대담하고 체격에 대한 자부심이 있었지만 이는 언제나 페어플레이에 대한 감성과 병존했다.

의심할 여지 없이 그의 명성은 나이든 학생들의 존경을 불러일으켰다. 토머스는 이들과 우정을 쌓아 평생 유지했고 그것으로 어머니로부터의 상실감을 보상할 수 있었다. 특별히 존 빅널과 친했는데, 그는 런던 법률가 집안의 아들로 토머스보다 두 살이 더 많았다. 또한 런던 양조업자의 외아들이자 토머스보다 1학년 위인 윌리엄 수어드와도 친교를 맺었다. 수어드는 복싱 이야기의 또 다른 버전인 한판 승부의 불쌍한 패자이기도 했다.[10] 문학과 고대 역사에 대한 열정을 공유하면서 불의를 바로잡으려는 젊은이의 충동을 중심으로 이 세 사람은 굳건한 연대를 형성했다.

섬세한 용모의 청년인 빅널은 데이보다 2년 먼저 차터하우스를 떠나 가업의 전통을 따라 법조계에서 경력을 쌓고 있었다. 빅널은 일하지 않아도 생활할 수 있는 토머스와 달리 생계를 유지할 직업이 필요했다. 그

완벽한 아내 만들기

는 열여섯 살에 홀본과 템스 사이에 있는 4개의 오래된 법조 타운의 하나인 미들 템플에 등록했는데, 젊은이들을 법정 변호사로 훈련시키는 곳이었다. 미들 템플에서 잠시 머물면서 법을 공부하던 빅널은 데이의 가장 가깝고도 막역한 친구로 남았다.

그들은 함께 문학적 야망을 키우면서 책을 출판해서 성공하고자 하는 꿈도 있었다. 전형적인 십대들처럼 관습을 경멸하고 세상을 정의롭게 만들 열정으로 「예의의 승리」라는 시를 썼다. 이는 낭비와 유행을 비판하는 위트가 넘치는 풍자시였고, 1764년 런던의 한 신문에 '나이프와 포크'라는 가명으로 게재되었는데,[11] 그때 데이는 기숙 학교 학생이었으며 빅널은 법학도였다.

수어드와 함께 옥스퍼드 대학에 가려고 데이는 열여섯 살이 되기 전 1764년에 차터하우스를 떠났지만 이 시기에 유독 가까워진 것은 빅널이었다. 한 동시대인이 기록한 바에 따르면 빅널은 "토머스 데이의 젊은 시절의 친구이자 동료"였다.[12] 데이의 갈수록 거슬리는 태도에도 언제나 기분을 맞추면서 그가 경멸하는 행동이든 싫어하는 사람이든 개의치 않고 빅널은 언제나 데이와 함께할 준비가 되어 있었다. 가명인 나이프와 포크처럼 그들은 정말 잘 맞는 짝이었다.

런던 근교에서 옥스퍼드에 이르는 쇼토버힐 정상에서 아래를 내려다보면, 한여름의 태양을 받아 번쩍이는 하얀 첨탑에 대한 첫인상은 철학적 명상을 하고 열심히 공부하기에 더없이 좋은 완벽한 천국인 듯했다. 1764년 여름, 데이가 고전 연구에 몰두하려고 옥스퍼드에 도착하자 그런 외관이 기만적일 수 있음을 곧 깨달았다.

옥스퍼드 대학도 라이벌인 케임브리지 대학처럼 1700년대 중반에 이르러 거의 빈사 직전 상태까지 갔다. 수준 낮은 학생들과 거의 고갈된 대학 재정에다 학문 연구는 부재했다. 대학의 반은 비어 있었고 교수들은 열정이 없었으며 수업과 강연은 점점 드물어졌다. 훗날『로마제국 쇠망사』를 쓴 에드워드 기번은 데이가 입학하기 10여 년 전에 옥스퍼드에서 수업을 들었다. 기번은 그가 들었던 몇몇 수업을 "이득도 기쁨도 없는" 것으로 묘사했고, 대학에서 보낸 14개월을 "내 인생에서 가장 지겹고 별 소득이 없었던 때"[13]라고 일축했다.

옥스퍼드의 수준 하락과 쇠퇴는 무척 심각해서 대부분의 학생은 규율을 무시하고 계속 술을 마시며 떠들고 놀면서 하루하루를 보냈다. 대학 서열에서 가장 높은 두 계층이자 비싼 입학금을 낸 귀족과 젠트리 평민 학생들의 하루는 시중을 드는 가난한 하층 학생이 그들의 방으로 아침을 갖다주면서 매우 한가롭게 시작되었다. 남은 오전 시간은 정찬에 입고 나갈 옷을 꾸미는 데 쓰였고, 그 정찬 모임은 오후 1시나 2시부터 연회장에서 열렸다. 여기에는 보통 여러 단계의 코스 요리가 나왔고, 엄청난 크기의 푸딩과 케이크, 과일과 치즈, 어머어마한 양의 와인이 놓였으며 친구의 방으로 자리를 옮겨 몇 시간이고 지속되었다. 정찬이 없는 날은 도시의 커피하우스와 술집에서 흥청망청 술을 먹고 내기를 하는 소동으로 소모되었다. 공부는 거의 하지 않은 채 여가 시간에는 춤이나 펜싱 그리고 승마와 같은 고급 사교술을 익히려고 개인 레슨을 받거나 아니면 음란한 장면이 자주 연출되는 곳으로 유명한 좁은 길이나 공원에서 여자를 유혹하느라 바빴다.

정상적으로 건강하고 열정이 넘치는 십대 소년들에게, 더구나 남자로 꽉 찬 기숙 학교의 감시와 규율에서 느슨해진 그들에게 그런 유혹은 차고 넘쳤을 것이다. 그러나 토머스 데이는 그렇지 않았다. 열여섯 살 생일이 얼마 남지 않은 1764년 6월 1일에 검은 실크 가운과 대학 예복을 들고 옥스퍼드에 도착한[14] 데이는 코퍼스크리스티 칼리지에 젠트리 평민으로 등록했고, 진지한 연구와 계몽 철학에 대한 기대로 부풀어 있었다.

옥스퍼드 대학에서 가장 오래되었고 가장 작은 코퍼스크리스티는 볕이 잘 드는 정방형 건물로 중세 시대 장벽으로 둘러싸여 조용하며 아담한 수도원 같은 곳이었다. 그러나 조용한 그 대학의 주변에는 경쟁 대학 학생들의 과격한 행동이 반복되고 있었다. 최근에 한 학생은 학생 휴게실에서 책과 가구를 태우다 퇴학당했다. 또 다른 학생은 자기 방에 여자를 동료의 가운으로 변장시켜 끌어들이다 체포되었다. 머지않아 그 대학의 신부마저 비록 큰 죄를 지은 건 아니었지만 '비행, 음주, 낭비와 그 밖의 규칙 위반'으로 징계를 받을 터였다.

젠트리 평민 건물의 안락한 방에 배정받은 데이는 차터하우스의 스파르타식 교육을 견뎌낸 뒤라 대학생활의 모든 즐거움을 포기하는 데 익숙했다. 그는 젠트리 평민으로 높은 등록금을 냈기에 매일 방으로 커피와 빵을 갖다주고 거실에서 저녁을 들 때까지 그를 기다리는 개인 시중을 포함하여 해당 계층에 주어지는 모든 특권을 부여받았다. 옥스퍼드에서의 경비를 충당하기 위해 데이는 분명 신탁 기금에서 제공되는 연 4회 정기 금액을 받았을 것이다. 구두쇠 같은 계부의 손아귀에 미래의 유산이 남아 있었기에 이 대학 기금은 기번이 묘사했던 대로 "학생들이 결코 만져본 적이 없는 엄청난 돈"이었을 것이다. 그러나 자유와 소비력이 주어졌음에도 데이는 대학생활의 낭만적인 활동이라곤 하지 않았는데, 옥스퍼드에서 목격한 방종이 부와 사치에 대한 그의 반감을 더 강화시켰기 때문이다. 그의 금욕적 삶에 대한 열정은 여전히 변함없었다.

오랜 학교 친구인 수어드와 친하게 지내면서 진지한 성격의 학생들 중에서 새로운 친구를 만들기도 했지만 토머스는 외길을 걷고자 했고 거들먹거리는 인물들을 잘라냈다. 동료들은 부모의 돈으로 좋은 옷과 맛있는 음식, 비싼 와인을 사는 데 쓰는 반면 데이는 절약하며 살았다. 다른 이들이 실크 옷을 걸치고 이발소에서 머리를 장식하고 분을 바르느라 시간을 보낼 때 토머스는 낡고 유행이 지난 옷을 걸치며 머리카락은 그냥 길게 두었다. 그는 와인 대신 물을 마셨고 평범한 음식을 먹었으며 고기를 거의 먹지 않아 채식주의자로 여겨지기도 했다.

매사에 논쟁적이었던 토머스는 공부를 좋아했다. 다른 학생들이 밤에 술을 마시며 흥청거리는 동안 그는 책에 빠졌다. 선생이 수업에 나오지 않을 땐 앞에 나서서 어떤 논쟁적인 주제에 대해서 긴 연설을 쏟아내기도 했다. 그의 어조는 분명했다. 그의 긴 연설로 인해 고통을 받았던 한 친구의 말에 따르면 데이는 대화 주제가 무엇이 되었든 간에 길게 그리고 상세하게 설명하는 것을 좋아했다.[15] "심오한 정치적 탐구에서 가장 하찮은 일상사에 이르기까지 데이 씨는 뭐든 상세하게 늘어놓았다." 또 다른 동료가 그것을 이렇게 지적했다. "데이는 항상 책처럼 말했다."

남자들 사이에서 데이의 지루한 연설은 받아들이기 힘들었다. 남녀 혼성 집단에서도 그의 오만한 강연은 예의가 없고 불합리해 보였다. 특히 "여성 집단에까지 사랑이라는 이름으로 인류의 악이 뿌리내렸다"라는 데이의 주장에서 그가 여성에 대해 어떠한 호의도 없음을 엿볼 수 있다. 어린 시절 어머니가 경멸스런 계부를 맞아들인 배신의 경험은 여성에 대한 의심을 더 강화시켰다. 무자비한 계부에 의해 어머니와 떨어진 토머스는 생각에 잠긴 햄릿처럼 여성에 대해 매혹을 느끼는 동시에 비난을 가했다. 동료들이 여자를 방으로 끌어들이느라 애썼던 반면 토머스는 그들의 이상한 행동을 혐오하면서 여성을 두려워하거나 불편해했다.

그는 혼자 방안에 처박혀서 빅널에게 보내는 길고도 산만한 편지에 뒤범벅인 감정들을 쏟아냈다.[16] 이른 아침 시종이 식사를 가져오기 전, 머리는 헝클어지고 양말은 제대로 신지도 않은 채 밤늦게 양초를 태워가며 갈긴 편지를 마무리하면서 데이는 친구들의 천박함에 대해 투덜거리고 인생의 좀더 깊은 의미를 갈구했다. 그는 옥스퍼드에 새로 들어온 빅널의 한 친구를 만난 뒤 "대학이란 곳은 멋이나 부리는 자와 바보를 섞어놓은 완벽한 곳"이라고 선언했다. 데이는 "내일 차나 한잔 하자고 그에게 말했더니, '글쎄요, 선생님. 제가 기꺼이 기다림의 기쁨은 받아들이겠지만 절대로 차를 마시지는 않겠습니다'라더군"이라며 친구의 친구를 조롱하면서 "분명히 하늘에 위대한 아버지 따위는 없었다"고 말했다. 이 얘길 듣고 빅널은 데이에게 친구의 정착을 도와달라고 말한 것을 바로 후회했다.

데이는 경멸을 받을 게 뻔한 말을 해놓고 한편으로는 동료애를 갈구하면서 쉽게 상처를 받았다. 하루는 수어드가 자신과 절교한 이유에 대해 설명해달라고 빅널에게 요구했다. 빅널이 그의 거리낌 없는 기행을 비난하며 친구를 두둔하려고 하자, 데이는 "내가 불만인 게 바로 그 냉담함이야"라고 퉁명스럽게 대답했다. 수어드가 얼마 안 있어 외국으로 가려고 옥스퍼드를 서둘러 떠났을 때도 데이는 거의 눈물을 보이지 않았다.

대신 데이는 사회성이 없는 다른 사람들과 친해졌다.[17] 그중 하나는 리처드 워버턴리턴이었는데 그는 뛰어난 학자이자 괴벽이 있는 귀족으로 하트퍼드셔에 있는 오래된 고딕식 주택을 상속받았다. 부끄럼을 잘타고, 옥스퍼드의 마리아 막달레나의 동상을 자신을 째려보는 여자로 오인했을 정도로 지독한 근시인 그는 그 대학에서 토론 모임인 그레시안 클럽을 만드는 데 일조했다. 데이의 '비상한 능력'을 존중하는 평생의 친구로 남은 워버턴리턴은 특히 그의 여성 교육안에 영감을 받았다. 또 다른 새 친구는 윌리엄 존스였는데 뛰어난 언어학자로 곧 동방의 존스라는 별명을 얻게 될 것이었다. 그는 학교에서 헤브루어와 아랍어를 배웠고, 『아라비안 나이트』를 원래의 언어로 재번역하느라 바빴다. 급진적인 동료들인 존스와 워버턴리턴은 둘 다 데이의 기벽에 사로잡혔다.

옥스퍼드에서 데이는 자신의 교육을 직접 챙겼다. 데이는 학위를 딸 생각이 없었기에 일련의 과제 제출이나 시험에 대한 압박 없이 자신만의 독서 목록을 짰다. 학구적인 주제로 토론할 선생이 별로 없었기 때문에 그는 빅널과 주로 의견을 교류하고 있었다. 당시 가장 논쟁적인 책을 읽어나가면서 자유로운 사고에 대한 욕구를 충족시켰다. 데이는 볼테르의 뛰어난 책인 『철학 사전Dictionnaire Philosophique』이 1764년에 출판되자 영역본을 구했다. 『철학 사전』을 열두 번도 넘게 독파했는데 '간통'에서 '키스하기'와 '사랑과 관용', 그리고 '폭정'과 '눈물'에 이르기까지 모든 내용을 다 읽었다. 그 책은 파리와 제네바에서 불태워지고, 가톨릭교에 대한 비판이 금기시된 어디서나 금서가 되었지만 데이는 열렬히 볼테르를 옹호했다. 그는 "이 책이 그렇게 해를 끼친다거나 마땅히 공적 탄압을 받아야 한다고 생각하지 않아"라고 빅널에게 말했다. 옥스퍼드 서점에서 한 학생이 그 책이 런던에서도 금지된 데 찬성한다는 말을 하자 그에게

완벽한 아내 만들기

화를 내며 이의를 제기했다. 학감의 방침에 충실히 따랐던 그 학생은 그 책을 펴본 적도 없음이 밝혀졌다.

데이는 스코틀랜드 철학자 데이비드 흄의 견해에도 푹 빠졌는데, 당시 흄은 반反종교적 견해로 많은 비난을 받고 있었다. 그는 특히 흄의 저서 『인간의 이해력에 관한 탐구』에 감탄했는데, 인간이 추론하고 생각하는 방법을 설명하는 이 책의 합리적인 접근이 그 이유였다. 사랑과 같은 감정에 대한 과학적 설명이 데이의 논리에 더 분명한 근거를 제시해주는 듯했다. 그는 비종교적 텍스트를 읽어나갈수록 종교에 대한 회의가 더욱 커졌다. 마을 신부에게 도전했고 경멸을 보냈던 아이가 종교적 권위마저 거부할 준비가 된 것이다. 그러나 그 자리에는 새로운 신념이자 대안적 철학이 필요했다.

혼자만의 연구에 몰두한 데이는 '도덕적 진리를 발견하기'에 온 시간을 쏟아부었는데, 한 친구의 표현에 따르면 "철저하게 논리적인 유추와 깊은 형이상학적 연구 방식"[18]으로 추구했다고 한다. 똑똑하고 호기심 많은 성장기 아이처럼 그도 인생의 의미를 찾고 있었다. 곧 유산을 상속받지만 성적 쾌락에는 아무 관심도 없고, 종교적 헌신이나 정치적 야망을 지닌 명석한 이 젊은이가 앞으로 인생을 어떻게 보내겠는가?

잠시 법학을 배워볼까 하는 충동에 이끌렸던 데이는 옥스퍼드에 재학 중이던 1765년 초, 영국 법학회인 미들 템플에 등록했는데,[19] 그곳에는 이미 빅널이 학생으로 있었다. 그곳에 모인 젊은 총각들은 법학 공부에 특별한 뜻이 없었기에 미들 템플은 편리한 모임 장소와 유용한 인맥을 제공할 뿐이었다. 데이는 방을 배정받으면서도 대학을 마칠 때까지 변호사를 직업으로 삼을 의도가 없다, 더 정확하게는 그럴 필요가 없다고 말하기까지 했다. 자신의 미래를 결정할 목표는 직업이 아닌 덕의 추구여야만 한다는 결론에 도달했다.

덕은 고상한 이상이자[20] 18세기의 작가와 사상가가 숭배하던 개념이기도 했다. 새뮤얼 존슨은 1755년에 출판된 사전에서 덕을 도덕적 선함, 도덕적 탁월함이나 용기라고 정의내렸다. 9년 뒤에 쓴 『철학 사전』에서 볼테르는 이 명사를 "인간을 향한 선행"이라고 규정했다. 그러나 이런 사전적 정의는 그 시대의 다른 위인들에겐 과도하게 간결한 것으로 여겨졌다. 하여 애국주의, 독재에 대항하는 용기, 사회 부정의에 맞선 공정함, 궁핍한 사람들에게 자선을 베푸는 행동 같은 고상한 개념에다 예의와 훌륭한 가정 교육이라는 좀더 단조로운 사상이 결합되면서 덕이란 모든 사람에게 행하는 모든 행동을 의미하기도 했다.

철학자 존 로크의 사상은 1704년에 그가 죽은 뒤에도 18세기 내내 영향을 미쳤는데, 그는 사회적 우아함이 덕의 필수 요소이고 그래서 훌륭한 예법을 익히는 것이 교육의 핵심 부분이라고 주장했다. 덕은 그런 까닭에 부유하면서 교육을 잘 받은 남자들의 영역이었다. 그러나 버나드 맨더빌은 1705년에 출판된 자신의 풍자시집 『꿀벌의 우화: 개인의 악덕, 사회의 이익』에서 훌륭한 행동은 실제로 허황심과 자기애에서 유발된다고 주장했다. 그의 관점에 따르면 악은 경제와 사회를 유지하는 중요한 동기이며 선행이었다. 에드워드 기번을 비롯한 다른 저자들은 고대 그리스와 로마 초기의 전통적 덕으로의 회귀를 요청했다. 로마 제국의 쇠퇴를 불러온 것은 시민적 덕목의 결핍, 즉 점차 방탕과 쇠락으로 침전했기 때문이라고 주장했다. 그러나 흄을 비롯한 근대주의자들은 과거의 개념이 현시대에는 착오적이라고 믿었다.

완벽한 아내 만들기

덕의 본성은 소설가들에게도 부담이었다. 새뮤얼 리처드슨과 헨리 필딩, 패니 버니와 샬럿 스미스와 같은 작가들도 덕을 정의하느라 진땀을 뺐다. 소설을 통해 그들은 덕이 일반적으로 좋은 집안에서 자라고 제대로 교육받은 부유한 남자들에게 있다고 하는 통념과 모순되는, 즉 가난하고 덜 교육받고 제대로 대접도 받지 못하는 사회의 밑바닥 층인 여성에게서, 때론 그런 남성에게서도 보인다는 것을 밝혀냈다.

철학자와 소설가들이 이 고통스러운 난제로 싸우는 동안 젊은 토머스 데이는 자신이 덕의 기준을 가지고 있었다고 확신했다. 데이에게 덕은 단순하고 분명한 불변의 개념이었다. "확실히 덕이라 할 것이 있다"며 빅널에게 "그것은 현실에 존재하고, 시대의 관습과 편견에 따라 외양만 달리할 뿐이다"라고 했다. 기술이 진보하고 상업이 발전하는 등 산업화가 빠르게 진행되는 세상임에도, 개인의 자유와 인권이라는 새로운 개념들과 뒤엉키면서 "덕의 진정한 기준은 언제나 그래왔고 지금 그리고 앞으로도 늘 같을 것이다"라고 그는 믿었다.

그리고 데이는 십대가 채 끝나기도 전에 자신이 덕 있는 남성의 전형이 되겠다고 결심했다. 고대 영웅에게 영감을 받으면서 그는 자신의 에너지와 재능, 그리고 가장 중요한 재산을 훌륭한 일을 하는 데 바치기로 마음먹었다. 고대 그리스의 스토아 철학자처럼 그도 단순하고 자기희생적인 삶에 헌신하고, 모든 사치와 유행과 쾌락을 경멸하며 박애주의와 이타주의를 실현해나가기로 했다. 아킬레스를 흠모하던 알렉산더 대왕이 트로이에 있는 그의 무덤에 다녀온 뒤 "영광을 위한 열정으로 무장할 것"이라고 했듯이, 가까운 친구에 따르면 그도 그렇게 자신의 "열정, 쾌락, 재산과 재능"을 고대 영웅을 숭배하면서 덕을 추구하는 데 바칠 생각을 했다고 한다. 옥스퍼드의 방탕하고 퇴폐적인 분위기 속에서 이상주의자인 데이는 정직하고 올곧게 그가 정의한 대로 도덕적인 행동에 맞춰 일생을 살아갈 결심을 했다. 그러나 이것이 쉬운 선택은 아니었을 것이다. 한 친구의 말에 따르면 데이는 스스로를 "혹독한 덕을 끊임없이 실천"하는 데 바쳤다.[21] 그는 덕을 언제나 참회하며 봉사하는 수도승의 자세라는 종교적 관점으로 이해했다. 덕을 숭배하면서 어떠한 개인적 쾌락도 누리지 않을 것이었고 수도사가 입던 마미단馬尾緞처럼 덕을 입을 것이었다.

인생의 진정한 길을 걷기로 맹세한 데이에게도 딱 한 가지가 부족했다. 바로 일생의 과업을 나눌 솔메이트가 필요했던 것이다. 후에 제인 오스틴이 통찰력 있게 기술할 텐데, 재산을 가진 독신 남자에게는 아내가 있어야만 했다. 지적이고 건강하고 젊은 데다 곧 부자가 될 데이는 옥스퍼드의 인기 있는 총각들 목록에서 상위에 속했다.

이상적인 남편을 찾는 젊은 여성들은 데이의 많은 재산 덕분에 곰보 자국이 있는 얼굴과 둥그런 어깨, 볼품없는 걸음걸이와 기이함을 못 본 체하고 넘길 용의가 있었다. 몇몇은 심지어 그의 긴 머리와 낡은 옷에서 반항적인 젊은 학생의 매력을 발견하기도 했다. 그러나 대화에 참여하거나 최신 댄스를 배우는 것, 당대 유행을 따르는 것 모두를 거절하는 그의 태도는 대부분의 여성에게 매력을 주지 못했다. '현대의 세련'에 대한 데이의 경멸은 친구가 표현했듯이, 그가 "외양이나 매너를 가꿀 그 어떠한 수고도 하지 않을 것"을 의미했다. 사실 그는 배우자로서 부족했으며, 이는 그가 만났던 누구나 잘 알고 있었다. 빅널에게 보낸 한 편지에서 "식사 예절이나 의복이나 장식에서 우아함의 부족"을 언급했고 이를 인정했다.[22] "내 말과 행동과 삶의 매너는 어느 정도 야만적이고 거칠다." 그럼에도 그는 그 어떤 노력도 하지 않겠다고 결심했다.

더불어 데이의 음침하고 우울한 외양과 교조주의적이고 남을 질리게 하는 매너는 그의 매력을 전혀 높여주지 못했다. 데이는 장황하게 말하는 것을 좋아했는데 자신의 관점에 조금이라도 이론이 제기된다면 그는 "상류층의 대화 어조를 따르기보다는 필요 이상으로 심각하게" 따지고 들었을 것이라고 한 친구가 돌려 설명했다.[23] 간단히 말해서 그는 자신의 견해가 도전을 받을 때는 언제나 화를 분출하고야 마는 불 같은 성정을 지녔다.

이런 결점에도 불구하고 그에게 관심 있는 여성들은 단념하지 않았던 반면, 데이는 종종 그녀들의 기대와 정반대 방향으로 흘러가는 미래의 삶의 방식을 묘사하곤 했다. 친구의 증언에 따르면 "그는 아주 솔직하게 이야기했지만 그의 말을 들은 여성들로부터 찬성의 표시를 자주 얻지는 못했다"고 한다.[24] 무엇보다도 그의 마음을 얻고자 하는 아가씨들을 정 떨어지게 한 것은 그의 독특한 여성관, 18세기의 여성 혐오의 기준에서도 한참 뒤떨어진 여성관이었다.

법적인 측면에서 18세기 영국의 여성에게는 독립적인 권리가 거의 없었다. 필연적으로 그들은 완벽하게 아버지의 통제 아래, 결혼하고 나서는 남편의 통제 아래 놓여 있었다. 결혼식에서 신부가 아버지의 손에서 남편의 손으로 옮겨지는 것은 상징적인 의미뿐만 아니라 글자 그대로의 의미를 지녔다. 결혼을 하면 여성은 모든 소유권과 돈을 남편의 손에 넘겨야 했는데 법이 아내의 존재 자체가 남편에게 속한다고 천명했기 때문이다.

법조문은 사회적 요구로 인해 더욱 악랄해졌다. 아내건 딸이건, 자매든 어머니든 18세기 영국의 여성들은 남편에게 공손히 대하고 섬기는 수동적인 존재이기를 요구받았다. 대부분의 여성에게는 열등한 법적, 관습적 지위를 따르는 것 이외에 어떠한 선택권도 없었다. 모든 법률서와 행동 지침서에서 여전히 남성에게 완전히 복종하는 여성성을 권하고 있었음에도 조지 시대는 뛰어나고 혜성처럼 빛나며 솔직한 여성들을 배출해냈는데, 그들은 예술과 과학 그리고 정치 분야에서 성공을 거뒀다.

예를 들어 여행가이자 작가인 메리 워틀리 몬터규는 터키에서 농부에게 살아 있는 바이러스를 이용한 종두법이 시행되는 것을 목격한 후 온통 남자뿐인 의료 기관의 반대에도 불구하고 이를 영국에 도입했다. 초상화가인 앙겔리카 카우프만은 남성 위주인 예술세계로 진입했는데 이후 왕립 아카데미의 창립자 중 한 명이 되었다. 고전학자인 엘리자베스 카터는 어학자로서 큰 존경을 받았는데 새뮤얼 존슨은 그녀의 고전 번역이 다른 남성들의 것보다 더 우월하다고 믿었다. 비록 그녀가 푸딩도 잘 만들었을 것이라 지적했지만 말이다. 자연의 질서를 전복하는 이런 현상을 두고 시끄럽게 싸우는 남성들도 있었지만 점차 많은 이가 여성의 업적에 찬사를 보냈고 여성의 공적을 지지하기도 했다.

자유와 인권에 대한 그의 진보적인 사고방식에 따라 토머스 데이도 여성 해방의 선봉에서 발을 맞추었을지도 모른다. 사실 그의 여성관은 그 시대의 규범에 비춰봐도 너무나 어이없을 정도로 낡았다. 십자군에 사로잡힌 중세의 기사처럼 데이는 여성들이 좋아하건 말건 자기 자신을 약자와 무력한 여성의 수호자로 생각했다. 옥스퍼드 학생일 때도 데이는 여성의 순수성이라는 개념에 대한 비뚤어진 집착을 보였고, 여성의 유혹에는 강렬한 공포심을 드러냈다. 열일곱 살 무렵 한 귀족이 젊은 여자를 유혹하고 처참하게 버린 얘기를 듣자,[25] 이런 행동에 격노한 데이는 그 유혹자에게 결투를 신청하는 편지를 들이밀곤 했다. 물론 그의 결투는 단칼에 거절되었다. 그러나 데이의 망상은 더욱 커졌다. 그의 마음속에 여자는 둘 중 하나였다. 순진하고 더럽혀지지 않은 처녀이거나 난폭한 남성에게 짓밟힌 무력한 희생자. 의심할 여지도 없이 그런 생각은 어린 시절의 충격, 어머니가 계부의 유혹에 넘어갔다는 생각에서 나왔을 것이다.

나락에 빠진 여성을 지켜주는 수호자로 스스로를 설정한 후에 데이는 여성의 완전성에 대한 자신만의 매우 독특한 이상을 발전시켜나갔다. 데이는 목가적 순수라는 고전적 신화와 낭만적인 개념에서 비롯된 완전한 여성에 대한 이상을 확신했다. 그녀는 그리스나 로마의 여신처럼 젊고 아름다울 것이었다. 또한 시골 아가씨처럼 순수하고 처녀여야만 했다. 그러면서도 강하고 두려움이 없는 스파르타의 신체적 조건을 가지되 꾸밈이 없고 때 묻지 않아서 옷이나 음식과 생활 습관에서도 허름한 농가의 아이처럼 수수한 취향을 가져야 했다. 그리고 무엇보다도 그녀는 데이를 주인이자 선생으로, 감독자로 여겨야 했다. 그의 욕구와 변덕에 완벽하게 맞추면서 그의 사상과 신념을 완전히 따라야 했다. 데이는 이런 덕목을 갖춘 여성을 찾는 일로 앞으로의 나날을 보내기로 마음먹었다.

그가 아무리 노력한다 해도 옥스퍼드의 지저분한 유혹 사이에서 그런 아름다움과 순수로 뭉쳐진 여인을 쉽게 찾지 못하리라는 걸 깨닫는 데는 그리 오래 걸리지 않았다. 여성들에게서 당혹감을 느끼면서도 데이는 대학에 도착한 그 순간부터 잠재적인 반려자를 찾는 데 몰두했다. 옥스퍼드에서 빅널에게 보낸 편지에는 여성에 대한 언급이 대부분을 차지했고, 그의 간결한 이상형 수준에 맞지 않았던 사람들의 이름이 줄줄이 나왔다. 그들의 단점은 대부분 데이의 진가를 알아보지 못하는 능력과 관련이 있었다.

데이가 관심 있는 여성에게 거절을 당할 때마다 그는 폭력적인 기질로 반응했다. 빅널에게 보낸 한 편지에서 "리어노라처럼 그렇게 거만을 떠는 매춘부는 만난 적이 없어"라며 불만을 쏟아냈다. 또 다른 편지에서는 "사근사근한 샬럿 양은 어때? 솔터는 실제로 내가 그녀와 사랑에 빠졌다고 믿고 있나봐"라면서 덧붙이기를 "내가 어떤 여성에게 관심을 가졌다면 색정적인 면에서 그의 라이벌이 되었을 것이다"라고 썼다. 그는 사랑을 잘 속아 넘어가는 독자를 위해 소설가가 날조한 비논리적인 환상이라고 믿었고, 여성을 향해 이상하게 성적인, 한편으론 전혀 성적이지 않은 태도를 발전시켜나갔다. 한번은 데이가 "나는 결코 아내를 사랑할 수 없을 거야" 하고 빅널에게 토로한 적이 있었다. 분명히 옥스퍼드의 미인들은 데이의 고양된 이상에 맞춰 살 리가 없었기 때문에 그는 환상 속 처녀를 신부로 맞기 위해 더 먼 곳으로 나가야만 할 것이었다.

긴 방학 동안 데이는 서부 지역과 웨일스로 홀로 여행을 떠났다.[26] 그는 외국 여행을 할 생각이었다. 돈 많은 젊은이들의 통과 의례로 여겨졌던 유럽 그랜드투어를 떠나려 했다. 그러나 인색한 계부가 경비를 대주지 않아서 그는 할 수 없이 영국에서 값싼 캠핑 휴가를 보내는 것으로 만족해야만 했다. 낡은 텐트와 몇 가지 소지품을 챙겨서 그는 런던 교외의 홈카운티 농촌 풍경을 죽 끼고 도싯과 서머싯 그 너머의 언덕으로 이어지는 농장 코스를 따라 여행했다. 그러나 데이는 여행에서 마음이 넓어

완벽한 아내 만들기

지기는커녕 오히려 그의 고정관념, 즉 시골생활을, 특히 시골 여자를 동경하는 그의 낭만적인 상상만을 굳혔을 뿐이다.

농장이나 마을에 들어설 때마다 데이는 시골의 생활 방식과 풍습을 배우기 위해 지역 주민들에게 얘기를 건넸다. 데이는 '걷는 모습'만으로 어떤 계층의 남자인지를 파악하고, 시골길에서도 순수한 마음과 기교로 꾸미지 않는 성정을 가진 사람을 찾아낼 수 있다고 으스댔다.[27] 물론 그가 주된 관심을 기울인 것은 여자였지만 말이다.

돈이 많지만 수수한 옷차림과 빗질하지 않은 머리를 하고 겉모습과 어울리지 않게, 그는 교양이 넘치는 목소리로 시골 오두막의 문을 두드렸다. 그가 넝마를 걸친 주민들에게 철학적인 주제에 관해 묻거나 마을 여인숙으로 성큼성큼 들어가 점심으로 빵과 물을 요구할 때는 마을 사람들의 웃음이 뒤섞인 호기심을 불러일으켰다. 그러나 그가 돈을 남기고 돌아서면 그를 조롱한 사람들의 비웃음은 가시곤 했다. 데이는 구걸하는 대신 구호품을 나눠주는 이상한 부랑자 같았다.

혼자 떠난 시골 여행에서 데이는 비바람에 닳은 잡지에 자작시를 쓰며 자신의 울분을 털어놓았다.[28] 멀리 떨어진 동굴에서나 비가 들이치는 들판의 텐트에서 바람에 흔들리는 촛불 앞에서 쓴 우울한 산문과 짧은 서사시에는 그가 지나가면서 본 넘치는 강물과 폭풍우 치는 바다와 같은 오염되지 않은 자연의 원시적 힘에 대한 칭송이 가득하다. 그의 작품은 대체로 울적함을 토로하거나 억눌린 열정과 보답이 없는 사랑을 그리고 있다. 그리고 그것은 언제나 비극으로 끝난다.

시 하나는 세번강 상류에 아슬아슬하게 서 있는 무너질 듯한 동굴에서 쓴 것으로 골짜기 아래로 억수같이 쏟아지는 "누를 수 없는 감정"을 배경 삼아 "천상의 소녀"에 대한 "부질없는 사랑"을 묘사한다. 그는 그것을 통렬함을 담아 "브리스틀 근처 위험스레 붙어 있는 동굴에서의 소네트"라 불렀다. 그가 세번에서 웨일스로 건너가는 동안 그의 울분은 커지기만 한 것으로 보인다. 여기서 그는 27행의 운문에서 "증오하는 라이벌"에 헌신하는 여자에 대한 괴로운 사랑을 "부질없는 불꽃"에 바쳤다. 그 시는 고통을 준 연인에게 "칼로 심장을 찌를 것이라" 맹세하고 "내게서 나의 애인을 약탈한 자에게" 복수를 다짐하는 것으로 절정에 이른다.

데이가 캠핑 저널에 쓴 세 편의 시는 로라라는 이름을 떠올리게 한다. 로라라는 이름의 다가갈 수 없는 프랑스 여자에 대한 불굴의 사랑을 주제로 수백 편의 시를 썼던 14세기 이탈리아 시인인 프란체스코 페트라르카에 대한 존경의 표시였을 것이다. 18세기 시인들이 로라를 그들의 뮤즈로 부르는 것은 흔한 일이었다. 아마도 토머스는 옥스퍼드에서 자신을 냉대했던 리어노라를 떠올렸을지도 모른다. 한 친구에 의하면, 데이는 알 수 없는 로라의 "변덕에 상처를 받았지만 그녀의 변덕을 확신하기 전에" 그 시를 썼다고 한다.[29]

데이의 시에서는 그녀에 대해 "내 가슴이 불타오를 수 있었던 유일한" 사람이라고 반복적으로 언급하면서 "그 사랑스런 로라"가 이제 다른 이에게만 미소를 지을 것이라는 사실에 탄식했다. 이런 비가悲歌 중 하나는 다른 것들에 비해 열정적인 메타포로 빈틈없이 채워져 있었는데, 여기에서 그는 마침내 스스로에게 유혹자의 검은 외투를 씌운다. "한 번이라도 내가 그대를 내 팔에 안는다면 그다음엔 파멸이 우리를 무덤에서 재회시킬 것이다." 사랑의 불합리성에 대해 항거했지만 젊은 토머스는 여성의 변덕으로 여느 젊은이와 마찬가지로 고통받았다. 그리고 간절한 마음을 운문에 표현했듯이, 로라는 상상의 이상형으로서 지위를 부여받았다.

고독한 산행과 외로운 밤들이 이어지며 데이는 자신의 까다로운 요구 사항을 충족시켜줄 처녀에 대한 환상을 불태웠다. 어떤 시에서 그는 자신의 완벽한 여성과 함께 꾸려갈 이상적인 생활을 상세하게 묘사했다. 그가 찾는 이는 "장밋빛의 건강한 뺨"과 "꾸밈없이 말아 올라간 눈썹이 있는 눈"을 가진 "서부의 점잖은 소녀"였다. 이런 천상의 소녀는 명성이 자자한 어떤 "귀족"과 다르지 않을 것이며 "천박한 문화"에 이끌리지도 않을 것이었다. 그리고 무엇보다 중요한 것은 그녀가 "비밀스런 숲속에서 격리된 채" "나 말고는 어느 누구의 칭찬이나 비난에 신경 쓰지 않고" 지내면서 행복하게 살아야 했다. 그는 결점 없는 솔메이트를 찾는 것이 "나의 유일한 임무"라고 선언했다.

오 서부의 부드러운 소녀여
그녀의 매력은 이 고립된 해변에 있고
사랑으로 이방인의 가슴을 불태울 것이며
그 가슴은 이전에 그 누구도 사랑한 적이 없을 것이다!

오 말해줘, 침묵의 베일에 싸여
5월의 부드러운 숨결을 환호하려고
그대의 머리칼은 강풍에 흩날리고
아주 황홀한 그대는 벗어나려고 부끄럼을 타네[30]

데이는 자신과 같은 계층에서 수준 있는 교육을 받았고 말을 잘하는 도시의 여인들 속에서 꿈의 여성을 찾을 수 없었다. 그렇다고 교외에서 거칠게 자란 붉은 뺨의 농부의 딸 중에서 찾을 수 있는 것도 아니었다. 심지어 아직 10대 후반이었음에도 불구하고 그는 완벽한 여성에 대한 자신의 비전이 상상 속에서만 존재한다고 결론을 내렸다. 어떻게 상상의 소녀를 현실로 불러내겠는가? 그렇다면 완벽한 아내를 어떻게 만들어낼 수 있을까?

데이는 새롭고도 충격적인 생각을 펼치기 시작했다. 농장에서 마을로 걸으면서 그는 태양에 그을린 채 들판에서 일하는 힘 세고 풍만한 여자들에게서 납작한 가슴에 마른 다리를 가진, 부모 곁에서 일하면서 이제 막 사춘기에 접어든 어린 소녀에게로 시선을 옮겼다. 오랫동안 완벽한 여성을 찾아 헤맸지만 그가 필요로 했던 것은 자신의 요구 사항을 만족시키 위해 훈련을 받을 만한 소녀였다. 만약 여성이 교육받는 방식에 문제가 있어서 그가 이상적인 파트너를 찾을 수 없었다면, 그 역할에 맞는 소녀를 양육하면 되는 것이었다. 존 빅널에게 한 설명에 따르면 "정신의 습관은 신체의 그것과 같다. 인생의 한 시점에서 그것들은 방해를 받을 수도 있다. 그러나 부분적으로 치료가 가능하기도 하다. 그러나 그것들이 전적으로 뿌리내리고 치유 불가능해지는 또 다른 단계가 있다".[31] 만약 다른 데서 영향을 받아 편견을 갖기 전에 소녀를 교육시킬 수만 있다면 자신만의 완벽한 여성을 창조할 수 있으리라 결론내렸다.

이제 그는 신부 교육을 받을 만큼 무르익은 소녀를 어떻게 구할 것인가라는 까다로운 문제로 넘어갔다. 그리고 더욱 어려운 두 가지 사안을 떠올렸다. 성가신 법적 문제를 처리해줄 믿을 만한 협조자와 그의 목표를 실현할 만한 확실한 교육 방법이 필요했다. 운 좋게도 그에게는 결정

완벽한 아내 만들기

적인 그 부분을 제공할 수 있는 두 친구가 아주 가까이 있었다.

데이가 완벽한 파트너를 찾아 언덕을 넘나드는 동안, 그의 충실한 친구인 빅널은 완벽에 가까운 인생을 살고 있었다. 1761년부터 미들 템플에서 법을 공부한 빅널은 법률가가 되기 위해 기본기를 아주 착실히 닦아가고 있었다. 런던의 성공적인 한 법률 가문의 차남으로서 그는 완벽하게 자리를 잡았다.[32] 런던에서 오랫동안 학교생활을 하면서 법만큼이나 세상 물정에 대한 폭넓은 지식을 배웠다. 법률가를 양성하는 교육 과정은 통상 3년가량 몇 권의 책을 대강 공부하고 몇 가지 필수적인 의례를 거치기만 하면 됐기 때문에, 다른 일을 할 시간은 많이 있었다. 그리고 미들 템플을 포함한 런던의 4대 법학원은 적어도 옥스퍼드 대학만큼이나 부패했기 때문에 기회는 널려 있었다. 육체의 쾌락을 멀리했던 친구 데이와 달리 빅널은 그가 할 수 있는 한 거기에 푹 빠져 있었다.

챈서리 레인에서 부모와 함께 살았던 빅널은 이너 템플과 미들 템플이 모여 있는 법률 지구로 들어가기 위해 17세기 양식의 정문을 지나야 했다. 원래는 예루살렘으로 향하는 순례자들을 보호하기 위해 구성된 중세의 종교단체인 템플 기사단의 기지로서[33] 플리트가와 템스 사이에 위치한 그 지역은 14세기에 변호사들이 차지한 이래로 그때부터 지금까지 거의 변화가 없었다. 튜더 시대에 지어진 성벽으로 보호받는 마을처럼 좁은 길이 모여 있고 그늘진 넓은 잔디와 약간 흔들리는 벽돌 건물들은 그곳에 살면서 공부하는 법률가와 학생들에게 자족적인 공동체를 제공했다.

미들 템플 골목길을 걸어 나가면서 왼쪽에는 오래된 우체국을 오른쪽에는 데블스 테번을 끼고 빅널은 점심을 먹으러 가는 길에 동료 학생이나 법률가, 판사를 만날 수 있었을 것이다. 한 학기당 적어도 세 번씩 최소한 열두 번 정찬에 출석하는 것이 법학 교육 과정에서 엄격히 규정된 몇 가지 안 되는 요구 사항 중 하나였다. 빅널은 1765년부터 각 학기마다 정기적으로 정찬을 즐겼다.[34]

코번트 가든의 집창촌과 가까이 있었기 때문에 미들 템플이 거주자들에게 아주 인기 있는 장소였다는 점은 이상할 게 없다. 법률가이자 일기 작가이며 호색한이었던 제임스 보즈웰[35]은 그곳이 '가장 마음에 드는 장소'였다고 밝히기도 했다. 빅널이 보즈웰처럼 "스트랜드가에서 소녀를 집어다가" 뒷골목에서 6펜스에 성적 자유를 누렸든지 아니면 템플에서 코번트 가든에 이르는 익숙한 길에서 누군가를 집적거렸든지 간에 후대의 언급으로 미루어보건대 그는 분명히 방탕한 태도를 취했을 것이다.

한 여자 지인은 빅널의 이와 같은 '독신자의 향락'을 미들 템플의 동료들 중 한 명에게서 듣고 아주 놀라게 될 것이었다.[36] 당연히 여성의 유혹에 공포를 가지고 있는 데이가 자기 친구의 기질에 대해서는 까마득히 몰랐다고 추측할 수 있다. 빅널은 일상적으로 결투 신청을 받았을 종류의 약탈적인 남성이었다. 그러므로 그는 완벽한 여자를 찾는 것에 어떠한 로맨틱한 관심도 보이지 않았을 것이다. 그러나 데이가 목표를 달성할 수 있도록 기꺼이 법적 전문 지식을 사용할 준비가 되어 있었다. 이제 데이에게 부족한 것은 대담한 계획을 실행에 옮길 대안적인 교육 제도였다.

데이가 리처드 러벌 에지워스를 만난 때는 1766년이었다. 이 두 남자처럼 좀체 어울릴 듯하지 않는 사이를 상상하기란 힘들 것이다. 데이보

완벽한 아내 만들기

다 네 살 많을 뿐인 에지워스는 스물두 살에 벌써 결혼을 세 번이나, 그 것도 최소한 법적인 것만 셌을 때 그런 상태였고, 이미 한 아이의 아버지 였다. 그러나 자유분방하고 창의적인 그 아일랜드 사람은 가족에 대한 책임감 때문에 삶의 욕구를 절제할 의사는 전혀 없었다.

1744년에 영국계 아일랜드인 가족의 차남으로 태어난 에지워스[37]는 가족 소유의 넓은 영지에서 아끼는 동생 마거릿과 자유롭게 돌아다닐 수 있었다. 에지워스가 여섯 살일 때 형이 죽자, 그의 부모는 갑자기 유일 한 상속자인 그를 과보호하기 시작했다. 부모는 그 소년을 머리부터 발 끝까지 감싸고돌았다. 집을 나설 때마다 허락을 받아야 했고 매일 예방 약을 복용했다. 이 점에 대해 에지워스는 신기할 정도로 솔직한 기록을 남겼는데 "내 발은 풀을 한 번도 직접 밟은 적이 없고 머리는 바람이나 태양에 노출된 적도 없었다". 자유분방하게 자라다가 갑작스럽게 변한 양육 방식은 에지워스의 교육 사상에 깊은 영향을 미쳤다.

일찍부터 지적이었던 에지워스는 책을 걸신들린 듯 읽어나갔지만 책 이 매사의 문제에 대한 해결책을 제시하는 것에 대해서는 별 흥미를 느 끼지 못했다. 대신 에지워스는 일곱 살부터 어머니가 그를 낳으면서 걸린 마비 증상을 치료할 목적으로 어떤 전기 도구를 사용하는 것을 보면서 기계류에 매혹되었다. 그리고 학교를 다니며 여성에 대한 금지된 열망을 발견했다.

열다섯 살에 누나의 결혼식에서 에지워스는 동네 주민의 딸과 놀면 서 열쇠고리를 반지라며 결혼하는 흉내를 냈다. 그의 아버지는 법률가로 서 결혼은 법적으로 구속되는 것이라 경고했는데도 그는 술자리에서 즉 흥적으로 결혼을 한 후 깨어나기도 하고 교회에 의해 공식적으로 취소

될 모의 결혼을 하기도 했다. 그래서 에지워스는 열여섯 살에 더블린의 트리니티 칼리지에 들어갔을 때 이미 결혼과 이혼을 모두 경험한 상태였다. 학업에 관심이 없었던 그는 난봉을 일삼으며 6개월을 헛되이 보냈다. 절망에 빠진 아버지가 신속하게 그를 나쁜 짓에서 끌어내려 했지만 그를 더 나쁜 곳으로 보내고 말았다.

에지워스는 열일곱 살에 짐을 꾸려 옥스퍼드로 전학을 와서[38] 폴 엘러스라는 아버지 친구의 보호를 받게 되었는데 그는 블랜 버튼의 옥스퍼드셔에 살고 있었다. 엘러스는 게으른 사람이었고 가족과 빚을 동시에 늘리고 있었으며 호기롭고 과년한 4명의 딸을 두었는데, 모두 결혼할 지참금이 없는 '예쁜 딸'이라고 에지워스의 아버지에게 알려주었다. 데이보다 3년 먼저 1761년에 코퍼스크리스티 칼리지에 입학한 에지워스는 엘러스의 집에서 4명의 예쁜 딸이라는 훨씬 더 큰 유혹에 이끌려 대학생활에서 눈을 돌렸다. 2년 만에 그는 열여덟 살의 애나 마리아라는 맏딸에게 "완벽하게 사로잡혀서 어떠한 탈출구도 찾을 수가 없게" 되었다.

그녀는 임신한 상태였는데[39] 아마도 애나 아버지의 계략인 듯했다. 열정은 이미 식었지만 에지워스는 결혼해야 할 의무감을 느꼈다. 방탕했지만 명예를 중요시하는 남자였기 때문이다. 그들은 부모의 동의 없이 결혼할 수 있을 정도로 나이가 차지 않아서 스코틀랜드로 몰래 달아나 거기서 1763년 말에 결혼했다. 돌아와서 아버지의 분노에 부딪힌 에지워스는 예식을 다시 하기로 했고, 아버지의 마지못한 동의하에 1764년 2월 블랙 버튼에서 식을 올렸다. 결과적으로 에지워스에게는 세 번째 결혼이었다. 그들의 첫째 아들인 딕이 3개월 뒤 태어났다.

일 년 뒤 에지워스는 상대적으로 적은 돈으로 헤어 해치에 위치한 평범해 보이는 검소한 집에 식구들을 정착시켰는데, 그곳은 버크셔의 레딩과 메이든헤드 사이의 주요 마차 도로변에 있는 작은 마을이었다. 이미 그때 에지워스는 진심으로 결혼을 후회하고 있었다. 에지워스가 이제 애나 마리아에게 아름다움이라곤 없다고 말하고 다녔지만, 그의 아내는 충분히 아름다웠다. (애나 마리아의 초상을 보면 검은 머리에 호리호리하고 우아한 여성임을 알 수 있다.) 그러나 그는 아내가 "자부심 넘치고 가정적이며 사랑스러웠지만 명랑한 기운이 없다"고 불평했다.[40] "그녀는 사소한 것에도 탄식을 하곤 했는데 같이 사는 여인의 탄식은 집안 분위기를 전혀 즐겁게 하지 못한다." 어떤 이는 애나 마리아가 "늘 울고 있다"고 기억하곤 했다.[41] (실제로 그녀는 아마 많이 울었을 것이었다. 새신랑이 항상 그들의 불행한 가정에서 도망갈 기회만 찾았기 때문이다.)

불쌍하게 아이를 떠맡은 애나 마리아를 떠나기 위해 에지워스는 억제할 수 없는 에너지를 발명에 대한 열정에 쏟아부었다. 그는 많은 시간을 작업장에 처박혀 지냈고 정기적으로 기묘한 장치를 만들어 실험하면서 때때로 재난에 가까운 결과를 초래하곤 했다. 하루는 돛으로 가는 수레가 밧줄이 풀려 젊은 발명가를 실은 채 광란의 속도로 풀밭을 가로지르기도 했다. 역마차처럼 그의 실험적인 '바퀴 보트'를 추월하는 것도 있었지만 다행히 그가 수레를 잘 몰아 참사를 피했다. 그래도 단념하지 않고 다음에는 더 큰 바퀴를 단 수레를 만들어냈다. 그러나 그가 마지막 마무리로 일종의 브레이크 장치를 하기도 전에 지역 불한당이 난폭한 속도를 즐기려고 그 기계를 가져가버렸다. 통제할 수 없는 속도로 달려가던 커다란 수레는 운전자가 겨우 뛰어내리자마자 거의 박살났다.

그런 실패는 에지워스를 발명에 더욱더 박차를 가하게 만들 뿐이었

다. 작업장에서 아주 빠른 속도로 열한 번이나 "수레바퀴가 달린 거리
측정기"라고 하는 거리를 재는 기계를 만들었고, 건초 더미를 보호하
는 큰 우산이나 정교한 짐마차, 순무를 자르는 기계, 트랙을 도는 수레
와 4개의 바퀴가 각각 굴러가는 마차도 만들어냈다. 4개의 바퀴 달린 마
차는 뒤집히지 않으면서 조그만 원을 돌 수 있었고, 원하면 즉각 말과 마
차를 분리할 수 있었다. 이는 에지워스가 이전의 재난에서 얻은 귀중한
예방 조치였다. 지칠 줄 모르는 이 발명가는 새롭게 구성된 '기술과 공정
그리고 상업을 위한 협회'에서 자신의 발명품을 내놓아 회원들을 충격
에 빠트렸고 협회는 그의 노력에 금메달과 은메달을 수여하기도 했다.[42]
'독창적인'이라는 형용사는 18세기에 창의적 발명을 하며 자유로운 정신
을 가진다는 의미를 지녔는데 에지워스만큼 그 말이 그렇게 잘 어울리는
사람은 없었다.

  가정의 의무에서 벗어나고자 했던 에지워스는 종종 법률 공부를 한다
는 핑계를 대며 런던에서 지냈다. 1762년에 데이와 빅널처럼 미들 템플
에 등록한 에지워스는 1765년 말부터 그곳에 기숙했지만 그 역시 데이
처럼 실제로 법을 전공할 의도는 없었다. 대신 에지워스는 대부분의 시
간을 런던의 사교계에 드나들거나 호기심을 유발하는 발명품을 극적으
로 선보이면서 보냈다. 그러다 프랜시스 블레이크 들레이벌과 어울리기
시작했는데 그는 도박꾼이자 주정뱅이에 난봉꾼이었으며 거친 행동으
로 악명이 높았고, 멀쩡할 때는 경마장에 나가거나 참새의 목을 치면 길
게 매단 사과가 나오는 게임을 즐기곤 했다. 기계에 대한 취향과 쇼맨십
에 사로잡힌 둘은 자석과 도르래를 이용해 군중을 불러 모아 아찔한 묘
기를 부리곤 했다.

에지워스의 새로움에 대한 취향은 그를 이래즈머스 다윈의 모임으로 이끌었는데 다윈은 의사이자 발명가이며 동시에 아마추어 시인이기도 했다. 다윈이 자신의 마차 디자인에 관심을 보인다는 얘기를 들은 에지워스는 새 마차의 설계도를 그에게 보냈다. 사교적이며 부드러운 남자인 다윈은 리치필드에 살면서 의학 실험실을 세워 운영하고 있었다. 군살이 좀 붙은 외양과 어깨까지 내려오는 가발 때문에 나이가 들어 보이긴 했지만 다윈은 이제 30대 중반이었다. 그는 에지워스에게 리치필드를 방문하라며 초대했고, 그해 여름 에지워스는 자신이 제작한 마차에 말을 메고는 달려갔다.

다윈은 에지워스의 경쾌한 사륜마차에 감명을 받았고 그 디자인에 매혹되었다. 의학이나 수송뿐만 아니라 화학, 지리, 광물학과 구조 역학에 대한 식견이 있었던 다윈은 자신의 집을 과학적인 성향을 가진 방문자들에게 개방하곤 했다.[43] 런던에서 너무 떨어져 살았기에 비슷한 열정을 가진 자본가들의 클럽이나 협회에 자주 나가지 못하던 터라 다윈은 미들랜드에서 같은 생각을 지닌 사상가나 발명가, 기업가의 친목 모임에서 의견을 교환할 수 있는 비공식적인 모임을 운영하고 있었다. 밤에 안전하게 돌아가기 위해 보름달이 뜰 무렵의 일요일(나중에는 월요일)에 만나 저녁을 먹으면서 토론을 하는 모임이라 '버밍엄의 달 협회Lunar Society of Birmingham'[44]라고 이름 지었는데 '루나틱스'라는 별칭이 붙었다. 에지워스는 거기에 딱 맞는 사람이었다.

에지워스가 잠깐 머물던 그해 여름에 다윈은 지칠 줄 모르고 새로운 친구를 리치필드의 사교계에 소개하면서 아이들이 모인 파티에서 광대처럼 자석과 기계 장치를 이용한 마술을 부리도록 떼를 쓰기도 했다. 자신의 기업가 친구인 매슈 볼턴에게 그들과 합류하기를 권하는 편지를 써 내려가면서 다윈은 "내가 지금 기계를 잘 다루는 친구를 한 명 데리고 가는데 그가 바로 내가 얼마 전에 말한 옥스퍼드셔에서 온 위대한 마술사인 에지워스 씨다"라고 칭찬했다.[45] 좀처럼 남에게 관심을 잘 보이지 않는 다윈은 마치 메시아라고 선언하는 침례교도의 존John이라도 되는 양 자신의 손님에 대해 이렇게 떠벌렸다. "에지워스 씨는 자신의 손바닥 안에 자연의 섭리를 모아 원하는 대로 모든 것을 만든다. 손 안에서 바늘을 문질러 극성을 없애기도 한다. 그리고 유리도 없이 두 개의 참나무 판때기를 통과해서 볼 줄도 안다. 놀랍고도 신기하다! 마술적이다!" 그런 다윈의 팡파르에 볼턴은 거의 저항할 수 없었다.

짜릿하고 어리둥절하며 재미로 가득 찬 에지워스의 세계에 토머스 데이는 1766년 어느 여름날 먹장구름처럼 불쑥 나타났다.[46] 데이는 휴일이면 베어힐의 집에서 어머니와 계부와 함께 있었지만 언제나 계부의 존재를 불편해했고 어떻게든 도망갈 궁리만 했다. 그런 그에게 이웃 사람이 최근에 같은 대학에 들어왔고 같은 선생 밑에서 배우게 되었다는 소식은 마침 기회를 제공했다. 게다가 데이는 에지워스의 집까지 걸어서 갈 수 있을 정도로 가까이 살고 있어 더욱 관심을 보였다.

키가 크고 구부정하며 얼굴이 얽은 젊은이가 헝클어진 검은 머리에 낡은 외투를 걸치고 불쑥 집에 찾아왔다. 에지워스가 작업장에서 바쁘게 일하면서 소매를 팔꿈치까지 걷어올린 채 손에 기름을 덕지덕지 묻히며 마지막 발명품을 만들고 있을 때였다. 항상 손님을 맞을 준비가 되어 있던 에지워스는 자신의 외양에 개의치 않고 이웃에게 휴식을 취하라며 머물게 했다. 열여덟 살이었던 그 손님은 늘 하던 방식대로 과장되게 말을 이어갔지만 첫인상을 거의 바꾸진 못했다. 몇 시간 함께 얘기를 해본 뒤에야 서로에게 거의 아무런 공통점이 없다는 점이 분명해졌다.

나중에야 에지워스는 그때를 돌이켜보며 데이와 자신을 비교해보았을 것이다.[47] 자신이 '기질적으로 재미있는' 사람이라면 데이는 '침침하고 우울한' 청년이었다. 에지워스가 '강한 열정'을 지닌 남자라면 데이는 무덤덤하고 교제를 싫어하는 학생이었다. 그리고 에지워스가 여성이 부여하는 '행복을 우선시'했다면 데이는 '여성을 의심하고 그들의 매력에 이끌리거나 여성이 행복을 추구하는 것은 위험하다는 반감으로 가득 차' 있었다. 무엇보다 에지워스는 데이가 사랑이라는 '악마'를 경멸하고 신이 완벽한 여성을 보내주기를 원하는 태도에 당황했다.

불완전한 결혼이라도 그 안에서 최선을 다하리라 결심했던 에지워스는 데이가 "다른 여성보다 더 현명한 여성을 얻고자 하며, 그 여성은 그에게 가장 낭만적이면서 변치 않는 애정을 느껴야 하고, 그를 위해서 여성이 가진 어리석음과 허영을 잊어야 한다"고 주장하면서 "오두막에서 단둘이 사랑으로 살" 준비를 하고 있다는 것을 알고는 정말 놀랐다. 에지워스는 다음과 같이 서술했다. "비록 데이가 아름다움이라는 화살에 대해 단호함으로 무장하고 성취감을 전혀 느끼진 못했지만, 자신의 상상 속 이미지를 닮은 한 대상을 위해서 덕을 제외한 모든 것, 재산, 명성, 생명까지도 단념할 수 있다고 느꼈다."

간단히 말해 그 둘의 접점은 '지식에 대한 사랑과 인류를 어지럽히고 노예로 만드는 화려함을 거부할 자유'였다. 무엇보다 에지워스는 문제를 해결할 답을 찾아내는 현실적이고 실용적인 사람이었다. 반면 데이는 해결책을 마련하기로 작정한 것처럼 보이는 지적인 이상주의자였다. 그러나 그 모든 차이점에도 불구하고 데이에게는 에지워스가 결정적으로 깊이 감동하는 그 어떤 것이 있었다. 데이가 옥스퍼드에서 소수의 학생들을 끌어모았던 것처럼 에지워스는 자신이 고상한 명분에 대한 아이 같은 신념을 품고 사치에 대한 경멸을 가진 무미건조한 그 젊은 시인에게 경외심을 품고 있다는 것을 깨달았다.

첫날 채 몇 시간도 대화를 나누지 않고서 그 둘은 에지워스의 표현에 따르면 "기호, 습관, 야망, 예의에서 서로 우호적인 감정이 들었고 그래서 사람을 이어주는" 지속적인 우정에 곧 빠져들었다. 그들은 근처 강가를 걷다가 갑자기 멈춰 섰을 때 필생에 걸친 친구가 될 것임을 강렬하게 느꼈다. 아닌 게 아니라 1766년의 첫 만남 이후 그 둘은 좋을 때나 나쁠 때나 서로에게 기꺼이 헌신했다.

데이가 공부를 접거나 에지워스가 리치필드나 런던의 유혹을 떨칠 때면 언제나 둘은 에지워스의 작업장에서 뭔가에 몰두하고 있었다. 포기할 줄 모르는 발명가가 어떤 정교한 기계를 조립하기 위해 고군분투하고 있으면, 그의 수다스런 친구는 이야기를 이어가며, 데이의 표현에 따르면 때로 "목마 다리의 진동을 계산해주면서"[48] 도와주기도 했다. 여태껏 에지워스는 간혹 어린 여자를 유혹하든, 장애물을 넘을 수 있는 거대한 목마를 세우려고 시도하든 순간의 만족에 대한 충동에 자신을 맡겨왔다. 그러나 데이는 에지워스의 잠재된 능력과 욕망을 좋은 곳에 쓰도록 호소했다. 데이는 정말 고지식한 사람이었고, 에지워스가 진술한 바에 따르면 "내가 알던 사람 중 가장 도덕적인 사람"이자 그리고 그가 죽는 날까지 도덕성을 유지할 사람이었다.

분명히 에지워스는 데이가 자신에게 미친 영향력이 결정적이었다고 믿었다. 데이를 만나면서 "인생의 새로운 시대"가 시작되었다. 이상하게도 에지워스 부인은 그 새로운 친구에 대한 남편의 열정을 공유하지 않았던 듯하다. 그녀는 오히려 남편이 도박꾼에 주정뱅이에다가 사악한 들레이벌과 사귈 때는 겉으로 혐오감을 전혀 드러내지 않았지만, 데이와 만나는 것은 너무나 싫어했다. 에지워스는 당황했다. "그보다 더 매력적인 동료, 다시 말해 다른 사람보다 더 도덕적이며 나은 친구는 잉글랜드에서는 발견할 수 없다"고 항의했다. 그러나 에지워스 부인은 사람을 잘 믿는 자신의 남편보다 위험과 부도덕에 대해 더 민감했던 것이다.

또한 그들이 만난 시기는 결정적이었다. 데이에게도 역시 새로운 시대의 시작이었던 것이다. 과학적 연구와 법률 공부 사이에서 에지워스는 교육에 대해 급진적으로 접근하는 데 마음을 빼앗기고 있었는데, 그것은 최근에 사귄 친구가 불어넣은 열정이었다. 데이가 사랑을 찾는 문제를 해결할 방법이 바로 이 실험적인 새로운 체제였다.

에지워스의 결혼이 완벽함과는 거리가 멀었지만 그는 데이가 완벽한 아내를 만들도록 도와줄 수수께끼의 마지막 퍼즐을 제공할 참이었다.

3장

소피

1766년 여름 스태퍼드셔

스태퍼드셔에 있는 친구의 시골 저택인 우튼 홀 정원에서 산책을 즐기던 이래즈머스 다윈은 작은 동굴의 입구 바깥쪽에 멈춰 섰다.[1] 비만으로 숨을 헐떡이면서 그 의사는 허리를 굽혀 작은 꽃을 자세히 들여다보았다. 다윈은 이미 식물학에 관한 자료를 거의 다 모았기 때문에 새삼스럽게 정밀한 조사를 하거나 다시 주목할 만한 것은 없었다. 겉보기에 우발적인 그의 행동은 사실 신중하게 계획된 것이었다. 작은 동굴 바깥쪽에 멈춰서 안에 있는 수줍어하며 두려움 많은 한 거주민을 잘 달래기로 단단히 마음먹었다. 그 전략은 효과가 있었다. 반짝이는 검은 눈을 가진 마르고 연약한 형체가 어둠 밖으로 천천히 나왔기 때문이다. 그가 바로 망명자인 장자크 루소였다.

1762년에 루소는 자유와 교육에 관한 견해를 발표해 논란을 일으켰고, 유럽 전역에서 시달려야 했다. 프랑스 교회 권위자들은 자유와 평등에 관한 그의 대담한 관점을 드러낸 『사회계약론』과 교육에 대한 진보적 개념이 반영된 『에밀』을 금서로 지정했다. 프랑스를 떠나 망명할 수밖에 없었던 루소는 그가 태어난 도시인 제네바에서도 그 두 책을 공공연하게 불태우는지 확인하기 위해서 고국으로 향했다. 그는 이후 3년 동안 스위스의 산에서 숨어 지내다가, 마을 사람들이 오두막에 돌을 던지자 다시 도망다니는 신세가 되었다. 숨을 곳이 더 이상 남아 있지 않다는 것을 깨달은 이 53세의 망명자는 마지못해 영국으로 향하는 통행증을 받아들였다. 루소는 스코틀랜드 철학자이자 파리 주재 영국 대사관에서 비서로 근무하고 있던 데이비드 흄의 보호를 받아 영국 해협을 건넜다.

1766년 1월 런던에 도착한 루소는 언론의 환영을 받았고, 거리에는 그를 보기 위해 군중이 모여들었다. 한 언론사는 "매우 독특해서 스스로를 심각한 문제에 처하게 만든 이 남자를 전 세계가 열광적으로 보고 싶어한다"고 선언했다.[2] 화려한 아르메니아식 의상을 입은 그를 영국 신문은 "유명한 존 제임스 루소"라 불렀는데, 웨일스 왕자를 포함하여 그를 예찬하는 사람들이 쇄도했다. 그러나 유명 인사의 지위도 루소의 기질을 개선하는 데는 어떤 영향도 끼치지 못했다.

성미가 고약하며 신경질적이라고 악명 높았던 유럽의 지명 수배 철학자는 무명을 싫어하는 것만큼이나 명성 또한 몹시 싫어했다. 루소는 영국이나 영국인을 좋아하지도 않았으며 한 달 뒤 자신의 동반자인 테레즈 르바쇠르가 루소의 열정적인 예찬자인 제임스 보즈웰의 수행을 받으며 영국 해협을 건너올 때까지도[3] 그녀만을 열망했다. 보즈웰이 그녀를 수행하는 동안 그 둘은 선정적인 격정의 밤을 이어갔다. 루소는 애인과 재회했지만 또 다른 찬양자인 리처드 대븐포트가 자신의 시골집인 우튼 홀에서 조용히 지내라는 제의를 받아들였다. 그러나 이 전원생활의 매력도 곧 시들해졌다.

축축한 영국 날씨에 싫증이 난 루소는 점점 소외감을 느끼고 우울해하며 걱정이 많아졌다. 항상 친구에게도 까칠하고, 성격이 까다로웠던 루소는 흄과 대븐포트가 함께 음모를 꾸미고 있다고 의심하기 시작했다. 하인들이 음식에 무언가를 섞을까봐 걱정했고, 편지가 스파이에게 가로채이거나 프랑스 암살자들이 그 집을 포위할까봐 걱정했다. 그래서 외국 방문객과 식물이나 정치에 관해 열정적으로 논하고 싶었던 다윈이 그를 은신처, 즉 그 집 앞 테라스 아래의 작은 동굴 밖으로 나오도록 꾀자, 당연히 루소는 속임수라고 의심해 격노했다.[4] 비록 다윈의 손자이자 진화론의 창시자인 찰스 다윈이 그날 이후에 두 사람이 친근하게 서신을 주고받기 시작했다고 주장했지만, 그들의 편지로 추측되는 것은 남아 있는 게 없다. 그러나 루소의 영국 지지자들은 겉으로 드러나는 그의 무례함에 놀라지는 않았을 것이다. 다만 루소가 하는 일이 항상 문제를 일으켰을 뿐이다.

1761년과 1762년 사이 16개월 동안 루소는 상당히 선구적인 책들을 냈고, 이것은 전 세계에서 찬사를 받는 동시에 비난도 받았다. 그의 소설인 『신엘루아즈』는 선정적이고 감각적인 이야기로 점잖은 비평가들을 격노하게 만들었다. 그렇지만 독자들은 그 소설을 사랑했고 결국 그 책은 18세기의 베스트셀러가 되었다. 그는 소설가로서 성공한 후 1762년 4월에 발간된 『사회계약론』과 한 달 뒤 출간된 『에밀, 또는 교육론』이라는 두 권의 혁명적인 책을 냈다. 두 책은 격렬한 논쟁을 유발했고, 지금까지 영향을 미칠 만큼 엄청난 변화를 싹트게 했다. 미국 독립의 창시자들은 사회계약론에 의해 영감을 받았고 프랑스 혁명 지도자들 또한 그 사상에 열광했다. 어쩌면 『에밀』의 출간은 누군가에게 이들을 훨씬 뛰어넘는 반향을 불러일으킬지도 모를 일이었다.

어린 시절 루소는 열 살이 될 때까지 정식 교육을 받지 못했다. 청년 시절에 부유한 집안의 가정 교사로서 유럽 전역을 돌아다녔던 루소는 비참한 실패를 경험했다. 테레즈 르바쇠르와의 사이에서 낳은 다섯 아이를 파리 고아원에 버렸다. 부모로서의 책임을 다하지 않았던 것이다.[5] 그러나 교육에 대한 루소의 관점은 혁신적이면서 매우 중요했다. 『에밀』은 플라톤의 『국가』 이래 교육에 관한 가장 중요한 책으로 손꼽혔다.[6] 한 근대 교육학자는 『에밀』 이후의 모든 진보적인 교육에 대한 집필은 이 책의 각주에 불과하다고 주장했다. 루소 특유의 직설적인 문체의 소설 형식으로 쓰인 이 책은 가정 교사의 내레이션으로 학생 '에밀'이 요람에서 성인에 이르는 과정에 받는 이상적인 교육 방식에 관한 것이다.

『에밀』에서 루소는 '원죄를 가지고 태어난다'라는 지배적인 종교 교리나 1693년 존 로크가 서술했던 '아이들의 마음은 원하는 대로 만들어지는 하얀 종이나 왁스를 닮았다'[7]라는 근대적인 관점에 반대했다. 대신 루소는 아이들은 본질적으로 선하게 태어나지만 문명의 영향으로 피폐해진다고 주장했다. 시선을 사로잡는 첫 구절에서 루소는 "조물주가 모든 것을 선하게 창조했으나 인간의 손길이 닿으면서 타락하게 된다"고 선언했다.[8] 루소는 교육이 사회의 부도덕에 대항하여 본래의 순결한 본능을 보호하고 양육하는 수단이어야만 한다고 주장했다. 이를 위해 루소는 '자연적인 교육'을 지지했는데, 그것은 아이를 교육 과정의 중심에 두는 것이었다. 당시 유럽 전역의 교실에서 기계적으로 암기하고 회초리를 맞으며 학습하는 등 규율을 강조하는 방식이 일반적이었는데, 이에 전적으로 맞서서 루소는 자유롭고 구속받지 않는 교육을 제안했다. 그에 따르면 아이들은 놀이와 발견을 통해 자연스러운 속도로 학습한다.

이렇듯 '자연으로 돌아가는' 접근법에 따라 유아기의 에밀은 낯선 사람의 젖이 아닌 어머니의 모유를 먹고 자랐으며 기저귀를 차지 않고 자유롭게 발길질하는 등 몸을 움직이도록 내버려졌다. 또한 그는 고용된 교사가 아닌 아버지에게 개인 교습을 받았다. 루소는 아버지가 전적으로 교육할 수 없을 만큼 너무 바쁘면 그 자리를 믿을 만한 아버지의 친구가 대신할 수도 있다고 주장했다. 루소의 프로그램은 특히 소년 시절을 대상으로 했는데, 에밀은 시골에서 농부의 자식들처럼 소년기를 보냈다. 그는 애정을 받으며 양육되고, 꾸지람을 듣지 않았으며, 자유롭게 돌아다니도록 허락받았다. 동시에 굶주림, 추위, 피로와 같은 고난을 견뎌내도록 훈련받았고, 넘어지고 다치면서 두려움은 아무것도 아니라고 교육받았다.

비록 몸에 혹이나 멍은 있을지라도, 행복하고 걱정 없이 자란 에밀은 그의 실수를 받아주고 무가치한 질문을 끝없이 들어주는 인내심 있는 교사에게서 배웠다. 말로 하는 수업은 없었으며, 이성을 통해 생각을 강요하는 시도도 없었고, 책도 전혀 없어야 했다. 루소는 "나는 책을 싫어한다"고 주장했다.[9] 에밀은 오로지 책을 읽어야겠다고 생각할 때, 열두 살쯤 되어서야 읽는 법을 배운다. 대신에 그는 해가 뜨고 지는 것을 보며 지구의 궤도를 알아내고, 숲에서 길을 잃으면서 별의 위치를 파악했다. 그는 살고 있는 곳에 대한 지도를 만들어보면서 지리학을 파악하고 자석을 가지고 놀면서 물리학을 익혔다. 10대 시절 에밀은 목수 견습생으로서 실무를 익히고, 세계의 부도덕함을 직접 보고자 여행을 떠났다. 루소는 종교가 아이의 교육에 관여해서는 안 된다고 여겼으므로, 에밀은 열여덟 살이 되면 스스로 추론을 함으로써 어떤 종교든 자유롭게 수용할 수 있었다. 마침내 20대에 이른 에밀은 사회로 나가 그의 세계관을 공유할 동반자를 찾을 준비를 한다. 에밀은 자신이 경험한 대로 교육할 수 있는 소박하고 꾸밈없는 시골 처녀를 찾기 시작한다.

비록 에밀이 최초의 양육 모델은 아니었다고 하더라도, 가장 영향력 있는 모델인 것은 분명했다.[10] 아무도 그 이전, 또는 그 이후에도 교육의 중심에 아이를 놓는다거나 아이의 자연스러운 성장 과정에 맞도록 고안된 '행동으로서의 학습'이라는 방식을 지지하지 않았다. 루소는 옹호자와 강경파, 회유와 위협 간의 논쟁을 야기했고, 이는 수 세기에 걸쳐 지속적으로 충돌했다. 그의 생각은 교육적인 관행과 더불어 아동기에 대한 근본적인 관념을 영구히 바꾸어놓았다.

비록 종교적 교과를 거부하는 그 책의 내용에 흥분한 종교적 광신자들이 루소를 탄압했을지라도, 더욱 많은 사람이 아이 양육과 교육에 관한 그의 이상적인 생각을 열광적으로 환영했다. 유럽 전역의 어머니들은 모유 수유를 선택했고, 아버지들은 회초리를 버렸으며 아이들은 마치 노예들이 족쇄에서 풀려났던 것처럼 기저귀를 벗었다. 일부 부모들은 심지어 루소의 양육 제도를 글자 그대로 따르기로 결심하기도 했다.

뷔르템베르크의 왕자 부부도 1763년에 태어난 딸 소피를 에밀을 위해 서술된 양육 계획에 따라 키우기로 결심했다.[11] 소피는 아기였음에도 불구하고 그 부부와 에밀의 저자는 이가 나는 시기와 같은 아주 사소한 사항들에 대해 거의 50통 정도의 편지를 교환했다. 4개월 된 어린 소피를 매일 아침 얼음처럼 찬 물로 씻기고 거의 하루 종일 발가벗은 채로 바깥에 방치했다. 그때는 10월이었고 그녀의 부모는 소피가 거의 울지 않는다고 자랑했다. 그녀는 아마도 너무 추워서 울 수조차 없었을 것이다. 결국

완벽한 아내 만들기

그녀를 강하게 키우려 했던 일련의 시도는 효과가 없는 것으로 드러났다. 소피가 열한 살의 나이로 죽었기 때문이다. 루소의 또 다른 지지자인 기욤프랑수아 루셀[12]이라는 스위스 은행가는 5명의 딸을 옷도 거의 입히지 않은 채로, 땅콩이나 과일 등을 찾아 더미를 뒤지면서 수풀에 살도록 내버렸다. 그 은행가는 자신의 우상에게 경의를 표하는 데 열정적이어서 루소가 산에서 숨어 사는 동안 그를 방문하기도 했다. 그러나 루소가 너무 경악한 나머지 루셀을 즉시 집으로 쫓아내버렸기에 그 집안 딸들은 곧 곤경을 겪지 않을 수 있었다.

1792년 『에밀』이 영국에서 출판되었을 때, 그 책은 훨씬 더 많은 예찬자들의 주목을 끌었다.[13] 이미 교육에 대한 로크의 진보적인 관점을 채택한 영국의 많은 상류층 부모는 대륙의 국가들보다 앞서서 그들의 아이와 다정하고 자유로운 관계를 누리고 있었다. 조슈아 레이놀즈와 토머스 게인즈버러와 같은 화가들은 어머니가 천사 같은 아이를 안고 흔들거나, 아이들끼리 무리를 지어 함께 노는 모습을 그리곤 했다. 이래즈머스 다윈과 친했던 조지프 라이트는 한발 더 나아가 어른과 동등하게 서서 과학 실험을 지켜보는 아이들을 그렸다. 「공기 펌프 안의 새에 대한 실험」[14]이라는 그림을 보면, 진공 상태의 플라스크 안에 들어 있는 하얀 앵무새의 모습을 열광과 공포가 뒤섞인 채 지켜보는 아이들이 등장한다. 이렇듯 섬나라 영국에서 루소의 관념을 열광적으로 행동에 옮기고자 하는 사람은 차고 넘쳐났다.

우튼 홀을 루소의 처분에 맡긴 리처드 데븐포트는 고아가 된 자신의 손자인 여섯 살 포비와 다섯 살 데이비스를 교육하는 데 루소의 방식을 적극적으로 적용했다.[15] 그 실험은 상반된 결과를 가져왔다. 포비가 수

년 동안 루소와 친밀한 편지를 교환했던 반면, 데이비스는 교양이 너무 부족하다며 불만을 드러내고 루소의 이름이 언급되는 것 자체를 싫어했다. 좀더 성공적인 경우는 렌스터의 공작부인인 에밀리 킬데어였다.[16] 그녀는 더블린 근처 해변의 별장 부근에 어린이 학교를 세우고, 루소식으로 가르칠 교사를 고용했다. 겉보기에는 천국 같은 이곳에서 킬데어의 아이들은(총 17명에 달했다) 바다에서 수영하고, 정원에서 채소를 키우고, 들에서 건초를 만들었다.

그러나 영국에서 리처드 러벌 에지워스만큼 루소의 방법에 대해 열정적인 사람은 없었다.

1766년 루소가 스태퍼드셔 동굴 안에서 상상의 프랑스 암살자들을 피해 숨어 지낼 때, 에지워스는 『에밀』에 푹 빠져 있었다.[17] 이듬해 루소가 가명으로 프랑스에 돌아갔을 때, 에지워스는 그의 세 살 난 아들 딕에게 그 교육 체계를 적용할 것을 다짐했다. 에지워스는 "『에밀』은 내 여린 마음에 엄청난 감명을 주었다. 그 책의 모든 수사가 매력 있고 아주 참신하다. 거의 모든 가정에서 아이를 다룰 때 보였던 명백한 결점이나 모순들과 『에밀』의 수많은 타당한 관념을 비교하기 위해 나는 루소의 시스템을 공정하게 실험해보기로 결정했다"라고 기록했다.

에지워스가 아내 애나 마리아를 그의 계획에 따르도록 설득하는 데는 많은 시간이 들지 않았다. 결혼 4년 차인 그녀는 어떤 엉뚱한 실험에 반대하는 것보다 그 계획이 더 나은 것을 알고 있었다. 남편이 런던과 리치필드에서 사교 모임을 찾아다닐 동안 어린 딕과 함께 쓸쓸히 남겨지곤 했던 애나 마리아는 블랙 버튼의 부모님 집에서 자매들과 많은 시간을 보냈다. 이제 그녀는 유일한 아들을 아이 아버지의 대담한 실험에 참여시켜야만 했다. 루소가 명시했듯이 최고의 교사는 아이의 아버지였기 때문이다. 만약 그의 아내가 이 상황에서 밀려나면 에지워스는 새로운 친구 데이를 끌어들일 것이 확실했다.

에지워스로부터 루소의 관념을 소개받은 데이는 바로 전향했다. 그가 옥스퍼드에서부터 추구하던 가장 중요한 철학과 열광했던 고대 이상에 대한 현대적 해석이 여기에 있었기 때문이다. 사회 정의를 위한 그의 열정과 함께, 데이는 인간에 관한 자유와 평등에 대한 루소의 주장에 완전히 공감했다. 동시에 자연적인 전원생활이 퇴폐적인 장식물로 가득 찬 도시의 사교계보다 낮다는 생각에 전적으로 동의했다. 소설『에밀』과 똑같이 데이는 선행에 전념하면서 시골 안식처에서 사는 것을 상상했다. 그리고 에밀이 조용한 삶을 공유할 아내를 찾는 것을 묘사한 페이지에 도달했을 때, 마침내 데이는 바라던 것을 찾았다고 생각했다. 에지워스가 루소의『에밀』을 그의 후계자를 키우는 방법으로 붙잡고 있을 때, 데이는 그 교육 시스템을 완벽한 아내를 만들기 위해 사용하기로 결심했다.

1767년 여름, 데이는 학위도 받지 않고 옥스퍼드를 떠났다. 이제 열아홉 살이었고 곧 재산을 물려받을 것이었기에 그는 생계유지를 위해 직업을 구할 필요가 없다는 것을 잘 알고 있었다. 여유로운 시간이 늘어난 데이는 딕을 교육하려는 에지워스의 프로젝트에 노력을 기울였다. 딕의 교육을 본보기로 삼아 데이는 그의 미래의 아내를 교육시킬 생각이었다.

딕은 이미 세 살이었기 때문에 루소의 자연적인 교육 접근법에서 필수적인 시기인 유년기를 놓쳤었다. 딕이 유모의 젖을 먹고 자랐는지, 모유로 키워졌는지 확인할 수는 없지만, 분명 루소의 방식과 다르게 이미 기고 걷고 말하는 것을 배웠다는 점은 분명하다. 다행히 딕은 부모가 버크셔에 정착하기 전까지 루소가 좋아할 만한 아일랜드 교외 지역에서 부모와 함께 자랐다. 그러나 그때까지 어린 시절의 대부분을 아버지 없이 보냈던 딕은 '상냥한 어머니와 다정한 이모들'에게 보살핌과 애정을 받으며 자랐다.[18] 그럼에도 에지워스는 지금부터 딕이 『에밀』에 그려진 자연의 아이처럼 성장해야 한다고 주장했다. 그래서 딕은 세 살에서 여덟 살이 될 때까지의 이후 5년간 독특한 교육 실험의 대상이 되었다.

에지워스는 돌진하는 마차나 날렵한 사륜마차, 또는 작업장에서 나온 수많은 발명품을 만드는 것과 똑같은 방식으로 아이 양육 프로젝트에 착수했다. 그는 재료를 가져와서 지칠 줄 모르는 활력으로 창작물을 만들기 시작했다. 한 손에는 손때가 묻은 『에밀』을, 다른 한 손에는 걸음마를 배우기 시작한 아들을 데리고, 어깨 너머로 데이가 지켜보는 상황에서 에지워스는 루소의 프로그램을 문자 그대로 해석하면서 엄격하게 따랐다.

여섯 살이나 일곱 살에 반바지를 입기 전까지 조지 왕조 스타일로 속치마를 입어왔던[19] 딕은 이제 소매가 없는 재킷을 걸치고 스타킹과 신발을 신지 않고 반바지를 입었다. 실내에서 어머니와 이모들로부터 다정하게 보살펴지고 애지중지 키워졌던 딕은 이제 집 주변의 정원과 교외에서 마음대로 하라며 풀려났다. 맨발로 땅을 가로지르고 수풀 사이와 버크셔 들판을 뛰어다니며 자유롭게 돌아다니면서 탐험했다. 아버지의 허락만 받으면 어떤 날씨에서도 밖에 나가 놀고, 물웅덩이에 물을 튀기고, 눈더미에 뛰어들고, 나무를 오르고, 초크 채취장을 기어다녀도 전혀 꾸지람을 듣지 않고 마음대로 할 수 있었다. 딕이 무엇을 하든지 어떤 규제나 규칙이나 일정표, 그리고 처벌 같은 것은 없었다.

이는 아이들의 꿈이었고, 실제 에지워스도 그의 부모가 마음을 바꾸기 전까지 아일랜드 교외 지역에서 아무 걱정 없이 향유하던 생활이었다. 반면 어머니들에게는 악몽이었다. 아버지가 아들이 마구 변덕을 부리고 위험에 용감히 직면하도록 격려할 때, 어머니는 그저 곁을 지키며 어찌하지 못하고 바라볼 뿐이었다. 에지워스는 "내 아들의 신체와 정신은 자연과 우연의 교육에 가능한 한 많이 노출되어야 한다"고 힘주어 말했다.

물론 이 과정이 아이들에게 마냥 재미있는 게임은 아니었다. 어려움을 참아야 했고 역경을 견뎌야 했다. 루소가 에밀이 자연의 너그러움을 향유해야 하기에 자연이 주는 고통 또한 견뎌내야만 한다고 추천했던 것처럼 말이다. 그러므로 딕은 굶주림, 갈증, 피로에 단련되어야 했고, 고통을 느끼면서, 극심한 기후를 견뎌야만 했다. 그리고 어떤 것에도 두려움을 갖지 않도록 단련되어야만 했다. 루소는 아이들이 일찍 어둠과 소음에 익숙해지고 거미 같은 낯선 생물을 마주해야 한다고 제안했다. 그의 실용적이고도 간단명료한 접근법이 에지워스를 매료시켰다. 딕이 섬뜩한 곤충과 야간 공포증에 어떻게 익숙해졌는지는 기록되어 있지 않다.

자연스럽게 책은 딕의 교육 프로그램에서 빠졌다. 루소가 읽기는 "아동기의 재앙"이며 책은 "엄청난 고통의 도구"라고 주장했기 때문에[20] 오직 아이 스스로 책을 들고 와서 읽는 방법을 가르쳐달라고 요구할 때만 교사가 가르칠 수 있었다.[21] 에지워스가 루소의 신념 중 가장 받아들이기 힘들었던 것이 이 부분이었다. 다섯 살까지 독학으로 읽는 것을 배우고 일생 동안 책읽기를 열광적으로 즐겨왔던 에지워스는 딕이 정규 교육을 받지 못해 겪을 고통을 걱정했다. 그러나 딕의 열정적인 보조 교사였던 데이가 재빨리 그를 안심시켰다. "딕이 책을 읽고 쓰는 것에 대해 걱정하지 말게." 그는 한 편지에서 이렇게 썼다. "아이를 혼자 남겨두어도, 조만간 알아서 배울 것이다." 딕은 책을 멀리하고 오로지 관찰과 경험으로 학습해야만 했다.

아버지의 관대한 시선 속에서 딕은 용감하고, 강하고, 밝고 호기심 많은 아이로 자랐다. "자연의 오두막에서 자란 아이의 장점을 모두 지녔으며, 문명사회에서 자란 아이처럼 사물에 대한 지식도 습득했다"고 에지워스는 기록했다. 물론 딕은 여느 아이들보다 사물에 대해 배울 기회가 훨씬 많았다. 작업대 옆에서 까치발을 하고 서서, 딕은 아버지가 최신식의 신기한 기계를 만들거나, 자석을 가지고 마술을 보여줄 때 눈을 동그랗게 뜨고 지켜보았다. 움직이는 모형이나 미완성된 마차들로 가득 찬 작업장은 완벽한 놀이방이었고 어린아이들의 천국이었다. 언제나 새로운 볼거리가 많았다.

스코틀랜드 엔지니어인 제임스 와트와 편지를 주고받았던 다윈과의 대화에 감명을 받은 에지워스는 기차의 원형인, 증기를 이용한 화물 기차를 만드는 데 몰두했고, 무한 궤도식 바퀴를 가진 탱크의 원리를 깨달았다. 1768년 다윈은 친구에게 "에지워스가 불로 움직이는 화물 기차를 거의 완성시키고, 40명의 남자를 나를 수 있는 움직이는 탁자를 만들었다"고 말했다.[22] 딕은 불을 뿜어내는 경이로운 물체를 관찰하면서 기계학에 매료되었고, 발명에 익숙해졌다. 그는 이후에 '기술·제조·상업 진흥 위원회'로부터 최연소로 메달을 받은 사람 중 한 명이 되는데, 그가

완벽한 아내 만들기

은메달을 수여받았을 때는 고작 열네 살이었다.[23]

한편으로 에지워스는 당황스러워했는데, 어린 딕이 권위에 전혀 개의치 않는다는 것이 드러났기 때문이다. 원하는 대로 자유롭게 행동하고, 유아기 때 마음대로 성질을 부리며 자신이 요구한 모든 것을 가졌던 '야만적인 오두막에서 자란 아이'는 완벽하게 괴물이 되는 중이었다. 딕이 복종해야겠다고 느낀 유일한 사람은 아버지뿐이었다. 생애 첫 3년 동안 에지워스와 시간을 거의 함께하지 못했던 딕은 이제야 훌륭한 아버지의 관심을 집중적으로 받는 영광을 누리게 되었다.

비록 에지워스가 딕의 타고난 선량함이 반항적인 방식으로 표현되는 것에 적잖이 놀랐지만, 개의치 않고 토머스 데이를 주요 지지자로 삼으면서 루소의 프로그램을 이어갔다. 루소의 프로그램을 글자 그대로 적용하기를 시도했던 다른 부모들처럼, 에지워스도 점차 자신의 아들이 그가 생각했던 완벽한 모습에 부합하지 않고, 거의 통제 불가능해진다는 것을 알아차렸다.

루소는 열정적인 부모들이 그의 교육 체계를 살아 있는 대상에 그대로 적용하려고 시도한다는 말을 들었을 때 어안이 벙벙했고, 그들의 성공이나 실패에 별로 관심 없다고 공언했다. 그는 뷔르템베르크의 왕자 내외와 주고받은 편지에서 아기 소피의 안부를 논의하기도 했고, 이후에 포비 대븐포트의 성장을 자랑하곤 했다. 그러나 다른 지지자들이 그에게 지지나 조언을 해달라고 편지를 썼을 때, 『에밀』은 인간이 선천적으로 선하게 태어난다는 신념을 지지하기 위한 철학적인 교재일 뿐이지, 아이 양육을 위한 실용서가 아니라고 대답했다. 이런 대답에 어리둥절해하는 부모에게 "나는 당신들이 이 책을 실제 교육에 관한 지침서로 받아들인다는 것을 믿을 수가 없다"고 소리쳤다.[24] "에밀을 만들어낸다는 것은 당연히 불가능하다." 실제로 그의 대답은 그 책이 이론을 설명하기 위해 든 하나의 사례이기 때문에 완전히 옳은 말이었다. 발견을 통한 학습에 기초하고 아이 중심 교육을 향한 광범위한 접근법으로 채택된다면, 루소의 논문은 그때나 지금이나 좋은 의도로 쓰일 수 있는 강력한 힘이 있다. 하지만 곧이곧대로 받아들인다면, 작은 야만인을 만드는 방법일 뿐이다.

덕의 자유방임식 교육을 지켜본 주변 사람들은 그의 아버지에게 곧 닥칠 재앙에 대해 경고했다. 에지워스는 친구와 친척들의 '반대'에 부딪혔고, '모든 사람으로부터 조롱'을 받았다고 시인했다. 그러나 설사 에지워스가 이 교육 시스템의 실현 가능성에 대해 의심을 보이더라도, 데이는 항상 그에게 계속 이어가도록 격려했다. 루소의 접근법에 관해 일부 결함을 인지하기 시작했을 때에도, 데이의 열정은 식지 않았다.

에지워스가 아일랜드에 위치한 가족 별장을 방문할 때 덕을 데려가기로 결정했을 무렵, 그 교육 프로그램은 약 1년 동안 진행된 상태였다.[25] 당연히 그는 보조 교사인 데이에게 함께 아일랜드로 가자고 제안했다. 계부 때문에 대륙 여행의 소망이 좌절되어 있었던 터라 데이는 그 제안에 선뜻 동의했다. 그는 자신의 아내를 훈련시킬 계획에 적합한 후보자를 찾기 위해 서부 지방과 웨일스를 찾아 헤맸지만, 여전히 서부를 충분히 뒤지지 못했다고 생각했다. 1768년 초여름께 출발한 세 사람은 연초에 블랙 버튼에서 마리아라는 세례명을 가진 아이[26]를 출산한 애나 마리아를 뒤로 한 채 떠났다. 덕분에 마리아 에지워스는 덕의 교육 방식으로 자라지 않았고, 훗날 소설가가 된 그녀는 이에 대해 항상 감사했다. 에지워스 자신이 직접 고안한 사륜마차의 고삐를 잡고 뒷자리에 데이와 네 살 된 딕을 태운 상태에서, 세 사람은 아일랜드행 배에 승선하기 위해 체스터로 가는 도로로 마차를 빠르게 몰았다.

장거리 여행의 지루함을 깨기 위해 가벼운 즐거움을 제공하고 싶었던 에지워스는 복고 희극인 「멋쟁이의 책략」에서 따온 짓궂은 장난을 제안했다.[27] 그 희극에서 두 남성은 상속녀를 유혹하기 위해 부유한 신사와 하인을 연기한다. 데이는 '매우 이상한 신사'를 연기하기로 동의했는데, 그 역할은 사실 어려운 연기를 요구하지 않았다. 딕도 똑같이 별로 어렵지 않은 역할인 그의 아들, '정말 이상한 아이'를 연기했다. 한편, 에지워스는 주인의 면전에서는 지나치게 아부하지만 등 뒤에서는 무례하고 거만한 하인을 연기했다. 무대에 서서 연기하듯 두 한량은 리치필드의 주막에서 잠시 쉴 때도 속임수를 이어갔다. 그 세 여행객이 스태퍼드셔의 에클레셜 마을의 여인숙에 묵었을 때, 에지워스 버전의 익살극이 막을 올렸다.

여인숙의 문을 요란스럽게 두들긴 에지워스는 끽 하는 소리를 내며 멈춰 서서 자신이 만든 혁신적인 장치를 이용해 마차로부터 말들을 풀어놓았다. 낯선 운송 수단과 그 위에 똑같이 낯선 '열린 마차에 말 없이 침착하게 앉아 있는' 승객을 보기 위해 관중이 모였을 때, 에지워스는 바지를 입고 맨발 상태인 특이한 복장을 한 딕을 들어 올리고 데이를 부축했다. 익살극 분위기에 빠져든 딕은 신이 나서 마차에서 바로 아버지의 활짝 벌린 팔에 뛰어드는 식의 몇 가지 곡예를 선보였고, 호기심 많은 관중은 점점 늘어났다.

점잔을 빼며 주막 안으로 들어온 에지워스는 주인을 위해서 빈약한 저녁 식사를 주문하고, 자신을 위해서는 풍성한 진수성찬을 주문했다. 그러나 에지워스가 주방에서 그의 만찬을 게걸스럽게 먹어치우자마자 그 농간은 탄로나고 말았다. 식당에서 친근한 목소리가 그를 부르자 에지워스는 당황한 채로 몸을 돌려 이래즈머스 다윈을 보았다. 다윈은 더비 출신의 시계공인 화이트허스트와 함께 주막에 도착한 참이었다. 게임은 끝났다. 당황해하는 에지워스는 사기극의 전모를 밝혔고, 두 무리는 식당에서 좀더 격식을 갖춘 식사를 하기 위해 자리를 합쳤다.

에지워스, 다윈 그리고 화이트허스트가 최신 기계학의 발전에 대해 활기찬 논의를 시작했을 때, 데이는 조용히 앉아서 물과 간소한 저녁을 먹었다. 대화의 주제가 그의 취향이 아니었기 때문에, 대화에 참여하려는 어떠한 시도도 하지 않고 식사 내내 냉담하게 앉아 있었다. 남과 어울리기 좋아하고 호들갑스러웠던 다윈은 에지워스의 무뚝뚝한 젊은 친구가 정말 사람을 싫어하는 자라고 생각했다. 데이가 갑자기 활발해져서 독백을 시작한 것은 식사하는 사람 몇몇이 일어나고 대화가 철학적인 주제로 변했을 때였다. 다윈은 열아홉 살 젊은이의 지식과 수사에 깊은 인상을 받아 그에게 리치필드에 있는 자신을 언제든지 방문해도 좋다고 허락했다. 그래서 새로운 신입 회원이 루나틱스에 합류했다.

에지워스와 데이 그리고 딕은 서둘러 아일랜드로 향했다. 세 명의 지친 여행자들이 마침내 카운티 롱퍼드의 가족 저택인 에지워스 타운 앞에 당도해 마차에서 내리자 특히 에지워스의 내성적인 아버지와 교양 있는 여동생은 굉장히 흥미로워했다. 딕을 한 살 때 마지막으로 본 그들은, 그 아이가 오직 아버지 말만 듣는, 다루기 힘들고 버릇없는 아이로 변했다는 것을 알아차렸다. 3년 이상 집을 떠났다가 돌아온 에지워스는 확실히 예전처럼 불편해하고 뻬딱했다. 그리고 그 곁에는 에지워스가 데려온 곰보 자국이 있고 수줍음을 타며 어색해하고 단정치 않은 젊은이가 있었다. 물론 그 젊은이는 세 명 중 가장 이상한 손님인 데이였고, 가장 곤란한 상황을 만들 인물이었다.

데이가 그 여름에 머무르는 동안 마거릿이 자신의 이상적인 아내의 역할에 순순히 빠져들 것이라고 생각한 이유는 도저히 이해가 안 되는 부분이다. 그녀의 귀족적인 태도와 바쁜 사교계 일정, 고급 옷과 음식에 대한 선호를 고려했을 때, 마거릿은 데이가 추구해왔던 소박한 시골 처녀와는 완전히 반대였을 뿐만 아니라, 루소가 에밀을 위해 솔메이트로 만들어준 온순하고 소박한 소녀와도 완전히 달랐다. 루소의 『에밀』을 믿을 만한 교재로 지니고 다녔던 데이는 그럼에도 자신이 마거릿을 알맞게 만들 수 있다고 믿게 되었다.

루소는 『에밀』을 쓰면서 자신이 창조한 자유로운 사고를 가진 어린 남성이 그의 삶을 공유할 매우 특별한 파트너를 필요로 할 것이라는 점을 인지했다.[28] 늘 그렇듯이 모순적인 문체로 독자들에게 "존재할 수 없는 완벽한 모델"을 상상하지 말라고 경고한 뒤에, 정작 자신은 그렇게 함으로써 그들을 애태웠다. 그는 창세기의 아담과 이브 이야기를 직접 언급하며 "남성이 혼자 있는 것은 좋지 못하다"라고 기록하고, "우리는 그에게 동반자를 약속했다. 그녀는 그에게 주어져야만 한다"고 덧붙였다. 그리고 그런 이상적인 여성에게 그리스어로 지혜를 뜻하는 '소피'라는 이름을 지어주었다.

소피를 찾기 위해서 루소는 에밀을 고상한 도시로 보내 파리의 천박한 유혹 속에서 1년을 보내도록 했다.[29] "그녀를 찾을 수 없다고 확신했던 곳에서 계속 찾으려 했다"고 밝히기 전까지 말이다. 이후 에밀은 소피를 찾기 위해 시골을 샅샅이 뒤졌다. 터벅터벅 걸어서 언덕과 들판을 넘어, 에밀은 마침내 프랑스 중부 지방의 산 중턱에 위치한 평범한 집에서 부모와 함께 살고 있는 꿈의 소녀를 찾았다. "에밀에게 그의 소피를 주자, 이 사랑스러운 소녀에게 생기를 불어넣어주자"라고 루소는 선언했다.[30] 에밀보다 네 살이 어린, 열여섯 살의 소피는 간소하지만 바람직한 농촌생활을 하고 있었다. 영리하지만 지나치게 똑똑하지는 않았던 소피는 다정한 성격이었고, 근면했으며 순수했다. 특별히 예쁘지는 않지만 보는 것만으로도 기쁨을 주었던 소피는 조신하게 옷을 입고, 다정하게 노래를 했으며, 소박하게 요리를 하고 춤도 잘 췄다. 물론 에밀은 그녀와 즉시 사랑에 빠졌다. 그러나 소피가 그녀 인생에 주어진 역할, 즉 남편의 기분에 전념하며 시골 오두막집에서 단조로운 집안일을 하는 소임을 떠맡기 이전에 그녀는 교육을 받아야 했다.

루소는 주저 없이 여성은 남성과 평등하게 태어났다고 주장한다.[31] "성과 관련 없는 모든 것에서, 여성은 곧 남성이다. 그녀는 똑같은 신체 기관을 가졌고 같은 욕구와 능력이 있다"고 루소는 말했다. 실제로 똑똑하고 솔직한 여성에 대한 그의 호감은 그가 여성을 우월한 존재로 간주한다는 것을 암시한다. 그러나 에밀과 소피가 등장하는 소설의 세계에서 여성은 오직 남성을 기쁘게 하기 위해 창조된다. 소년과 같은 수준으로 영리하고 유능한 것과는 상관없이 소녀는 유년기부터 복종하는 역할을 수행해야 했다.

그래서 루소는 어린 에밀을 위해서 가장 급진적이고 진보적인 교육안을 구상한 반면, 소피에게는 심지어 보수적인 비평가들의 기준으로 봐도 가장 평범하고 퇴보적인 교육을 제안했다. 에밀처럼 자유롭게 뛰어놀고 호기심을 마음껏 펼치도록 격려되는 대신 어린 소피는 집안에서 인형을 갖고 수동적으로 놀았는데, 루소의 말에 따르면 "그녀 스스로 인형이 되는 시기가 올 것"이기 때문이었다.[32] 발견을 통해 배우는 것 대신에 소피는 그림을 그리고, 바느질하고, 계산하는 것을 배웠고, 심지어 에밀보다 늦은 나이에 읽는 법을 배워야 했다. "거의 모든 소녀는 읽고 쓰는 것에 반감을 갖기 때문"이었다.[33]

그러나 소녀들이 자라면서 배워야 하는 가장 중요한 덕목은 남성의 권위에 전적으로 굴복하는 것이었다. 그러므로 소피는 교사가 제시하는 무의미한 일을 하는 데 익숙해져야만 했고, 그가 그녀에게 다른 일을 하라고 지시할 때마다 중간에 그만둬야 했다. "여성에게 평생 필요한 온순함은 이런 습관적인 통제로부터 온다"고 루소는 설명했는데,[34] 왜냐하면 소피가 일단 결혼하면 "일찍 부당함을 견디고 남편의 잘못에 대해 불평하지 말고 참는 것을 배워야만 하기 때문이었다".

놀라울 것도 없이 여성에 대한 루소의 한물간 발상은 당시의 일부 선구적인 여성들의 맹렬한 반대에 부딪혔다. 시인이자 사교계 명사인 프랜시스 그레빌은 『에밀』을 칭찬했지만,[35] 그의 친구는 "그러나 그녀와 일부 다른 사람들은 루소가 여성에 대해 한 말과 개념 모두를 좋아하지 않았다"고 기록했다. 메리 울스턴크래프트는 이후 선구적인 선언문인 1792년의 『여성의 권리 옹호』에서 루소의 생각을 비난했다.[36] 소녀가 인형을 가지고 놀도록 길들여지는 것은 양육이지 본성이 아니라고 주장하면서 다음의 말을 덧붙였다. "루소에 말을 따르자면…… 여성은 자연스럽게 태어날 때부터 교육과 분리된 채, 인형을 좋아하고 치장하고 수다 떠는 것을 선호한다. 여자끼리는 너무 유치해서 진지한 논쟁을 할 수도 없다. 하지만 소년과 소녀는 거리낌 없이 함께 놀 수 있다. 자연이 그들 사이에 차이를 만들어내기 전까지 그들에게 성별이 주입되지 않는다면 말이다." 루소의 생각에 고무되어 딸을 교육하기로 한 대부분의 부모도 사실은 소피보다는 에밀의 교육을 모방했다. 그러나 데이에게만큼은 루소는 그 자체로 완벽한 개념이었다.

데이가 루소의 말을 자세히 곱씹을수록 모든 것은 분명해졌다. 사치와 유행을 싫어하고 소작농의 방식으로 사는 것에 심취하며, 개울에서 대충 씻는 것을 좋아하고 걸어서 교외 지역을 돌아다는 것을 취미로 삼았던 데이는 자신이 에밀 그 자체였다는 것을 깨달았다. 그리고 이제 에밀이 소피를 발견한 나이인 스무 살이 되었기 때문에 데이 역시 고통스럽지만 격려되어 살아갈 삶을 계획하면서 함께할 이상적인 여성을 만나기에 적절한 시기를 맞이했다. 그가 딱 그 페이지에서 눈을 들어 올리자, 시선은 마거릿을 향했다. 그녀에게 필요한 것은 오로지 자신에게 주어진 역할을 수행하기 위한 약간의 설명뿐이었다. 물론 마거릿은 전혀 다른 생각을 하고 있었다.

이후 수개월 동안 어울릴 듯하지 않았던 로맨스가 코미디에서 멜로드라마까지 넘나들며 휘청거릴 때, 데이는 존 빅널에게 보낸 긴 편지에 자신의 감정을 드러냈다. "나는 심장의 느낌을 가장 끔찍한 방식으로 알게 된 것에 실망했다."[37] 그는 마거릿이 9월에 결혼에 관한 모든 일을 취소했을 때 이렇게 울부짖었다. 그는 "나는 상상의 존재를 사랑했기" 때문에 속았다고 분해하면서 글을 남겼다. 절망의 골에 빠져서 평생 미혼으로 남을 것까지도 고려했다. 그는 혼외 자식을 둘 수 있었고 그 아이가 사생아라는 사실이 그에게 별다른 영향도 주지 않을 것이며 신체적인 욕구는 다른 곳에서도 충족시킬 수 있었기 때문이다. 데이가 인용한 문장은 다음과 같다. "만약 단 한 명의 여성도 주어지지 않는다면, 나는 자연이 의도한 대로 그들을 다룰 것이다."

그러나 제3의 길이 있었다. 데이는 빅널에게 자신의 견해를 많이 드러낸 편지를 부쳤는데, 여기에서 최초로 그는 완벽한 아내를 만들 놀라운 계획을 밝혔다. 데이는 마거릿에 대해 말하길 "이 여성은 세속에서 자랐고, 일찍이 이곳 관습에 물들었으며 어리석음에 매여 있다. 그녀는 그것을 혐오하고, 자신도 어쩔 수 없이 그렇다고 믿는다. 그러나 십중팔구 너무 깊게 들러붙어 뿌리 뽑을 수 없는 편견이 있다". 고상한 도시에서 자란 여성을 요구된 역할에 맞도록 굴복시키는 것이 불가능해 보였기에, 그는 이제 '새로운 실험을 시도하고' 어린 소녀를 가르쳐보겠다는 의견을 제시했다.

데이는 이것이 단순히 수사적인 주장이나 허황된 생각이 아니라는 것을 분명히 했다. 그는 빅널에게 "대략 열세 살의 어린 소녀가 있는데, 나는 전력을 다해 앞서 언급한 실험으로 그녀의 정신을 바꾸고자 한다"고 밝혔다. "내가 믿는 한 그녀의 머리는 선천적으로 똑똑하며 성격은 분명히 상냥하고 다정하다. 아직 순수하며 편견에 사로잡히지 않았고, 세상의 어떤 것도 보지 못했으며 또한 분리되어 있다." 정확히 바깥세상과 격리되어 있는 이 소녀가 누군지, 그리고 그가 그녀의 운명을 좌우할 자격이 있다고 어떻게 생각하게 되었는지에 대해서 데이는 언급하지 않았다.

계획의 실현 가능성에 대해 충분히 생각한 데이는 빅널에게 "이런 과정에 편견과 어리석음의 영향을 막는 것"이 가능하다고 생각하는지 물었다. 그리고 다음과 같이 덧붙였다. "세속의 즐거움은 여기에 어떠한 영향도 미치지 못할 것인데, 그것들은 비합리적이기 때문이다." 그리고 결정적으로 그는 "사랑이라는 개념을 완전히 배제하는 것이 불가능한지"를 알고 싶어했는데, "확신하건대 사랑이라는 것은 편견과 상상의 결과물이므로, 합리적인 사고를 하는 사람은 사랑을 하지 않는다. 적어도 대부분의 경우 그러하다"라고 말했다. 데이는 세상 물정에 밝은 사람으로서가 아니라 법조인으로서의 빅널의 의견을 원했다. 왜냐하면 그가 "내 계획이 실현 가능한가? 만약 실현 가능하다면 어떤 수단으로 할 수 있는가"를 강조했기 때문이다. 불안하고 안달이 난 그는 빅널에게 자신이 집으로 돌아갈 때까지 답장을 보내라고 요구했다.

마침내 11장짜리 편지의 마지막 페이지에서, 데이는 빅널에게 자신이 런던에 돌아오기 전까지 두 가지 과제를 수행해주기를 부탁했다. 이 '의뢰' 중 첫 번째는 빅널이 홀본에 있는 마구 제조인에게 부탁하여 '안장과 적절한 부속물'을 만들어서 베어힐에 있는 자신의 집으로 보내달라는 것이었다. 이것은 분명히 그가 미리 주문한 장비들이었고, 아마 뒷자리 안장은 그의 어린 소녀를 중세 기사의 방식으로 옮겨줄 것이었다. 두 번째 요구 역시 홀본에 있는 데이의 재단사에게 연락하여 새 정장 두 벌을 마련해 마찬가지로 베어힐로 보내달라는 것이었다. 데이의 정확한 지시 사항에 따르면, 다음과 같다. "하나는 단추 구멍 주변에 밝은 금빛 자수가 있는, 가능한 한 가벼운 초록색 정장이고 또 하나는 무늬가 없는 하얀색, 또는 밝은 색상의 가능한 한 반짝이나 장신구가 없는 정장에다 코트, 자수가 있는 조끼"였다.

완벽한 아내 만들기

온갖 종류의 새로운 옷, 특히 자수처럼 멋을 부린 섬세한 것들에 대한 데이의 경멸을 고려했을 때, 이것은 매우 놀라운 요청이었고, 데이 자신도 이를 인정했다. "당신이 이에 대해 놀라겠지만, 내가 레이스 달린 옷까지 입을 이유는 없음을 확실하게 말해둔다. 그러나 나와 다른 사람들을 설득시키기 위해 내가 정장을 입어야 하는 이유가 있다." 이것이 마거릿에게 인상을 남기기 위한 마지막 시도였는지, 아니면 새로운 10대의 요정인 소녀에게 좋은 첫인상을 주기 위한 계산된 행동이었는지는 밝히지 않았다.

당연히 데이는 10대 신부를 길들이려는 특이한 계획에 대해 마거릿이나 그녀의 오빠에게도 알려주지 않았다. 마거릿이 갑자기 미적거리면서 내년 여름까지 서로 대안을 찾지 못하면 결혼하기로 하고는 데이를 집으로 보내기로 결심했을 때, 데이는 서둘러 그의 계획을 덮어버렸다. 10월에 큰 기대를 가지고 돌아온 그는 마치 그 생각을 완전히 잊은 듯했다.

런던으로 돌아온 데이는 미들 템플 법학원 부근의 하숙집으로 빅널과 함께 이사했고, 1768년에서 1769년 겨울 내내 법률서만을 보며 지냈다.[38] 여가 시간에는 이래즈머스 다윈과 그의 지인들과의 관계를 돈독히 했고, 재기 넘치는 루나 모임에서도 인기가 있었다.

데이는 1769년의 영국 미들랜드 여행에 당연히 에지워스를 동반했다.[39] 에지워스는 자신의 최신식 운송 수단을 시운전 해보기로 결심했다. 그 운송 수단은 말 한 필이 끄는 외발 마차였는데, 땅에서 약 2피트 떨어진 아주 낮은 안장에 불안정하게 걸터앉아서 그의 발을 양쪽 목판 위에 놓았는데, 장애물을 만날 때마다 위쪽으로 접혔다. 이 최신식 마차는 좁은 시골길을 빠르게 달리면서 물속에서도 질주할 수 있도록 만들어졌는데, 그의 다리는 풀무리처럼 생긴 가죽 부착물로 보호되었다. 그는 미래의 헬스 에인절이 원형의 할리 데이비슨에 다리를 벌리고 앉아 세계를 누비듯 들판의 양을 놀라게 하고 오리를 흩어지게 했다.

루나 모임의 반짝이는 조명 안으로 들어온 데이는 그 모임의 가장 새롭고, 젊고, 동시에 가장 이상한 회원이었다. 1760년대 말 형성된 그 모임은 처음에는 기계학, 화학, 의학, 지리학 그리고 '자연 철학'이라는 이름으로 분류된 다양한 분야에서 발전을 논의하고 여러 실험을 해보려고 모인 남자들의 느슨한 관계에서 시작되었다.

이 모임의 중심에는 매슈 볼턴이 다윈과 함께 핵심을 이루고 있었는데, 그는 주물업자의 아들로 열네 살에 학교를 떠나 버밍엄 근처 소호에 큰 공장을 짓고 고급 은제품과 금속 장신구를 생산하고 있었다. 다윈과 볼턴은 둘 다 시끄러우면서도 너그럽고 상냥한 성격으로 다른 사람을 점차 자신들의 궤도에 끌어들였다. 초기 멤버로는 스태퍼드셔의 도예가 조사이어 웨지우드가 있었는데, 그는 고된 일을 하며 재산을 조금씩 축적하여 사업을 성장시켰다. 그러나 그 그룹의 핵심 인물은 윌리엄 스몰이었고 실제로 총무를 맡기도 했다. 그는 은퇴한 스코틀랜드 출신의 물리학자였는데 미국에서 어린 토머스 제퍼슨을 포함하여 학생들에게 수학을 가르친 이후 은퇴하여 버밍엄에서 의료 행위를 시작했다.

이후 글래스고에서 증기 기관 디자인을 개선하는 데 몰두하느라 바쁜 제임스 와트와 스코틀랜드인이자 다윈의 동료 의대생이었으며 10년간 군복무를 하고 막 리치필드로 이사한 제임스 키어가 합류했다. 서로 다른 배경과 관심사, 그리고 정치적 관점을 가진 재능 있고 사교적인 이 남자들의 모임은 다양한 학문 분야에서 선구자이면서 미들랜드 산업 혁명의 지지자가 되었다. 이 독창적인 공동체의 최근 신입 회원이었던 에지워스는 그 모임에 대해 "살면서 행운을 누린 소수의 모임이고, 평생 그것을 소유하고 행복을 유지할 친우회"라고 묘사했다.[40]

루나 모임은 데이가 확신에 차서 마거릿과의 결혼식을 기대하고 있을 때 활기찬 기분을 함께 즐겼다. 한편 1769년 봄 결혼 계획이 취소되었을 때는, 놀라지 않고 슬픔을 함께 공유했다. 특히 데이보다 거의 한 세대 위인 스몰 박사는 깊이 공감하여 그의 결혼생활에 대해 아버지처럼 관심을 가졌다. 반면 데이를 차버린 마거릿은 후회하지 않았다. 1년 뒤 그녀는 영국계 아일랜드 육군 장교인 존 럭스턴과 결혼했고, 그는 아내의 고급스러운 생활에 대한 취향을 공유했다.

데이에게는 다른 무엇도 아닌 마거릿의 편지, 즉 결혼생활의 희망을 끝장낸 그것이 모든 여성은 변덕스럽다는 생각을 확고히 하도록 만들었다. 이제 그는 자신이 찾는 여성을 절대 발견하지 못할 것이라 확신했기 때문에, 스스로 그 여성을 창조할 수밖에 없었다. 그리고 6월에 스물한 번째 생일 무렵 대담한 계획을 다시 시작해 행동으로 옮기기로 결정했다. 에지워스가 자기 식으로 에밀을 만들려고 시도했던 것처럼, 데이도 자신만의 소피를 만들고자 했다.

가끔씩 돌풍이 몰아치고 번개가 내리치던 어느 차갑고도 축축한 여름이었다. 그러나 세찬 비도 데이의 열정을 식히지 못했다. 1769년 6월 22일, 데이가 스물한 살이 되던 날, 그는 유산을 상속받음과 동시에 독립했다. 이제 그는 베어힐의 집과 영지의 주인이 되었고 일 년에 1200파운드의 안정적인 수입을 관할했다.[41] 그 돈은 오늘날 시세로 20만 파운드나 32만4000달러에 달했다. 데이는 이 재산에서 돈을 떼어 어머니에게 과부 연금으로 매년 300파운드를 주었다. 그녀와 계부가 이 돈이 적다고 불평해대서 400파운드로 올려주었고 둘 다 베어힐에 계속 살 수 있게 해주었다. 그러나 경제적 독립보다 더 중요한 것은 데이가 이제 어머니나 계부로부터 어떠한 간섭도 받지 않는다는 점이었다. 그는 이제 자기 운명의 주인이었기에 대담한 계획을 행동으로 옮길 시간을 더 이상 낭비하지 않았다.

먼저 그는 전략을 수행할 조력자가 필요했다. 그 계획이 명백하게 불법은 아니더라도 고도로 비윤리적인 일이어서 그는 법률가가 있어야 할지도 모른다고 판단했다. 에지워스가 미들 템플에서 법률을 공부하긴 했지만 그에게 말할 생각은 아예 없었다. 결혼한 사람으로서의 에지워스의 지위가 결정적으로 필요하긴 했지만 당시 그는 계획을 아주 비밀리에 진행하고 싶었다. 대신 데이는 가장 가까운 친구이자 동기인 존 빅널에게 자신의 실험을 도와줄 것을 간청했다. 8년이나 법률을 공부했기에 빅널은 최종적으로 변호사로서 그 실험의 정당성 여부를 심사하는 위치에 서게 되었다. 이제 데이에게 필요한 것은 적당한 소녀를 찾는 일뿐이었다.

방탕한 조지 시대의 런던에서 참한 신부감이 될 고분고분한 여자애가 부족하지는 않았다. 안목이 높은 시골 처녀들이 자신의 운을 시험하러 매일매일 마차를 타고 런던에 들어오고 있었던 것이다. 보통 열두 살이나 열세 살가량의 소녀들은 호황을 맞은 조지 시대의 성 산업을 메우고자 안달이 난 포주나 뚜쟁이 마담에게 손쉬운 돈벌이 대상이었다. 독신이든 기혼이든 재력 있는 남성이든 간에 흔해빠진 그런 십대 소녀들을 도시 뒷골목에 방치하는 것에 눈 하나 까딱하는 사람이 없었다. 그러나 이런 여자애들은 데이의 눈에 차지도 않을 것이었다.

물론 데이는 그중에서 도시생활의 악에 물들지 않고 당시 사회의 사상에 오염되지 않은 순진하고 무지한 여자애를 찾을 수도 있었다. 그러나 그는 확실한 처녀를 원했다. 결혼한 남자로서의 특권을 행사하기도 전에 아내가 도시의 방탕한 무리나 지방의 시골뜨기에게 이미 유혹을 당했던 적이 있을지도 모른다는 생각은 아예 하고 싶지 않았다. 그리고 신체적으로 건강하고 튼튼해서 시골에서의 춥고 비루하며 절제된 삶을 견딜 수 있어야 했다. 또한 그의 훈련을 아무런 질문이나 저항도 없이 따를 만큼 아주 어려야만 했다. 그러나 동시에 합법적인 결혼이 가능하게끔 적당히 나이가 들어야 했다. 그 당시 부모의 동의가 있다면 여자는 열두 살, 남자는 열네 살부터 결혼이 가능했다. 그렇지만 데이는 까다로운 질문을 해대는 부모의 허락을 원하지 않았다. 물론 자신의 프로젝트가 현란한 소문이 오가는 런던에서 가십거리가 되는 것도 원치 않았다. 이런 조건을 만족시킬 아가씨를 찾는 일은 오래 걸릴 듯했다. 그러나 데이는 정확하게 어디에서 소녀를 찾아야 할지 알고 있었다.

6월의 마지막 주에 데이는 호기심으로 가득 찬 친구 빅널을 데리고 빗속을 뚫고 여행길에 올랐다. 길고 긴 여름휴가가 기다리고 있었기 때문에 빅널은 들떠서 따라나섰다. 둘은 2~3일 동안 북쪽 진흙길로 여행을 하면서 대부분의 시간을 말 등에서 보내고 밤에는 여인숙을 전전했다. 마침내 그들은 슈롭셔의 슈루즈베리에 도착했다. 그곳은 웨일스 경계선에 위치하면서 세번강으로 둘러싸인 곳이라 주민들에게 풍요로움을 주는 완벽한 성벽 마을이었다. 여기서 두 남자는 세번강을 건너 바람이 부는 좁은 길을 따라 올라가 깔끔한 3층의 붉은 벽돌집 문 앞에 도착했다.

런던 고아원의 지부인 슈루즈베리의 고아원[42]은 강을 끼고 주변의 시내를 내려다보고 있었다. 그 고아원은 런던 본부 자선 기관의 문 앞에 버려두고 간 아이를 받기 시작한 지 벌써 6년이나 되었다. 들판과 과수원으로 둘러싸인 그 큰 건물에는 300명이 넘는 아이들이, 그것도 대부분여자아이들이 있었다.

마을에서 보면 이 위압적인 집은 겉으론 웅장해 보이지만 안에 들어가면 장식은 평범했고, 그곳에 사는 낮은 계층의 아이들에게나 맞는 단순한 구조였다. 그나마 이 고아원에는 복지 제도가 있어서 덕분에 아이들은 혼잡한 도시나 빈곤한 마을과 같은 가혹한 바깥세상에서 살아남으려고 몸부림치는 대다수 고아에 비해 잘 먹고 좋은 대우를 받았다. 글씨를 쓰지는 못하지만, 읽거나 단순한 계산을 할 수 있도록 배운 아이들은 고아원의 가내 수공업장에서 기술을 익혀 근처 미들랜드와 북부의 공장에 견습공으로 나가도록 훈련을 받았다. 그 밖의 아이들은 가사를 돕도록 세탁이나 요리 기술을 익혔다.

슈루즈베리의 고아원이 가장 전성기일 때는 거의 600여 명의 아이가 들어와 기숙사와 교실에 분산 수용되었고, 40명이 넘는 직원이 일하고 있었다.[43] 그러나 1760년에 비용이 고갈되자 런던 본부가 버려진 아이들을 더 이상 수용하지 못해 문을 닫았고, 지부마저 남아 있는 아이들을 더 이상 받아들이려 하지 않아 수용 인원은 급격하게 줄어들었다. 이제 슈루즈베리에는 357명만이 남아 있었고, 그나마 운영자들이 처리할 수 있는 한 빨리 견습공으로 내보내는 추세였다.

데이가 도착하기 바로 몇 주 전에 런던 사무소는 슈루즈베리의 직원들

완벽한 아내 만들기

에게 100명의 소년을 요크셔에 견습공으로 내보낼 것을 명령했다. 양모 공장의 주문에 맞춰 민첩한 남자아이들이 나가자 이제 여자아이 수는 남자보다 6배 이상이 되었다. "여자애는 적절히 내보낼 데가 마땅치 않을 것"을 알고 있는 런던 사무소는 슈루즈베리의 운영진에게 "그 애들을 맡길 사람을 찾아내 보호를 넘겨야만 한다"[44]는 점을 상기시키곤 했다.

지역의 유지와 마을의 권위자, 자원봉사자 모두가 관련된 슈루즈베리 운영위원회는 어릴 때부터 키워온 아이들에 대해서 그리고 그들이 자라면서 이룬 업적에 대해 상당한 자부심을 가지고 있었다. 그들은 당연히 아이들을 견습공으로 넘겨 책무를 벗어나기 전까지 고용인들을 감시하곤 했고, 아이들이 고아원을 떠난 뒤에도 그들의 복지에 대해 계속 주시했다. 1769년 초 운영위원회는 한 소년의 목에 끈을 둘러 침대 기둥에 묶어놓고 한쪽 귀가 멀 정도로 폭행한 어떤 고용인을 고소하기도 했다.[45] 가끔씩 성적 학대를 한 사례도 있었는데 그때 운영위원회는 아주 철저하게 다루었다. 그러나 1769년 내내 아이들을 빨리 내보내라는 런던 본부의 계속된 압박과 공장주들의 폭발적인 수요가 있었던 점을 고려해보면, 그들이 시설을 감독하는 데 점차 해이해졌더라도 그리 놀라운 일은 아니었다.

조지 시대에 첫인상은 상당한 의미가 있었다. 그렇기에 달변인 데다 자신감 넘치는 두 명의 법률가가 6월 말 고아원의 문 앞에 도착했을 때, 엄청난 환대를 받은 것은 당연했다. 데이가 친구를 위해 하녀로 고용할 어린 여자를 원한다고 말했을 때 슈루즈베리의 운영진은 바로 동의했다. 100명의 소년을 요크셔로 옮기느라 분주한 가운데, 그들은 넘쳐나는 소녀 중 하나를 고르는 데도 열정적이었다. 고아원 측은 조금도 망설이지 않고 두 남자에게 보여주려고 후보들을 바로 대기시켰다.

똑같은 갈색 양모 드레스에 흰색 면 앞치마를 두르고 리넨 모자를 쓴 소녀들이 차례로 들어와 서자, 데이는 아이들의 행렬을 오가면서 선택하느라 갈팡질팡했다.[46] 이 사춘기도 채 되지 않은 소녀들 중 누가 완벽한 아내를 만들겠다는 그의 손길에 따를 것인가? 데이가 고민에 빠진 사이 갈색 눈에 다갈색 고수머리를 한 늘씬하고 예쁜 소녀를 선택한 이는 빅널이었다. 나중에 지인들이 그녀를 "밤나무같이 치렁치렁한 머리칼"의 눈썹이 긴 "아주 사랑스런"[47] 까만 눈동자의 미인이라고 묘사했다. 여성을 고르는 친구의 특별한 식견에 경의를 표할 정도로 행복해진 데이는 그 선택에 동의했다. 그 아이의 이름은 앤 킹스턴이었고, 열두 살이었다.

태어나자마자 런던 고아원 문 앞에 버려졌다는 건, 십중팔구 사생아이거나 가난했기 때문이다. 앤은 그런 과거의 불명예를 받아들이고 신의 은총에 감사하며 자랐다. 대부분의 고아가 그렇듯 빈약한 식단으로 인해 체구가 작고 말랐으나 키는 컸다. 하지만 약한 아이들을 무덤으로 보내버리는 유아기의 질병을 이겨내며 그녀는 거칠고 튼튼해졌다. 가내에서 봉사하며 살도록 훈련받아 그녀는 바느질, 세탁 등 가사에 능숙했고, 수업을 받은 덕분에 쓰지는 못해도 읽을 줄은 알았다. 또한 자신을 낮추도록 배웠고, 사회에 덜 오염된 그녀는 그야말로 데이의 실험에 있어 완벽한 대상이었다.

자신의 선택에 만족한 데이는 임무를 완수할 필수 사항을 마무리했다. 고아원의 서기인 새뮤얼 머기에게 런던 근교에 사는 기혼 친구의 시골집에 하녀로 일할 아이를 원한다고 알렸다. 고아원 규칙상 여자아이는 기혼 남자의 집으로만 가사 도우미 견습생으로 들어갈 수 있었기 때

완벽한 아내 만들기

문에 매우 중요한 과정이었다. 이는 물론 거짓말이었다. 머기는 데이의 말을 의심할 이유가 없었지만, 잘 알지도 못하는 남자에게, 그것도 멀리 떨어져 살고 있는 남자에게 여자아이의 견습을 허용한다는 것은 아주 예외적인 경우였다. 만약 근처 옷가게나 대장간에서 그런 요청을 했었다면 그 자격을 철저하게 조사했을 터였다. 그러나 런던에서 온 전도양양한 법률가를 마주한 머기는 의례적인 조사 과정을 거칠 생각조차 하지 않았다. 그래서 열두 살의 여자애를 앞으로 9년 이상 만날 일이 없을 기혼남과 엮는 일에 흔쾌히 동의해버렸다. 문제가 될 일에 대해서도 고지하지 않았다. 문서 작업을 마친 직원을 남겨둔 채 데이와 빅널은 런던으로 서둘러 돌아가려 했는데, 목적지는 데이가 자신의 어린 학생이 도착할 것에 대비해 준비를 해둔 곳이었다.

며칠 뒤인 6월 30일 슈루즈베리의 한 커피하우스에서 열린 운영진 모임에서 다른 아이들과 함께 앤 킹스턴의 견습이 허용되었다.[48] 그날 허용된 다른 견습공들은 지역 상업에 필요한 직업인 직조공, 지붕 엮는 이, 신발 제조공과 재단사였고, 모두 슈루즈베리 근처였다. 직종마다 모두 통상적인 지급액(소녀는 4파운드, 소년은 3파운드)이 요구되었는데, 새로운 주인이 돈을 내야 했다. 그리고 어떠한 거리낌이나 질문 하나 없이 슈루즈베리 운영위원회는 앤 킹스턴이 스물한 살이 되기 전까지, 혹은 결혼하기 전까지 어떤 상황이든 한 푼도 받지 않고 버크셔의 클린 그린에 사는 리처드 러벌 에지워스에게서 견습을 받아야만 한다고 확정했다.

양피지에 인쇄되고 붉은 밀랍으로 봉인한 계약 문서는 앤이 "그녀의 힘과 위트 그리고 능력에 맞춰 모든 법적인 일에 충실하게 봉사하고, 그녀가 주인이라고 부르는 사람에게 모든 일에서 정직하게 명령에 따라 복종하면서 행동하고 처신해야 한다"는 점을 보증했다. 이 문서는 지금까지 남아 있다. 한편, 이 과정에 참여하지도 않았고 아무것도 모르는 에지워스는 새로운 견습생에게 "적당하고, 알맞으며, 충분한 음식과 마실 것, 의복과 숙소, 씻을 곳, 그 밖에 견습생에게 필요하고 맞는 모든 것"을 제공할 의무를 지게 되었다. 이것 외에는 서류상으로 에지워스와 그의 두 대변인이 어떻게 '행동하고 처신해야' 하는지에 대해 구체적으로 명시된 것은 아무것도 없었다.

앤의 계약서 한 통도 10명의 다른 아이들의 견습 계약서에 뭉치로 섞인 채 다음 달 런던에 보내질 예정이었다. 10월 4일 자선 단체의 이사회에서 계약서를 비준할 것이었다. 견습이 선택에 따른 것인지, 또는 숙소에서 작업장까지 비상식적인 거리는 아닌지, 혹은 예정된 주인이 통상적인 4파운드도 지불하지 않고 그녀를 받아들였다는 사실 등을 고려해 총 11명의 견습권이 인가되었고, 그날 앤은 한쪽 눈썹만을 치켜세웠을 뿐이다. 이튿날 런던 사무소에서 머기에게 "4579번 여자아이 앤 킹스턴에게 주목할 만한 것이 있는지"에 관한 질문지를 보냈다.[49] 잡무의 압박에 시달리던 머기는 없다고 대답했다.

8월 17일에 데이와 빅널은 슈루즈베리에서 발길을 돌렸는데, 여자용 뒷자리 안장을 준비하고, 인준된 계약서에 자신들의 승리를 확신하는 듯 서명을 마친 뒤였다. 앤 킹스턴은 새 옷 몇 벌과 성경, 기도서와 함께 고아원을 떠나는 아이들에게 주어지는 '견습 안내서'를 꽉 붙들고는, 멀리 떨어진 버크셔에서 가정부로서의 삶을 기대하며 슈루즈베리 고아원을 걸어 나왔다. 그녀는 고아원 너머 미지의 세계에 당연히 겁을 먹었다. 앞으로 펼쳐질 일에 대해서는 전혀 아는 바가 없었다. 토머스 데이의 뒷

완벽한 아내 만들기

자리 안장에 앉은 채, 앤은 고아원을 영원히 떠났다. 고아원 문을 나서는 그 무리는 버크셔가 아닌 런던을 향했다.

4장

앤과 도카스

1769년 8월 런던

앤은 10년 전에 볏짚이 가득 담긴 짐마차에 실린 채, 다른 17명의 아이와 함께 런던에서 슈루즈베리로 왔었다. 이제 그녀는 2명의 부유한 젊은 남자와 함께 런던으로 돌아왔다. 예쁜 얼굴과 풍성한 머리칼을 지닌 열두 살짜리 소녀가 거리에 나서자 꽤나 시선을 끌었다. 두 남자가 한 아가씨를 극진히 보살폈기에 누구도 별다른 의심 없이 고개를 끄덕거리며 쳐다보았다.

슈롭셔 시골에서 규칙적이고 단순한 삶을 살았던 터라 런던의 혼란스러운 소음은 앤 킹스턴에게 충격을 주었을 것이다. 거의 70만 명의 인구가 모여 사는 수도는 세계의 여느 도시보다 더 북적거렸다. 유복한 사람들 대다수는 피서지로 떠났지만, 거리는 여전히 마차와 농장의 운송 수레, 행인과 상인으로 북적거렸다. 시골의 한적함에 익숙했던 앤은 마차 바퀴의 덜컹거리는 소음과 마차 의자에 앉은 남자들의 고함, 시장에 팔려가는 가축들의 소리에 귀가 멀 지경이었다. 신선한 공기에 익숙했던 소녀는 구석에 쌓인 쓰레기 더미와 한여름 도랑에서 썩어가는 배설물의 악취를 바로 맡았다. 이런 도시의 이질감보다 더 놀라운 것은 그녀를 매우 유심히 평가하는 별난 두 남자였다.

8월 말 런던에 도착한 데이는 앤을 예정되어 있던 새로운 주인, 리처드 러벌 에지워스에게 건넸다. 에지워스는 앤만큼이나 자신의 집에서 그녀가 무엇을 하는지 알지 못했지만, 열두 살 고아를 갑자기 책임져야 한다는 것에 그다지 놀란 듯하지는 않았다. "나는 응당 데이 씨에 대해 믿음이 있었기에 한 소녀를 돌본다고 해서 전혀 화가 나지 않았으며 그녀는 전적으로 내 보호하에 있게 되었다."[1] 에지워스가 늘 말해왔듯이 데이는 그가 아는 '가장 덕망 있는 사람'이었다.

법적으로 앤은 에지워스가 후견인이었지만, 버크셔의 집에 하녀로 일하러 가지도 않았고 그의 감시를 받지도 않았다. 대신 데이는 그녀를 사연이 복잡한 한 과부에게서 빌린 챈서리 레인의 숙소에서 지내게 했다. 그 숙소는 런던 법조가의 중심에 있으면서 그가 빅널과 함께 쓰던 집에서도 몇 분 거리밖에 떨어져 있지 않았다. 과부가 약간 관심을 보이긴 했지만 앤은 공식적인 후원자가 없었다. 고아원의 규약을 따르지 않았지만 데이는 그 자선 단체의 8월 30일 이사회에 출석해서 50파운드를 기부했고, 운영위원으로도 뽑혔다.[2] 그가 이 기부를 자신이 데려온 고아에 대한 정당한 대가라고 여겼는지, 그리고 운영위원이 됨으로써 의심을 받지 않을 것이라 믿었는지는 알려져 있지 않다. 어쨌든 자신의 사기를 무마하고 양심을 달래면서 이제 데이는 미래의 아내 만들기에 착수했다.

훈련은 즉각 시작되었다. 지루한 법률 공부를 접고 데이는 자신의 어린 포로에게 선생 노릇을 하는 일에 더욱 흥미를 가졌다. 스승과 제자는 너무 다른 세계에서 자랐다. 앤은 가난하게 태어났고 사생아라는 오점을 지닌 채 자랐으며 비참하고 비천한 환경에서 살아가기 위해 일을 배웠다. 반면 데이는 부유하게 태어났고, 특권의 삶을 살도록 양육되었으며 그가 원하는 모든 것을 가질 수 있었다. 그럼에도 데이는 문맹이면서 교양이라고는 전혀 없는 고아를 언젠가 자신과 결혼할 자격을 갖춘 똑똑하고 영민한 여성으로 전환시킬 수 있으리라는 자신감이 있었다. 하도 읽어서 닳은 루소의 『에밀』을 들고, 데이는 그녀를 자신과 비슷한 지적 수준으로 만들고, 그가 견뎌냈던 모든 신체적 훈련을 이겨내게 하면서 그의 이상을 받아들이게 가르칠 수 있다고 믿었다. 그는 자신이 좋아하는 일을 그녀도 좋아하도록, 그가 싫어하는 것은 그녀도 싫어하도록, 심지어 그의 얽은 얼굴과 헝클어진 머리, 구부정한 어깨마저 사랑할 수 있도록 훈련하여 아이도 낳고 그의 '비밀스런 보금자리'에서 완벽한 조화를 이루며 살아갈 예정이었다.

토머스 데이가 이상적인 여인을 만들어낼 꿈을 가장 먼저 가졌던 사람은 아니었다. 그리고 마지막도 아니었다.[3] 항상 작가나 예술가는 최고 존재에게 삶을 불어넣는 환상을 가지고 있었다. (그 존재는 늘 여성이었다.) 가장 오래되고 영향력 있는 환상 중 하나는 로마의 시인 오비디우스가 기원후 10년경 『변신 이야기』에서 묘사했던 피그말리온 신화이다. 오비디우스가 쓴 생생하고도 에로틱한 이야기 속에서 조각가 피그말리온은 자신이 만든 석고 여인상과 사랑에 빠졌다. 데이처럼 여성의 사악한 성격에 충격을 받았던 피그말리온은 비너스에게 '석고 소녀'에 생명을 불어넣어달라고 간청했다. 여신은 그의 소원을 들어주었고 피그말리온은 자신이 조각한 차가운 석고상이 자신의 손길을 받아 움직이자 너무 기뻐했으며 석고상은 조각대에서 걸어 내려와 그의 팔에 안긴다. 그리고 그들은 9개월 후에 딸을 낳는다.

단순한 피그말리온 이야기는 시간을 초월하는 주제로서 그 이후에도 계속 만들어지고 각색되었다.[4] 아마도 가장 유명하고 사랑받는 버전은 조지 버나드 쇼의 블랙코미디 「피그말리온」일 것인데, 음성학자인 헨리 히긴스가 꽃장수인 엘리자 둘리틀을 세상에서 가장 우아한 여성으로 만들 수 있는가 내기를 했던 이야기이다.[5] 엘리자에게 수정된 악센트로 말하는 법을 훈련시키고, 거실에서의 매너와 옷 입는 법까지 가르쳐서 결국 그가 이기게 된다. 엘리자는 런던 사교계를 속여 자신을 백작 부인이라고 믿게 만든다. 버나드 쇼의 희곡은 1913년에 초연되었는데, 연극에서는 원래 신화의 해피엔딩을 뒤집는다. 거침없는 엘리자는 오비디우스 조각상의 운명에 저항하고 그녀의 창조자와 사랑에 빠지기를 거부한다. 대신 히긴스에게 반항하고 자신만의 운명을 개척하며 마지막에는 프레디와 사랑에 빠져 그와 결혼하기 위해 떠난다. 쇼는 싫어했지만 그의 희곡은 1938년에 영화 「피그말리온」으로 제작되었고, 감독은 낭만적인 결론을 만들어야 한다며 엘리자를 히긴스에게 보내자고 제안했다. 쇼가 죽은 뒤 1956년 뮤지컬 「마이 페어 레이디」의 제작자는 '해피엔딩'을 지지했고, 1964년 뮤지컬을 영화화하면서 그렇게 유지되었다.

피그말리온 신화가 예술가와 청중을 모두 사로잡았다면 18세기에 그것은 숭배의 경지에 올랐다. 역사상 그 어느 시기보다 1700년대에 가장 많은 해석이 제시되었다. 고전에 대한 열광으로 불타오르고 인격 형성에서의 자연과 양육의 균형에 대한 논쟁을 자양분 삼아 조지 시대 사람들은 피그말리온 이상에 한껏 빠져들었다. 모든 아이가 오비디우스 신화를 알았다. 그 이야기는 발레, 오페라, 드라마에서 재창조되었다. 그리고 조각상이 조각대에서 걸어 내려와 생명을 얻는 결정적인 순간은 그림에서뿐만 아니라 도자기, 조각으로까지 재현되었다. 심지어 루소마저 매력적인 변신을 찬양했다. 1762년에 그는 시극 「피그말리온: 찬양」을 만들었는데, 그것은 고전 신화를 새로운 에로티시즘의 절정으로 바꾼 것이었다.[6] 그 조각상은 루소의 버전에서 처음으로 '갈라테이아'라는 이름을 얻었다.

물론 현실에서는 남자들이 배우자를 고를 때면 언제나 신화 속의 완벽함과는 거리가 먼 결점투성이의 현실을 그냥 받아들인다. 그러나 토머스 데이는 그러지 않았다. 그 이전에도 이후에도, 어느 누구도 그처럼 그렇게 체계적으로 완벽한 짝을 위한 자신만의 버전을 만드는 데 진지하게 노력한 사람은 없었다. 고전 문학에 대한 해박한 지식을 갖춘 데이는 물론 완벽한 아내를 찾기 위한 여행을 떠날 때 피그말리온 신화를 잘 알고 있었을 것이다. 데이는 석고상에 생명을 불어넣으려고 기도한 조각가 피그말리온의 현신이었다. 그는 구렁텅이에서 무지한 소녀를 건져올려 예의 바르며 생각이 분명한 완벽한 동료로 변화시킬 임무를 띤 히긴스 교수의 원조였다. 악의적이고 부조리한 임무를 통해 데이는 완벽함을 향해 극단으로 몰고 갈 것이었다. 만약 신이 여성을 만드는 데 그쳤다면 데이는 그녀를 한발 더 진전시킬 운명이었다.

물론 그의 어린 학생은 그 계획을 전혀 몰랐다. 그리고 데이는 그녀에게 알려줄 의도도 없었다. 앤 킹스턴은 태생에 관해 무지한 것처럼 자신의 운명도 몰랐다. 그녀가 출생 후 버려졌다는 사실 이외에 고아원에 도착했을 때의 자세한 정보도 몰랐고 그 이전의 정체성에 대한 어떤 단서도 없었다.

데이는 자기 학생의 출신에 대해 모호하게 묻어둘 터였다. 그의 친구들도 그 사건을 감추거나 희미하게 둘 생각이었을 것이다. 앤 자신도 과거에 대한 상세한 정보를 결코 알 수 없었다. 그리고 후대의 작가들도 그녀의 정체는 수년 동안 쌓인 고아원의 서류 더미에서 사라졌으리라 추측했다. 혹자는 슈루즈베리에서 토머스 데이에게 인계된 소녀를 추적할 수 없다고 보고할지도 모르겠다. 물론 당시 공식적인 보호자는 리처드 에지워스였다. 그 이야기들은 대부분 출처가 의심스러웠다. 그것이 사실이기는 했을까? 데이가 데려온 고아 소녀는 유령처럼 거의 파악하기 어려운 것처럼 보였다. 그러나 사실 그녀의 출생에 대한 상세한 내용과 그녀와 관련된 고아원에서 있었던 주요 사건은 두꺼운 고아원 기록 대장에 꼼꼼하게 기록되어 있었다. 그리고 지금까지도 보존되어 있다. 그 자선 기관의 문이 열렸을 때부터 그 문턱을 넘나들었던 수천 명의 아이에 대한 기록이 남아 있던 것처럼 말이다.

1741년에 한 자선 기관이 문을 열었고, 그곳은 은퇴한 선장 토머스 코램이란 남자에 의해 시작되었다.[7] 어머니가 죽고 2년 뒤, 열한 살에 바다로 나간 코램은 이후 조선공이 되었다. 그는 스무 살에 미국으로 이민을 가서 고국으로 돌아올 때까지 돈을 많이 벌기도 하고 잃기도 했다. 코램은 18세기 초 런던에서 목격한 실업과 가난으로 넘치던 슬럼가의 상태에 질겁했다. 그러나 무엇보다 충격적인 것은 그가 매일 런던을 오가면서 길가의 쓰레기 더미 위에 버려진 '때로는 살아 있고, 아니면 죽은, 혹은 죽어가는' 아이들의 모습이었다.[8]

코램은 정기적인 수입이나 특별한 인맥 없이 고아나 길을 떠도는 아이들을 위한 기금과 쉼터를 만들기 위해 17년간 노력했다. 그러다가 1739년에 왕립 기금을 지원받고 이듬해 의회의 승인을 얻어 코램의 자선 기관은 1741년 3월 25일에 첫 아이를 받았다. 자정까지 30명의 아이가 들어왔는데, 한편으로는 아이를 버리지 말라는 엄마들을 향한 호소에 발길을 돌린 사람들도 있었다. 직원이 그 사건을 다음과 같이 기록했다. "아이들의 입소를 허락받지 못한 엄마들의 슬픔이 아이들과 헤어져야 하는 엄마들의 그것보다 더 지켜보기 힘들었다. 그래서 감동적인 장면은 잘 그려질 수 없었다."[9]

자선 단체의 직원들은 처음부터 입양아에 대한 일지와 서류를 엄격하게 관리했다. 자신들이 받아들인 아이들의 익명성을 보호하여 사생아 출신이 지닌 오명을 지우는 데 신중을 기하면서 자선 단체 내에서의 고아들의 삶 전반을 추적할 수 있도록 세심한 조치를 취했다. 나중에 아이를 알아낼 만한 두드러진 특징들은 접수처에서 입양 서류에 조심스럽게 기록되었고, 엄마들도 아이의 생일이나 부모 이름 그리고 아주 사소한 기록을 남겨두기도 했다. 초기부터 직원들은 엄마들이 나중에 적절한 증거를 제시하여 그들의 아이를 되찾게 되기를 바랐다. 하지만 실제로 나중에 부모와 재회한 아이들은 거의 없었다.[10]

이후 수년 동안 축적된 입양 서류와 표지는 자물쇠로 잠긴 채 열쇠와 함께 조심스럽게 보관되어 절망적인 시기에 좌절했던 부모들에 대한 가슴 아픈 사연을 전해준다.[11] 몇몇 엄마는 아이를 버릴 수밖에 없었던 급박한 상황을 묘사하는 편지나 시를 남겼다. 한 엄마는 사망 선고를 받은 상태였고 다른 이는 두 명의 군인에게 강간을 당했다. 대부분의 엄마가 미혼 상태에 너무 가난했고 지나치게 어리거나 아니면 사생아를 부양하는 것에 수치심을 느끼기도 했지만, 아이를 낳았지만 책임질 수 없었던 유부녀도 상당수였다. "이 죄 없는 아이는 제멋대로인 남편 때문에 불행했지만 진정으로 덕이 많은 엄마의 사랑스런 열매다"[12]라고 한 엄마가 기록을 남겼다.

아이를 버린 엄마들이 아이와 함께 남겼던 징표는 대개 동전, 단추, 버클과 골무와 자물쇠 등이었다. 값어치 나가는 물건이 없는 부모들은 콩 껍질, 병뚜껑, 종잇조각 혹은 손에 쥐고 있던 아무거나 남겨두었다. 어떤 엄마들은 짝을 이룬 것 중의 하나, 귀고리, 커프스 단추나 신발 버클 아니면 갖고 있던 카드의 반쪽을 남겼는데, 후에 그들이 재회할 때 맞춰보기 위해서였다. 만약 아무런 징표가 없으면 직원들이 아이 옷에서 일부 조각을 잘라내 입양 서류에 같이 꽂아두기도 했다.

접수처에서는 각각의 아이에게 번호를 부여하고 도장을 찍어 표를 목에 묶어두었는데, 이것은 나중에 자선 단체에서의 생활에서 아이를 구분하는 데 이용되었다.[13] 입소가 확정되면 각 아이는 새로 이름을 부여받았다. 처음 들어온 아이들은 토머스 코램이나 몇몇 자선 단체 기부자의 이름을 따랐다. 그러나 후원자가 그 어린 베드퍼드들이나 몬터규들이 나중에 가족으로서의 권리를 요구할까봐 걱정하면, 바로 다른 이름이 붙여졌다. 뒤에 들어온 아이들은 죽은 유명인의 이름을 따서 율리우스 카이사르나 월터 롤리 혹은 엘리자베스 튜더라는 세례명을 받았다. 그리고 이런 이름이 너무 흔할 때는 장소나 꽃 이름을 딴다든가 인내, 자부심, 신념과 같은 그들이 동경하는 덕성을 이름으로 붙이기도 했다. 그러나 그것도 곧 흔해져서 아이들은 간단하게 그들의 낮은 지위에 걸맞게 제인이나 존으로 불리기도 했다. 새로운 이름과 옷, 낯선 환경에서 입소

첫날은 완전히 새로운 생활의 첫날을 의미했다.

1745년 자선 단체가 홀본 북쪽에 두 개의 부속 건물이 딸린 커다란 건물로 이사해 완전히 자리 잡으면서 지원은 늘어났다. 윌리엄 호가스가 헌정한 그림들로 벽을 장식하고 게오르크 프리드리히 헨델이 작곡한 음악이 사교계의 인기 있는 자선 콘서트에서 울려 퍼졌다. 멋지게 차려입은 방문객들이 고아들의 노래를 듣거나 사내애들이 로프로 그물을 만드는 것을 보러 다녔다. 비록 코램 선장은 훗날 모임에서 너무 노골적으로 기부를 요구해서 배척당했지만, 계속해서 세례식에 참여하고 20명의 아이들의 대부가 되었다. 말년에 다시 가난해진 그는 고아원 정원에서 빨간 외투를 입고 붉은 뺨을 한 채 눈물을 흘리면서 아이들 사이에서 빵을 나누어주는 친숙한 인물로 남았다. 1751년에 그는 사망했고 고아들에게 둘러싸여 배웅을 받으며 교회 묘지에 매장되었다.

그러나 많은 지원과 사교계의 기부에도 불구하고 자선 단체는 문 앞에 도착하는 넘쳐나는 아이들의 속도를 따라잡을 수 없었다. 얼마 후 접수 창구에서는 어느 아이를 받을지 결정하기 위해 제비뽑기가 도입되었다. 희망에 찬 엄마들이 그들의 아이를 고아원에서 받아줄지 말지를 결정하는 공을 뽑았는데, 흰색이면 입소, 빨간색이면 예약 명단에 이름을 올릴 수 있지만 검은색은 거절을 뜻했다. 그럼에도 계속 아이들의 수가 침대 개수를 넘어서자 직원들은 의회에 지원을 요청했다. 1756년에 하원에서 한 번의 결정적인 투표로 1만 파운드(오늘날 1억7800만 파운드, 2900만 달러에 해당)를 지원했다. 그러자 더 이상 아이들은 돌려보내지 않았다.

1756년 6월 2일에 시작하여 정부 기금과 의원들의 인내가 바닥난 1760년 5월까지 지속되었는데 운영자들은 마지막으로 들어온 아이를 키티 피니스Kitty Finis라고 불렀다.[14] 모두 모아보니 4년 동안 1만4934명의 아이가 받아들여졌다. 이전에는 아이들이 늘어나지 않도록 거절이나 보류라는 조심스런 절차를 걸쳐 선택되었지만 이제는 부모가 원하지 않은 아이라면 누구나 밤낮으로 바구니에 담겨 고아원 문 앞에 버려졌다. 많은 아이가 건강이 아주 나빴다. 한 아이는 "구멍이 난 넝마조각을 걸치고 입에 젖병을 겨우 물릴 만큼 바싹 마른 아이" 같다고 묘사되었고[15] 다른 아이는 간단히 "지금껏 받은 아이들 중 가장 비참한 녀석"이라고 기록되었다. 비참하게도 아동 사망률은 45퍼센트에서 70퍼센트 이상으로 올라갔다.[16] 그나마 이 수치는 유모에게 맡겨진 극빈한 집안의 아이들이 모두 사망했던 런던의 몇몇 교구보다는 나은 것이었다.

자선 기관이 아이를 키우기 위해 유모를 확보하려 하자 마을 전체가 유모의 기지가 되어버렸다. 아이들이 자라 대여섯 살에 학교에 가려고 길러준 엄마를 떠날 때, 운영자들은 고아들이 미래에 고용이 되도록 여섯 곳의 지부를 만들어야만 했다. 앤 킹스턴이 고아원에 받아들여졌을 무렵이 바로 이런 불행과 대혼란의 시기였다.

1757년 5월 24일 목요일,[17] 해가 없는 흐린 날씨는 오후가 되자 매서운 북서풍에 비가 흩날리면서 점차 어두워졌다. 식품 가격이 높아 더욱 고통스러웠던 혹한의 겨울이 지난 후여서 그런지 그 봄은 회복의 푸른 싹을 틔우는 데 너무나 힘겨운 듯했다. 살을 에는 듯한 날씨에 군중 속을 뚫고, 이름을 알 수 없는 사람이 북서쪽을 향하고 있었다. 클러큰웰의 누추한 빈민가에서 고아원의 검은 철문을 향해 품속에 뭔가 꾸러미를 안고서 말이다.

그날따라 지부에는 업무가 아주 많았다. 이미 다섯 아이가 입소했고, 일곱 번째 아이는 오고 있는 중이었다. 클러큰웰에서 데려온 여섯 번째 아이만이 런던 출신이었다. 고아원 규정에 따르면[18] 아이가 지부에 들어오자마자 직원은 아이를 데리고 온 자를 기다리게 하고 문을 잠그고는 부속방의 유모를 깨우기 위해 벨을 눌러야 했다. 직원들은 엄마나 아이를 데려온 자의 신원을 밝혀낼 어떠한 시도조차도 해선 안 되었다. 그러나 그들은 아이의 출생 교구 등을 기록하도록 되어 있었다. 이 여섯 번째 아이를 품고 온 익명의 인물에게 몇 가지 질문을 한 후 직원은 서류의 양식을 채워가기 시작했다.

그 서류 양식은 자선 단체의 기록보관소에 오늘날까지 보존되어 있는데,[19] 앤 킹스턴은 여자아이이고 4579번이며 5월 24일 고아원에 도착했다고 간단히만 기록되어 있다. 여느 고아원 아이와 달리 이 아이는 나중에 혹시라도 재결합을 위해 남겨진 표지가 전혀 없었고, 당시 입고 있던 옷에 대한 어떤 기록도 없었다. 다른 특징이 있다면 담당 직원이 그 아기의 "왼쪽 귀가 아주 컸다"고 썼다는 것이다. 그러나 이것이 태어날 때부터 그랬는지 버려지면서 생긴 상처로 인해 부어서인지는 알 수 없었다. 그리고 그 당시 입소 기준 나이인 생후 6개월 이전이었음에도 생일이 적혀 있지 않았다. 출생 교구는 숙소까지 아이를 데려온 지원자의 말에 따라 직원이 발음대로 받아 적은 "세인트존스 클러큰웰St Johns Clarkenwell"로 기록되어 있었다.

하나의 정보가 더 추가되었다. 아이를 데려온 자로부터 넘겨받은 메모 하나가 있었다. 나중을 위해 서류에 같이 붙여진 그 종잇조각에는 아이가 세인트존스 교구 근처의 세인트제임스 교회에서 이미 세례를 받았으며, 이름도 받았는데 직원이 들은 대로 마니마 버틀러Manima Butler라고 쓰여 있었다. 담당 직원에게서 질문을 받은 정보만을 제공하고는 그 익명의 신고자는 빈손으로 거리에 나섰고 런던 군중 속으로 영원히 사라졌다.

서류상의 기록에도 불구하고 세인트제임스 교회의 세례 명부에는 마니마 버틀러나 그 유사한 이름의 아이가 남아 있지 않았다.[20] 그녀가 실제로 세례를 받았든 아니든, 그 이름은 의심할 여지도 없이 모니미아Monimia의 오기다. 그리스어로 '외로운 소녀'라는 의미의 모니미아라는 이름은 희곡 작가 토머스 오트웨이가 1680년 비극 「고아: 혹은 불행한 결혼」에서 고아인 여주인공에게 처음으로 붙인 것이었다. 그 희곡은 18세기 내내 엄청난 인기를 끌면서 런던 무대에서 정기적으로 공연되었다. 그러므로 조지 시대의 어법상 모니미아라는 이름은 고아와 같은 뜻이었다. 앤은 처음부터 전형적인 고아의 이름을 부여받았던 것이다. 그녀가 그 희곡의 부제처럼 불행한 결혼을 하게 될지는 아직 모르지만 말이다.

앤의 엄마에 대한 정보는 그녀를 클러큰웰에서 낳았다는 사실 이외에 어떠한 기록도 없다. 번영하는 금융의 중심인 스퀘어 마일과 상류층이 사는 웨스트엔드 사이에 끼인 클러큰웰은 런던에서 가장 가난하고 절망적인 사람들이 지내는 곳이었다.[21] 그곳은 미로로 이어진 골목길과 어두운 안마당에 금방 무너질 듯한 주택이 햇볕을 차단해서 어두웠고, 위생이나 환기와는 거리가 멀었으며 다락과 천장에까지 수천 명의 사람이 살고 있었다. 여섯 살 이후의 어린이를 포함하여 그곳의 절반에 가까운 인구가 지역의 유명한 시계 제조업과 관련된 일에 종사하고 있었다. 앤의 심장이 처음으로 뛰기 시작한 곳도 좁은 길에서 끊임없이 망치를 두들기고 뭔가를 가는 소리가 들렸던 바로 이곳이었다. 그녀의 엄마가 주인에게 농락당한 하녀였든 불륜의 관계를 맺은 상속녀였든, 그녀 역시 사생아였고, 그래서 평생 그런 상태로 살 가능성이 높았다.

18세기 영국에서의 사생아 출생률은 다른 유럽처럼 높았다.[22] 그래서 조지 시대는 '사생아의 세기'로 불렸다. 특별히 그 시대가 도덕적으로 더 타락해서 그랬다기보다는 아마도 결혼하기로 마음먹었던 사람들이 예상할 수 없는 일로 결혼을 포기해서인 듯하다. 전통적으로, 특히 시골에서는 커플들이 친밀한 관계를 유지하다가 여자가 임신했을 경우에만 교회에서 합법적 결혼으로 인정하는 것이 당시 관습이었다. 그러나 높은 생활비와 전쟁, 징병은 결혼을 좀더 복잡하게 만든 1753년의 혼인법과 함께 많은 사실혼 관계의 커플이 결혼식을 올리는 것을 방해했다.

앤이 태어나던 그해 즈음인 1757년에 이런 상황이 절정에 이르렀는데, 7년 전쟁의 와중인 데다 빵값은 최고가에 달했고 성인의 사망률이 늘어난 것이 복합적으로 작용해서 사생아 출산이 가파르게 증가했다. 유혹을 당했든 애인에 의해 버려졌든 앤의 엄마도 자신을 교구의 자선에 기대어 클러큰웰의 어느 집에서 아이를 낳을 수밖에 없었는지도 모른다. 거기서 그녀가 아이를 낳다 죽었는지, 아니면 아이의 좀더 나은 미래를 위해서 신생아를 교구의 관리에게 건넸는지 혹은 그녀 스스로 고아원에 직접 갖다놓았는지는 아무도 모른다.

이 수수께끼는 업무를 빨리 끝내려는 고아원의 직원에게 아무런 문제가 되지 않았다.[23] 그날 여섯 아이를 등록하면서 그 직원은 아이에게 4579라는 번호를 찍어 천조각으로 표를 만들어 아이의 목에 걸었을 뿐이다. 아이는 보육사가 씻긴 다음 규칙상 하얀 광목옷을 걸친 채 유모에게 건네지고 곧바로 유아 대기실에 눕혀졌다. 이 과정에서 직원은 서류 양식을 완성하고 일반 등록부에 새로운 이름, 즉 앤 킹스턴을 기재했다. 승인된 이름 가운데 그냥 아무렇게나 뽑힌 것인데, 그녀는 자선 기관에서 생활할 때 그렇게 불렸다. 그날 들어온 일곱 아이 가운데 세 명만이 영아기를 넘기고 살아남았는데 앤은 그런 행운아 중 하나였다.

토머스 데이는 몰랐지만, 선택된 소녀 신부는 그가 태어난 곳과 몇 마일 떨어지지 않은 곳에서 태어났던 것이다. 아이가 고아원 문 앞에 버려졌을 그 당시에 데이는 몇 분 안 되는 거리에 있는 차터하우스 학교를 다니고 있었다.

그녀가 그 고아원에 머문 시간은 짧았다.[24] 도착한 날 앤은 몇 가지 아기 용품, 셔츠 3개, 모자 3개와 회색 모직 코트 하나와 함께 메리 펜폴드라는 새로운 유모에게 보내졌는데, 그녀는 그날 미리 와서 대기하고 있었다. 영수 품목에 따르면 아기 옷과 유모 주급인 2실링 6펜스가 적혀 있었다. 글자를 쓸 줄 몰랐던 메리 펜폴드는 받은 품목란에 십자 사인을 했다. 네 명의 고아원 아이를 맡은 각각의 유모와 마찬가지로 앤의 유모도 마차 짐칸에 실려 교외에 위치한 그녀의 집을 향해 출발했다.

자선 단체의 지역 유모들은 아이에게 젖을 먹이고 돌보면서 기본적인 임금을 지급받았지만, 수양모와 같았다.[25] 18세기 만화나 소설에서 유모는 무식하고 술에 취해 있거나 괄시받는 존재로 묘사되었다. 그러나 실상은 고아들을 다섯 살이나 여섯 살, 또는 그 이상까지 양육했던 충실한 엄마들이었다. 메리 펜폴드처럼 대부분은 가난한 농업 임노동자나 지역 직인들의 아내로서 자기 자식을 여러 명 키우면서, 가난했던 시기에 월 10실링의 사례금을 생명줄로 여기던 이들이었다. 몇몇에게는 이런 인색한 임금이 주요 동기였지만, 많은 이는 진심으로 수양 아이에게 감정 이입을 해서 아이를 영원히 혹은 잠시라도 포기하려 하지 않았다. 일시적으로나마 그런 요구는 당연시되었고 고아원 아이들은 수양 가족의 견습생이 되기도 했다.

메리 펜폴드는 이타주의에서든 가난 때문이든 아이 양육을 자원했고, 앤과 한 꾸러미의 옷을 받아들이는 순간부터 앤의 일생에서 중요한 인물이 되었으며 사실상 그녀에게 없었던 엄마가 되어주었다. 앤이 그녀의 젖을 먹고 자랐다는 사실은 그런 연대감을 필연적으로 더 깊게 만들었다. 1700년대 중반까지 신생아들은 '젖을 떼고' 종종 우유, 버터, 설탕을 버무린 빵이나 케이크, 그리고 브랜디나 럼, 와인이 섞인 비스킷을 먹었다. 고아원의 의사인 윌리엄 캐도건은 자선 단체의 운영진에게 수유가 가장 좋다고 주장했고, 나중에 이런 생각은 보편화되었다. 신선한 교외 공기를 마시고 진보적인 양육 체제의 혜택을 받으며 메리 펜폴드의 보살핌 속에서 앤은 무럭무럭 자라났다. 루소가 에밀을 위해 만들어낸 소피처럼, 토머스 데이의 환상에 맞는 시골 처녀처럼 앤은 소박한 시골 방식에 따라 농민들 사이에서 자랐다. 그러나 시골의 목가적인 풍경은 전혀 아니었다.

우턴의 오두막에서 고아원의 아이를 받을 당시 메리 펜폴드에게는 이미 식구가 넘쳐났다.[26] 그녀에게는 열여섯 살의 제임스, 열다섯 살의 메리, 여섯 살의 베티, 두 살의 존과 이제 막 4개월 된 토머스가 있었다. 코가 유난히 툭 튀어나온 아기인 토머스는 데리고 온 갓난아기와 젖을 나누어 먹고 일찍 젖을 떼야만 했다. 펜폴드네 아이들은 새벽에 일어나 들판과 집안에서 일을 도우며 시간을 보내다 먼지를 뒤집어쓴 채 잠이 들었다. 당시 노동자 계층의 아이들은 응석을 부리거나 엄마에게 딱 달라붙어 지낼 수 없었다. 그러나 집안일이 끝나면 마을의 들판에서 뛰어놀거나 언덕을 오르고, 봄에는 메이폴 주변을 맘껏 돌아다니며 추수기에는 건초 더미에서 맘껏 구를 자유가 있었다. 앤에게는 클러큰웰의 오염된 더러운 환경보다 순수한 시골의 공기가 더 좋은 환경이었다.

그녀가 돌이 되면 수양모는 10실링의 미숙련 노동자의 주급과 동등한 보너스를 받게 되어 있었다. 그 보수는 12개월을 넘기는 아기를 기른 유모 모두에게 주어지는 것이었다. 일종의 성과 보수였다. 유모에게 보내진 아이 중에서 절반 이상은 돌아오지 못했다.[27] 이런 어려운 상황에서 앤의 생존은 상당 부분이 자선 단체의 지역 감독관인 휴 커의 세심한 노력 덕분이었다.[28] 커는 도킹에 기반을 둔 분주한 의사이면서 자원봉사자였는데, 1756년 6월에서 1757년 6월까지 혼자서 주변 마을에 있는 고아 75명을 책임지고 있었고 이들 중 15명만이 사망했다.

그러나 앤이 우턴에 온 지 막 2년이 지난 1759년 8월에 갑자기 고아원 직원들이 런던 고아원 문 앞에 마구 들이닥치고 있는 아기들을 위해 도킹 지역의 나이 든 아이들을 새로운 지역의 양육원으로 옮겼으면 한다고 알려왔다. 보통 5~6년을 데리고 있기로 한 아이를 2년이 되어 강제로 양도하라고 하자 유모들은 크게 항의했다. "가난한 여성들은 추수기에 아이를 새로 데려오고, 데리고 있던 아이들이 아직 어린데도 보내라는 것은 너무 가혹하다고 생각한다"며 커는 불평했다.[29] 또한 그는 "만일 이 아이들이 내년 봄까지 여기에 남아 있다면, 다소 괴롭더라도 그녀들은 약간이나마 위안을 얻을 것"이라며 간청했다. 이상하게도 그 운영진들은 고아원 아이와 정이 들어 도저히 헤어질 수 없다는 도킹 근처의 두 가족의 호소는 들어주었다. 메리 펜폴드는 앤을 지킬 수 있었다.

2년하고도 4개월이 지나 밝은 구릿빛의 곱슬머리가 추수를 기다리는 밀밭의 색깔과 비슷해진 앤은 1759년 8월 14일에 메리 펜폴드를 떠나 런던 고아원으로 되돌아왔고 수양모와는 영원히 헤어졌다. 수양모와 헤어지는 아이들을 지켜봤던 한 고아원 직원은 "애들과 헤어지면서 어깨를 떨며 진정으로 슬퍼하는"[30] 유모와 "엄마를 떠나기 싫어서 몹시 우는" 아이들을 기록했다. 그 직원 역시 고아원 출신이어서 진심이 느껴지는 듯했다.

앤은 '엄마'와 헤어지자마자 바로 고아원의 거대한 기숙사로 보내졌고 그곳에서 이틀을 보냈다.[31] 이후 그녀는 11명의 여자아이 및 6명의 남자아이와 함께 슈루즈베리로 향하는, 말이 끄는 짐수레의 볏짚 위에 8일 동안 덜컹거리며 있었다. 슈롭셔에서 온 9명의 보육사가 이끄는 무리가 한밤이 되자 여관에서 길고 평탄치 않은 여정을 멈췄다.

슈루즈베리 고아원이 아직 설계도만 그려진 상태라 짐마차는 개조된 창고에 멈춰 서서, 그곳에다 앤과 함께 있던 아이들을 내려놓았다. 보호시설의 생활이 기다리고 있을 터였다. 임시 고아원에서 앤은 도킹에서 함께 옮겨졌던 한 살 어린 데버라 버너라는 이름의 다른 아이와 함께 새로운 보육사인 앤 케이스웰에게 맡겨졌다.[32] 메리 펜폴드처럼 앤 케이스웰도 문맹이라 두 명의 고아원 아이와 옷가지를 넘겨받으면서 영수증에 십자 표시 사인을 했다. 메리 펜폴드처럼 그녀도 결혼을 했고, 자식이 있었는데 바로 네 살짜리 딸 메리와 두 살이 되는 아들 로버트였다.

새로운 수양 가족과 고아원 '동생' 데버라 및 슈롭셔 교외에서 자란 앤은 그곳에서 6년을 더 머물렀다. 슈루즈베리 고아원이 멀리 지평선 위로 천천히 지어지고 있었기 때문이다.[33] 1765년 4월에 그녀와 데버라는 처음으로 고아들만 모인 곳에서 살게 되었다. 케이스웰 가족과 6년을 지낸 다음이었으니 분명 가슴 찢어지는 이별을 겪었을 것이다.

촘촘하게 엮인 시골 공동체의 조그만 가족 속에서 자란 두 아이는 큰 창문과 높은 천장에 커다란 참나무 계단이 있는 넓은 고아원에서 500명이 넘는 아이들과 왁자지껄 뒤엉켜 사는 것에 분명히 압박감을 느꼈을 것이다. 그들은 처음으로 수두 예방접종을 맞았을 것이고 몇 주 동안 근처 집에서 격리되어 소녀 기숙사에 입소하기 전까지 대기했을 것이다. 이 새롭고 이상한 과정 속에 멈춰서 무언가를 응시할 시간은 없었다.

부엌과 세탁실에서 허드렛일을 하고 교실에서 공부하며 양모 옷을 만드는 직조실에서 일하느라 여가를 즐길 시간은 거의 없었다. 슈루즈베리 고아원은 런던 본부와 다섯 곳의 지부에서 모두 공통적인 규율이나 교과 과정이 있었고, 아이들에게 규칙적인 습관을 들이고자 식사, 공부, 일, 기도, 수면 시간을 엄격하게 지켰다.

슈루즈베리의 운영자들은 1759년에 처음으로 런던에서 아이들이 도착한 이래 수백 명을 책임지면서 박애주의적 애정과 실용주의적 현실주의를 결합해 아이들을 감독했다.[34] 그들은 지역의 젠트리와 귀족으로 구성된 자원자였고, 수양 가족 안에서 자라고 있는 '젖먹이들'을 감독하며 정기적으로 고아원을 방문해 아이들의 복지 상태를 점검했다. 고아원 규칙에 따르면, 직원들은 고아들을 대하면서 "부드럽게 행동해야 하고" "아이와 관련된 모든 규제가 지켜지고 있는지"를 점검해야 했다. 한 운영위원은 어느 일요일 아침 고아들을 점검하면서 아이들이 "얼굴만큼이나 꾀죄죄한 옷을 입고 스타킹에 큰 구멍이 나 있는" 채로 교회로 향하

완벽한 아내 만들기

는 모습을 보자 방문록에 분개하며 이를 기록해놓았다.

런던 본부의 압력을 받아 운영위원회는 경비를 줄였고, 아이들을 공장에 보내도록 기술을 연마시켰다.[35] 고아들은 자기가 입을 옷을 직접 만들었고, 남은 옷을 시장에 팔거나 지역 경찰의 기성복과 운영위원을 위한 좋은 코트도 만들었다. 그러나 근처 공장에서 죽기 직전까지 아동 노동을 시켰던 공장주들과 달리, 운영위원회는 아이들이 지나치게 일하지 않도록 주의했고, "낮 시간은 짧고 아이들은 미숙"하므로 산업 중심지에서 과도한 이익을 내지 않도록 관리했다.

그러나 체제가 아무리 잘 고안되어도 효율적인 의학적 치료가 없던 시기라 병의 확산이나 죽음을 막을 도리는 없었다. '장미'가 별명이었던 아이가 수두에서 회복되었을 때 "그녀는 정말 좋은 아이이고 가장 유능한 직조공 중 한 명이다"라며 비서가 런던에 알릴 정도로 좋아한 기록이 있다.[36] 그러나 다른 아이가 경련으로 사망하자 그 아이를 가리켜 "내가 본 아이 중 가장 끔찍한 장애아였다"면서 죽음이 차라리 축복이라고 말하기도 했다. 그날그날의 사건을 기록해놓은 기록장에는 특별한 부연 설명 없이 출산했거나 도축된 농장 동물의 이름, 고용되거나 해고된 직원, 유모에게서 받아온 애들, 견습공으로 나가거나 죽은 아이들의 이름이 남아 있다.

냉혹하지만 한편으론 보살핌을 제공하는 고아원 체제에 맞춰 앤은 수업을 듣고 자신의 비참한 인생에 걸맞게 온갖 잡일을 했다. 그녀는 양모업에 관련된 일을 훈련받기보다는 집안일을 수행하도록 뽑힌 것으로 보인다. 직업 명부에는 그녀의 일터가 1765년에서 1768년까지 직조실이나 실 잣는 방보다는 주로 '집에서'라고 적혀 있다.[37] 그녀는 집안일을 하지 않을 때면 학교에 있었다. 부유하거나 가난하거나 상관없이 교육의 혜택을 누릴 수 있었던 조지 시대의 모든 아이처럼, 슈루즈베리의 고아들도 큰 교실에서 괜찮은 책을 읽고 성경을 기계적으로 암기했다. 1766년 고아원 전성기에 앤은 아홉 살이었는데, 고아원은 4명의 교사와 6명의 사감을 둔 것을 자랑으로 삼았다. 그때는 고아원의 모든 아이가 견습을 떠날 즈음엔 간단한 셈을 하고, 글자를 쓰지는 못하더라도 읽을 수 있다는 점이 자부심의 중요한 부분이었다.

여름에는 아침 6시, 겨울에는 7시에 일어났고 하루하루는 별로 변화가 없었다. 일주일에 세 번 고기가 나왔고 일요일마다 교회에 갔으며 크리스마스마다 자두 푸딩을 먹었다. 앤은 자라면서 알파벳을 마스터했고 셈을 배우고 교리문답을 암송했으며 자신이 맡은 일을 척척 해냈다. 고아들은 일을 열심히 하긴 했지만 점심을 먹은 후나 자러 가기 직전에 밖으로 나가 놀기도 했다. 유일하게 큰 변화는 새로운 아이들이 유모와 떨어져 들어오거나 견습공이 되기 위해 떠날 때, 아니면 병으로 죽는 그런 물결 속에서 일어났다. 1768년 4월 앤이 열한 살일 때 홍역 전염병이 고아원을 휩쓸어 200명 이상을 감염시켰는데, 놀랍게도 불과 4명만 사망했다.

키가 크면서 잘 알지 못하는 장소에서 견습하기 위해 고아원을 떠나야만 할 순간이 앤에게 거침없이 다가오고 있었다. 1768년에 고아원이 아이들을 견습공으로 빨리 내보내라고 종용했고, 성경 공부를 끝내면 바로 그것을 이별 선물로 주었다. 이듬해 그녀가 열두 살이 되자 런던 사무소는 지부 고아원에 1758년 12월 31일 이전에 들어왔던 아이들을 '되도록이면 빨리' 견습으로 내보낼 것을 지시했다.[38]

그래서 앤은 1769년 6월에 젊은 두 신사 앞에 줄지어 불려나왔을 때 자신이 떠나게 되리라는 것을 알았다. 두 명 중 한 신사가 그녀를 선택하자 그녀는 모직 공장의 기계 앞에서 일하는 대신 교외의 어느 집에서 하녀가 된다는 것을 알고는 안도했다. 그 남자들이 그녀를 런던으로 데려가자 하녀로서의 생활이 막 시작되었음을 기쁘게 받아들였다. 그녀 혼자 런던 중심부에 있는 아파트에서 살게 되었을 때도, 젊은 남자가 자신의 교육을 위해 헌신하기로 결심한 듯한 표정으로 머리에 빗질도 안 한채 매일 방문할 때도 그녀는 아무런 질문을 하지 않았다.

그녀는 일생 내내 권위에 복종하고 자신의 운명을 기꺼이 받아들이도록 훈련받았다. 만약 고아원을 떠나면서 받았던 자선 단체의 「견습생을 위한 지침」[39]을 펼쳐보았다면 다음과 같은 메시지를 발견했을 것이다. "당신은 이 고아원의 운영자에 의해 견습을 나간다"라는 문장으로 시작해 "아주 어리고 정말 볼품없고 무기력한 상태에서 부모와 친구로부터 버려진 상태였다. 자선 단체에서 젖을 먹고, 옷을 얻어 입으며 교육을 받았다. 그렇게 많은 것을 얻었다"라는 내용으로 이어졌다. 또한 교사는 그녀에게 고아원에서 양육된 것을 부끄러워할 필요는 없다고 말하면서 다음과 같이 가르쳤다. "네가 보살핌을 받은 것은 모두 전능하신 하느님의 자비였다고 말해라." 그녀가 해야 할 일은 교리를 외우고, 열심히 일하고, 진실하게 말하고, 정직하게 처신하며 "사악한 유혹"을 피하는 것이라고 교재에 쓰여 있었다. 하지만 그녀는 그런 유혹이 어떤 형태로 나타나는지 하나도 모르는 듯했다.

데이는 잘 골랐다. 앤은 열의가 있는 학생이었고, 선생을 기쁘게 하려고 노력하며 그의 칭찬에 호응했다. 미래에 대한 선생의 계획을 모르고 있었기에 그녀는 그의 지시대로 환하게 피어났으며 가르침을 스펀지처럼 받아들였다. 데이 역시 어린 고아의 변신에 시간을 아끼지 않았다. 미래의 신부를 만들기 위해 격동의 강을 건너오면서 데이는 한껏 고무되었고, 그녀의 이름을 라틴어 세번severn에서 따온 사브리나로 붙였다. 분명 켈트 신화를 잘 알고 있었던 데이는 고대 영국 왕의 외손녀, 웰시어로는 하브레나, 라틴화된 영어로는 사브리나라는 처녀가 강에 빠져 죽은 이야기에서 이름을 따왔던 것이다. 그 이야기는 에드먼드 스펜서가 『선녀여왕』에서, 나중에는 존 밀턴이 그의 희곡 『코무스Comus』에서 여성의 정숙함을 칭송하는 데 사용되었다.[40] 그리고 데이는 성으로 '시드니'를 붙여주었는데, 이는 어린 시절의 영웅으로 엘리자베스 시대의 충신이며 군인이자 시인인 필립 시드니 경에서 따왔다.[41] 이것이 그녀가 열두 살에 얻은 세 번째 이름이었다. 그녀는 태어난 후 처음으로 모니미아 버틀러라 불렸고, 그다음에 붙여진 이름 4579번 앤 킹스턴은 이제 영원히 사라졌으며 그 자리를 미래의 아내 사브리나 시드니가 차지했다.

학생의 이름을 바꾼 것은 데이의 입장에서는 신선한 일이었다. 홀본의 고아원 본부와 가까이 살고 있었지만, 이제 운영진이 그녀를 추적할 수 없을 것이었기 때문이다. 사브리나가 예쁜 외모와 배움에 대한 준비성, 가능성 있는 재능을 지녔지만 데이는 여전히 그녀를 그의 조각상으로 만드는 데 성공할지 확신이 없었다. 여성에 대한 그의 뿌리 깊은 불신이 여전히 꿈틀대고 있어서였다. 완벽한 학생을 확보했지만, 그녀가 그의 가르침대로 완벽한 아내로 만들어질지 어떻게 확신할 수 있겠는가? 그는 성공에 대한 이중 보증이 필요했다. 그래서 사브리나의 교육을 시작한 지 얼마 지나지 않아, 몇 주 뒤 9월 20일에 홀본의 고아원 본부로 다시 출발했다.

　데이는 자선 단체의 사무원들에게 기혼 친구의 집에 하녀로 일할 어린아이가 한 명 더 필요하다고 말했다.[42] 그는 착한 기부자이자 자선 단체의 선임 이사였기 때문에 그의 정직한 의도를 믿게 만드는 데 어려움이 전혀 없었다. 다시 한번 그는 갈색 유니폼을 입은 사춘기에 접어든 소녀들을 줄 세워 그 사이를 오갔다. 그리고 또다시 친구 에지워스의 이름을 예정된 고용주로 제시했다. 이번에 데이는 열한 살의 금발머리에 푸른 눈동자의 소녀를 선택했다. 사브리나처럼 그녀도 '예쁘다'고 묘사되어 있지만 첫 번째 소녀와 달리 그녀는 '깨끗하면서 구릿빛의 머리카락과 밝은 눈'을 가졌다.[43] 그녀의 이름은 고아원 안에서는 도카스 카였다. 데이의 인도에 따라 고아원 문을 나선 그녀는 동료 학생들을 만나러 숙소로 향했다.

　사브리나처럼 도카스도 아기일 때 고아원 문 앞에 버려져 운영자에 의해 이름을 부여받았다. 그녀도 데이에 의해 그 이름을 버리고 바로 새 이름을 받았다. 이때 데이는 루크레티아라는 이름을 선택했는데, 강간을 당한 후 자살해서 로마 공화정 시대를 열게 될 반란을 야기했던 고대의 역사적 영웅의 전설을 숭배해서였을 것이다. 사브리나의 보완 인물로서 적합한 루크레티아는 매혹적이면서도 외모나 개성은 사브리나와 정반대였다. 각각은 "뚜렷한 아름다움을 지니면서 동시에 서로 대조적인 미모"를 지녔다고 한 지인은 기록해놓았다.[44] "사브리나는 섬세한 용모, 잘록한 허리, 혼을 불러오는 듯한 눈과 몸에 배어 있는 예절에 잘 어울리는 예민한 천성을 지녔던 반면 루크레티아는 빛이 나는 피부에 포동포동한 얼굴과 웃는 듯한 눈에 쾌활한 영혼의 외모에 좀더 고전적인 미인이었다."

그들은 같은 부류의 사람이자 동전의 양면과 같았다. 데이는 행복한 결혼의 후보자로 둘 중 하나를 고를 생각이 아니었다. 단지 보증 비용을 얻었을 뿐이다. 귀족 집안의 가장이 흔히 두 아들을 한 명은 상속자 또 한 명은 예비용으로 키우듯이 데이는 두 번째 아이를 첫 번째 아이가 그의 고상한 기대에 미치지 못할 때 사용하려고 데리고 있었다. 과거에 그는 "창녀 같은" 리어노라와 "두꺼비 같은" 마거릿 때문에 모욕을 느끼고 좌절했다. 그러나 이제는 두 소녀를 자신의 명령대로 움직이게 만들 수 있고, 그녀들은 여성스러운 간사함과는 거리가 멀었으므로 데이는 다시는 여성에 의해 거절되지는 않으리라 확신했다. 그는 루소의 체제에 맞춰 그 둘 모두를 교육시켜 미래의 아내에 걸맞은 후보를 만든 후 실패자는 버릴 생각이었다. 물론 루크레티아는 자신을 기다리고 있는 미래에 대해 사브리나보다 더 아는 게 없었다. 반면 그녀의 과거에 대해서는 사브리나처럼 고아원의 기록을 통해서 알 수 있다.

　　사브리나보다 한 살 어린 루크레티아는 1758년 5월 11일에 동료의 출생지와 얼마 안 떨어진 곳의 같은 교구인 클러큰웰에서 태어났고 같은 교회에서 앤 그리그라는 이름으로, 아마도 부모 두 명 다 아니면 한 명이 참석한 가운데 세례를 받았던 듯하다.[45] 그해 대부분의 시간 동안 그녀는 무럭무럭 자랐다. 그러나 겨울이 다가오면서 고난이 그 가족에게 닥쳤고, 그녀는 고아원에 버려졌다. 그때 그녀는 거의 6개월간 영양이 풍부한 젖을 먹고 자란 금발의 포동포동한 아기로 11월 9일에 일반 접수처에 들어왔다. 사브리나처럼 그 아이에게는 아무런 징표도 없었지만, 직원에 의해 두 개의 조각, 하나는 파란색과 크림색의 줄무늬 면이었고 다른 것은 회색과 크림색의 줄무늬 실크가 섞인 천이 나중에 가족과 재회할 때의 식별 단서로 옷에서 잘려나갔다.

앤 그리그도 10413이라는 번호와 도카스 카라는 새로운 이름을 부여받았다. 사브리나와 달리 도카스는 런던 바로 북쪽에 있는 브렌트우드라는 마을에서 한 수양모와 거의 여덟 살이 다 될 때까지 머무를 수 있었다. 1766년 1월 그녀는 런던의 고아원으로 되돌아왔고, 여기서 3년 동안 알파벳을 배우며 성경을 읽고 바느질과 직조에 능숙해지던 중 1769년 9월에 두 번째 아내를 사냥하고자 기대에 들뜬 토머스 데이의 눈에 들어왔던 것이다.

몇 주 지나지 않아 데이는 정기적으로 두 소녀를 방문하여 기본 과정에 맞춰 교육을 시켰고, 그동안 그의 친구들은 불신과 웃음이 섞인 복잡한 마음으로 구경했다. 에지워스는 "소녀들은 각각 열한 살과 열두 살이었고, 호의적이며 마음씨가 좋았다"고 기술했다.[46] "데이가 친절했기 때문에 그들은 지시에 따라 기꺼이 스스로 행동하려고 했다." 대부분의 시간을 서로 같이 보내면서, 사실상 갇혀 있는 동안 두 아이는 가까워졌다. 그들은 공통점이 많았다. 그 소녀들은 그들의 친절한 선생을 기쁘게 하려고 열심히 노력했지만 데이는 자신의 진짜 동기에 대해서는 완전히 모르게 했다. 그러나 그의 친구들은 시작부터 그의 의도를 잘 알고 있었고, 설사 그들이 불안감을 느꼈더라도 어느 누구도 그 실험을 중지할 노력은 하지 않았다.

데이의 계획은 보증인으로 세운 빅널의 강요에 끌려 쓴 것처럼 보이는 법적 서류에 처음부터 분명히 쓰여 있었다.[47] 서류에 따르면 데이는 12개월 안에 두 소녀 중 누가 미래의 아내가 될 가능성이 있는지를 결정해야 했다. 그리고 나서 다른 한 사람을 버릴 때는 '명성이 있는 소매상'에 견습을 보내는 조건으로 100파운드(오늘날 1만5000파운드, 2만4000달러에 해당)를 지급해야 한다는 항목이 있었다. 그리고 그녀가 '제대로 행동한다면' 결혼을 하거나 소매상이 될 때까지 계속 경제적 지원을 해주고, 이때 400파운드를 더 주기로 정했다. 반면 남은 소녀는 '미래의 아내로 만들 목적으로' 통제를 받으며 교육을 계속해야 할 것이었다. 그리고 교육 과정에서 데이는 "그녀의 순결을 절대로 더럽히지 않겠다"고 맹세했다. 또한 데이가 결혼 계획을 발표하면 정식으로 결혼식을 올릴 때까지 '믿을 만한 가족'의 집에서 그녀를 지원하기로 했고, 그즈음에는 멋진 결혼식을 위한 신부의 지참금으로 500파운드를 내겠다고 했다.

그 계약을 지켜본 한 지인에 따르면, 그 서류는 고아원에 두 고아를 요구하는 조건으로 데이의 나이와 도덕적 정직성을 증명하는 보증서와 함께 제출되었다. 아마도 데이 역시 법적으로 문제가 없었다고 해명했을 것이다. 그러나 어떤 서류도 자선 단체의 직원이나 운영진은 본 적이 없었다. 설사 운영진이나 직원이 도덕적으로 역겨운 그런 발상에 동의하도록 설득당했다 할지라도, 고아의 복지를 열정적으로 보살펴야 하는 그들에게는 너무나 기괴한 계획이었다. 실제로 자선 단체의 규율에서는 독신 남자가 후견권을 갖는 것을 엄격하게 금지하고 있었다. 그리고 기록상 소녀의 견습 주인으로 이름을 올린 사람은 데이가 아니라 에지워스였다. 그러므로 그 계약은 데이와 빅널이 비밀리에 동의하고 사적으로 보존한 것이 틀림없다. 그러나 아무리 계약이 법률 용어로 잘 포장되었더라도 데이의 행동은 너무나 비정상적이고 완전히 불법적인 것이었다.

심지어 조지 시대의 도덕적 방임주의를 기준으로 보더라도 데이의 계획은 분노를 부를 만했고 충격적이었다. 그는 순진하고 무력한 두 소녀를 아주 정교한 사기로 유혹해서는 자신의 계획을 감추려고 두 명 다 이름까지 바꾸었다. 에지워스의 방탕한 친구인 프랜시스가 1760년대 초에 젊은 배우를 유혹해서 같이 살자, 그녀의 아버지는 그를 고소해 고등법원까지 가서 딸을 풀려나게 했다. 그녀가 한때 매력적인 프랜시스에게 넘어가 도망간 적이 있었지만 그렇게 판결이 났다. 데이의 탈선 행위가 있기 바로 일 년 전 프랑스에서 사드 후작이 어린 여자를 성에 감금했을 때, 여자의 엄마는 사드 후작에 대한 국왕의 체포 영장을 확보했다. 당시 영국에서는 손수건 한 장을 훔치는 것이 큰 범죄였고, 낮은 사회 계층의 남자가 그와 같은 짓을 하면 가차 없이 처벌받았다. 그러나 데이는 자신의 계층, 부 그리고 지위로 보호받고 있다는 것을 잘 알고 있었다. 그는 부유한 지주로서 남자들의 세계에서 확실히 영향력 있는 인물이었고 지위를 누리고 있었다. 반면 힘이 없는 소녀들은 가난하게 태어났고 사생아라는 수치스런 딱지를 붙인 채 친구도 가족도, 아무런 권리조차 없었다.

재산이나 토지와 바꾸어 여성과 결혼할 수 있고, 6펜스를 주고 어두운 골목길에서 여성을 살 수 있었던, 여성이 상품이었던 시절에 데이는 구두 버클 두 개를 사는 것만큼이나 쉽게 두 소녀를 구매했다. 그는 덕과 여성의 순수라는 망상에 사로잡혀 있었기 때문에 두 소녀를 자신의 통제 아래 두는 것에 양심의 가책을 전혀 느끼지 않았다. 그러나 바쁘게 돌아가고 소문이 넘치는 거대한 도시는 고상한 총각이 두 소녀에 대한 논쟁적인 실험을 하기에 이상적인 곳이 아니라는 결론에 이르렀다. 날씨가 추워지자 사교계 사람들이 수도를 떠나 교외의 여름 별장으로 떠나고 있었다. 11월 첫 주가 되자 데이도 법률 공부를 그만두고 두 소녀와 함께 배를 타고 프랑스로 떠났다.

5장

사브리나와 루크레티아

1769년 11월 파리

토머스 데이와의 생활은 그 자체로 확실히 하나의 교육이었다. 사브리나와 루크레티아는 고아원에서 내내 따분한 시간을 보내며 반복과 진부함에 익숙했다. 하지만 지금은 매일이 새로웠다. 런던의 소음과 혼란에 놀랄 시간조차 없었던 두 소녀는 11월 초가 되자 파리의 경치와 소리에 푹 빠져들었다.

데이는 도망자처럼 런던의 안개를 빠져나와 두 고아를 몰래 데리고 11월 첫 주에 해협을 건넜는데,[1] 아마도 도버와 칼레를 정기적으로 오가던 우편선을 탔을 것이다. 영국 여행자들이 프랑스를 거쳐 이탈리아로 가는 대륙행 투어의 인기 노선이기도 한 그 여정은 기상 조건이 좋을 때는 3시간이 걸리지만 역풍을 만나면 15시간이 걸리기도 했고, 상황이 더 나쁘면 배가 해협 중간에서 침몰하거나 무력하게 고립되기도 했다. 승객들은 작은 배가 앞뒤로 오가며 출렁거릴 때마다 뱃멀미를 한다고 불만을 터뜨렸고, 도버에서 칼레를 오가며 양쪽 항구에서 구토를 하고 물에 흠뻑 젖기도 했다. 거의 대부분의 승객이 토하거나 괴로워했던 반면 사브리나와 루크레티아는 건강한 여행객이었으며 아무런 불평도 하지 않았다.

칼레에서 파리로 향한 그 일행은 잘 포장되고 쭉 뻗은 북쪽 도로를 따라 마차를 타고 이동했다. 대략 3일이 걸리는 총 188마일의 그 여행 동안 밤에는 여인숙에서 묵어야 했다. 그러나 해안과 수도 사이의 주요 노선을 따라 이동하는 객차와 사륜마차가 계속 밀려드는 바람에 여행객들은 길거리의 여인숙에서 전혀 모르는 사람들과 방을 나누어 써야 했다. 데이가 여행하기 일 년 전에 출판된 코믹 소설 『풍류 여정기』[2]에서 로런스 스턴은 한 남자의 실제 여행담을 인용한다. 그는 밤늦게 도착한 프랑스 여자 때문에 침대 하나를 양보해야만 했다. 룸메이트가 된 그들은 수면 원칙을 협상했는데, 그 여성의 침대는 커튼을 핀으로 집어 완벽하게 가리고, 같은 방의 영국 남자들은 바지를 입고 자야 하는 것이었다. 침대가 턱없이 부족했기 때문에 데이와 두 학생은 방을 같이 써야 했을 것이다. 물론 데이는 특별한 수면 원칙에 따라 언제나 커튼을 쳤겠지만 말이다.

여러 날을 달려 파리의 입구에 도착했을 때 소녀들은 좁은 도로에서 공간을 확보하려는 마차와 보행자들의 소음으로 아주 얼이 나갔을 것이다. 18세기 후반, 파리 인구는 런던의 절반 수준인 50만 명이었지만 거리는 아주 혼잡했고 떠들썩했다. 7층 높이까지 올라간 아파트 주변은 혼잡한 교통으로 인해 소음이 울려 퍼졌고 보행자들은 때때로 위험에 처하기도 했다. 외국의 가게, 외국 옷을 입은 사람들, 그들이 사용하는 외국어 등 소녀들이 보고 들을 것은 너무 많았다.

이들 세 명은 11월 둘째 주에 파리에 도착했다. 이제 스물한 살인 데이는 처음 하는 대륙 여행에 들떴고 마침내 계부의 경제적 간섭으로부터 해방되어 도시의 경치를 즐기는 여행에 기대가 부풀어 있었다. 그러나 프랑스 음식을 먹어보고 파리의 실상을 보면서 오히려 영국식 생활 방식을 더욱 굳건하게 선호하게 되었다. 반대로, 기름진 머리에 누추하게 입은 영국 남자가 순진한 두 소녀를 뒤에 데리고 다니는 광경은 몇몇 프랑스인이 가진 영국인의 기행奇行에 대한 고정관념을 강화시켰을 것이다.

소녀들을 데리고 프랑스로 그것도 유럽 문화의 수도이며 유행의 중심인 파리에 간 것은 데이가 떠들고 다녔던 상류 사회에 대한 혐오를 생각하면 이상한 선택처럼 보인다. 그는 그냥 영국이나 아일랜드 근교의 적당한 휴양지를 선택할 수도 있었다. 그리고 그의 영웅인 루소가 영국을 싫어한 만큼이나 프랑스를 싫어한 데이는 당연히 자신이 프랑스에 대해 알고 있는, 또는 알고 있다고 생각한 모든 것으로부터 소녀들을 보호하고 싶었을 것이다. 많은 영국인이 그러했듯 데이도 프랑스인의 생활 방식을 유행이나 맹목적으로 따르고 멋이나 내는 여성적인 취향으로 여겼다. 그리고 이는 자연스럽게 그를 질리게 했다. 그러니 그의 행동은 분명 친구들을 놀라게 했을 것이다. 실제로 에지워스는 그를 관찰하면서 "데이 씨는 영국인이면 누구나 느낄 수 있는 프랑스에 대한 선입견을 많이 가지고 있었다"고 말했다.[3] 그러면서 다음과 같이 덧붙였다. "그래서 정말 이상한 것은 그가 그 둘을 데리고 그 나라에 갔다는 점이다. 둘 중 하나는 그가 미래의 아내로 점찍은 이였는데도 말이다."

나중에 데이는 프랑스로 갔던 이유가 건강을 위해 환경을 바꿔보라는 친구 윌리엄 스몰 박사의 권유에 따른 것이라고 전했다.[4] 그러나 진짜 이유는 자신의 상태보다는 아내 만들기의 안전장치를 위해서였다. 프랑스에서라면 고아원 운영진의 테두리를 벗어나는 데다 런던 사교계의 눈에 띄지도 않으면서 소문의 온상에서 벗어날 수 있었다. 고아원 아이였던 앤과 도카스는 연기 속으로 가볍게 사라졌다. 그리고 데이의 계획 측면에서 프랑스가 적절하기까지 한 이유가 있었다. 두 소녀는 프랑스어를 한마디도 못 했기 때문에 데이를 제외하고 어떠한 도움을 받기 어려웠고, 외부의 영향력으로부터 완전히 떼어놓을 수 있었다. 소녀들을 다른 접촉으로부터 확실하게 차단시키기 위해 데이는 영국인 하인도 대동하지 않았다. 한 지인의 기록처럼 "그들은 데이가 직접 주입하려고 선택한 것을 제외하고는 어떠한 사상도 받아들이지 못했을 것이다".5

에밀을 외부의 악으로부터 보호하기 위해서 교외에서 교육시켜야 한다고 강조했던 루소조차 자신이 미처 생각지 못한 영향력에 대해서 그렇게까지 완벽한 방어를 꿈꾸지 못했을 것이다. 데이는 여성의 고유한 결점이 대개 그녀가 자랐던 어리석고 변덕스런 세계 때문이라고 믿었기에 미래의 아내가 될 고아들을 덕이 넘치는 자신의 통제권 내부에서만 교육시키리라 굳게 다짐했다. 조지프 라이트의 그림에서 한 철학자가 앵무새를 감금해서 산소를 넣었다 빼는 것처럼 프랑스에서 데이는 자신의 실험을 통제할 수 있었다.

파리의 한 호텔에 소녀들과 머물면서 데이는 프랑스의 수도를 탐색하는 데 일주일을 온전히 보냈다.6 그는 활기 넘치는 여인숙, 잘 정돈된 교외, '비참하고 불행'하리라 생각했던 농부들이 '옷을 차려입고 건강하게' 다니는 모습을 보고 진정으로 놀랐다. 하지만 그의 편견은 군중이 몰린 거리를 걸어보고는 더욱 심해졌다. 그가 11월 18일 기쁨에 들떠 어머니에게 소식을 전했던 것과 달리 파리는 런던과 도저히 비교가 되지 못했다. "거리는 좁고 더러웠으며 도로도 없고 집들은 높기만 합니다. 가장 우아하고 예의 바르다는 이 도시에서 걷는 것보다 더 편리한 것은 아무것도 없군요. 어머니가 여기 계셨다면 짐마차에 치였을지 모릅니다." 더 욱이 파리의 가게는 런던보다 열악하고 음식 역시 맛이 없었다.

프랑스를 여행하는 다른 영국인들처럼 데이는 각종 소스를 끼얹은 요란한 음식보다 정성이 가득 담긴 로스트비프가 그리웠다. 프랑스 음식이 "아무것도 없이 접시를 꾸밀" 수 있다는 데 놀라면서 "나는 파리에서 매일 한 음식만을 먹었는데, 그건 닭 날개찜이었다"고 전했다. 어머니에게 "여전히 프랑스식은 어색해요. 식사를 준비한다면, 그 어떤 프리카세(프랑스 특유의 찜 요리 — 옮긴이)보다 신선한 고기 한 덩어리가 낫겠습니다. 아니 확실히 더 좋습니다"라고 말했다. 고향 음식만큼 좋은 것은 없었다.

데이는 당연히 여행의 유일한 흥밋거리에 대해 전혀 언급하지 않았다. 파리의 거리나 요리에 대한 생각이 아니라 바로 그와 동행했던 두 소녀 말이다. 그는 자신의 실험에 대해 그 어떠한 것도 어머니나 계부에게 노출하지 않았다. 그래서 두 소녀가 날마다 닭 날개 요리를 즐겼는지 아니면 그들만의 닭 날개 요리를 파리에 퍼트렸는지는 알 수 없다. 데이는 여행의 가장 중요한 동기인 소녀들에게서 시선을 떼지 않고 섬세한 데까지 신경을 집중시키고 있었다. 여성에 대한 그의 경멸감은 조금도 줄어들지 않았다. 그는 파리의 여성들이 "옷차림이 단정치 못하면서 화려함을 아주 묘하게 조합하여" 다니고 있다며 중얼거렸다. 당시 파리에서는 최대한 높이 말아 올리는 헤어스타일이 유행이었는데, 이를 가리켜 "머리는 사치 풍조의 극치에 이르렀고" 그들의 옷은 "더러웠고 얼룩이 묻어 있으며 상상 이상으로 단정치 못했다"라고 평가했다.

물론 데이만 이웃 나라 프랑스를 경시했던 것은 아니다. 1764년 영국이 오랜 숙적과 7년 전쟁을 끝내자마자 영국인들은 오로지 자기네 국가의 우월성을 확인할 목적으로 프랑스에 들르곤 했었다. 새뮤얼 존슨의 친구인 헤스터 스레일[7]은 다이아몬드가 번쩍이는 귀고리를 하고서 목에는 "더러운 검은 목수건"을 두르고 있던 한 백작 부인을 만나고는 모순적인 프랑스 패션에 충격을 받았다. 또 다른 영국 여행가 로버트 휘턴은 남녀 모두가 공공장소에서 노상 방뇨를 하는 프랑스인의 관습에 기막혀 했다.[8] (그러나 이는 당시 영국에서도 흔한 일이었다.) 깨끗한 침대와 정돈된 도로, 평범한 요리를 몹시 갈구하면서 그들은 대부분 영국 방문객이 프랑스에서 좀더 머무르고 싶은 생각이 들게끔 하는 것이 아무것도 없다고 불평했다. 데이도 마찬가지로 파리가 "너무너무 맘에 들지 않는다"고 선언하고는 곧바로 프랑스의 다른 지역을 좀더 돌아다녀보기로 결심했다.

파리라는 도시 자체도 데이의 마음에 안 들었지만, 영국인들이 수도를 방문하거나 그곳에서 영국식 공동체의 생활 방식을 고수하는 것도 불만이었다. 대다수의 잘사는 가족이 함께 휴가를 보내거나 대학을 갓 졸업한 젊은이가 대륙 여행으로 첫발을 내딛거나, 사업가나 외교관, 선생이 하인과 짐꾼을 대동하고 각각 오느라 프랑스의 수도는 영국인 방문객들로 북적였고, 런던만큼이나 영국인에 관한 소문으로 떠들썩했다. 심지어 영국식 커피하우스도 있었는데, 그곳에서 영국 신문을 읽을 수 있었고 최근의 소문도 나돌았다. 만약 데이가 파리에 좀더 오래 머물렀다면, 그가 아는, 더 나쁘게는 그의 어머니를 아는 누군가에게로 그에 관한 소문이 전해질 수도 있었다는 것은 분명하다. 그래서 그는 일주일의 관광을 마치고 바로 프랑스 남동부에 위치한 리옹을 향해 떠나기로 결심했다. 11월 19일 그는 호텔비를 지불했고, 두 소녀를 데리고 좀더 편안한 환경과 따뜻한 날씨를 찾아 떠났다.

리옹에 도착한 뒤, 자기 자식의 교육에 대한 지도를 받겠다고 나선 다른 신봉자들처럼 자신의 영웅 루소를 찾아가 고아들을 훈련시키는 일에 대해 충고를 구할 수도 있었다. 루소는 1767년 영국을 몰래 떠나간 뒤, 장조제프 르누라는 가명을 쓰고 아내 테레즈를 누이 동생이라고 속이며 프랑스 북부의 피난처에서 은신하고 있었다. 친구가 그곳도 지내기 위험하다고 알려주기 전까지 말이다. 그의 책은 여전히 금서로 지정되어 있었고, 수배 전단지가 프랑스 전역에 뿌려져 있어 루소는 바스티유 감옥에서 끝장날 위험에 처해 있었다. 루소의 책을 출판한 피에르 기가 이미 바스티유에 투옥되어 있었다.

1769년 데이가 프랑스에 도착했을 무렵, 루소는 파리 고등법원의 관할을 벗어난 리옹에서 30마일도 안 떨어진 어느 마을에 살고 있었다. 이전에도 그랬듯 고통스러운 마음으로 생생하고도 진솔한 『고백록』을 쓰는데 몰두하고 있었다. 데이가 영국을 떠날 때부터 금서인 『에밀』을 육아 지침처럼 품고 왔기 때문에 그 또한 파리 경내에 머물렀다면 체포될 위험이 컸다. 그래서 그도 우상의 발자국을 따라 남쪽으로 향했던 것이다.

파리에서 리옹으로 향하는 길은 대륙의 여행자들이 프랑스를 거쳐 이탈리아로 정처 없이 가는 주요 길목이었다. 대부분 딜리강스(프랑스 고어로 역마차―옮긴이)를 타거나 아니면 샬롱쉬르손까지 마차를 빌려 오기도 했다. 거기서 배를 타고 리옹으로 향했으며, 그림 같은 뱃길을 따라 이틀 정도 손강을 향해 내려갔다. 대부분은 봄이나 여름에 여행을 떠났다. 초겨울에는 폭우로 강물이 불어나 다리가 휩쓸려가고 물이 도로에 넘치거나 진창이 되어 사람이 다니지도 못하게 되는데, 아주 멍청한 사람이 아니라면 용기를 내어 여행을 떠나야 했다. 언어도 잘 알지 못하고,

그 지역을 다녀본 경험도 없는 남자가 두 소녀를 데리고 그런 여행을 한다면 아마 무모한 짓으로 여겨졌을 것이다. 1742년 11월, 데이보다 27년 앞서 같은 루트로 여행을 감행했던 한 영국 여행가는 도로에 물이 범람해서 마차가 들판과 포도밭으로 탈선했다고 불평했다.[9] 그는 쏟아지는 물이 도로 위의 마차 바퀴를 빨리 휘어지게 만들어 마차를 전복시킬 것 같아서 안전하게 가기 위해 걸어갔다고 투덜거렸다.

손강이 범람한 가운데 이틀짜리 배 여행을 떠나는 일은 너무나 위험했다. 그래서 데이와 소녀들은 낮에는 가능한 곳까지 딜리강스로 가고 사정이 여의치 않을 때는 짐마차와 마부를 고용했다.[10] 그들은 물이 넘치는 도로를 뛰어넘고, 무른 나무다리를 휩쓸어갈 위험이 있는 급류를 건너면서 12마일씩 가다 쉬거나 지친 말을 바꾸었다. 데이는 마부에게 건강한 말로 바꾸고 다음 여행지까지 가자고 간청하다시피 해야만 했다. 달리는 말을 조종하며 마차를 이끄는 프랑스 마부들은 영국인 여행자들 사이에서 고집이 센 것으로 악평이 나 있었다. 마부로 인해 분노한 어떤 여행자는 "나는 말과 씨름하듯 그들을 적절하게 달래야 했다"며 불만을 토로했다.[11] 데이와 소녀들은 밤이 되면 추운 지방의 여인숙에서 울퉁불퉁한 침대에서 자고 비슷한 수준으로 엉망인 식사를 했다. 상황이 그쯤 되면 대부분의 여행객은 리옹에서 고대 유적지인 이탈리아를 향해 동쪽으로 진로를 바꾸는데, 데이는 남쪽으로 곧장 140마일을 더 갔다. 마침내 그들은 탑으로 둘러싸인 중세의 요새 아비뇽에 도착했다.

생트클레어 다비뇽 교회,[12] 바로 여기에서 이탈리아 시인 페트라르카는 1327년 4월 6일 미사 중에 다가갈 수 없을 만큼 신비로운 로라를 처음으로 만났다. 로라는 그를 일생에 걸쳐 열정에 사로잡히게 하고 300편이 넘는 소네트를 쓰게끔 영감을 불어넣었다. 그녀는 아마 지역 귀족의 딸, 라우르 드 노베스였을 것인데 당시 열일곱 살에 사드 후작의 선조인 프랑스 백작과 결혼한 지 2년이 지난 뒤였다. 부모와 함께 아비뇽에서 망명생활을 하고 있던 20대 초반의 페트라르카는 그녀를 강박적으로 따라다녔다. 모두 그녀가 페트라르카의 헌신을 경멸했다고 전하는데, 그녀가 서른여덟 살의 나이로 죽음을 맞이할 때까지 남편과의 사이에서 총 11명의 아이를 낳았기 때문이다. 그녀는 그 도시의 프랜시스코 교회에 묻혔다. 데이가 페트라르카의 완벽한 이상형이었던 여성의 무덤을 순례한 첫 번째 영국인은 아니었다. 페트라르카가 실패를 겪은 것으로 유명한 그곳, 아비뇽에서 자신의 결혼이 성공하기를 바랐다.

데이는 그 험한 여행에서 작은 상처 하나 없이 살아남았다.[13] 11월 말에 도착한 뒤 바로 에지워스에게 보낸 편지에서 흥분과 감동을 드러냈다. "아비뇽에 있는 나를 보게나. 베어힐로부터 650마일하고도 4분의 3마일과 1펄롱 떨어진 곳이라네"라며 그는 기분 좋게 외쳤다. "그런데 하느님의 도움으로 아직 살아 있다네. 심지어 멀쩡하다네." 여행지에서 그의 모든 말에 귀 기울이면서 넋을 잃은 두 아이가 의지하는 상황은 그에게 딱 맞았다. 나중에 에지워스는 데이가 아비뇽에서 보낸 편지들은 "여태 그가 보낸 편지 중에서 쾌활한 태도가 엿보이는 거의 유일한 예"라고 말했다.

데이의 소년 같은 쾌활함은 계속된다. "타고 다닌 마차와 내내 큰소리를 질러야 했던 마부(정말이지, 나는 신이시여 하고 외칠 정도로 소리를 질러댔지)와 내가 묵었던 여인숙, 널빤지 위를 지나 강을 건넌 이야기를 모두 한다면 자네는 몸서리를 칠 것이야." 에지워스가 마지막 발명품을 버크셔의 "따뜻하고 안락한 방에서" 만드는 것을 떠올리면서 데이는 "우리가 여행을 하면서 겪은 수고와 위험, 그리고 직접 본 경이로운 것들"을 자랑스레 늘어놓았다. 그러나 소녀들이 살아는 있는지, 잘 지내는지는 전적으로 에지워스의 상상력에 맡겨졌다. 데이는 "나에게 맡겨진 모든 일은 잘되고 있다"는 추상적인 말 이외에 소녀들에 대해 어떠한 직접적인 언급도 하지 않았다.

론강 상류의 암석 노출지에 위치한 고대 도시 아비뇽은 이상적인 겨울 휴양지였다. 서양 중세 세계의 중심지였던 아비뇽은 14세기에 약 70여 년 동안 7명의 교황이 거처하던 곳이었다. 이곳은 여전히 고립된 땅인 콩타 브내생 지역의 수도였고, 교황의 지배하에 있었다. 그래서 이 중무장된 요새의 성채는 프랑스의 치외 법권 지역으로 영국뿐만 아니라 모든 국가의 정치, 종교의 박해자들이나 탈세범뿐만 아니라 밀수범이나 그 밖의 범죄자들의 은신처이기도 했다.

1715년에서 1745년까지 실패한 자코바이트 봉기를 지지했던 영국의 귀족들도 이곳 아비뇽에서 그들의 상처를 달래고 있었다. 그들 외에도 많은 영국인이 태양과 경치를 찾아 왔다. 한 기록에 따르면, 수백 명의 영국인이 아비뇽에 거처를 마련해 살기도 했다고 한다. 스턴은 소설 『신사 트리스트럼 섄디의 인생과 생각 이야기』에서 영국인과 프랑스인 거주자들이 모여 사는 이 도시에 대해 "거기서는 모두가 공작이고, 후작이며 백작이었다"고 조롱했다.[14] 문화가 활기차게 발전하고 번영하는 이 도시의 경제 발전은 상당 부분이 담배, 화약, 놀이용 카드 같은 밀수품을 거래하는 암시장이 활기를 띤 덕택이었다. 밀수품은 특히 인근의 프랑스인들에게 경쟁적인 가격에 팔렸고 질 좋은 실크나 옥양목 산업에도 영향을 미쳤다.

두 소녀를 동반한 한 젊은 남자가 관광객 틈에 섞여 여행의 익명성을 보장받기에 충분한 곳인 아비뇽은 여전히 프랑스나 영국의 상류층에게 매우 인기 있는 곳이었으며, 그들은 데이를 지적으로 성숙한 친구라고 확신했다. 그늘진 광장과 시원한 들판이 든든한 성벽으로 둘러싸여 있어 아비뇽은 그가 방해받지 않고 교육적 실험을 추구할 수 있는 쾌적한 천국이었다. 데이는 사브리나와 루크레티아에게 그 도시의 일곱 개 성문 중 하나를 지나가게 했고 아비뇽의 가장 좋은 구역인 푸스테리스 지구에 방을 얻었다.[15]

위대한 교황의 요새인 궁전과 가까운 푸스테리스 지구는 목재 판매상을 의미하는 푸스티어the fustiers에서 유래했는데, 그들은 한때 다른 가난한 장인들과 함께 살았지만 이제는 게으른 부자들이 소유한 호텔이라고 부르는 큰 집들로 꽉 찬 마을이 되었다. 프레드리크라는 사람으로부터 집을 빌린 데이는 두 소녀에게 미칠 외부 영향력을 계속 차단할 수 있도록 프랑스인 하인을 고용했다. 여기서 토머스 데이는 두 소녀 중 완벽한 아내가 될 아이를 고르는 어려운 임무를 시작하게 된다. 그러나 그에 앞서 우선은 아비뇽 사교계와 친분을 쌓으러 나갈 계획을 세웠다.

그는 늘 입던 우중충한 옷차림을 버리고 새로운 줄무늬 코트를 입고 아비뇽 거리로 나갔는데, 그 코트는 파리 아니면 리옹의 최신 유행 가게에서 사두었던 것이다. 특히 리옹은 실크와 수를 놓은 옷감으로 유명했다. 추정컨대 아비뇽에서 데이는 그 지역 사람들처럼 옷을 입어야만 했을 것이다. 소설가 토비아스 스몰렛은 데이만큼 프랑스인의 사치스런 복장을 비난했지만 프랑스에서는 영국 여행자들도 화려한 프랑스식 옷을 걸쳐야만 한다고 말하며 그렇지 않으면 그들은 비교를 당해 더욱더 바보로 보일 것이라면서 다음과 같이 설명했다. "영국 사람이 프랑스에 오면 완벽한 변신을 거쳐야만 나다닐 수 있다."[16]

남자들에게 이런 변신은 새 옷과 새 가발, 새 모자와 새 신발 심지어 새 버클과 주름 장식까지 사러 다니는 법석을 떨어야 하는 것을 의미했다. 복장은 계절에 따라 다양했다. 프랑스 패션에 따르면 봄가을에는 남자들이 '캠블릿'이라고 하는 염소나 낙타의 털을 실크와 섞어 만든 슈트를 입어야 했다. 여름에는 실크 슈트를, 겨울에는 금으로 장식한 옷감이나 벨벳으로 만든 슈트를 걸쳤다. 겨울에 유행하는 줄무늬 코트를 차려 입은 데이는 아비뇽 사교계로 입문할 준비를 갖춘 것이다. 비록 두 소녀의 변신은 이제 막 시작했더라도 자신의 변신은 쉽게 이루었다.

완벽한 멋쟁이 그 자체로 보이게 하면서 데이는 첫 주를 아비뇽의 넘쳐나는 커피하우스와 콘서트홀 그리고 밤 모임을 섭렵하느라 시간을 보냈다. 프랑스의 유행을 받아들이고, 프랑스 예법과 학교에서 배운 프랑스어를 시험하면서 그는 사교계의 환대를 받았고, 자신을 초대한 사람들에게 "여행가이자 예의 바른 학자인 동시에 근사한 신사"라는 인상을 주었다. 당시 그는 에지워스에게 다음과 같이 말했다. "모든 품위 있는 모임에 소개되었네. 나는 그들의 생활 예절, 적어도 겉으로 드러나고 눈에 보이는 신호 정도는 따를 줄 안다네." 한편으로 데이는 지역 부르주아들이 빈둥거리며 도박과 음주 그리고 수다로 하루를 낭비할 수 있다는 데 충격을 받았지만, 동시에 자신이 프랑스 사교계에 쉽게 스며들었다는 사실에 기뻐하기도 했다.

프랑스인이 영국인보다 훨씬 더 낭비벽이 심하다. 프랑스 사람들은 아침부터 옷을 차려입고 돌아다니는 데 시간을 낭비하고, 하루 종일 어딘가를 방문한다······ 응접실에는 축 늘어져 있는 사람, 배회하는 사람, 일어서 있는 사람, 하품하는 사람, 매번 사소한 주제로 말하는 수없이 많은 사람으로 채워져 있다. 당신이 듣게 될 얘기는 영국에서도 마찬가지로 무관심하게 논의되는 주제이며, 그것들이 도박판 아래로 내려가고 나서야 행복한 순간이 찾아온다. 커피하우스를 가보면 거기서도 사람들이 주사위 놀이를 하거나 아무것도 안 한 채 난롯가에 둘러앉아서 하품하듯 입을 쩍쩍 벌리고 일어섰다 앉았다를 반복하는 것을 보게 될 것이다.

그렇지만 "영국보다 이곳에서 이방인이 사교계에 들어가기 훨씬 더 쉽다"고 하면서, 동시에 "프랑스인들에게는 좀더 관대하며 예의 바른 정신이 있다"고 말을 이어갔다. 프랑스에서는 "남성이 모욕을 당하거나 어떤 종류의 실례나 무례함을 맞닥뜨릴 위험이 적다". 데이는 그 이유를 진정한 모욕이나 언쟁은 보통은 죽음으로 이어지는 결투장에서 발생하고, 그곳에서 예의와 규칙이 정리되는 데서 찾았다.

반면 어린 동반자들이 어떻게 지내는지에 대해서는 상대방의 분노를 살 정도로 침묵을 이어갔다. 자신의 평판에 신경쓰면서 편지가 잘못된 사람의 손에 들어갈 것까지도 고려했던 것이다. 그래서 그는 파리에서 어머니에게 보낸 편지와 마찬가지로 아비뇽에서 에지워스에게 보낸 첫 번째 편지도 여행의 백미를 제외한 일상적인 내용만으로 채웠다. 그는 처음으로 하는 유럽 여행에 기뻐서 어쩔 줄 모르는 것처럼 보였다. 어쩌면 그가 감행한 모험적인 실험에 취해 있었는지도 모른다. 선생으로서 그의 역할은 분명히 마음속에 자리잡고 있었다. 편지 말미에는 딕의 근황과 교육 과정의 진도를 물었다. "당신의 아이에 대해서나 목마 아니면 그 밖의 집안일을 알려주게나." 그리고 다음과 같은 연속된 질문으로 서명을 하기도 했다. "아직 집을 가지고 있는가? 특허를 받았나? 제목은? 돈은? 아이는? 메달은? 새로운 마차는?"

에지워스는 불만에 가득 차 친구에게 소녀들의 소식도 전하라며 답장을 보냈다. 데이가 물어본 대로 아이가 또 태어날 예정이었고, 아일랜드에 계신 아버지가 심각할 정도로 아팠고, 새로운 집을 찾느라 매우 바빴음에도 에지워스는 적어도 어린 견습공들의 복지에 대해 자신에게 법적인 책임이 있다는 것을 알고 있었다. 더군다나 반항적인 아들 딕에게 루소의 규율을 적용하느라 고군분투 중이었기에 교육 이론의 현실성에 대해 의심하던 차였다. 딕은 다섯 살이었지만 읽기나 쓰기에 관해 어떠한 관심도 보이지 않았다. 루소의 『에밀』은 아이가 이런 성향을 보이는 것에 대해서 열두 살이 될 때까지 지극히 정상이라 주장했지만, 에지워스는 아들이 자연스럽게 책을 사랑하지 못할까봐 걱정했다.

데이가 몇 주 뒤에 답장을 했을 때는 1769년의 끝을 향해 가고 있었는데 그는 프랑스와 프랑스 사교계에 이미 지쳐 있었다.[17] (아니면 아비뇽 살롱의 주인들이 그에게 지쳐 있었는지도 모르겠다.) 아비뇽의 문턱을 넘었던 11월까지만 해도 쾌활하고 들떠 있던 그는 점차 우울해졌고, 모든 사람과 모든 것에 원한을 품은 지친 젊은이로 변했다. "친구여, 편지에서 자네에게 말한 그 즐거움은 프랑스인들의 영향이라거나, 건강이 회복됐기 때문도 아니었다네"라고 설명했다. "그것은 체계적인 철학의 결과이거나 아니면 내가 불쾌하더라도 다른 사람들에게 웃음거리가 되려는 습관의 결과일세." 모든 것에 열정적이었던 예전과 달리 완전히 바뀐 분위기로 그는 "어떠한 생활 환경도 프랑스에서의 체류만큼이나 그렇게 맘에 안 드는 상황은 없었네"라며 말을 이어갔다.

데이는 프랑스인들이 정치나 농업, 학문을 논의하는 데 전혀 관심을 보이지 않으며 날씨의 변화가 없기 때문에 그것에 관해서도 얘기할 수 없다며 탄식했다. 매사 지루해하고 지쳤기에 그는 대부분의 시간을 독서와 사색으로 보냈다. '영국의 고질적인 안개와 비'가 그리웠지만 프랑스에서 겨울까지 견디기로 결심하고, 자신이 혐오하던 익살스런 옷차림으로 치장한 채 경멸했던 콘서트 파티와 모임에 계속 참석하여 자리를 빛내주었다. "오! 경애하는 친구여, 지금 자네가 날 보면 정말 놀랄 걸세. 이럴 수가! 지금의 나는 옛날의 내가 아닐세. 벨벳 코트를 입고 있는데, 전부 금으로 장식되어 정말 낭비가 심한 코트지. 나는 불어로 이야기한다네. 그야말로 우아하게 입고comme il faut, 모자를 끼고 외출하면서 '선생, 인사드립니다Serviteur Monsieur!' '부인, 영광입니다J'ai l'honneur Madame' 따위를 읊조린다네. 아, 희한하게도 영혼을 황홀하게 한다네."

프랑스인과 한담을 나누지 않을 때 데이는 슬그머니 구석에 숨어서 변덕을 부리며 자신을 초대한 사람들의 생활 방식, 특히 여성에 대한 그들의 태도에 화를 냈다. 그는 에지워스에게 "내가 지금껏 만난 그 누구도 프랑스의 귀족만큼 무식하진 않다네"라고 말했다. "그들은 겉으로 보이는 모습에 완전히 집착하고, 왕에게 복종하고, 여성의 노예라네." 데이가 에지워스에게 말한 바에 따르면, 프랑스의 소녀들은 수녀원에서 교육받거나 집에서 여성 가정 교사에 의해서 양육되었다. 그들이 사교계에 들어갈 정도로 나이가 들면 "편견에 사로잡히고 사치를 하며 남편에게 잘 보이려 꾸민다. 그 어떤 법이나 종교도 이를 막을 수 없고, 한마디로 정숙이나 예의, 부끄러움까지도 모른다".

데이는 이를 "보편적인 부정不貞"이라고 명명하면서 프랑스 상류 계층의 관용에 질렸고, "남자는 명목상의 아내에게 아무것도 느끼지 않고 그저 무심하다. 그래서 자연이 맺어준 모든 결속이 부서지고 가정생활의 달콤한 관계도 모른다"며 화를 냈다. 이러니 당연하게도 여성에 대한 자신의 태도가 비도덕적일 수도 있다는 생각이 들 리가 없었다. 데이는 더욱 흥분하여 다음과 같이 지껄였다. "그러나 가장 꼴불견인 것은 허약한 육체와 저능한 정신을 가진 그 성별에 우리가 연민과 관용을 베풀어야 해서 그들이 부자연스러운 권세를 취하고 변덕에 따라 남성의 관습, 예의범절, 생활이 좌우된다는 것이다." 여성이 남성을 지배하는 뒤죽박죽인 세상은 데이의 교육 철학을 강화시켰다. 여성이 지배권을 쥔 난잡한 파티에서 벗어나 어린 두 소녀가 온순하게 주인을 기다리는 평화로운 집으로 돌아가는 것은 분명 하나의 위안이었다.

상류층 어른의 사교계에서 적당한 배우자를 결코 찾을 수 없으리라 확신하게 된 데이는 기꺼이 자신의 교육 계획에 전념했다. 마침내 에지워스에게 보내는 편지에 자발적으로 "자네가 내 학생들의 안부를 물으니"라고 운을 떼며 다음과 같이 말을 이었다. "어떠한 면에도 실망하지 않는다. 그 이전보다 내 원칙에 더 애착을 갖고 있고 더욱 확신한다." 그는 소녀들이 '우울한 시간들'로부터 자신을 구해냈다고 썼다. "자만하는 건지도 모르겠지만, 나는 두 소녀의 성정을 그들 나이대에서는 결코 볼 수 없는 수준으로 만들었다네. 그들은 여행 내내 단 한순간도 나를 곤란하게 한 적이 없었고, 늘 만족해하며 나를 섬기는 것만큼이나 기쁜 일은 없다고 생각하고 있다네. (게으른 남자에게 그만한 편의는 없겠지.)"

금욕적이고 인내심이 많으며 순종적인 두 소녀는 그들 자체가 교육이 가진 변혁의 힘을 보여줄 완벽한 사례였다. (최소한 고아원에서의 교육은 그러했다.) 그 자선 기관의 지침을 따르며 보낸 10년 이상의 세월은 모범적인 복종으로 이어졌고, 데이와 함께 지낸 최근 몇 달은 아직 영향을 주지 못했을 것이다. 그러나 데이는 루소의 교육안이 그의 요구를 완벽하게 맞춰줄 것이라 확신했다. 세상의 모든 책이 없어지더라도 그는 성경 다음으로 『에밀』을 구할 것이라고 했다. "그것은 정말 뛰어난 작품이야. 읽으면 읽을수록 더 찬양하게 된다네"라며 열광했다. "매 페이지가 중요한 진실로 가득 차 있어…… 대단한 루소! 최고의 인간! 인간의 능력과 우수함과 본성의 자유를 유지시키면서 야만 상태의 야수성과 무지 그리고 사회의 부패 사이에서 균형을 잃지 않는 그 체계를 보라!"

루소의 방법론에 대한 에지워스의 늘어나는 의심을 날려 보내면서 데이는 딕이 읽고 쓰는 데 늦어지는 것을 걱정하지 말라고, 교육에서 진도를 빨리 나가는 데 신경 쓰지 말아야 한다고 충고했다. "자네 아이의 경우에 한 가지 위험이 있는데 그것은 자네가 아이의 생각을 빨리 확장시키려고 한다는 것이네." 딕의 이해력을 늘리는 데 너무 늦은 때란 있을 수 없었다. 그러나 "단 하나의 실수가 마치 한 방울의 독약처럼" 그를 영원히 오염시킬지도 모르는 일이었다. "딕의 읽기와 쓰기에 대해 너무 걱정하지 말게나. 그는 읽게 될 것이야. 곧 그렇게 되거나 다소 늦을지도 모르지만, 혼자 내버려두게나. 헨레이 사람들이 그를 바보라고 부르는 것 말고는 아무런 위험도 없다네." 데이는 주변 사람들의 비웃음이 불쌍한 딕에게 어떻게 영향을 미칠 것인지에 대해서는 전혀 관심이 없었다.

데이는 사회의 부패한 힘이나 오싹한 운명 앞에서 야만적이고 무지한 자연 상태의 두 고아원 소녀와 함께라면 마치 자신이 신처럼 서 있을 수 있다고 확신하며 즐겁게 교과 과정 개요를 짰다. 열한 살, 열두 살에 교육을 시작하는 것이 많이 늦었다는 것을 알았지만 전혀 개의치 않았다. 왜냐하면 루소가 다음과 같이 언급했기 때문이다. "나에게 아무것도 모르는 열두 살 아이를 달라. 그러면 그 아이가 열다섯이 되었을 때 당신이 더 어린 나이에 교육을 시작한 아이만큼이나 똑똑하게 만들 수 있다."[18] 물론 루소는 남자아이의 어린 시절부터 성인이 되기까지 교육 과정을 상세하게 제시했을 뿐 소녀들의 교육에는 그다지 신경 쓰거나 노력을 들이지 않았다.

사실 데이가 아비뇽에서 두 고아원 소녀를 교육시키기 위해 채택한 방법은 루소가 제시한 에밀과 소피에 대한 교육 방법을 그만의 방식으로 섞은 것이었다. 가상의 소피처럼 두 소녀는 읽기와 간단한 계산법을 배웠고, 고아원에서 이미 배웠던 쓰는 법을 다시금 익혔다. 그리고 데이는 미래의 아내가 모든 집안일을 해야 한다는 생각을 확고히 가지고 있었기에 소녀들은 소피처럼 요리하고 청소하고 그들의 스승을 섬기도록 교육받았다. 하인들이 영어를 전혀 못했기 때문에 두 소녀는 하인의 도움도 받지 못하고 많은 가사를 책임졌다. 청소를 하고, 걸레질을 하며, 난로를 청소하고, 불을 피우고, 물을 떠오며, 요리하고, 설거지하고, 빨래하고, 옷을 수선하는 등 끊임없이 자질구레한 일을 했다. 하지만 데이가 유복한 가정의 소녀들이 흔히 갖추는 사교적인 교양을 싫어했기 때문에 에밀의 소피와 달리 두 소녀는 악기를 다루거나 유행하는 춤을 배우지 못했고, 의복에 대한 어떠한 관심도 갖지 못했다. 소피와 다르게 그들은 실물 크기의 귀여운 인형이 되지는 못할 것이었다.

동시에 데이는 미래의 아내가 지적 흥미를 가지고 진지한 주제에 관해 대화할 수 있기를 바랐다. 그리하여 루소가 에밀을 염두에 두고 만든 교과 과정을 소녀들에게 가르쳤는데, 지리학, 물리학, 그리고 천문학의 간단한 원리들을 자신이 개발한 실험과 관찰 방식으로 익히게 했다. 소녀들은 아비뇽의 지붕 위로 태양이 떠오르고 지는 것을 관찰함으로써 지구의 운동을 이해하고, 프로방스의 밤하늘을 빽빽하게 수놓은 달과 별을 공부함으로써 계절의 변화를 파악하는 방법을 배웠다.

사브리나와 루크레티아는 말을 잘 듣는 학생이었다. 밤색 머리칼과 금발을 책에 늘어뜨리면서 머리를 철자와 숫자로 채우고 주어진 수업을 열심히 들었다. 데이가 식탁 위에서 보여주는 간단한 실험이나 성벽의 도시를 순회하는 여행 중에 펼쳐지는 마술을 볼 때마다 놀라 눈이 휘둥그레졌고, 날이 갈수록 배움의 폭을 넓혔다. 데이의 수업에는 그가 경멸하는 부패된 모든 사회악, 특히 여성과 관련된 것도 포함되어 있었다.

에지워스는 데이의 교육 과정을 다음처럼 묘사했다. "그는 아이들에게 읽고 쓰기를 천천히 가르치면서 끊임없이 얘기했다. 내가 볼 때 그 아이들의 수준을 넘어서는 것인데도 계속 추론하게 하고, 결국 그에게 맞서도록 할 만한 조롱을 익히게 하면서, 의복과 사치, 귀족들과 유행 그리고 허울 좋은 이름에 대한 깊은 증오를 채워넣으려고 애썼다."[19] 그리고 연말 무렵 데이는 에지워스에게 편지를 보내면서 학생들의 성취도를 보여주는 증거로서 특이한 편지를 동봉했는데, 그것은 열두 살짜리 사브리나가 불러주고 그가 손으로 '단어 하나하나' 받아쓴 편지였다.

"친애하는 에지워스 씨에게", 편지의 첫머리는 이렇게 시작되었다. "당신과 당신의 아들이 잘 지내고 있다는 소식을 들어 기쁩니다. 나는 데이 씨와 루크레티아를 진심으로 사랑합니다. 지금 쓰기를 배우고 있습니다. 프랑스가 영국만큼 좋지는 않은데, 이 나라 사람들은 머리가 갈색이고 옷도 참 이상하게 입습니다. 여기 기후는 매우 좋습니다."[20] 스승이 프랑스의 모든 것에 대해 증오하는 태도를 충실히 흡수한 사브리나는 말을 이어간다. "저는 영국에 가기 전까지 분별력을 더 기르고 싶습니다. 저는 원과 이등변 삼각형을 그릴 줄 압니다. 밤과 낮, 겨울과 여름의 원리도 압니다." 그리고 편지는 다음과 같이 끝났다. "나는 데이 씨를 세상에서 제일 사랑합니다. 다음으로 빅널 씨를, 그다음은 당신입니다." 그 편지는 마치 데이가 친구에게 '그녀의 머리와 가슴을 충실하게 보여주는' 듯했다. 데이의 노력에도 불구하고 사브리나는 아직 스스로 쓸 수는 없었지만 이 편지는 그녀의 첫 번째 목소리였다. 그러나 루크레티아의 수업 성취를 보여주기 위해 동봉한 편지는 없었다.

온화한 지중해에서 겨울을 지내면서 소녀들이 열심히 들었던 수업은 정기적으로 선생과 함께 도시를 일주하면서 데이가 어떤 대상을 지적하거나 아니면 그들이 길을 지나가면서 본 프랑스의 악덕을 비난하는 내용이었다. 금발과 밤색 머리의 예쁜 영국인 두 소녀는 거리에서 잠깐 멈추었을 때나, 젊은 선생 뒤에서 성벽 주변에 어색하게 서 있을 때면 항상 시선을 끌었다. 에지워스에 따르면 아비뇽에서 "데이의 생활 방식과 견해에 프랑스인들이 너무 놀라서 흥분했다".[21] 정말 놀라움을 배가시킨 것은 아마도 그들의 삼각관계였겠지만 말이다. 그러나 관대한 영국인 친구들처럼 프랑스 살롱 주인들도 그의 수상한 행동에 대해 놀라울 정도의 관대함을 보여주었다. 에지워스가 쓴 바에 따르면 그들이 처음에 받았던 충격은 데이의 "정갈한 행동, 흔하지 않은 아량과 뛰어난 이해력에 의해 곧 사라졌고" 그래서 "그와 학생들 모두 아비뇽의 유지들에게 친절과 교양으로 대접을 받았다". 더군다나 데이가 영국을 돌아다닐 때처럼 빈민들에게 구호품을 나누어주자 그에 대해 미심쩍어하는 눈초리나 상스러운 말은 곧 수그러들었다.

비록 데이가 두 소녀를 돌보면서 학교 선생으로서의 통상적인 역할을 넘어섰다는 증거는 없지만 그렇다고 책임을 진 보호자로 나섰던 것도 아니다. 한번은 여행을 하면서 그가 소녀들을 태우고 론강을 건널 배를 하나 빌렸다.[22] 「아비뇽 다리 위에서」라는 옛날 프랑스 노래에서 나오는 유명한 19개의 아치로 된 다리가 넘치는 강물에 의해 오래전에 부서졌기 때문에 강을 건널 수 있는 유일한 방법은 페리뿐이었다. 겨울 동안 론강은 빠르고 격렬하게 흘러넘치는 것으로 악명 높아서 숙련된 뱃사공도 그 위험한 강을 건널 엄두를 내지 않았다. 그러나 데이는 개의치 않았고 아비뇽의 강둑을 떠난 지 얼마 되지 않아서 배가 급류에 휩쓸려 3명은 물속에 처박혔다. 소녀들은 수영을 할 줄 몰랐기 때문에 무력하게 강물에 휩쓸렸다. 다행히도 데이는 수영을 잘했고 어려움과 위험이 없지는 않았지만 소녀들을 둑으로 끌어냈다.

무모하기로는 이 사건과 막상막하로, 어느 날 데이는 한 프랑스 장교가 소녀들에게 '제멋대로' 말하는 것을 듣고는 화가 났다.[23] 데이가 소녀들에 대한 소유권을 갖는 것은 정당했지만 낯선 이가 그들에게 접근하는 것은 그렇지 않았다. 그 광경을 보고 집에서 뛰쳐나온 그는 그 장교에게 총을 들이밀며 "이들은 나의 사람이 될 것이므로 목숨을 걸고 모욕으로부터 이들의 마음을 지킬 준비가 되어 있다"고 선언했다. 노련한 군인에게 결투를 신청하는 것이 얼마나 무모한 일인지는 곧 드러났다. 프랑스 에티켓에 따르면 명예는 결투 중 한 명이 죽어야만 충족되는 것이었기 때문이다. 분명 데이는 그들의 보호자인 자신이 죽으면 고아들에게 무슨 일이 일어날지에 대해 생각하지 않았다. 다행히 그 장교는 정중하게 물러나면서 영국 남성에게 자신은 맹세코 마음을 상하게 할 의도는 없었다고 사과했다.

데이는 1769년 겨울부터 1770년까지 내내 소녀들을 가르치면서 조용히 그들의 진도를 평가했다. 사브리나와 루크레티아가 매일 수업을 들으면서 집안일에 시달리고 정치나 유행에 대해 선생이 늘어놓는 긴 이야기를 듣는 동안, 데이는 그들의 지성과 기꺼이 배우려는 자세, 특히 자신의 지시에 따르려는 의욕을 평가했다. 옷, 태도와 처신에 대한 특별한 견해를 가진 데이는 각각의 소녀가 어떻게 말하고, 움직이고, 마시고, 먹는지 그리고 그의 이상형에 어긋나는 행동을 하는지에 주목했다. 교태 부리는 몸짓도 경계하고 반항하는 기미가 있을까 주의하면서 항상 그는 둘 중에 누가 미래의 아내로 손색이 없을지를 생각하고 있었다. 당연히 그들의 다른 외모도 신중하게 판단했다. 데이가 아무리 세속에서 벗어나 있을지라도 그들의 대조적인 특성을 무시하기란 어려웠다. 1769년 여름에 빅널과 계약하면서 12개월 이내에 고아 중 한 명과 결혼하고 나머지 한 명은 버릴 것이라고 맹세했었다. 그는 오래지 않아 이런 선택을 해야만 한다는 것을 알고 있었다. 다갈색 머리에 갈색 눈을 한 사브리나와 금발에 푸른 눈의 루크레티아 중 누구를 고를 것인가? 데이의 부인이 되는 비공인 선발 경쟁에서 누가 행운의 승자가 될 것인가?

완벽한 아내 만들기

피그말리온이 자신의 석고 소녀를 조각하는 것처럼[24] 데이도 그 시대의 여성적 미의 기준에 맞는 여자를 원했다. 조지 시대에는 고대 그리스와 로마를 숭배하는 경향이 있어 18세기의 완벽한 여성은 뚜렷하게 고전적인 아름다움을 따랐다. 그리스와 로마의 여신상처럼 완벽한 비율을 갖춘 18세기 숭고한 여성은 상아색 피부와 둥그스름한 팔에 가냘픈 모습과 늘씬한 허리를 가지고 있으며 길고도 우아한 목과 타원형의 얼굴을 해야 했다. (약간이라도 볕에 그을린 피부는 노동의 흔적으로 여겼다.) 여성의 머리칼은 풍성하게 흘러내려야 하며 코는 잘생기고 오똑하며 입술은 도톰하고 눈은 크면서 반짝여야 했다.

18세기의 작가와 조각가들은 피그말리온을 향해 조각대에서 걸어 내려오는 순간의 갈라테이아를 묘사하면서 완전한 여인에 대한 이미지를 재생산하느라 분투했다. 대부분의 갈라테이아는 소녀처럼 순진무구하게 재현되었다. 상류층 여성들이 머리부터 발끝까지 거의 가리고 다니던 그 시절에 그녀는 길게 늘어뜨린 머리에 갸름하고 미끈한 몸을 노출해 성적으로 도발적이었다. 에덴동산의 이브처럼 거의 나체였음에도 순진한 매력을 뿜으면서 팔을 뻗고 죄를 두려워하는 순종의 미소를 지었다. 정숙하면서 눈은 아래로 내리깔고 하반신은 가린 채 동시에 남성의 소유물이 될 가능성을 품고 있었다.

1763년에 프랑스 조각가 에티엔 모리스 팔코네가 갈라테이아가 석고대에서 내려와 무릎을 꿇은 피그말리온 앞으로 가는 순간을 묘사한 조각상을 공개했을 때, 관람자들은 과도하게 경외감을 가졌다. 볼테르, 루소와 함께 그 시대의 위대한 3명의 프랑스 철학자 중 한 명인 드니 디드로는 그 조각상이 살아 있는 듯하다고 말하면서 관람객들에게 "당신이 힘을 가하는 대로 눌리는" 그것을 만져보고 느껴보라고 역설했다. 실제로 살아 있는 조각상에 대한 숭배는 데이의 한 친구에게 영향을 미쳤다.[25] 비너스 조각상을 닮은 여인을 만나자 바로 약혼자에게 흥미를 잃었던 것이다. 결국 비너스 여인과 결혼한 그 친구는 자신이 "숨 쉬는 조각"을 얻었다고 말했다.

데이가 여성다움의 표본으로 생각한 것은 이상화된 갈라테이아와 많은 공통점이 있었다. 그는 여느 사람처럼 상아색의 둥글고 하얀 팔을 가진 여자를 좋아했다. 거기에 더해서 그의 '숨 쉬는 조각'은 평범하고 간소한 옷을 입어야만 한다. 머리칼은 길고 자연스럽게 두어야 하고 화장을 하지 않아야 하며 몸에는 보석이나 리본으로 장식하지 않은, 마치 그의 감상적인 시에 등장하는 시골 소녀 같아야 한다. 에지워스는 친구의 독특한 취향을 아주 담담하게 다음과 같이 요약했다.[26] "데이 씨는 여성의 정신을 지배하는 유행을 혐오했다. 수수함, 완벽한 무지와 그에게만 달라붙어 있는 것이 그 시기에 그가 아내에게 요구하는 유일한 자질이었다."

그러나 이제 아동기에서 벗어나 막 사춘기에 다다른, 아직 자라고 있고 날마다 성숙해지고 있는 열한 살과 열두 살의 루크레티아와 사브리나는 하나의 수수께끼였다. 그들 중 누가 꿈에 그리는, 혹은 평생에 걸친 동반자로서 이상적인 성격을 지닌 아름다운 여인이 될지를 예측한다는 것은 쉬운 일이 아니었다. 한 소녀에게서 다른 소녀로 고개를 돌릴 때마다 데이는 결정하기가 어려워 무력감을 느꼈다.

데이의 친구나 지인들은 사브리나와 루크레티아가 모두 매력적이면서 서로 다른 유형의 미를 소유하고 있다는 것을 잘 알았다. 데이의 딜레마를 더 어렵게 만든 건 소녀들이 똑같이 밝으면서 또한 정반대의 성격이었기 때문이다. 풍성하고 밝은색의 머리칼을 가진 루크레티아가 밝고 쾌활한 개성을 지녔기에 끌리기도 하면서, 가늘면서 밤색 머리를 한 사브리나가 좀더 차분한 성격에 조용하고 배움에 대한 열정을 가져 역시 매력을 느끼고 있었다. 남자라면 누구를 선택하겠는가? 오렌지 나무가 주변의 들판에 향기를 발산하던 1770년 봄에 데이는 선택을 해야 했다.

서서히 단계적으로 그러나 확실하게 데이의 비밀스런 재능 경쟁에서 한 소녀가 다른 소녀를 제치고 있었다. 두 소녀의 외모에서는 뚜렷한 차이가 없었기 때문에 그 경쟁은 데이의 수업에 얼마나 열심히 따르고 순종하는가에 달려 있었다. 데이가 받아 적어 에지워스에게 보낸 그 편지가 보여주듯 배움에 대한 적응을 잘 보여준 것은 열두 살의 사브리나였다. 그녀가 슈루즈베리 학교에서 알파벳과 숫자를 익히느라 기울였던 노력은 낭비가 아니었다. 똑똑하고 진도를 나가는 데 열심이었던 사브리나는 자연스럽게 개인 교사의 보살핌 속에서 꽃을 피웠다.

사브리나와 함께 있으면 데이는 "모든 계획이 완벽하게 성공"했다고 느낀 반면 루크레티아는 "공부에서나 어떤 일에서도 진전이 있다는 표시를 전혀 보여주지 못했다"고 한 지인은 말했다.[27] 데이의 무딘 평가를 감안했을 때 루크레티아는 아마 "구제불능일 정도로 어리석었다".[28] "아무리 잘해도 그의 엄한 교육을 따라오지 못했다." 데이가 정말 열심히, 그리고 조심스럽게 가르쳤는데도 루크레티아는 차갑고 뭉툭한 덩어리의 석고로 남았다.

금발의 루크레티아가 그녀의 선생이 평가하듯이 정말로 멍청했는지 아니면 그저 선생의 교수법과 요구에 저항했는지는 알 수 없다. 친숙한 환경에서 멀어져 자신에 대해 이러쿵저러쿵하거나 빤히 쳐다보는 외국인과 섞여 살면서 론강에 빠졌던 상처를 안고 있던 그녀는 아마도 불규칙한 학교식 수업에 따라오지 못했을지도 모른다. 루크레티아가 공부에 둔감해 보였고 지루함을 느끼며 그녀의 눈은 임시 교실 주위를 두리번거렸다면, 사브리나는 데이에게만 눈을 맞추었다. 어쨌거나 그녀는 이미 "나는 데이 씨를 세상에서 제일 사랑한다"고 외치지 않았던가. 그러므로 데이가 어린 신부로 선택했던 이는 다름 아닌 사브리나였다. 물론 소녀들은 선생의 고민에 대해 알지 못했지만, 그렇다고 그들이 경쟁에 대해 전적으로 몰랐는지는 또 다른 문제다.

아비뇽의 작은 집에서 지낼 때, 그들이 머물던 가정이 화목했는지에 대한 진술은 엇갈린다. 후에 사브리나를 알게 된 한 작가[29]는 행복한 셋의 감동적인 모습을 그렸다. 이 시각에 따르면 데이는 그들을 고난에서 건져낸 후 이제 그들의 운명이 자신의 손에 달렸다는 것을 깨닫고 "두 명의 매력적인 고아원 소녀"를 "존중과 연민을 교차시키며" 바라볼 수밖에 없었다. "자상한 눈길이 아니고서는 두 소녀를 볼 수 없었고, 그들을 향한 이런 감수성은 부드러운 목소리로 말하게 했고, 정감 있는 태도를 유지했으며 그가 소녀들에게 그렇게 감동적으로 얘기를 하면 소녀들은 그의 친절에 감동하고 눈에 눈물을 가득 채우지 않고는 대답한 적이 없었다." 에지워스 역시 데이가 고아들을 늘 친절하게 대해서 둘 다 항상 그의 지시를 따르려고 했다는 점을 힘주어 강조했다.

그러나 데이와 사브리나를 이후에 알게 된 어떤 이는 전혀 다른 이야기를 했다. 그의 설명에 의하면, 두 소녀 모두 그들의 선생과 서로 급속도로 친해졌다. "그들은 울었고 그를 당황하게 했다. 그리고 말다툼을 했고 끊임없이 싸웠다. 그들은 수두를 앓았다. 계속 울어서 침대 머리맡에 묶이

완벽한 아내 만들기

기도 했고, 영어로 말하는 사람이 없이 그들만 남겨지는 순간만 되면 소리를 지르곤 했다. (…) 데이는 그들 때문에 여러 밤을 서 있어야 했고, 소녀들의 잔심부름을 해야 했다."[30] 이런 얘기에 따르면 데이는 마침내 "그 시끄러운 소녀 중 하나와 헤어지게 되어 진심으로 기뻤을 것이다".

물론 두 소녀가 언쟁을 하거나 선생의 주의를 끌기 위해 변덕스레 굴때가 있었을 테고, 데이도 한 소녀를 좋아하다가 나중에 다른 소녀를 좋아했을 수도 있지만 후자의 이야기는 아마 과장되었을 것이다. 사브리나와 루크레티아는 고아원에서 자랐기 때문에 그렇게 강력하게 대드는 모습은 그들이 받은 훈련과는 너무 거리가 멀다. 그리고 그들이 수두를 앓았다는 이야기도 그럴듯하지 않은데, 이미 토머스 데이는 한 차례 앓은 적이 있었다. 게다가 루크레티아는 수양모에게서 런던 고아원으로 되돌아왔을 때인 1766년에 그 병에 대한 예방 접종을 바로 맞았다는 기록이 자선 단체에 남아 있고, 사브리나도 슈루즈베리에서 그 비슷한 과정을 겪었다.[31]

어찌 되었든 1770년 봄 즈음에 데이는 프랑스 휴가를 충분히 즐겼다. 향수병으로 인해 영국 친구와 요리가 그리워졌고 심지어 안개와 소나기마저 그리워서 데이는 학생들을 대동하고 프랑스를 가로질러 해협을 건너 런던으로 돌아왔다. 사려 깊게도 에지워스를 위한 금박이 박힌 조끼를 사오면서 세관에 압수될까봐 걱정이 되었다고 고백했다. 미심쩍어하는 세관 관리들이 그의 피보호자를 붙잡을지도 모른다는 더 그럴듯한 가능성은 분명 머릿속에 떠오르지 않았을 것이다.

런던에 되돌아와서 데이는 곧바로 루크레티아를 버리는 일에 착수했다.[32] 빅널과의 계약에서 명시했던 대로 그는 그녀를 루드게이트 힐의 여성용 모자 제조인에게 견습공으로 보냈고, 400파운드를 선물로 주었는데 이는 데이의 일 년 치 수입의 3분의 1이었다. 오늘날 가치로 거의 6만 파운드(9만6000달러)에 이르는 이 돈은 보잘것없는 그 제조인에게는 약간의 행운이었고, 루크레티아에게는 적당한 남편을 살 수 있는 돈이었다. 결국 루크레티아는 의류 소매상인과 행복한 결혼을 했다. 그녀는 결코 그렇게 어리석지 않았던 것이다. 에지워스가 나중에 "그녀는 만족해하며 떠났고, 행복했으며 남편도 행복하게 했고, 아마 지금 이 순간에는 손자 몇 명을 무릎 위에 올린 채 안락하게 앉아 있을 것이다"라고 썼다. 그러나 사브리나에겐 시련이 계속되었다.

완벽한 아내로 만들 수 있는 소녀를 찾아냈다고 확신했기에 데이는 이제 교육에 매진하기로 결심했다. 거대 도시의 악으로부터 그리고 비밀을 캐려는 눈으로부터 그녀를 보호하기 위해 빅널의 어머니가 사는 임시 숙소가 있는 런던에서 그리 멀지 않은 집에 거주시켰다.[33] 그리고 별도로 그녀와 함께 지낼 수 있는 안락한 집을 찾기 시작했다. 1770년 늦봄, 마침내 데이는 10대의 사브리나와 함께 미래의 꿈을 충족시키는 데 전념할 수 있는 완벽한 장소에 위치한 집을 12개월 임대로 빌렸다.

6장

애나와 호노라

1770년 봄 리치필드

리치필드 성당 옆 가장 좋은 자리에 위치한 주교의 호화로운 저택에서 자란 애나 수어드는 번성하는 마을의 사교계와 지식인층을 자연스럽게 압도하게 되었다.[1] 그녀의 어머니 엘리자베스는 존 헌터 경의 딸이었고, 헌터는 리치필드 문법 학교의 폭군 같은 교장으로 새뮤얼 존슨을 때리면서 교육시켰던 사람이다. 존슨 박사는 리치필드를 떠나 런던에 있었음에도 불구하고 항상 자신의 선생과 너무나 닮은, 그 교장의 손녀만 봐도 무릎이 덜덜 떨렸다고 말했다.[2] 집에서 아버지 토머스 수어드 경에게 세심한 교육을 받은 애나는 세 살에 셰익스피어와 존 밀턴을 암송할 수 있을 정도로 지적이고 조숙한 아이로 자랐다. 그녀의 아버지는 스스로를 시인 비슷한 사람으로 여겼고 「여성의 글 쓸 권리」라는 제목의 시에서 여성의 교육을 지지한다고 선언한 적이 있어서 딸 애나와 세라에게 예술을 감상할 수 있도록 가르쳤다. 그 가족은 가장이 성당 주재 성직자로 임명되었기 때문에 더비셔를 떠나 리치필드로 왔는데, 당시 애나는 일곱 살이었다. 여기서 그녀는 마음껏 책을 읽고 즐겼다. 주교 저택 안에 있는 가족의 집은 리치필드의 지식인 사교계에서 핵심이 되었다.

아버지의 격려를 받으면서, 아홉 살의 애나는 거실에서 열리는 저녁 모임에서 시를 암송하며 손님들을 즐겁게 했다.[3] 그녀는 자신이 사람들에게 주목받는 것만큼이나 시를 쓰는 것을 즐긴다는 사실을 알았다. 열세 살 무렵 애나 수어드는 이래즈머스 다윈의 눈에 들게 되었다. 그는 1756년에 리치필드에 와서 클로스가의 서쪽 끝에 살고 있었는데, 그곳역시 성당을 둘러싸고 있는 곳이었다. 그녀가 박식한 의사에게 호감을 가졌던 것처럼 그 역시 자신감 넘치는 십대 아이에게 깊은 인상을 받아둘은 서로 시를 주고받았다. 2년 뒤에 다윈이 애나의 시는 심지어 그녀아버지의 것보다 우월하다고 선언하자 수어드 주교는 딸의 문학적 야망이 정도를 넘어섰다고 생각했다. "여성의 글 쓸 권리"는 글자 그대로 받아들여지지 않았다. 그러는 와중에 애나의 엄마도 교육을 너무 많이 시키는 것은 고집스런 딸의 결혼 기회를 자꾸 줄어들게 한다며 초조해했다. 그리하여 애나는 시를 포기하라는 지시를 받았다. 부모의 걱정에도 기가 꺾이지 않은 애나는 글쓰기를 포기하라는 제의를 거부했다. 그녀는 자신의 재능이 여느 남자의 재능과 견주어 뒤처지지 않는다고 확신했기 때문이다.

　　애나가 동생 세라와 보낸 행복한 젊은 시절은 하나의 '에덴동산 같은 장면'이었다고 생각했는데, 특히 1757년 애나가 열네 살이던 해에 다섯살의 호노라 스네이드가 도착함으로써 그 장면은 완벽해졌다.[4] 유명한 리치필드 가족의 딸이었던 호노라는 어머니가 죽고 아버지가 8명의 자녀를 돌볼 수 없게 되면서 수어드 가문에 입양되었다. 예쁘지만 허약했던 호노라는 세라와 가까이 지냈는데 그녀는 좀더 조용하고 부드러웠다. 호노라는 키가 크며 직선적인 성정의 애나를 약간은 두려워하면서

　　　　　　　　　　　　　　　　　　　　　　　完벽한 아내 만들기

쳐다보곤 했다. 많은 날을 서로에게 의지하며 보내고, 조지 시대의 어느 남편과 아내보다도 더 친밀하게 지내면서, 그 셋은 저택 뒤편에 있는 좋은 방을 같이 쓰고 정원에서 서로 팔을 끼고 구르곤 했으며 저택의 테라스에서 서로에게 큰소리로 낭독을 해주곤 했다.

세라가 열아홉 살에 갑자기 죽자 애나는 기진맥진했지만 열두 살의 호노라를 동생 대신으로 삼아 그 시간을 버텼다.[5] 동생의 장례식 날 애나는 한 친구에게 호노라는 "세라의 빈자리를 채우는 것 이상"의 존재라고 말했다. 슬픔을 잊고, 애나는 자신의 모든 에너지를 호노라의 학업에, 그리고 그녀의 매력을 더욱 빛나게 하는 데 쏟아부었다. 호노라마저 거의 죽음에 이르자 반쯤 얼이 나간 애나는 친구에게 다음과 같이 말했다. "이 아이는 여자이기 이전에 천사가 아닐까, 그녀가 실제로 천사가 되기 이전에 여자라면 아주 완벽한 아이가 될 텐데!"[6]

20대 내내 애나는 여러 번 결혼 제안을 받았지만, 어느 것도 그녀의 낭만적 사랑이라는 고양된 이상에 맞지 않았다. 그 제안들을 귀찮은 파리처럼 내쫓으면서 그녀는 '귀여운 호노라'의 덕을 칭송하는 시와 편지에 자신의 열정을 쏟았다. 1769년 6월에 쓰인 한 시에서 "사랑스러운 아기 소녀"[7]의 도착을 기념하는 12번째 모임을 축하했는데, 그 시에서는 그들의 "고결한 우정"을 칭송했고, 대부분의 편지에서도 "섬세하고 아름다운 타원형 얼굴의 우아함"을 찬양했다. 호노라가 가냘프고 아름다우며 완벽한 젊은 여성으로 매력을 발산하자, 더구나 그녀의 고상한 모습이 윤이 나는 검은 머리칼로 모양을 잡아가자, 그 저택의 문에 이르는 길은 잘생긴 남자들을 끌어모으는 자석이 되었다. 애나는 그녀의 피보호자를 질시 어린 눈으로 관리하면서 그들 모두를 면밀하게 감시했다.

18세기 영국에서 많은 여성이 친구와의 친밀한 관계를 즐겼는데 이는 낭만적 관점에서 칭송되기도 했다. 몇몇은 부모와의 틀에 박힌 관계나 공식적 관계를 동성과의 끈끈한 관계로 보상받곤 했다. 한 예를 들면, 엘리너 버틀러와 세라 폰손비는 아일랜드 가족들에게서 도망 나와 웨일스에서 집을 얻어 함께 살았다. 그들은 그곳에서 50년 이상 서로 평화롭게 살았다. 랭골렌 부인들로 알려진 그들의 우정은 플라톤적 관계를 넘어선다는 의심을 전혀 받지 않았고, 함께 사는 집도 그들의 낭만적 이야기를 칭송하는 사람들이 멀리서 찾아오는 방문지로 유명했다. 애나 수어드 역시 랭골렌 부인들의 헌신적인 추종자들 가운데 한 명이었으며 그녀 또한 다른 여성과 그런 우정을 나누고 있었다. 그러나 호노라에 대한 애나의 사랑(그녀가 항상 이렇게 표현했다)은 우정 이상을 의미했다.

이제 스물일곱 살이 된 애나는 열여덟 살이 된 호노라를 옆에 앉혀 놓고 저택의 저녁 모임을 주도했으며 자신이 리치필드 사교계의 여왕임을 과시했다. 변화를 읽는 매서운 눈과 가십거리를 놓치지 않는 귀로 인해 리치필드에서 일어난 그 어떤 일도 애나의 시선을 비껴가는 법은 없었다. 그리하여 1770년 봄, 두 명의 신참이 이웃에 잠입하자 애나가 제일 먼저 알았다. 숙련된 기술을 갖춘 자신과 같은 '완벽한' 여성에 어울릴 만한 완벽한 남자를 계속 찾고 있던 애나는 새로운 입주자를 흥미롭게 살펴보았다. 곧 그를 저택에 초대할 예정이었다.

1770년 봄, 데이는 스토 하우스라고 불리는, 그 도시에서 약간 외곽에 있는 상당한 크기의 집을 1년 동안 빌려 사브리나를 리치필드에 데려갔다.[8] 에지워스는 아버지의 병세가 더 나빠져서 아일랜드로 돌아가 있었기 때문에 데이는 새로운 친구인 이래즈머스 다윈과 자유사상가들이 모인 협회 근처에 살기 위해 리치필드에서 지내기로 결심했다. 이는 대담한 발걸음이었다. 그때까지 그는 아내 교육 실험을 비밀리에 진행하고 있었다. 루크레티아와 함께 사브리나를 프랑스에 데려갔으며 이후 런던에 숨겼고, 나중에는 사브리나만을 교외에 위치한 존 빅널의 어머니 집에 숨겨두었다. 이제 그는 말 많은 조지 시대 사교계를 목전에 두고 그가 노력해서 가꾼 학생과 함께 공개적으로 살기로 결심한 것이었다.

리치필드는 현명한 선택이었다. 데이는 프랑스에서 돌아오는 길에 먼저 베어힐에 있는 어머니와 계부를 방문했다. 그는 재산, 토지, 상속 금액에 대한 권리를 행사할 수 있었지만 그렇다고 그 집에 예쁜 아이를 데려다 아내 교육을 하면서 함께 지낼 수는 없었다. 반면 리치필드는 부모의 집에서 상당히 떨어져 있었기 때문에 원치 않는 관심을 따돌릴 수 있고, 런던과도 상당히 멀어 스캔들을 피할 수 있었다. 그러면서 교양 있는 사교계의 온갖 즐거움을 충분히 누릴 수 있었다.

리치필드는 런던에서 체스터로 가는 주요 마차 도로의 교차점에 위치해 있고, 미들랜드의 빠른 산업 성장을 증명하듯 도기 공장을 비롯한 여러 공장이 늘어섰으며 골짜기 안에 있어 평화로웠다.[9] 그리고 시골의 매력적이고 세련된 사람들의 분위기를 유지하고 있었다. 그곳에는 민스터 풀과 스토 풀이라는 두 개의 호수가 골짜기의 동쪽에서 서쪽으로 걸쳐 있어 그 도시를 반으로 나누고, 조용한 산책로와 푸른 목초지도 있었다. 각종 콘서트와 연극, 카드 모임 등의 사교계 행사가 꽉 차 있어 마음이 맞는 사람들을 사귀기에도 좋았다. 스토 하우스는 완벽한 천국이었다.

스토 풀에서 상당히 떨어져 고립된 장소에 있던 스토 하우스는 리치필드의 중심부에서 15분 정도 떨어진 산책로에 위치했다.[10] 호숫가 근처의 언덕 꼭대기에 있는 그 집은 대칭 구조의 커다란 저택으로 20여 년 전에 지어졌다. 마을에서 보면 그 붉은 벽돌집은 거의 물 위에 떠 있는 것처럼 보였다. 황혼녘에는 창문의 하얀 모서리와 그 주변이 절묘하게 붉은빛으로 물들었다. 저택 뒤편에 위치한 드레스 룸 창문에서 스토 하우스를 바라보곤 하던 애나 수어드가 가장 사랑한 풍경이기도 했다. 날씨가 맑게 개었을 때, 그녀는 저택 테라스에 앉아 호노라와 함께 차를 마시며 스토 풀의 "거울 같은 호수"[11]에 "언덕 위의 나무와 근처의 그 집"이 비치는 모습을 보는 것을 좋아했다. 그 '호숫가 근처에 떠오른 집'[12]은 종종 그녀의 시에서 모습을 드러내곤 했다. 특히 그녀가 그 집 내부에서 벌어진 사건들을 알게 되었을 때 더 자주 인용되었다.

희곡 「피그말리온」[13]에서 히긴스 교수는 말도 함부로 하고 거칠게 살던 엘리자를 6개월 안에 '지저분한 밑바닥'에서 공작부인으로 끌어올릴 수 있다고 내기한다. 그의 친구 콜로넬 피커링은 엘리자에게 그 계획에 대해 알려주어야 한다고 주장한다. "그 소녀는 자신이 그의 손에 6개월간 있으면서 교육을 받으면 무엇을 하게 되는지를 확실하게 알아야만 한다." 히긴스는 마지못해 동의한다. "엘리자, 너는 여기서 6개월간 살면서 꽃집에 온 숙녀처럼 아름답게 말하는 법을 배우게 될 거야. 예쁘게 차려입고 마차를 타고 버킹엄 궁전으로 가게 될 거야." 그리고 엘리자가 히긴스의 집에 왔을 때, 유능한 집사인 피어스 부인의 보호를 받았는데, 그녀는 히긴스가 엘리자를 꽃처럼 아름답게 치장할 수 있도록 진심을 다해 도와주었다. 더 나아가 피어스 부인은 피커링으로 하여금 지붕을 함께 이고 사는 그 젊은 여성에게도 히긴스의 재산을 나누어주어야 한다고 설득하게 만들었다.

실수를 꺼리는 토머스 데이는 사브리나에게 딱 맞는 역할을 훈련시키기 위해 12개월을 투자하기로 결심했다. 소설 속 히긴스 교수가 엘리자에게 쓴 시간의 두 배였다. 그러나 데이는 그녀에게 자신의 계획을 말하지 않기로 결심했다. 그가 그녀에게 준 정보라곤 고작 자신의 하녀로 견습을 받는다는 것 정도다. 데이는 루크레티아를 버렸고, 사브리나는 그와 단둘이 살아가야 했다. 사브리나는 리치필드에서 데이와 함께 "보호자 없이" 살았다.[14] 바깥세상에서 아무런 경험도 하지 못했던 사브리나에게 이것은 전혀 중요하지 않았다. 그만큼 그녀는 친절한 선생을 완전히 신뢰하고 있었다. 스토 하우스 정문의 돌계단에 올라섰을 때, 그녀는 자신의 믿음이 몇 달 후 한계에 다다를 것이라고는 전혀 생각지 못했다.

스토 하우스 내부에는 세 곳의 아름다운 공간이 있었다. 왼쪽의 아담한 서재에는 정교하게 조각된 벽난로 선반이 놓여 있었고, 서재의 제일 끝 쪽 문은 마구간과 정원이 보이는 널찍한 식당으로 연결되었다. 그리고 긴 마룻바닥을 지나 식당 맞은편에 있는 문은 스토 풀이 내려다보이는 우아한 응접실로 이어졌다. 서재에서 계단으로 내려가면 지하에 부엌과 세탁실이 있었다. 입구 건물에서부터 솔로몬의 재판 장면(이 그림은 고아원의 방에도 있던 익숙한 것이다)을 새긴 스테인드글라스를 지나 큰 참나무 계단을 올라가게 되어 있고, 두 계단을 더 올라가면 6개의 침실이 있었다.

사브리나는 새로운 집을 살펴보면서, 식당 벽에 걸린 큰 거울에 비친 자신의 모습, 막 사춘기에 들어선 늘씬하고 예쁜 밤색 머리 소녀를 보았을지 모른다. 응접실에 서서 호수 쪽을 바라보며, 그녀는 멀리 떨어진 성당의 중앙 창문에 창살을 두른 3개의 뾰족탑을 보았을 수도 있다. 아침에 집 뒤편에서 해가 떠오르면 고깃배가 반짝거리는 물 위를 조용히 미끄러지듯 지나가는 것을 볼 수 있었다. 저녁에 성당 뒤로 해가 넘어가면 야생 오리가 땅에서 뛰어올라 까만 호수 위를 날아가는 모습이 보였다. 그러나 그런 경치를 감상할 시간은 거의 없었다.

아비뇽에서처럼 데이는 설사 여유가 있다 해도 하인을 거의 고용하지 않았다. 땅을 지키거나 말을 돌봐야 하는 남자들을 고용할 수는 있었지만 집안일을 할 하녀는 필요하지 않았다. 그는 가능한 한 검소하게 살 생각이었기 때문에 기호 식품이나 안락한 것 따위는 물론이고 개인적으로 필요한 것도 거의 없었다. 아내가 될 사람이 시골 은둔처에서 집안의 자질구레한 일을 처리할 것이라 기대했기에 사브리나의 교육에서 집안일을 아주 중요한 부분으로 간주했다. 이제 루크레티아도 없었기 때문에 그 큰 집을 관리하는 것은 전적으로 가녀린 사브리나의 몫이었다. 지하 서재에 있는 데이가 부를 때 달려가거나 간소한 식사를 식당까지 들고 가려고 깜깜한 계단을 오르느라 몸은 지쳤다. 게다가 터벅터벅 두 계단을 더 올라가 침실을 청소하고 환기시키다보면 진이 빠졌다. 데이는 고아원에 기부했던 50파운드어치의 가치를 알뜰하게 이용할 생각이었다.

쌓여 있는 일더미 속에서도 사브리나의 수업은 줄지 않았다. 이제 그녀는 읽기·쓰기와 기초 산수를 마쳤고, 데이는 자연의 신비를 설명하고 예술에 대한 그의 지식을 나누는 데 집중했다. 그렇게 여전히 루소의 『에밀』에서 제시된 규율을 그대로 따라 하고 있었다. 루소가 언급했던 것처럼 에밀이 소피를 발견했다면 "그녀가 배우기를 원하든 원치 않든, 그것이 그녀에게 어울리든 아니든 상관없이 알고 있는 모든 것을 가르쳐야 한다".[15] 이런 교과 과정에는 철학, 물리학, 수학과 역사(루소가 말했듯이 "사실상 모든 것")가 포함되었다. 덧붙여 루소는 여성에게 "논리나 형이상학은 대략 알고 있는 정도"만 요구된다고 했다. 일대일 가르침에 더욱 능숙해지면서, 사브리나는 진전을 보였다.

집안일과 수업으로 인해 스토 하우스에서의 생활은 사브리나에게 이전 고아원에서의 생활에 비해 그리 견디기 쉽지 않았을 것이다. 일을 다 마쳤을 때조차 쉬거나 놀 시간이 없었다. 데이가 자신의 전도유망한 학생을 오랜 친구나 새로운 지인에게 소개시키고 싶어 안달했기 때문이다. 그가 선택한 신부를 인정받기 위해 데이는 리치필드에서 가장 부유하고 영향력 있는 사람들이 사교적으로 방문하는 화려한 행사에 사브리나를 데리고 다녔다. 데이는 집을 나서기 전에 그의 풋내기가 자신의 취향에 맞춰 검소하고 여성스런 차림인지를 확인했다. 드레스는 단순하고 장식이 없어야 했고, 정숙하게 팔과 목은 가리고 얼굴은 깨끗이 씻되 화장을 하지 않아야 하며 그녀의 밤색 곱슬머리를 늘어뜨려야 했다. 그녀의 모습이 마음에 들면 데이는 사브리나를 자기 뒤에 딱 붙게 하여 스토 풀의 가장자리로 난 길을 따라 출발했다.

그해 여름 막 스물두 살이 된 부유한 젊은 청년과 열세 살짜리 소녀가 등장하면 자유로운 사고를 가진 이웃들조차 눈썹을 치켜세웠으리라 예상된다. 코르셋처럼 문서화되지는 않았지만 조지 시대에 통용되던 행동 규칙에 따르면, 상류층 여성이 남자와 단둘이 있는 것은 그들이 약혼하지 않은 이상 어떤 상황에서도 엄격하게 금지되었다. 후원자가 위임을 하는 경우에도 그러했다. 독신 남자와 여자가 편지를 교환하는 것도 눈살을 찌푸리게 하는 일이었다. 패니 버니의 소설 『에블리나』는 여자 주인공의 공포, 즉 그녀의 영웅이 자신과 어떤 일을 공모한 편지를 공개할지도 모른다는 오해에서 비롯된 두려움으로 구성되었다.

미혼의 남자가 하인이나 후원자 없이 사춘기의 소녀와 공개적으로 앉아 있는 것만으로도 비열한 행동이라 비난받거나 여자는 당연히 남자의 아내로 여겨졌다. 하지만 동거 사실을 감추려 하지 않았던 데이는 자신의 방식대로 리치필드의 가장 중요한 모임에 사브리나를 데려갔다. 희한한 것은 데이의 행동이 겉으로는 전혀 소문거리가 되지 않았다는 점이다.

에지워스조차 이와 같이 느슨한 환대를 "뭔가 독특한 것"이라고 생각할 정도였다.[16] 그는 데이의 '덕'을 칭송하는 데 급급해서 다음과 같이 추론했다. "데이의 우월한 능력, 관대한 감정과 독특한 매너는 그를 리치필드의 어떤 현상으로 만들었다." 데이도 그 점을 분명히 알고 있었는데 그의 "빈자에 대한 아낌없는 자선과 실제로는 그가 싫어하는 상류층 사람들에 대한 관대함이 모든 계층의 사람들에게서 좋은 평가를 받게 했다". 계속해서 그는 "집에서 어린 소녀를 양육하고 그녀를 돌보는 사람이 없음에도 스캔들을 일으키지도 않는 데다 만날 때는 아주 조용하고 무례하지 않았다"라고 썼다. 오래지 않아 에지워스는 "그곳의 모든 숙녀가 그 소녀를 주목했는데, 그런 행동의 진짜 이유는 데이에게 있었다."

데이가 리치필드 사교계에 쉽게 동화된 것은 사실 놀라운 일도 아니다. 조지 시대 영국에서 돈과 지위는 문을 열게 하고 눈을 감게 만들었다. 데이는 유창한 악센트와 교육을 많이 받은 듯한 분위기로 고아원의 관리들을 속였듯, 교묘하게 리치필드의 응접실로 들어갔다. 그리고 그의 위험한 실험이 수다를 떠는 입들을 막지는 못했을지라도 엄청난 기

완벽한 아내 만들기

부는 입을 다물게 만들 수 있었다.

주교의 저택에 오는 것은 데이가 리치필드의 점잖은 사교계로 들어오는 중요한 관문이 되었다. 신앙심이 거의 없거나 아예 없는 사람들에게도 영국 교회는 전원생활에서 아주 중요한 역할을 했다. 에지워스는 "리치필드에서 좋은 추천을 받고자 하는 모든 이방인은 그 저택에 편지를 보냈다"고 말했는데,[17] 수어드 경의 집은 "어떤 편지를 가지고 오든 이웃들의 휴식처"였기 때문이다. 데이는 확실한 추천장을 받았는데, 리치필드에서 인기 있는 의사인 다윈과 그 저택에서 이미 가장 우호적인 손님으로 인정받은 에지워스 둘 다의 추천을 받았던 것이다.

에지워스는 리치필드를 처음 방문했을 때부터 애나 수어드를 만났는데, 1766년에 전기 마술로 다윈을 매혹시켰던 그는 수어드 역시 감전시켰다. 에지워스가 마지막으로 저택을 방문했을 때, 아마 데이가 도착하기 한 달쯤 전에 수어드는 "전부 아름다웠고 어느 하나도 평범하지 않았으며 감수성이 뛰어나고 재미있고 완벽한, 학식 있으며 과학적인 데다 쾌활하며 존경하는 에지워스 씨"로 인해 그 저택이 우아해졌다고 기억했다.[18] 에지워스와 다윈에 의해 쉬운 길을 가게 된 데이는 옆에 고아를 대동하고 아주 자신 있게 저택으로 걸어 들어갔다.

처음 소개할 때부터 분위기가 아주 좋았다. 데이는 수어드 주교와 그의 아내 엘리자베스의 열렬한 환대를 받았다.[19] 아마 데이를 자신의 고집불통 딸인 애나에게 어울리는 배필로 생각했는지도 모르겠다. 데이가 열정적인 신자는 아니었지만, 그 도시의 빈자들에게 아낌없이 베풀고 적선했기에 교회의 테두리 안으로 쉽게 들어갈 수 있었다. 머지않아 에지워스는 데이가 "그 저택에 너무 친숙해"졌다고 전했다.

동시에 수어드 가문 사람들은 사브리나에게도 호감을 가졌다. 데이가 열세 살짜리 고아를 어떻게 소개했는지는 분명하지 않다. 그는 아마 거짓말을 했을 테고 사브리나에게 말한 것처럼 하녀로 데려왔다고 소개했을 것이다. 그렇다고 그것이 사브리나가 사교계에 들어올 수 있는 계기가 되거나 후원자가 없는 것에 대한 변명이 되지는 않았을 듯하다. 그가 어떤 이야기를 떠벌렸든 사브리나는 "그 궁전에서 친절과 관심으로 환영받았다".[20] 에지워스에 따르면 "그녀는 데이 씨와 수어드 가문 사람들을 아주 강력하게 묶어주는 연결 고리였다". 데이는 성공적으로 그 저택에 입성했다. 그러나 그의 입회는 리치필드의 유명한 사교계 여왕의 허락 없이는 불가능했다.

처음부터 애나 수어드는 스토 풀의 저편 집에서 일어날 것이라고 추측한 "극적인 이야기"에 매혹되어 있었다.[21] 연애 소설의 열혈 독자인 그녀는 세상에 있을 것 같지 않은, 젊은 남자와 그의 헌신적인 어린 고아에 대한 상상도 하기 힘든 이야기를 궁금해할 수밖에 없었다. 그녀는 나중에 그런 사건들을 묘사하면서 "어떤 놀라운 사실을 살짝 각색하여 더 그럴듯하게 꾸미거나, 심지어 독특함을 과장해서, 또는 기이한 것을 극대화시켜서까지 소개하는 것은 용납하지 않을 것이다"라고 썼다. 그 당시 그녀는 "데이 씨를 둘러싼 상황이나 관습과 운명이 너무 독특했다"라고 쓸 만큼 그 상황은 어떠한 과장도 보탤 필요가 없었다.

사브리나를 만난 수어드는 감동받았다. 수어드는 그녀가 검은 눈과 밤색 머리의 "아름다운 소녀"로 "막 피어나고 있었다"[22]고 기록했다. 고아에 대해 동정적인 가치관을 가지고 있던 터라, 그녀는 아버지가 멀쩡하게 살아 있을 뿐 아니라 잘 살고 있던 호노라마저 "귀여운 고아 소녀"라

완벽한 아내 만들기

고 묘사한 적이 있었다. 더욱 흥미로운 것은 진짜 고아인 사브리나의 출생과 관련된 모든 미스터리까지도 나중에 그녀가 결국 밝혀내게 된다는 점이었다. 그녀는 곧 사브리나를 자신의 보호하에 두었다. 마찬가지로 토머스 데이에게도 호기심을 가졌다.

그러나 데이의 첫인상은 호의적이지 않았다. 그녀는 "데이 씨는 철학자처럼 보였다. 화장을 하고 멋진 옷차림을 갖춰 입는 게 신사의 복장이었지만 데이 씨는 그 어느 것도 하지 않았다"[23]라고 썼다. 한편 다른 사람들이 데이의 단정하지 못한 외양이나 괴팍한 매너를 비난했지만 수어드는 그것을 자유롭고 때 묻지 않은 영혼의 표시라고 여겼다. 물론 수어드도 유행의 변화에 전혀 신경 쓰지 않았다. 여성들이 과한 가발을 쓰거나 머리에 회색 파우더를 두껍게 덮어씌우던 패션과 정반대로, 오히려 그녀는 풍성한 갈색 머리칼을 자연스레 늘어뜨리는 것에 자부심을 가졌다. 그녀는 심지어 데이의 못생긴 용모마저 용서할 수 있었다.

그녀는 "키가 크고 어깨는 구부정하다. 풍채가 좋지만 그리 뚱뚱하지는 않았고, 사색적이고 우울해 보이는 분위기에 박식함과 위엄이 섞여 있었다"라고 만족하며 데이를 관찰했다. 데이의 두툼한 눈꺼풀과 어린 시절에 그를 고통스럽게 했을 '잔혹한 수두' 자국이 있는 얼굴에도 불구하고, 애나는 데이의 "검은색 머리칼과 눈썹은 아담처럼 곱슬거렸다"며 칭찬했고 그가 혼자서 중얼거릴 때 인상적으로 반짝이는 그의 "크고 검붉은 눈"에 매료되었다.

수어드에 따르면, 1770년 데이가 스토 하우스에 머무는 동안 조지프 라이트가 그린 그의 초상화[24]는 거의 정확하다고 할 정도로 비슷하다고 한다. 아마도 그가 여행 중 구매했을 것으로 추정되는 금색 단추의 재킷을 입은 데이가 기둥에 편안하게 기대어 있다. 어깨에 자주색 망토를 두르고 먼 곳을 정열적으로 응시하고 있다. 스물두 살임에도 불구하고 턱이 이중으로 겹쳐지기 시작하는 듬직한 외모의 그를 묘사하면서 라이트는 분홍 뺨에 있는 수두 자국은 교묘하게 지웠다. 그는 철학적 묵상에 빠진 채 페이지가 젖혀진 책을 왼손에 들고 있는데, 그 책은 분명히 루소의 『에밀』일 것이다.

당시 리버풀에 살고 있던 라이트는 초상화가로서 입지를 세우느라 애쓰고 있었다. 그가 그린 초상화에는 여러 명이 등장하는 「태양의 위치에 램프가 걸린 오레리에 관한 강의를 하는 철학자」가 있다. 그리고 「공기 펌프 안의 새에 대한 실험」에서는 아이들이 집에서 하는 과학 수업에 푹 빠져 있는 모습을 그렸는데, 이 둘은 각각 1766년과 1768년에 전시되었다. 라이트는 아마도 친구이자 의사였던 다윈에게 빠져 있었던 것으로 보인다. 그래서 그는 데이의 초상화를 그릴 즈음에 다윈도 그렸다. 라이트가 데이의 초상화를 그리도록 허락을 받은 것도 아마 다윈을 통해서였을 것이다.

사실 라이트는 두 개의 실물 크기의 데이 유화를 각각 20기니(오늘날 3000~5000파운드에 해당)를 받고 그렸다. 비슷해 보이는 두 그림 가운데 하나를 에지워스는 자신의 아일랜드 집 거실 소파 위에 걸어두었다. 그러나 라이트가 다윈을 직업복을 입고 팔짱을 낀 채 책상에 앉아 있는 전문가 같은 모습으로 그린 것과는 대조적으로, 데이는 어두운 하늘을 배경으로 바깥에서 자연과 교감하고 시적 감수성을 드러내는 명상적인 포즈로 서 있다. 18세기보다는 17세기 옷차림에 가까운 목이 드러난 셔츠처럼 유행에 뒤처진 복장과 꿈을 꾸는 듯한 시선 때문에 데이는 다른 세

완벽한 아내 만들기

상에서 길을 잃은, 과거에서 온 사람처럼 보인다. 라이트가 그린 초상화의 "격동적이면서 붉게 빛나는 동시에 어두운" 하늘을 관찰하면서, 수어드는 자신의 상상력을 펼쳐 "번개의 섬광이 데이 씨의 머리칼에 닿을 듯하고 그 내면을 비춘다"고 덧붙였다. 라이트의 그림에는 번개가 없다. 그러나 폭풍이 몰아치는 하늘은 그들 관계의 불길한 징조를 암시했다.

외모에 대한 평가와 달리 데이는 남녀가 섞여 있는 것에 반감을 가졌고 공공연하게 여성을 경멸했는데, 반면 수어드는 꼭 여자가 더 우수하지는 않더라도 남녀가 평등하다고 생각했고, 섬세한 문학적 야망이나 신념을 지니고 있어 둘이 잘 어울릴 수 없다는 것은 어느 정도 예상되었다. 그의 적당한 회의주의와 소박한 라이프스타일은 차 모임을 좋아하는 주교의 딸에게 그리 인상적이지 않았다. 수어드가 기록한 대로 데이는 "엄격한 도덕론자로서 심지어 가장 순진무구한 즐거움조차 냉혹하게 절제하고 있음을 자랑스러워"했다.[25] 게다가 그는 "사람 만나는 것을 꺼리는 우울한 기미"를 보였고 "일상의 사교적 생활에 심한 경멸"을 나타냈다. 다른 한편 데이와 수어드는 비슷한 정신을 가지고 있었다. 그들 모두 부모와 어려운 관계로 애를 먹었으며 둘 다 실패한 연애 경험이 있고 그런 좌절을 시에 쏟아붓고 있었다. 그리고 수어드는 "젊은 천재"에게 끌려 "에지워스 씨보다는 덜 우아하고 덜 재미있고 덜 총명하지만 상상력이 풍부하고 좀더 고전적이며 더 깊은 생각을 하는 사람이었다"고 데이를 평가했다.

그해 여름, 사랑의 대상이자 자신의 비밀을 들어주던 호노라가 허약한 체질을 치료하러 배스 온천에 가고 없었기 때문에 수어드와 데이는 급속도로 가까워졌고 비밀까지 공유하는 관계가 되었다.[26] 얼마 되지 않아 수어드는 자신의 연애담을 털어놓았고 데이는 자신의 기이한 결혼 계획안의 상세한 내용을 말했다. 처음에 수어드는 그녀의 문 바로 앞에서 벌어지는 놀라운 교육 실험에 관해 들었을 때, 충격을 받기보다는 매혹되었다. 결국 그녀도 호노라 스네이드를 제대로 가르쳐보겠다고 자신만의 교육을 실시하고 있지 않았던가? 비록 그들이 여성의 바람직한 속성에 대해서는 아주 다른 생각을 하고 있었지만 수어드와 데이는 둘 다 그들만의 완전한 여성을 만드는 데 공모하고 있었다.

수어드 역시 루소를 찬양했다. 루소의 소설 『신엘루아즈』가 처음 출판되었을 때, 그녀는 호노라에게 그 책을 영어로 번역해달라고 요청했다. 지역 학교의 프랑스인 부부에게서 불어를 배웠던 열 살의 호노라는 그 관능적인 문장을 크게 읽어주었고 애나는 무한한 감사의 마음으로 그것을 듣곤 했다.[27] 물론 교육적인 목적으로 그 책을 읽은 것이 틀림없다. 『에밀』이 출간되었을 때 애나는 영역본을 구해 읽었고[28] 그 작품이 "절묘하게 독창적"이라고 극찬했다. 그녀는 아마 에지워스가 아들 딕에게 루소의 교육 이론을 적용시키려 노력했음을 이미 알고 있었을 것이다. 그녀가 루소의 체계를 실제로 적용하려는 움직임을 "거칠고 실천할 수 없는 데다 불합리한 것"이라고 마음을 바꾼 것은 아주 나중의 일이었다.

여름에 데이가 저택을 드나들면서 수어드는 당대 여성의 교육이 "그를 지치게 했던 변덕"만을 양산할 뿐이라며 비난하던 그의 반감을 잘 알게 되었다.[29] 데이는 여전히 마거릿의 거절로 인한 상처를 안고 있었다. 그리고 수어드는 그 젊은 시인이 수두만이 아니라 사랑도 두려워한다는 것을 이해했다. 비록 수어드는 "존재하지도 않는 사랑의 맹세를 위해 고통을 받기"보다는 차라리 교회 문을 두드리는 게 낫다고 믿었지만. 데이가 여전히 결혼하려 한다는 것도 알았다. 그가 자신에게 모든 것을 터놓도록 부추기면서 완벽한 배우자를 찾는 그의 비법에 놀라워했다. 그녀는 나중에 그의 계획에 대해 마지못해 기뻐하며 다음과 같이 썼다. "가능하다면 그의 아내는 문학과 과학에 대한, 그리고 도덕과 애국적인 철학에 대한 취향을 가져야만 할 것이었다. 그래야 그녀는 그가 숙명적이라고 여기는 은둔처에서 동료가 될 것이었다. 그리고 아이들이 고도의 덕과 교양을 가지도록 교육하는 곳에서 그를 보조해야 한다. 또한 그녀는 산속의 소녀처럼 옷과 식단, 매너에서 소박해야 하고, 스파르타 여성이나 이름난 로마 여자들처럼 두려움이 없고 대담해야 한다고 그는 생각했다."

물론 데이의 결론처럼, "원하는 대로 준비된 피조물을 찾을 수 없고, 연애관계에서는 그것을 희망할 수도 없다". "어떤 아이를 데려다 상상했던 존재로 만들어야만 한다." 어리석게도 데이는 사브리나를 슈루즈베리 고아원에서 어떻게 데리고 왔는지, "그녀를 자신의 미래 아내로 만들려고" 교육하는 방법에 대해 시시콜콜 죄다 수어드에게 털어놓았다. 수어드는 그 이야기를 오랜 시간이 지나서까지 기억하면서, 데이가 빅널에게 그 고아의 순결을 "절대로 더럽히지 않겠다"고 맹세한 계약도 책에 묘사했다.[30] 데이의 계획에 매혹된 수어드는 앞으로 일어날 일에 흥미를 가지고 자신의 드레스 룸 창문을 통해 "총각의 집"을 탐색했다.

저택으로의 입성이 확보되자 데이는 성당을 둘러싼 클로스가의 다른 쪽 끝에 사는 다윈에게도 자신의 학생을 얼른 소개했다. 데이의 안내에 따라 그 의사의 집에 가서도 사브리나는 따뜻한 환대를 받았고 가족 모두가 좋아하는 손님이 되었다. 그러나 그 여름 다윈의 집에서는 즐거움이 거의 없었다. 다윈의 아내인 폴리가 수년 동안 아팠고, 남편이 간호하면서 아편과 브랜디를 자유자재로 섞어 복용하게 했음에도 불구하고 1770년 6월 30일에 사망했기 때문이다.

다윈은 좌절했다.[31] 그가 1757년에 리치필드 변호사의 딸인 폴리와 결혼했을 때, 그녀는 열일곱 살이었고 그는 스물여섯 살이었다. 한 연애편지에서 다윈은 폴리에게 결혼해달라고 조르면서 우스갯소리로 요리책을 찾아냈다고 했다. 그는 "사랑을 만드는 법"이라고 명명한 요리법을 소개했다. "패랭이꽃과 로즈마리를 각각 충분히 가져온다. 전자에는 꿀과 우아한 허브를 더하고 후자에는 반짝이는 허브와 달콤한 풀을 한 줌씩 더한다. 그런 다음 따로 섞어 함께 다지고 추 하나와 두 개의 용수철, 편안한 마음과 약간의 시간을 더한다." 그가 "좋은 아내를 만드는 법"이라고 부른 요리법을 찾아보면, 다윈은 폴리에게 다음과 같이 말했다고 한다. "쳇, 나의 친구여, 리치필드의 숙녀는 세상 어느 누구보다 이 음식을 잘 만드는 법을 알고 있네." 다윈은 자신이 생각하는 완벽한 아내를 만나려고 여러 요소를 성공적으로 혼합했던 것이다. 이제 그는 "자신의 마음을 수습하려고" 노력하면서 환자들을 방문하러 바삐 나가기 전에 폴리의 몸에 엎드려 울었다.

이튿날 아침 그는 마지막으로 아내를 보러 왔고 그들의 연애편지를 읽으면서, 그리고 "죽은 그녀의 창백한 색조"를 살아 있는 듯한 초상화와 비교하면서 또 울었다. 서른여덟 살에 홀아비가 되어 네 살, 열 살, 열한 살의 세 아들과 남겨진 다윈은 가사를 돌보게 하려고 여동생인 수재나를 불렀다. 슬퍼할 시간은 없었다. 아이들을 챙기랴 과학 연구하랴 바쁜 일정에도 지칠 줄 몰랐던 그 의사는 하루를 정신없이 보내고 곯아떨어지곤 했다.

다윈과 수어드 모두 사브리나에 관한 데이의 비밀을 알고 있었음에도, 그녀에게 알릴 생각은 전혀 하지 않았다. 둘 다 그의 계획에 교묘하게 공모하고 있었던 것이다. 그러나 둘 다 데이의 잘못된 행동에 대해 기꺼이 눈을 감은 것은 아마도 자기만족이라기보다 불편한 진실을 덮어버리기 위해서였을 것이다. 다윈의 집뿐만 아니라 주교의 저택 뒤에서도 불미스런 일이 일어나고 있었다. 그 여름 데이와 사브리나가 스토 하우스에 정착하자마자 애나와 성당 대리 주교의 과도하게 친숙한 관계에 대한 소문이 클로스가 주변에서 점점 퍼져나가고 있었다.

존 새빌은 부끄럼을 타지만 아주 잘생긴 열아홉 살의 남자로, 1755년 엘리에서 리치필드로 성당의 합창단원으로 임명되어 왔다.[32] 합창단원이 종교적인 의무나 성직자의 임무는 아니었지만 성당 업무의 일종으로 노래를 불렀다. 새빌은 이미 결혼을 했고, 성당 근처 주교의 클로저에 있는 중세풍의 오두막에 한 살 어린 아내 메리와 함께 입주했다. 이 부부는 두 딸을 낳았는데, 아마 결혼하기 전에 메리가 이미 임신했을 수도 있다. 새빌은 지성을 갖추고 예술에 조예가 깊을 뿐 아니라 아름다운 테너의 목소리를 지녔기에 당연히 그 저택에 초대되었고 그곳에서 종종 노래나 연주를 했다. 어린 애나에게 레슨도 했을 것이다. 그러나 질투에 사로잡힌 그의 아내가 보기에 애나와 새빌의 친밀한 우정은 서서히 사랑에 빠지는 단계였고, 이는 선생으로서의 정상적인 업무를 넘어선 것이었다.

이전의 선생에게 실망했던 애나는 실제로 새빌 선생에게 끌리면서 곧 깊이 사랑하게 되었다. 1764년, 그녀는 열광하면서 이렇게 말했다. "헨델의 음악을 정말 정당하게, 아름다운 목소리로 완벽하게 표현한 천재 S씨는 위대한 거장의 노래를 따뜻하게 옹호하면서 내 옆에 앉아 있었다."[33] 새빌도 그렇게 매료되었는지 아니면 단순히 애나의 거침없는 역동성에 저항하기엔 무력감을 느꼈는지는 분명하지 않다. 전부 아니면 전무였던 애나의 성격상 맹목적인 충성심과 관용적인 우정이 아니라면 악독한 적대감과 완전한 거부를 의미했다. 그녀는 그의 아내와 두 딸이 자신의 욕망에 방해되게끔 내버려두지는 않았다. 그녀는 메리 새빌을 나중에 "가장 형편없고 저속하며 야비한 여자"라고 묘사했다.[34]

놀라울 것도 없이, 새빌 부인은 남편이 저택에서 시간을 보내며 오래 머무르는 이유를 의심하고 있었다. 애나와 그 테너의 우정이 사랑으로 번져갔을 것이라는 소문이 퍼지기 시작했다. 수어드 경이 받은 익명의 편지(아마도 새빌 부인이 썼을 텐데)에는 애나와 새빌이 기이한 친밀감을 공유하고 있다고 쓰여 있었다. 간단히 말해서 애나는 간통으로 고발되었던 것이다.

애나 수어드도 물론 새빌이 홀아비가 되지 않는 이상 결혼할 수 없다는 것을 알고 있었다. 조지 시대 영국에서 대다수의 사람에게 결혼은 말 그대로 "죽음이 우리를 갈라놓을 때까지" 지속되는 것을 의미했다. 재혼이 허락되는 법적 이혼은 많은 돈과 막강한 연줄이 요구되는 의회법의 허가 없이는 불가능했다. 그러나 그녀는 절대 포기하지 않았다. 수어드는 부모에게 어떠한 부적절한 행동도 하지 않았다고 단호하게 말하면서 새빌을 손님으로 대했을 뿐이라고 주장했다. 그것이 부모, 친구, 이웃과 심지어 영국 국교회까지 불명예로 비난하며 죽음이 그들을 갈라놓을 때까지 30년을 지속하게 될 연애 사건의 서막이었다. 수어드는 자신만의 독특한 방식으로 잘못된 만남이라는 비난을 거부했고 욕망을 추구할 권리를 강력하게 주장했다. 그녀는 한 친구에게 "그는 물론 내 남편이 될 수 없다. 하지만 지상이나 천상의 어느 법도 그가 내 친구가 되는 것을 막을 수는 없다"고 말했다.[35] 그녀는 자신들의 관계가 플라토닉 러브라고 주장했다. 그리고 전적으로 그랬다. 그러면서 자신과 새빌의 식지 않는 헌신을 15편의 시에서 에반더와 에밀리아로 이름을 바꿔 칭송했다.[36] 그 시들은 대부분 통제할 수 없는 상황으로 헤어진 두 연인의 질투와 분노를 담았고, 여전히 그들의 "오랜 험난한 사랑"에 충실하면서 머물기로 맹세하는 내용이었다. 사랑을 나누는 것이 영원히 금지된 그 커플은, 오로지 "죽음의 침대"에서만 "서로의 팔에 안길" 뿐이었다.

그렇지만 한동안 새빌은 그 저택의 행사에 초대되었고, 1770년에 데이와 사브리나를 정식으로 소개받았다. 사브리나는 새빌의 큰딸인 엘리자베스와 우정을 이어갔는데 그녀는 열네 살로 사브리나보다 몇 개월 더 위였다.

또 다른 소문이 클로스가의 반대편까지 퍼지는 데는 그리 오랜 시간이 걸리지 않았다.[37] 사랑하는 폴리가 죽은 지 몇 주 지나지도 않아 다윈은 열일곱 살의 젊은 여자인 메리 파커를 네 살짜리 로버트를 키우는 입주 유모로 고용했다. 그리고 어린 아들이 슬픔에 잘 대처하도록 돌보면서 그녀는 얼마 지나지 않아 소년의 아버지를 회복시키는 데도 도움을 주었다. 1년 안에 메리 파커는 다윈의 아내가 되었다. 의사의 집에 머물면서 그녀는 1772년에 수전을 낳고, 1774년에 메리를 낳아 가족의 일부로 키웠다. 실제 다윈의 손자인 미래의 자연학자 찰스 다윈이 할아버지가 이미 1771년 여름에 다른 사생아를 기르고 있었다고 얘기했는데,[38] 그러니 1770년 가을에 다른 이도 임신시켰던 것이었다. 리치필드에 있는 데이의 친구들은 1770년 스토 하우스에서 데이의 행동을 비난할 위치에 있지 않았다.

가든 파티와 콘서트로 여름을 보내면서, 데이와 사브리나가 스토 하우스에서 마을의 명소 사이를 호수를 끼고 오가는 것이 익숙한 광경이 되었다. 여름의 우기가 되었다. 새뮤얼 존슨이 6월에 리치필드에서 산책을 하며 "우리는 이 비오는 날씨 때문에 내내 집에 있었다"라며 불평을 해댔다.[39] 스토 하우스의 지주인 그의 친구 엘리자베스 애스턴이 집을 떠나 있었기 때문에, 존슨은 비를 뚫고 스토 풀 주변에서 산책할 이유가 없었다. 스토 풀은 존슨이 어렸을 때 수영을 하고 지낸 곳이었고 가끔 스토 하우스에 들르곤 했다. 그해 여름 리치필드에서 "특이한 일이 전혀" 일어나지 않았기 때문에 그는 잠깐 머물다 더비셔로 떠났다.

존슨이 틀렸다. 그해 여름비가 스토 하우스의 창문을 때리는 동안 그 안에서는 정말로 이상한 일이 일어나고 있었다. 수업과 가사를 병행하며 명령에 따르는 사브리나가 흡족했던 데이는 교육 수준을 높이는 일에 열중했다. 사브리나의 정신을 주조하는 데 치중했던 그는 이제 그녀의 몸을 단련시키기에 여념 없었다. 그와 미래의 아내는 원시적인 고립 상태이자 비밀의 장소에서 외부와 차단된 채 살아야 하기 때문에, 데이는 사브리나가 모든 결핍과 고난, 불행을 견딜 만큼 튼튼해야 한다고 확신하고 있었다. 하인도 두지 않을 것이기에 데이의 아내는 집안의 잡무를 해내려면 더 강인한 힘이 필요할 터였다. 그래서 데이는 조금은 무모한 도전을 생각해냈다. 호수로 둘러싸인 그 집에서, 격리된 그곳에서 데이는 사브리나의 힘과 용기 그리고 인내를 극한까지 실험해보기로 결심했다.

부분적으로는 루소가 어린 에밀을 고난에 대처하게끔 고안했던 교육 안에서 영감을 얻었지만, 대부분은 자신만의 풍부한 상상력으로 사브리나를 극도의 추위와 고통과 공포에 익숙해지도록 몇 가지 시도를 감행했다. 루소는 아이들을 어릴 때부터 찬물로 씻기고 허기와 갈증을 견디게 하고 거미나 천둥과 같은 공포를 이겨내도록 노출시킬 것을 강조했다. "계절이나 기후와 그 외의 과도한 것에 대해 신체를 단련시켜라. 배고픔과 목마름과 피로함에 신체를 익숙하게 하라. 몸을 스틱스강에 깊이 담가라"라고 일갈했다. "이성이 몸을 깨우치게 하면 습관은 신체를 강화시킨다. 천천히 그리고 조심스럽게, 남자와 어린이 모두 적응되면 두려움을 모르게 된다."[40]

데이가 학생들을 신체적으로 단련시키는 루소의 방법에 열광한 유일한 사람은 아니었다. 물론 에지워스도 같은 방법으로 어린 딕을 날씨에 상관없이 바깥에 내놓았고 대단한 성공을 거두기는 했다. 뷔르템베르크가 아기 소피를 얼음같이 차가운 연못에 넣은 것도, 스위스 은행가 루셀이 다섯 아이를 숲속에 버려둔 것도 같은 이유에서였다. 데이의 옥스퍼드 친구인 리처드 워버턴리턴은 루소의 또 다른 추종자였고,[41] 아기 엘리자베스를 겨울의 눈 속에서 뒹굴게 했다. 그리고 조지 시대 많은 부모가 루소로부터 영감을 얻어 아이들을 차가운 온도에 두거나 비오는 날에는 나가게 하는 '극기'를 택했다. 실제로 유행했던 방식이고 외과의인 존 헌터는 한 아버지에게 이 방법을 제안해서 다섯 아이를 자연에 노출시켜 모두 죽이기까지 했는데[42] 여섯 번째 아이까지 마저 죽이려 했는지는 알 수 없다.

그러나 루소의 거친 사랑은 어디까지나 소년을 남자로 만들기 위한 의도였지 소녀를 여성으로 만들려는 것이 아니었다. 그의 교육안에 따르면 여자아이는 특별한 결핍으로 인해 좀더 부드럽고 친절하게 길들이며 키워져야 했다. 소녀들이 견뎌야 하는 것은 손가락을 마비시키는 추위 따위가 아니라 정신을 마비시키는 권태였다. 그러므로 사브리나에게 엄격하게 신체 단련을 시키겠다는 데이의 시도는 비뚤어진 성적 평등의 구현이라고 하겠다.

사브리나는 시골의 수양 가족에게서 자라면서 이미 형편없는 식사와 혹독한 추위에 익숙해져 있었다. 고아원에서도 그녀는 오랜 나날을 고된 노동을 하며 견뎌냈다. 데이와 지낼 때도 간소한 식단과 가내 노동에 익숙해지며 지냈다. 그가 그녀에게 가한 시련은 아무것도 없었다. 데이의 행동이 근본적으로는 자상하게 보였는지는 몰라도 이제 사디즘의 형태를 드러내기 시작했다. 해협 건너 프랑스에서는 사드 후작이 평범한 젊은 여성들을 거친 페티시즘 취향에 굴복시키면서 남녀 간의 성적 폭력을 야기했다. 데이의 행동을 사디스트적이라 할 수는 없겠지만(고문을 가하면서 특별한 쾌락을 누리진 않았으므로) 그가 순진무구한 어린아이에게 고통을 가할 권리를 갖고 있다고 느낀 것은 분명하다.

스토 하우스의 문을 닫고 데이는 사브리나에게 소매를 걷어올리게 하거나 어깨를 드러내게 했다. 그러고 나서 그는 봉인용 왁스를 가져다 촛불에 그것을 끓이기 시작했다. 사브리나가 움직이거나 울어서도 안 된다고 명령하고는, 녹은 왁스 덩어리를 그녀의 등과 팔에 떨어뜨렸다.[43] 그녀는 펄쩍 뛰어오르고 뜨거운 왁스가 피부를 태울 때마다 비명을 질렀다. 봉인용 왁스로 이것저것 시도하면서 데이는 가끔 핀으로 사브리나의 몸을 찌르면서 마찬가지로 움직이거나 소리 지르지 말라고 명령했다. 고

완벽한 아내 만들기

통을 견디는 테스트는 정기적으로 반복되었다. 그러나 이것은 그녀가 받을 시련의 시작이었을 뿐이었다.

고통을 견디는 법과 더불어 사브리나는 극한의 날씨에도 내몰려야 했다. 이 도전을 위해 데이는 그녀를 집 앞에 있는 스토 풀의 둑으로 데려갔다. 거기서 그는 그녀에게 옷을 입은 채로 물이 뺨에 닿을 때까지 들어가라고 명령했다. 어떤 보고서에 의하면, 그녀를 그곳에 던지기까지 했다. 그 호수에서 수영을 배운 새뮤얼 존슨과 달리 사브리나는 수영을 못했는데 데이는 지난해 론강에서 그녀를 구해냈을 때 이미 그 사실을 알고 있었다. 프랑스로 가던 중 거의 익사할 뻔했던 그녀로서는 당연히 스토 풀의 탁한 물을 두려워할 수밖에 없었다.

사브리나가 흠뻑 젖어 만족스러워지면 데이는 둑으로 기어 올라오라고 허락했다. 그 뒤에 그녀를 여름의 폭우로 아주 끈적끈적한 근처 풀밭 위에 눕게 만들었다. 그곳에서 사브리나는 젖어 들러붙은 옷과 물이 뚝뚝 떨어지는 곱슬머리가 햇볕에 천천히 마를 때까지 있어야만 했다. 그녀가 고아원에서 전염병을 견뎌내며 튼튼했기에 망정이지 안 그러면 폐렴에 걸릴 뻔했다. 사브리나는 루소의 '스틱스 강물'은 아니었지만 스토의 물에서 살아남았다. 그리고 데이는 그녀가 공포를 견디는 시험을 치르기를 원했다. 루소는 천둥·번개나 털투성이의 거미를 비롯한 예기치 않은 공포를 견디게끔 선생들이 단계별로 시험해야 한다고 추천한 적이 있다. 심지어 그는 아이들에게 총을 발사함으로써 큰 소음에 익숙해지도록 해야 한다고까지 제안했다.[44] 당시의 일반적인 총은 공을 장전하게 되어 있었는데 이는 화약 가루를 뭉쳐서 만든 것이었다. 작은 파우더 뭉치는 '팬pan'이라 불리는 구멍에 포장되어 라이터로 불을 붙이게 되어 있었다. 이것이 조그만 구멍으로 섬광을 보내 화약 가루에 불을 붙여 그 공을 추진시켜 발사하게 한다. 루소가 말한 총을 발사하는 것은 원래는 팬에서 섬광이 나오도록 화약 가루를 넣는 것이었고 그래서 화약 가루를 많이 넣으면 넣을수록 터지는 소리가 커지는 것을 의미하는 비유적인 것이었다. 데이는 루소의 시험을 말 그대로 정확하게 적용하리라 결심했다.

데이는 아무런 사전 경고도 없이 사브리나를 격리된 곳으로 데려갔다. 스토 하우스의 폐쇄된 뒤뜰이었을 것이다. 그런 다음 그는 박스에서 총을 하나 꺼내들어(아마 프랑스에서 호색한 장교를 위협했던 결투에 쓰인 두 총 가운데 하나였을 것이다) 사브리나에게 가만히 서 있으라고 하고는 아무 소리도 내지 말라고 지시했다. 그리고 어느 정도 걸어가서는 총을 꺼내들어 조준을 하고 그녀의 치마에 쐈다. 사브리나는 그 총이 화학 가루로 채워졌는지 공이 장전된 건지 전혀 몰랐고, 데이도 그녀를 놀라게 할 의도는 없었다. 다만 정규 과정의 일환인 총 발사 시험에서 완벽하게 조용한 반응을 보이리라 기대했을 뿐이다.

이와 같이 기괴한 단련 테스트를 사브리나가 어떻게 견뎌냈는지에 대해 여러 근거를 들어 묘사하는 보고서가 있다. 이후에 애나 수어드는 "그의 실험은 그가 바라고 예상했던 대로 성공하지 못했다"고 썼다. "그녀의 정신은 고통의 두려움과 위험의 출현에 대비해 무장할 수가 없었다. (…) 그가 녹은 왁스를 팔에 떨어뜨리자 그녀는 초연하게 견디지 못했으며 치마에 총을 맞았을 때도 깜짝 놀라 옆으로 비켜설 수밖에 없었으며 비명을 삼키지도 않았다." 그러나 그 당시 리치필드에 살고 있던 또 한 명의 지인은 전혀 다르게 이야기했다.

완벽한 아내 만들기

1770년 리치필드 성당의 대주교였던 리처드 조지 로빈슨은 다음과 같이 말했다. "사브리나가 고통을 초연하게 견뎌내지 못했다고 보는 수어드의 진술은 사실이 아니다. 나는 그녀가 녹은 왁스를 자발적으로 자신의 팔에 떨어뜨리고 찡그리지 않고 태연히 견뎌내는 모습을 보았다." 그러나 데이가 사브리나의 태연함을 보여주려고 로빈슨 경에게 그의 시험이 성공했다고 얘기했는지, 또는 사브리나가 뜨거운 왁스를 스스로 견뎌냈는지를 의심하는 자들에게 증명하려고 손님을 초대했는지의 여부에 대해서는 말하지 않았다.

동시대를 살았던 또 다른 사람 역시 그 사건에 대한 로빈슨의 견해를 지지했다. 메리 앤 시멜페닉크는 루나의 멤버인 새뮤얼 골턴의 딸로, 지인으로부터 사브리나의 시련을 듣고 놀라 감동받았다. "우리는 매일 아침 그가 그녀의 귀 근처에서 총을 발사해도 그녀가 미동도 없이 어떻게 서 있었는지, 녹는 왁스를 그녀의 등과 팔에 떨어뜨릴 때 어떻게 견뎌냈는지를 들었다." 그리고 익명의 다른 작가는 데이의 총이 사실 가죽 공으로 장전되었을 것이라고 잘라 말하기도 했다. 이에 대한 근거는 데이가 사브리나의 치마를 향해 총을 발사했을 때 "그 공이 상처를 입히지 않고 옷을 뚫었다"고 쓰여 있었기 때문이다.

어느 날에는 사치와 방탕에 대한 인내를 시험하기 위해 그녀에게 큰 상자를 가져다주었다. 사브리나가 뚜껑을 열자 손으로 직접 만든 예쁜 옷들이 가득했다. 그녀는 대부분의 생을 고아원에서 입던 누더기로 지냈고, 데이와 지낼 때에는 보잘것없는 옷으로 갈아입었다. 그러니 그녀가 기뻐서 갈색 눈을 크게 뜨는 것을 상상하기란 어렵지 않다. 어떤 십대가 그런 최신 유행의 옷 선물에 감동하지 않을 수 있겠는가? 그런데 데이는 갑자기 그 상자를 불에 던지고, 불꽃이 비싼 비단과 레이스 옷을 집어삼키는 것을 보라고 그녀에게 명령했다. 메리 앤 시멜페닝크는 다음과 같이 기록했다. "우리는 그녀가 명령에 따라 그 상자를 불 속에 던졌다고 들었다."

데이가 안 보는 데서 친절한 사람이 몇몇 기호 식품이나 예쁜 장신구를 내놓아 사브리나가 혹하는 상황이 있었을 수도 있지만, 데이는 지인들에게 그녀를 즐겁게 할 어떤 것도 주지 말라고 금지시켰다. "나는 항상 화려한 겉멋의 사치품이나 취향을 경멸했다"[45]며 "특히 사브리나에게 다가온 사람들은 누구나 이런 원칙에 따라 행동을 자제해 줄 것을 원했다. 리치필드에는 생생한 목격자가 많다"고 이야기하곤 했다. 그는 그녀에게 매 순간 생활의 모든 면에서 엄격한 규칙을 고집했다.

사브리나의 충성심과 복종을 시험해보려는 시도도 했다. 데이는 사브리나에게 다른 사람에게는 절대로 발설해서는 안 된다고 지시하면서 그 자신이 위험에 처할 수도 있는 몇몇 비밀을 만들어냈다. 그는 사브리나가 다른 사람에게 이야기를 발설할까봐 진짜로 불안해했다. 애나 수어드의 말에 따르면 "데이가 잘 꾸며낸 이야기에 대한 비밀을 지키는지 시험할 때, 다른 사람들이 이 비밀을 알면 크게 위험해진다고도 얘기했는데, 한두 번씩 그녀를 하인이나 친구와 분리시켜놓고 확인차 물어보기도 했다". 데이의 집안에는 하인이 없었으므로 아마 저택이나 다른 곳에서 테스트가 이뤄졌을 것이다. 사브리나의 신중함은 거의 놀라울 지경이었다. 그녀가 데이와 지내는 데는 폭로할 만한 여러 비밀이 있었지만, 사브리나는 자신의 보호자에게 닥칠 위험을 걱정했다.

그러나 데이가 아무리 노력해도 여전히 사브리나가 극복하지 못한 하

　　　　　　　　　　　　　　　　　　　완벽한 아내 만들기

나의 공포가 있었다. 그녀는 끔찍할 정도로 말馬을 무서워했다.[46] 18세기에는 말을 두려워하면 몹시 불편했다. 그때 말은 가장 중요한 이동 수단이었고, 소통을 위해서도 중요했을 뿐 아니라 권력의 주요 원천이기도 했다. 말은 조지 시대의 추동력이었다고 해도 과언이 아니다. 그런데 사브리나는 데이가 어떤 수단을 써서 달래도 말에는 전혀 다가가려 하지 않았다. 로빈슨 경의 글에 따르면 "데이 씨는 그녀가 느끼는 말에 대한 공포를 통제할 수 없었다고 나에게 말했다"면서 "어떠한 설득이나 뇌물로도 그녀를 말 근처로 끌고 갈 수 없었다. 심지어 묶여 있는 말이었는데도 그랬다"고 한다. 그녀는 말한테 다가가느니 차라리 팔에 뜨거운 왁스를 붓는 고통을 기꺼이 감수했을 것이다. 로빈슨은 사브리나가 느끼는 공포의 근원을 알지 못했다. 비록 그녀 스스로는 이유를 알았다 할지라도.

더 이해하기 힘든 것은 데이가 사브리나에게 고통을 가해도 좋다고 느꼈다는 사실이며 그의 행동을 알고 있는 사람들도 그를 막지 않았다는 점이다. 조지 시대 사람들이 동물이나 아동에게 친절했다고 기록되어 있지는 않다. 많은 아동이 공장 노동이나 굴뚝 청소에 강제 동원되었고 길거리에서 구걸을 했으며, 열 살이나 그보다 더 어린 나이에 매춘부로 살아가기도 했다. 그런 시대 분위기를 고려해도, 여전히 데이가 사브리나에게 가한 것과 같은, 계획적이고 요점도 없으면서 반복적인 폭력은 용서되지 않는다. 데이는 그가 가한 고통이나 공포에 대해 그저 둔감했던 것일까? 아니면 부자이면서 상류층이고 동시에 교육받은 남자로서 완벽한 아내를 만들겠다는 요구를 실현하기 위해 잔인한 어떤 것이든 행사할 권리가 자신에게 있다고 믿었던 것일까?

데이는 당시의 말을 죽이는 관행을 거부했고 심지어 사냥도 한동안 반대했기에 동물에 관대하다는 칭찬을 받았다 하더라도, 열세 살 소녀에게 육체적이고 정신적인 학대를 반복한 것에 조금도 양심의 가책을 느끼지 않았던 것이 분명하다. 그가 나중에 사브리나에게 보낸 편지에서 밝혔듯이 "나는 내 목적이나 쾌락을 위해 무엇이든 희생시킬 권리가 있다고 여기지 않았다. 그러나 너를 이전보다 더 행복하게 해주기 위해서 실험을 할 수는 있다고 생각했다".[47] 데이는 그녀를 고아원에서 빼내주었고, 힘든 노동의 고통에서 구해냈기 때문에 자신을 즐겁게 해줄 어떤 것이든 시킬 수 있다고 믿었다. 물론 사브리나에게 견해를 물을 필요는 없었다. 그는 히긴스 교수처럼 그녀에게 "우리가 필요로 하는 그 어떤 느낌"도 없다고 가정해버렸다. 데이가 물, 봉인용 왁스, 총, 그리고 말馬로 여름 내내 사브리나에게 고통을 가하자, 루나 협회의 친구들은 점차 그의 계획을 우려하기 시작했다. 물론 데이를 위해서이지, 사브리나를 위한 것은 아니었다.

루나 협회 초기 모임의 날짜와 상세한 사항들은 대강 알려져 있다.[48] 실제로 공식 기구나 고정된 회원들이 있었던 적은 없다. 1770년 초, 모임은 리치필드에 있는 다윈의 집에서나 버밍엄 근처 소호에 있는 볼턴의 집에서 열렸다. 최초의 지도자인 다윈과 볼턴은 보름달이 뜨는 날 전후 일요일에 과학적 논쟁을 하고 싶어하거나 저녁 식사에 모이고자 조금이라도 관심을 보이는 사람은 누구나 초대했다.

이렇게 생동감 있고 현실적이며 사교적인 모임에 데이가 어떻게 초대되었는지는 불가해한 일이다. 다른 구성원들이 모두 진취적으로 과학적 진보에 일정 정도 기여하고 있었던 반면(예를 들어 다윈과 스몰은 약학에서 진전을 보였고, 키어는 유리 공장을 경영하면서 화학 실험을 하고 있었으며, 웨지우드는 도자기에 심혈을 기울였고, 볼턴은 제임스 와트와 더불어 증기 동력을 개선시키고 있었다) 데이는 그런 기술에 전혀 관심을 보이지 않았다. 한때 볼턴의 암석과 화석에 대해 관심을 가질 것을 요구받자 데이는 자신이 "인간 연구"에 매진하기 때문에 과학 연구로 번거로워지길 원치 않는다는 뭉툭한 대답으로 그 제안을 거절했다.[49] 대부분의 루나 회원들이 기업가 정신으로 이름을 드높이거나 재산을 만들어가고 있었던 반면 데이는 볼턴과 웨지우드가 공장을 운영해서 부자의 대열로 들어가던 그런 유의 풍조를 경멸하고 있었다. 동시에 그의 청교도적 외양에다 지루한 주제에 대한 해박함이나 모순을 견디지 못하는 성격은 친구들이 서로의 회사나 아이디어에 대한 따뜻하고도 번뜩거리는 열정을 주고받는 분위기에 전혀 어울리지 못했다. 데이는 새뮤얼 존슨이 말한 대로 '사교적인' 사람이 아니었다. 볼턴의 세세한 지적처럼 '차라리 교제를 싫어하는 경향'의 사람이었다.[50] 데이는 어둡고 차가우면서 숨겨진 달의 표면과 같았고, 어떻게 보면 궤도를 벗어난 떨어진 조각이었다.

데이는 루나 모임에 간헐적이긴 해도 지속적으로 참여하긴 했다. 그는 루나 회원들의 회의적이며 때로는 심미적인 종교관과 급진적이며 혁명적이기도 한 정치적 견해를 공유하고 있었다. 게다가 자신의 돈도 기꺼이 나눠 쓰고 있었다. 데이는 스몰과 키어 그리고 볼턴에게 기업가적 모험을 하도록 상당한 돈을 빌려주었다.[51] 그 돈은 리치필드로 가는 데이의 행보를 쉽게 터주었듯 루나의 바퀴를 돌리는 윤활유이기도 했다.

그러나 무엇보다 루나 회원들이 데이에게 특별히 관심을 갖는 것은 바로 하나, 즉 결혼에 대한 그의 강박증이었다. 그룹의 나머지 사람들이 모두 놀랄 만한 실험을 진행하고 있었는데, 그들은 화학적 도구를 전기가 흐르는 기계에 결합시키곤 했다. 그들이 폭발적인 화학 물질을 섞고 전기 기계에서 스파크를 일으키면서 증기 동력을 충전시키는 동안 데이는 인간의 정신을 다루고 있었다. 소위 실험의 시대로 여겨지던 때였지만 이는 최고 수준의 실험이었다.

1770년 그 모임에 참석한 대부분의 사람은 결혼한 상태이거나 혹은 아주 어린아이를 두고 있었고, 그들 모두 교육이라는 주제에 관심이 많았으며 루소의 사상에 매우 열정적이었다. 루나의 남자들은 아이가 커가면서 교육에 관한 견해를 교환했고, 때로는 아이를 교환하기도 했다.[52] 루소의 철학에 동조하여 아이들을 과학적 논쟁에 참여하게 하고 때로는 루나 모임에 데려오기도 했다. 다윈은 세 아들을 교육적 실험에 참석시키기를 좋아했고(라이트가 그린 진공램프 그림에서 등장한 두 아이는 다윈의 아이들이었다) 에지워스는 방문객들에게 보여준다며 그의 어린 아들 주변에서 비싼 과학 도구들을 가지고 실험해서 놀라게 했다. 훗날, 다윈과 웨지우드는 자신의 아이들을 각자의 집에 보내고 아이들이 다닐 학교에 대해 자문을 구하곤 했다.

메리 앤 시멜페닝크는 아버지 새뮤얼 골턴의 집에서 열린 루나 모임에서 몇몇 사건을 목격하고는 크게 감동받았다.[53] 그중 어느 저녁날은 특별히 감동적이었는데, 그때 그녀는 손님의 주머니에서 뱀을 꺼내고 있었다. 보름달이 뜬 밤, 사브리나가 어느 모임에 참석했는지는 알 수 없으나 데이는 분명히 그녀를 루나 그룹에 소개했고 그들은 그녀의 운명에 관심을 갖고 지켜보았다. 특히 키어와 스몰은 데이의 아내 만들기 실험에 깊은 관심을 보였고 그 진행 과정에 온정주의적 태도를 보였다. 물론 데이의 편에서 말이다.

크고 뚱뚱한 얼굴에 늘어진 뺨과 이중 턱을 지닌 제임스 키어는 성급하면서도 감정적인 사람으로, 날카로운 유머 감각과 예민한 사업 감각을 지녔다. 그는 스타워브리지 근처의 버밍엄에서 멀지 않은 앰블코트에 유리 공장을 짓고 그 뒤에 있는 집에 살았다.[54] 1770년 서른다섯 살이 되면서 키어는 "돈이 많고 위트보다는 사랑이 넘치는 아가씨"가 있는 리치필드 시장에서 아내를 찾기 위해 군대에서 잠깐 은퇴했다.[55] 그러나 그는 데이보다는 좀더 편한 방식으로 아내를 찾을 생각이었다. 키어를 경악시킨 것은 데이의 이상적인 여인에 대한 꿈이 아니라 근저에 깔린 사실과 편견에 사로잡힌 공식이었다.

현실적이며 합리적인 키어는 루소의 교육안을 조롱했고, 데이가 행동으로 옮기는 계획안을 비웃었다. 키어는 "교육에 관한 이 같은 계획의 원리보다 더 불합리한 것, 아니면 실천에 옮기기 더 힘든 것은 없다"고 주장했다.[56] 그는 순진한 소녀에 대한 데이의 비뚤어진 생각을 비난했고 "고조된 상상력에 의해 만들어진 환상"에 빠진 채 그들은 루소의 사상을 단지 즐기기만 하면서 "데이 씨의 유치하고 감상적인 마음에 깊이 빠져들었다"고 분석했다. "그래서 이 시대의 다른 많은 사람처럼 루소의 유혹적인 포장에 이끌려서 교육을 빙자한 환상의 세계로 빠져들었다는 것에는 의심의 여지가 없다." 키어는 젊은 친구의 일탈적인 행동을 비웃다가 이내 데이의 기괴한 행동에 대해 변명하고 앞으로 나타날 불편한 문제들을 감출 준비를 했다. 키어가 데이의 계획이 진행되는 것을 곤혹스럽게 지켜보았다면 스몰은 최선을 다해 그것을 끝내게 만들었다.

스몰은 그 이름처럼 마르고 강단 있는 사람이었다.[57] 그는 소심하고 내성적이었지만 친구들을 불러 모으는 성향이라 가까운 사람들 사이에서 인기가 많았다. 관대하고 인정이 많은 그는 더비에서 의학 치료소를 열어 부자에게는 많은 돈을 받고 가난한 자는 무료로 치료해주었다. 여가 시간에는 치료를 받을 수 없는 이들에게 봉사하는 최초의 병원을 설립하는 데 힘을 보태고 있었다. 그 의사 역시 두 살에 아버지를 잃었는데, 데이에게 그 의사는 아버지와 같은 사람이었고 '광범위한' 영향을 미쳤다고 친구들은 말했다.[58] 데이처럼 내성적이고 우울한 경향이 있던 스몰은 결혼할 생각이 전혀 없었다. 그러면서도 그는 자신에게 맞는 아내를 만들고자 하는 데이의 실험에 지대한 관심을 보였다.

부드럽지만 고집 센 스몰은 데이에게 피그말리온적인 계획을 포기할 것을 종용하고 좀더 편한 방식으로 결혼 상대를 찾도록 설득했다.[59] 고아원에서 찾은 사춘기 소녀는 어떻게 교육을 시켜도 젊고 전도양양한 젊은이의 완벽한 아내가 결코 될 수 없다고 확신한 스몰은 데이에게 사브리나를 버려야 한다고 충고하면서 심지어 적절한 후보라고 생각한 사람을 소개시켜주기도 했다. 에지워스가 쓴 바에 따르면 "스몰 씨는 성격이나 상황 면에서 데이 씨에게 잘 어울리는 여인을 찾을 수 없었고, 한편으로 그에게 스스로 판단할 기회를 주려 했다"고 한다.[60] 이처럼 스몰이 데이의 방향을 바꾸려 하고 키어는 그의 평판을 유지하려고 결심했지만, 어느 누구도 사브리나의 운명에 대해서는 관심을 두지 않았다. 키어와 스몰이 데이의 피그말리온적 계획을 뒤집으려고 노력했지만 그 실험의 대상은 정말로 잘 자라고 있었다.

처음에, 즉 봄에 사브리나가 리치필드에 도착했을 때, 그녀는 기꺼이 데이의 요구에 복종했다. 데이는 그녀를 가난에서 끌어내어 입히고 가르

완벽한 아내 만들기

첫으며 친절하게 최선을 다했기에 그녀는 진심으로 헌신했다. 그러나 몇 달이 지나자 그녀는 지겨운 수업에 화가 났고 잔인한 고문에 의문을 품기 시작했다. 수어드에 따르면 "그녀는 공부하는 것과 기초 지식을 습득하는 것, 그리고 그것들이 쓸모없는 일임에 싫증을 냈다".[61] 그해 말에 이르러 그녀는 과중한 가사 업무에 대놓고 불평을 터트리기도 했다. 훗날 사브리나의 결함에 대한 데이의 기록에 따르면, "집안일에 대한 싫증이 너와 나 사이에 발생한 언쟁의 첫 번째 원인 중 하나였다"고 한다.[62] 자신의 권위에 대한 이런 도전에 충격을 받은 데이는 "나는 내가 원하는 대로 너를 만들 힘이 없다는 것을 알았다"고 불평했다. 훗날 그가 말한 바에 따르면 사브리나는 "나와 사는 것에 지쳐갔고 계속해서 나에게 나태한 행동을 했다". 상아 소녀는 받침대에서 스스로 걸어 내려와 자기 발로 섰다. 고아원 소녀는 자신의 목소리를 찾았다.

문제는 수어드가 적확하게 관찰했듯이[63] 데이가 어리둥절한 요구와 비뚤어진 시험에 대해 아무런 동기도 제공하지 않았으며 어떠한 설명도 하지 않았다는 점이다. 그녀는 "그 어려움은 그녀에게 계속 정진할 것을 요구하고 계속 자기 부정을 하도록 하는 것이었다"라고 썼다. "그가 어떻게, 왜 그렇게 하려고 했는지는 몰랐지만" 사브리나의 "유일한 동기"는 그녀의 "보호자를 기쁘게 하려는 욕구"뿐이었다.[64] 수어드는 그런 욕구에 대해 "공포는 애정을 넘어섰고, 공포는 치유하기 힘든 차가운 감정이었다"라고 썼다. 사브리나가 한 친구에게 말한 바에 따르면 데이는 "그녀를 비참하게 만들었으며, 노예로 대했다".

그녀는 성장하고 있었다. 고아원 벽 안쪽의 세계만 알던 열두 살의 순진한 소녀는 데이의 관심을 고아원에서 자선을 베풀던 마음씨 좋은 신사의 친절로 가감 없이 받아들였다. 이제 그녀는 열네 살이 되었고, 매일 사교계에서 어른들과 시간을 보내며 데이의 집에서 자신의 황당한 위치에 대해 의문을 품기 시작했다. 그녀는 자신이 알게 된 가족들과 비교해보니 스스로가 이상한 지위에 있었는데, 특권층의 딸과 임금을 받지 않는 하녀의 혼종이면서 상층 젠트리와 사회의 가장 밑바닥 사이에서 위험하게 배회 중이었다. 그녀가 다윈의 집을 방문할 때면 그곳에서 열일곱 살의 메리 파커가 가족의 관심을 한 몸에 받는 것을 보면서 의심을 키웠을지도 모른다. 그리고 자신의 아버지와 수어드의 관계 한복판에 서게된 엘리자베스 새빌과의 우정에서 그녀는 답을 찾았는지도 모른다. 그녀는 몸이 변하고 있었지만, 사춘기의 신호를 설명해줄 엄마 같은 사람이나 후원자가 주변에 전혀 없기도 했다.

데이는 자신의 계획 중에서 그녀의 역할이 뭔지 아무런 설명도 해주지 않았다. 친구들에게는 결혼에 대해 아무런 비밀이 없었지만 더 중요한 사브리나에게는 그 어떤 설명도 하지 않았다. 실제로 그는 항상 그녀가 자신의 하녀로 견습을 하는 것이라는 정교한 거짓말을 했다.[65] 그는 나중에 사브리나에게 다음과 같이 말할 것이었다. "내가 너를 처음 데리고 왔을 때 너는 하녀로 수습 기간을 거치게 되어 있었다. 그리고 그렇게 내가 너를 받아들였고, 너에게도 말했다. 나의 모든 행동은 그런 생각에서 나온 것이고 네가 나와 함께 앉는 것을 기대했기에 너는 다른 가정의 하녀들보다는 좀더 나은 대우를 받았다." 그녀의 미래에 대해서, 데이는 그녀가 특별한 자격 시험을 통과하면 그의 안주인으로서의 지위를 얻겠지만, 만약 정확한 기준에 도달하지 못하면 불행한 (아니면 오히려 실제로는 행운일지도 모르는) 루크레티아처럼 될 것이라고 그녀에게 말했다. 그러

완벽한 아내 만들기

나 사브리나는 데이의 조력자까지는 아니더라도 리치필드의 동거자로 대접받는 주변의 시선에서 자신의 이중적인 지위를 빠르게 인식하기 시작했다. 그러면서도 데이의 신체 훈련이 왁스로 어깨를 태우는 것보다 더 심했는지는 그 집에 영원히 비밀로 묻어두었다.

데이의 친구들은 실험이 지나치다며 항의하는 주변의 싸늘한 시선에 늘 데이의 도덕적 우월성을 강조하고자 애썼다. 키어는 끊임없이 그의 '덕'을 칭찬했고 에지워스는 그의 '엄격한 도덕성'을 칭송해 마지않았다. 그는 물론 빅널에게 "그녀의 순결을 절대로 침범하지 않겠다"고 맹세했다. 데이가 사브리나를 성적으로 착취했다는 직접적인 증거는 없었다. 조지 시대 사람들이 임신을 감추고 비밀스러운 출산에 아주 익숙했다 하더라도 피임 방법이 엉터리였던 그 시절에 원치 않은 임신은 대개 오래 지속된 성관계의 결과이기는 했다. 그 시대에 남녀가 같이 있는 것에 대한 데이의 경계심과 여성의 유혹에 맞서야 한다는 강박증을 보여주는 뒤틀린 반反성적인 어떤 것이 있기도 했다. 성적으로는 사브리나에 대한 데이의 행동이 한 점 의혹 없이 칭송할 만한 것이라 할지라도, 그는 분명히 그녀의 평판을 불가피하게 오염시킬 위험천만한 자리에 그녀를 두고 있었다.

사브리나의 모호한 지위는 한 세기가 지나 헨리 제임스가 쓴 첫 소설이자 1871년에 출판된 『감시와 감금Watch and Ward』에 반영되었다.[66] 제임스는 18세기 영국의 상황을 19세기 미국으로 이식했지만, 그는 분명 사브리나 시드니와 토머스 데이의 실화에 기초해 플롯을 구성했다. 소설에서 부자로 등장하는 로저 로런스는 비공식적으로 열두 살의 고아, 노라 램버트를 입양해서 '완벽한 아내'로 만들 목적으로 교육시킨다. 여기서도

로저는 친구에게는 모든 계획을 설명하면서 그의 인생에서 그녀의 역할이 무엇인지 묻는 노라의 질문에 대해서는 대답하기를 거부했다. "당신은 무엇입니까"라고 노라가 묻는다. "오빠도 아니고 아버지도 아니며 삼촌도 아니고 사촌도 아니며 심지어 법적으로 나의 보호자도 아닙니다."

나중에 제임스는 그의 초기 소설을 자기 것이 아니라고 주장했는데, 그것이 주인공 로저가 품었던 어색한 성적 상상을 표현한 다음 구절 때문은 아니었다. "그는 약간의 위험한 성교가 아무런 해도 끼치지 않을지에 대해 혼자 걱정에 사로잡혔다. 삽입으로 약간 상처가 나서 처녀성의 꽃잎은 떨어지겠지만 그 꽃의 본질은 그대로 남으면서도 그가 사정은 할 만큼 만족스러운 것이었다." 결국 소설에서는 피그말리온 신화에 맞게 로저와 노라가 결혼한다. 실제 사례인 사브리나는 버나드 쇼의 엘리자 둘리틀처럼 데이의 계획에 빠져들기를 거부했다. 1770년 말, 스토 풀을 뒤덮은 가을 안개가 얼음으로 변해가던 즈음, 그 십대의 고아는 막 반란을 일으키려 했다.

사브리나의 시련을 끝낸 사람은 크리스마스에 그 집을 방문해서도 별 관심을 보이지 않았던 리처드 러벌 에지워스였다.[67] 그의 아버지가 오랜 병고 끝에 8월에 죽자 에지워스는 집안의 영지와 상당한 재산을 물려받았다. 그는 이제 매년 1500파운드(현 시세로 22만5000파운드나 36만3000달러에 해당)의 연금으로 여유를 즐길 수 있었다. 가을에 둘째 딸 에멀라인을 얻어 늘어난 가족과 함께 돌아온 에지워스는 여전히 불행한 결혼에 구속되어 있었다. 그는 12월을 리치필드에서 보내면서 "내 친구의 철학적인 로맨스가 어떻게 끝날지를 지켜보고 싶은 호기심"이 생겼다.[68]

완벽한 아내 만들기

가방만 단출하게 들고 스토 하우스 정문에 선 에지워스는 친구의 '즐거운 집'에 잠시 감명을 받았다. 그러나 그 안에서 발견한 상황으로 인해 이내 괴로워졌다. 1년 이상의 시간이 지나 데이의 어린 견습생을 만나자 에지워스는 그가 기억했던 수줍은 소녀가 활짝 피어나 매력적인 여인이 되어 있음을 발견했다. "다른 사람들이 어마어마한 양의 파우더와 향유를 발라야만 그녀의 미모를 따라올 수 있었다. 그녀의 긴 눈썹과 눈은 아주 인상적이었으며 그녀를 본 누구나 관심을 가질 정도였고, 그녀가 누구와 말하든 비범한 음조의 목소리로 인해 호의적인 인상을 주었다."[69]

　데이와 거리를 두었던 리치필드의 모든 사람이 이미 결론을 내린 부분이 에지워스에게도 바로 분명하게 보였다. 즉, 사브리나가 "이제 충분히 나이가 들어 더 이상 내 친구의 집에 남아 있을 수는 없다"는 것이었다.[70] 완벽한 여성에 대한 데이의 요구를 전복시키려는 키어와 스몰의 노력과 맞닿으면서 에지워스는 열세 살의 소녀에게 좀더 어울리는 타협을 하도록 데이를 설득했다. 그때까지만 해도 에지워스는 자신이 완벽한 여성을 만나게 되리라고는 거의 예상하지 못했다.

　저택에서 열린 떠들썩한 크리스마스 모임에 참석하면서 에지워스는 애나 수어드와 이제 열아홉 살이 된 호노라와 친해졌다. 그는 이전에 방문했을 때 호노라를 차마 흘끗 볼 수도 없었는데, 활달한 애나가 그녀의 후견인으로 슬쩍 끼어들었기 때문이다. 그러나 에지워스는 크리스마스에 호노라가 멘토의 그늘을 벗어나 좀더 성장했음을 발견하게 되었고, 그녀의 고전적인 아름다움과 가늠하기 어려운 우아함에 황홀해졌다. 에지워스는 기쁘게도 이 아름다운 아가씨가 수학과 화학에 대한 열정까지 공유하고 있음을 알게 되었다. 사랑 없는 결혼에 절망적으로 불행을 느끼던 그는 인생에서 처음으로 "완벽한 그림에 비견할 만큼 내 상상 속에나 존재했던 한 여성"을 찾았다. 에지워스는 자신에게 어울리는 이상적인 동반자를 마침내 발견해냈다.[71]

매력은 전적으로 상호적이었다. 에지워스가 호노라의 매력을 하나하나 인식하는 데 시간을 보내는 동안 그녀도 에지워스에게 매혹되었다. 수어드가 친구들에게 "존경하는 에지워스 씨"와 함께 지낸, 재치가 넘쳐나던 저녁에 대해 거침없이 쏟아낼 때, 호노라 역시 찬사를 더하느라 정신이 없었다. 그녀가 배스에서 아버지와 동생과 지내면서 애나와 떨어져 있는 동안 호노라는 수어드 부인에게 자신을 리치필드로 돌려보내도록 아버지를 설득해달라는 편지를 몰래 써 보냈다.[72] 소원이 이루어지자 그녀는 가을의 홍수를 뚫고 숨도 쉬지 않은 채 리치필드에 도착해 "기쁨의 눈물을" 흘리며 "거실로 뛰어 들어갔다".

애나 수어드가 계속 신경 쓰는 가운데 호노라의 이런 대담한 행동은 "나와 함께 하는 책과 대화, 그리고 수많은 친구!"와 재결합하고자 하는 절절한 소망에서 기인했다. 그 소망이 이뤄진 때는 에지워스가 영국으로 돌아온 후였다. 그녀가 그렇게 열렬하게 다시 만나고자 원했던 사람은 에지워스였다. 이제 그는 마침내 그녀의 수줍은 시선과 해맑은 미소를 주목했고 그녀는 그에게 "당신이 내 매력을 충분히 알아봐준 첫 남자"라고 말했다.[73]

이미 결혼했다는 불편한 사실을 잊고서, 에지워스는 크리스마스 시즌에 그 저택 일대를 호노라와 함께 산책하며 여가를 즐겼다. 호노라가 없을 때면 그는 호노라의 외모와 자질이 우수하다는 것을 인정하라고 우겨대서 친구들을 난처하게 만들었다. 다윈이나 키어, 스몰은 기분 좋게 만장일치로 동의했다. (비록 그들은 사적으로 친구들이 결혼생활을 제대로 해내지 못한다며 절망했을지라도 말이다.) 하지만 오로지 데이만 동의하지 않았다. 그가 규정한 여성적 완벽함에 미치지 못했기 때문에, 나아가 호노라가 춤을 너무 잘 추고 유행에 몰두하며 팔뚝이 충분히 튼튼하지 않고 희기만 하다며 경멸조로 지적하기도 했다. 데이가 사소한 점을 비웃으며 거들떠보지도 않자 에지워스는 "사브리나 시드니가 아마도 그의 마음을 다 차지해버렸나보다"라며[74] 자신의 이상적 여성에 대해 둔감한 그를 비난했다.

어리석게도 에지워스는 자신의 열정을 수어드에게 고백했다. 기쁨에 겨워 그는 그녀가 자신의 말에 공감하며 듣는다고 생각했다. 실제로 그녀는 자신의 총명한 학생에 대한 칭찬으로 "기뻐하고" 있는 듯했고 "가장 유리한 관점에서" 호노라의 특성을 얘기하느라 열심인 듯 보였다. 아니면 에지워스가 그렇게 믿었거나. 실제로 수어드는 에지워스가 그녀만 누렸던 호노라의 매력을 가져간 것을 알고 오싹해했다. 그녀의 것이어야 할 호노라의 사랑스러운 삶을 누군가가 지배하려 든다고 생각한 수어드는 '사랑하는 호노라'가 기혼남에게 정신을 빼앗기는 것을 볼 준비가 되어 있지 않았다. 그녀는 쓰디쓴 슬픔을 경험한 적이 있지 않았던가. 사교계의 여왕은 조심스럽게 움직였다. 그녀는 에지워스가 마음을 털어놓게 하면서 그의 관심을 없앨 구실을 만들고 있었다. 좀더 적절한 호노라의 배우자를 물색하던 그녀는 확실한 후보자를 찾아냈다. 그는 바로 스토하우스에 사는 금욕적인 박애주의자였다.

새해는 새로운 도전을 가져다주었다. 1771년 초, 사브리나가 열네 살이 되자 데이는 그녀를 '총각의 집'에 남겨두는 것이 더 이상 허용될 수 없다는 것을 인식했다. 리치필드에서 12개월 넘게 수업과 시련을 거친 후,[75] 데이는 자신의 대담한 실험이 실패로 끝났다고 결론내렸다. 수어드에 의하면, 마침 그 시기에 그는 "그가 상상한 대로 사브리나를 만들겠다는 모든 희망은 끝났다고 선언하면서 미래의 아내로 맞을 것을" 포기했다고 한다.[76] 친구들의 말에 따르면, 데이는 사브리나에게 그녀가 자신의 기대를 충족시키지 못했다는 사실을 퉁명스럽게 알렸다고 한다. 실제로 그는 이제 다른 곳에 관심을 두기 시작했다.

스토 풀의 얼음이 녹기 시작할 때, 사브리나는 소박한 옷가지와 몇 안 되는 소지품을 챙겨 함께 살았던 자선가와 새로 사귄 친구들에게 이별을 고했다. 수업과 가사에 소홀했다는 데이의 불만으로 갑자기 해고된 것에 대한 어떠한 부연 설명도 없이 사브리나는 8마일이나 떨어진 서턴 콜드필드의 기숙 학교로 보내졌다. 그녀가 열심히 일했다면, 데이가 그녀에게 말한 대로 적당한 여성 직업 견습을 받았을지도 모른다.[77] 그는 사브리나를 두고 냉정하게 떠나면서 학교 교장에게 마치 그녀의 미래를 장악하고 있는 듯 자신이 실패한 학생에게 읽기와 쓰기 그리고 기하학을 가르치되 노래나 춤을 가르치지 말라고 지시했다.[78] 사브리나의 새로운 삶에 즐거움은 없어야 했다. 마치 14년 전 고아원 문 앞에서 그랬던 것처럼 2년 동안 보호자를 자처한 사람으로부터 학교 문 앞에 버려진 사브리나는 그 작은 학교에서 3년을 외롭게 보내게 될 것이었다.

늘 그렇기는 하지만, 남자도 여자만큼이나 변덕스러울 수 있다.

완벽한 아내 만들기

7장

엘리자베스

1771년 봄 서턴 콜드필드

서턴 콜드필드는 리치필드에서 8마일밖에 떨어져 있지 않지만 세상의 다른 편에 있는 듯했다. 1771년 초에 기숙사 학교로 쫓겨난 사브리나의 환경은 친구 대신 이방인들로, 진보적이며 친밀했던 개인 수업 대신 소녀들로 가득 찬 교실에서 전통적인 암기 수업으로, 리치필드의 활기찬 사교 모임 대신 지루한 은둔생활로 바뀌었다. 런던과 체스터 사이의 마찻길에서 2마일밖에 떨어져 있지 않았지만, 그 조용하고 작은 마을은 바람이 부는 좁은 황무지의 들판을 외롭게 걸어 들어가야만 닿을 수 있었다.

서턴이라는 이름[1]은 이웃의 큰 도시인 리치필드에서 바로 남쪽에 있는 마을이기 때문에, 콜드필드는 그 둘 사이에 놓여 있는 을씨년스러운 황야 때문에 붙여진 것인데, 당시 서턴 콜드필드는 주민들의 음주벽 탓에 무법천지로 악명이 높았다. 마을 주변의 지역은 강도가 들끓었는데, 여행자들은 말 탄 강도를 만나거나 나무에 매달려 교수형에 처해진 시체를 보기 일쑤였다. 걸어서 그 벌판을 건너려는 사람들은 늪지나 동굴로 끌려갈 위험을 감수해야 했다. 보석으로 치장한 한 여성 여행객은 그곳을 지나 근처 술집에서 목을 축이려고 들렀다가 사라져버렸다. 후에 그녀의 유골은 나무 벤치 아래에서 꽁꽁 묶인 채 발견되었다. 그곳에 사는 많은 사람은 마을의 공장에서 열심히 일하면서 버밍엄의 상인들에게 칼과 도끼날, 그리고 총신을 만들어 파는 반면 일부는 그런 생산품을 정직하지 못한 방법으로 사용하기도 했다.

마을에 사는 주민들은 그런 걱정이 거의 없었다. 서턴 콜드필드는 좋은 집과 예쁜 교회, 소년들을 위한 명망 높은 문법 학교와 북 클럽을 자랑스러워했다. 그러나 콘서트나 연극, 모임과 같은 다른 부분이 부족해 주민들에게는 술을 마시는 것 말고는 즐길 만한 오락거리가 없었다. 한 주민이 1762년 『신사의 잡지Gentleman's Magazine』에 기고한 바에 따르면, 그 마을의 시민들은 "도박과 매춘에 생소한" 이들이라고 자랑하면서 "40년간 그곳에 매춘부는 단 한 명"이었다고 했다. 그러나 누군가는 사실 매춘부가 부족했다고 말하기도 했다. 수십 년간 그곳에서 일어난 일을 출판한 소책자의 제목에서 마을의 모습이 드러난다. "지루함, 보편적으로 지루한 시간/두뇌가 없는 머리들과 황폐한 평원"이 그것이다.

기숙 학교에 막 도착해 짐을 풀지도 않은 새로운 입주민에게 이후 3년은 아무런 변화가 없을 터였다. 그녀는 또다시 모두가 함께 사용하는 기숙사의 침대에서 자게 되었고, 몇 안 되는 소지품은 상자 하나만으로도 충분했으며 그녀의 일상은 이전의 고아원에서의 생활과 거의 다르지 않았다. 이제는 정해진 수업을 듣는 것 외에 노래나 춤은 즐길 수도 없었다.

에지워스는 사브리나의 학교를 "매우 명망 있는" 곳으로 묘사했다. 분명 그녀의 동료 학생들은 쓰기나 산수, 바느질과 춤을 익히도록 학교에 보내진 지역 젠트리층의 딸들이었다. 그런 학교가 많았는데, 대부분 여자 교장과 소수의 보조 교사로 운영되었으며 주로 소녀들이 결혼하는 데 필요한 교육을 받고 있었다. 그들은 데이가 경멸한다고 단언했던 유의 여성 교육을 제공하고 있었다.

그녀는 잘못했다가는 오락거리가 없는 그 마을의 어딘가에 남아 일을 해야 한다는 두려움을 느꼈고, 학업을 열심히 하는 것 외에는 다른 대안이 거의 없었다. 그녀의 단조로운 일상은 데이가 보낸 편지를 받을 때나 그가 리치필드와 버밍엄을 오가다 우연히 짬을 내어 황야를 건너 진도를 체크하러 그곳에 들를 때만 활기를 띠었다. 그는 학비를 지불했고 그녀가 열심히만 한다면 진학을 시켜준다고 약속했기 때문에 여전히 그녀의 인생에서 중요한 사람이었다. 그녀는 주말과 휴일을 학교에 갇혀 지내면서 간혹 창문으로 키가 크고 구부정한 어깨에 곱슬거리는 머리를 한 방문객을 볼 때마다 작아지는 자신을 느꼈다.

한편 리치필드에서의 생활도 지루하기는 마찬가지였다. 데이는 사브리나를 서턴 콜드필드로 보내 눈앞에서 없애자 마음에서 그녀를 몰아내는 것도 별로 어렵지 않다는 것을 깨달았다. 애나 수어드에 따르면, 교육의 힘에 대한 그의 신뢰는 "무너져내렸다"고 한다.[2] 그의 시도는 모두 "성과가 없었다". 그러나 면밀한 교육을 통해 이상적인 아내를 만들어낼 수 없다면, 이미 준비된 여성을 찾아 나서기만 하면 되었다. 다행히 그의 친구 에지워스가 이미 최상의 후보자인 호노라 스네이드를 발견한 터였다.

데이의 모든 연애사가 그렇듯 그 관계도 나쁘게 시작되었다. 최적의 시기에 거의 매일 저택을 방문했음에도 데이는 호노라의 꾸며진 아름다움과 향상된 재능에 둔감했다. 애나 수어드가 자기 학생의 학업 능력과 우아한 태도에 대해 극찬했을 때도 데이는 무심하게 하품만 했을 뿐이다.

에지워스가 이상적으로 여기는 총명하고 아름다운 여성에 대한 갈망을 쏟아냈을 때도, 데이는 그에게 가정에 충실하라며 오만하게 충고했다. 그러나 몇 달에 걸쳐 에지워스가 호노라의 능력을 계속 칭찬하자 데이는 마침내 자신에게 맞는 그녀의 특징을 인식하기 시작했다.

그녀의 얇은 구릿빛 팔이나 춤출 때 살짝 당황해하는 모습, 유행을 썩 즐기지 않는 것이나 예의 바른 태도를 보고 데이는 이제 열아홉 살의 호노라가 루소식의 엄격한 훈련을 겪고 시험을 통과한다면 아내가 될 자격을 갖게 되지 않을까 생각했다. 그리고 그녀가 자신의 아내가 되기 위한 자격을 갖추고 있다는 사실을 마지못해 수긍했다. 하지만 사랑에 빠진 에지워스가 관찰한 바에 따르면 그것은 가장 이상한 연애였다. 자신이 사랑하는 이의 매력을 전혀 알아채지 못하는 친구의 태도에 적잖이 당황한 에지워스는 "젊은 사람들이 보통 연애하는 모습이 아닌, 배려라고는 눈을 씻고 찾아봐도 없는 녀석"이라고 썼다.[3]

에지워스의 분노는 이해할 만했다. 훌륭한 외모와 잘사는 가문 출신의 호노라를 숭모하는 이들은 이미 여럿 있었다. 스네이드 가문은 세력 있는 왕가로서 중세부터 스태퍼드셔에 정착했다.[4] 호노라의 아버지 에드워드 스네이드는 웨일스 경계 지역에 있는, 스태퍼드셔의 영주 가문의 셋째 아들이었다. 그는 가족의 재산을 상속받지 못했기 때문에 왕의 기마대에 입대했고, 에식스 주교의 딸인 수재나 쿡과 결혼한 뒤 리치필드에 집을 마련했다. 12년 동안 스네이드 부인은 10명의 딸을 잇달아 낳았고 마침내 두 아들, 좀더 나은 쪽은 계승자로, 또 한 명은 대체용으로 얻어 각각 에드워드와 윌리엄이라 이름 지었다. 4명의 딸은 유아기에 사망했지만 6명의 딸(앤, 루시, 메리, 호노라, 엘리자베스, 샬럿)은 살아남았

완벽한 아내 만들기

다. 그러나 스네이드 부인은 그러지 못했다. 윌리엄을 낳고 얼마 안 되어 1757년에 죽었기에 남편은 가슴 찢어지는 슬픔에 잠겼으며 아이들은 열한 살이 되기도 전에 엄마를 잃게 되었다.

호노라가 수어드가에서 환영을 받고 잘 자랐던 만큼 그녀의 형제자매들도 가족의 품을 떠나 고아원 아이들이 수양모에게 맡겨지는 방식으로 흩어졌다. 다행히 스네이드가의 자매들은 동정과 한결같은 존경을 받았다. 루시, 호노라와 엘리자베스는 "칭송받을 만한 아름다움"을 키워갔다.[5] 특히 애나 수어드는 호노라가 그들 중 가장 아름답다고 생각했다.

처음에는 호노라도 수어드의 총애를 받으면서 그녀의 독서열과 인생관을 맹목적인 열정으로 따랐다. 그러나 시간이 흐를수록 호노라는 숨막히는 환경에서 벗어나고자 했고 자신의 삶을 원하는 방식대로 살고자 했다. 겉으로는 조용하고 점잖았지만 애나가 그랬던 것처럼 야망을 품고 자신이 원하는 것은 무엇이든 얻으려고 결심했는지도 모른다. 사브리나가 그랬던 것처럼, 아름답게 만들어진 여성의 동상이 생명을 얻을 때처럼 호노라도 세상을 자신만의 관점으로 보기 시작했다.

호노라보다 몇 달 늦게 태어난 존 안드레라는 젊은 청년이 1769년 여름 벅스턴으로의 가족여행에 동행했다.[6] 안드레는 호노라를 매료시켰고, 중요하게는 후원자인 애나의 허락도 얻었다. 그 커플은 약혼했다. 안드레는 런던으로 돌아가자마자 그 저택으로 계속 편지를 보냈다. 늘 그랬듯이 그의 감동적인 편지는 애나에게 보내졌고 답장을 보낸 것도 사실 애나였다. 그의 수줍은 약혼녀는 급하게 추신을 덧붙였을 뿐이다. 완벽한 연애를 만들어가던 안드레와 애나가 서로 호노라의 덕성을 칭송하느라 정신없는 동안 정작 당사자에게서는 주목을 받지 못했다. 편지의 모든 내용을 헌신적인 찬사로 채우던 안드레는 "호노라는 정말 아주 짧게 끝말을 붙일 뿐이었다"라며 탄식했다. 실제로 에지워스는 1770년 말 리치필드에 돌아와 저택의 파티에서 안드레를 만났을 때, 그가 애나에게 휘둘리고 있다고 생각했다. 분명 에지워스와 호노라는 오로지 서로만을 바라보고 있었지만 말이다. 그 커플의 미적지근한 약혼이 결국 1771년 초 안드레의 엄마와 수어드 부인에 의해 깨졌을 때, 그것은 적어도 호노라에게는 다행이었다.

하지만 불쌍한 안드레는 결국 회복하지 못했고 실의에 빠져 군대에 지원해버렸다. 미국 독립전쟁에서 영국 비밀 부대에 복무했던 안드레는 1780년 스파이 혐의로 조지 워싱턴의 명령에 따라 교수형에 처해졌다. 이 완벽한 연애의 결말에 마찬가지로 상처를 입었던 수어드는 극적인 서사시 「안드레 장군의 비가Monody on Major André」를 1781년에 출판했는데, 이 시는 그의 슬픈 사랑과 영웅적인 죽음을 칭송하고, 안드레와 호노라의 입장을 대변하는, 사실상 그들이 교환했던 연애편지를 편집한 것이었다. 그 시는 안드레를 국가적 영웅으로 만들고, 수어드에게는 명성을 안겨주었다.

약혼이 깨져도 눈물 한 방울 흘리지 않았던 호노라는 이제 강요된 연애에 시달리지 않아 자유로워졌다. 데이와 크리스마스 휴가를 보내던 에지워스는 가능한 한 많은 시간을 호노라와 어울려 지냈고 "그녀를 보면 볼수록 더욱더 존중하게 되는" 자신을 발견했다. 그의 불행한 가정 환경은 그의 번민을 가중시킬 뿐이었다. 그는 다음과 같이 썼다. "나는 아내와의 사이에서 즐거움이 없어 오랫동안 고통받았는데, 나 같은 기질의 남자에게는 그 결혼이 도저히 어울리지 않는다. 이런 악을 인내를 가지고 견뎌야 한다고 믿는다. 그러나 나는 집에 있을 때 정말 행복하지 않아서 집이 아닌 다른 곳에서 행복할 만한 일을 찾으려는 욕망에 굴복하곤 했다."7

그럼에도 아내 곁에 충실하게 머무르리라고 마음을 다잡은 에지워스는 자신의 욕망을 억누르고자 애썼다. 그는 매 순간 충동적인 인간이었음에도 불구하고 항상 명예를 굳건히 지켜내곤 했다. 즉 그는 조지 시대에 드문 변종이었다. 데이에게 사브리나를 기숙 학교로 보내도록 설득시키고는 별 마음도 없는 친구를 호노라에게 관심을 갖게 만들면서 에지워스는 그 현장에서 빠져나와버렸다. 에지워스는 애타게 그리워하는 호노라를 남겨두고 어쩔 수 없이 1771년 초, 아내와 어린 자식들에게 돌아갔다.

이제 사브리나와 에지워스가 무사히 빠져나가 깨끗해진 무대를 수어드가 장악해버렸다. 그녀는 나중에 "결혼은 사랑의 무덤"8이라고 매도했지만 짝을 만들 기회를 결코 포기할 수도 없었다. 데이를 점점 더 자주 저택에 초대하면서 수어드는 매 순간 자신이 좋아하는 철학자를 자신이 좋아하는 제자와 엮어주려고 했다. 친구에게 보낸 편지에서 수어드는 자신의 계획을 살짝 흘렸다.9 그녀의 생각에 데이는 "한 사람을 제외하면 나의 호노라에게 가장 적합하다고 생각한 유일한 남자"였다.

자신의 입장에서 데이를 이상적인 남자로 묘사하면서 그녀는 다음과 같이 열변을 토했다. "데이 씨의 매력은 시간이 갈수록 고조되는데, 그는 마치 옷처럼 덕을 걸치며 덕은 그를 감싼다. 그의 선량함은 옷이나 왕관 그 이상이다. 그의 자비로운 행동에 관해 몇 가지 예만 들어도 두루마리의 종이를 들고 와야만 한다. 천한 사람이나 거지를 떳떳하게 살게 할 만큼의 돈을 가진 데다 하늘 아래 모든 덕을 갖추고도 자만하지 않고, 게다가 직함이나 옷, 용모와는 비교도 안 되게 인품이 훌륭하다." 물론 데이는 "그를 갈망하거나 조롱하며 싫어할" 이들을 위한 "독특성"도 가지고 있었다. 그럼에도 수어드는 그런 그의 기벽까지도 모두 호노라에게 잘 어울린다고 확신했는데, 그녀 역시 야망과 허세 그리고 낭비를 혐오했고, 자신만의 관점에 따라 "번쩍거리는 연회장에 참석해 드레스와 장신구로 치장한 이들과 지내는 것보다는 인류애를 발휘해 의무를 다할 때 행복해할 것이기" 때문이었다.

그 둘은 서로를 좋아했을까? 그런 관심을 보인 증거는 별로 없지만 수어드는 데이가 호노라를 사랑했다고 믿었다. "데이는 그녀를 존중하고 높이 평가하며 칭찬한다. 나는 그가 그녀에게 애정을 느낀다고 생각한다. 그건 그녀도 마찬가지다." 그녀가 생각하는 대로 그가 행동한다면, "그들의 결혼은 내게 엄청난 행복을 선사하는 사건이 되리라 확신한다"며 상상의 나래를 펼쳤다. 수어드가 호노라와 데이의 결합이 완벽할 것이라고 믿었다는 뜻인데, 이는 그녀가 사랑하는 소녀를 잃지 않을 수 있다는 판단에서 나온 생각이다. 데이의 많은 친구가 리치필드에 살고 있었기 때문에 그 커플은 기꺼이 근방에서 살게 될 터였다. 그녀는 친구 포에게 다음과 같이 쓸 정도로 확신했다. "친애하는 포, 아직 내 소망일 뿐이지만 나중에 그들이 친구일 때 연인이 될 것이라고는 상상도 못했다는 것을 기억해줘."

봄꽃이 스토 풀의 강둑을 따라 천천히 피어나기 시작하자, 데이와 호노라의 우정은 뒤늦게 연애로 발전했다. 물론 그들의 후원자인 애나의 입장에서는 자신이 주도면밀하게 분위기를 만들어준 덕이었다. 저택으로 이어지는 길을 평소보다 자주 걸으면서 데이는 호노라를 조금은 쌀쌀맞게 호위하여 연극과 콘서트에 데려갔고, 모임이나 정찬에서 자신의 세계관을 단조로운 어법으로 설명하면서 그녀를 압도해갔다. 후원자가 지켜보는 방에서 다소 지루하게 대화를 나누며 그는 편리한 가재 도구나 물건들 없이 시골에 은거해서 사교계와 떨어져 살 계획을 대략 이야기했고, 이런 이상을 공유하고자 하는 여성이 갖춰야 할 덕목을 묘사하기도 했다.

호노라는 사브리나와 친했고 따라서 데이의 실험적인 노력을 이미 알았기에 그가 마음속에 품고 있는 스파르타적 삶과 아내에게 기대하는 금욕적 자질에 대해 분명하게 알고 있었다. 제아무리 특권적 지위를 가진 후보라도 사브리나에게 부과했던 기이한 유형의 훈련을 받아야 할 것은 두말할 나위도 없었다. 그녀는 어떻게 저항할 수 있을까? 수어드는 삼각관계의 정점인 유리한 위치에 서서 나머지 두 사람이 상대방의 덕을 알아야 한다고 부추기며 숨을 고르고 있었다.

마침내 데이는 에지워스에게 새로운 사랑에 대해 고백했고, 호노라에 대한 그의 지난 감정을 포기하며 자신과의 결혼을 권할 수 있는가를 물었다.[10] 그것은 에지워스가 받았던 "가장 정중한 편지 중 하나"였다. 물론 그럴 필요가 있었다. 데이는 그들의 우정을 해치고 싶지 않다고 말하면서도 에지워스에게 "가망 없는 열정"을 추구했던 어리석음을 지적하고는 다음과 같이 물었다. "내게 말해주겠나? 너의 충분히 강한 마음으로, 사랑을 완전히 압도하면서도 평화나 명예나 덕을 지니며 탐닉에 빠지지 않는 방법을." 에지워스는 친구의 요청에 동의하지 않을 수 없었다. 그러면서 자신이 사랑하는 호노라가 가장 친한 친구의 팔에 안겨 있는 모습을 보고도 견디는 것이 가능할지 시험하기 위해, 그는 도박하는 마음으로 가족을 데리고 리치필드로 이사하기로 했다.

그리하여 1771년 늦봄에 에지워스는 아내 애나 마리아와 세 아이를 데려와 스토 하우스에서 데이와 함께 살았다. 에지워스가 이 갑작스러운 이사를 애나 마리아에게 어떻게 설명했는지에 대해서는 단지 추측만 할 수 있을 뿐이다. 이제 일곱 살이 된 딕은 땅바닥을 헤집고 돌아다녔고, 에지워스의 부인은 아기인 에멀라인을 돌보느라 정신이 없었다. "위험한 대상"에 대한 복원력을 한계까지 시험해보고자 결심한 에지워스는 손님으로 머무는 조건으로 그 집을 빌렸다. 그리고 애나 마리아의 복원력도 같이 시험했는데, 그녀는 데이를 이전보다 더 싫어했다.

늘 우울한 애나 마리아를 리치필드 사교계에 소개하면서 에지워스는 데이가 호노라를 데리고 다니는 모습을 인자한 미소를 지으며 지켜보기만 했다. 어디에서나 에지워스는 데이와 호노라가 함께 있는 것을 보았고, 그 커플이 떨어져 있을 때 데이는 그의 감정을 상세하게 묘사하는 데 귀를 기울였다. 에지워스는 "나는 그가 호노라 스네이드와 함께 있는 것을 계속 보았다"[11]라고 쓰고는 언짢아하며 다음과 같이 덧붙였다. "나는 모든 생각을 꾹꾹 눌러 담았다. 그것은 데이 씨의 마음에도 드는 일이었다." 에지워스의 인내심이 바닥나려 했지만 데이는 하루하루 일어나는 교제 과정에 대해 잡담을 늘어놓았고, 에지워스의 부인은 딕이 집을 맨발로 돌아다니는 동안 그 저택에 팽팽하게 당겨져 있는 긴장을 감지하며 점점 더 피폐해져갔다.

마침내 모든 게 불가피하다고 받아들인 불쌍한 에지워스는 데이에게 호노라와의 결혼을 찬성할 뿐만 아니라 커플이 행복해 보여서 기쁘다며 확실하게 보증해주었다. 데이와 결혼생활의 행복 사이에는 "그의 입장에서 선언하고 여성은 동의하는 것"만 있을 뿐이라며 에지워스는 애처롭게 기록해두었다. 그러나 여전히 약혼은 하루하루 뒤로 밀려났고 데이는 머뭇거렸다.

며칠이 지나고, 초여름 어느 저녁에 친구들과 클로스가의 만개한 라임 나무 아래를 걸어가면서 에지워스는 호노라와 사적인 얘기 몇 마디를 나눌 기회가 있었다. 친구 중 한 명이 데이와 호노라가 질질 끌고 있는 약혼을 기정사실인 양 언급하자, 호노라는 그제야 그 계획에 의문이 든다는 말을 했다. 데이가 망설이고 있다는 사실을 알고 그렇게 말한다고 확신한 에지워스는 그녀에게 자신의 친구가 결혼하려고 애쓰고 있다고 말하며 따뜻하게 위로를 건넸다. 호노라는 고개를 끄떡일 뿐이었다.

이튿날 에지워스는 결혼 제안이 담긴 편지 꾸러미를 들고 주교의 저택으로 달려갔다. 불쌍한 에지워스의 입장에서 슬프게도 그 제안서는 자신이 아닌 데이의 것이었다. 호노라에게 자신과 결혼할 의사가 있는지를 물어본 뒤 데이는 결혼에 대한 길고도 자세한 희망 사항과 아내에게 바라는 요구 사항 및 호노라와 오랫동안 얘기했던 그 밖의 삶의 방식 등을 쓴 적이 있었다. 데이가 에지워스에게 얘기한 바로는, 여러 장에 걸쳐 쓴 그 편지 묶음은[12] "우리가 그동안 나눴던 대화의 종합"이었다. "난 만족하네. 내가 열거한 삶의 계획을 그녀가 허락하기만 한다면, 우리는 완벽하게 행복해질 걸세"라고 덧붙였다. 데이는 회의적인 에지워스에게 "그녀가 조용하고 은둔적인 삶을 받아들이기만 한다면 다시는 그녀가 재미있고 활달한 것을 원하지 않으"리라는 점을 확신한다고 말했다. 그리고 나서 괴로워하는 에지워스에게 저택으로 청혼서를 전달해줄 것을 요청했다. 마지못해 청혼서를 받아든 호노라는 이튿날 대답할 것을 약속했고, 에지워스는 아내와 가족에게로 터벅터벅 걸어 돌아가서 고통스러운 24시간을 기다려야 했다. 이튿날 에지워스는 호노라의 편지를 받아들고는 데이에게 충성스럽게 전달했다.

데이에게는 충격적이었겠지만, 에지워스에게는 정말 다행스럽게도 호노라가 청혼을 거절했다. 나중에 에지워스가 보고한 바에 따르면, 나무랄 데 없이 잘 정리된 편지에서 호노라는 "모든 행동에 대해 남편의 무절제한 통제를 받아들일 수 없다. 그리고 나는 사회로부터의 격리가 덕을 보존하거나 가정의 행복을 보증하는 불가피한 수단이라고 여기지 않는다"고, 더군다나 그녀는 부부의 행복이 "합리적인 동등이라는 말" 없이 존재할 수 없다고 믿는다며 분명히 거절했다고 한다. 호노라는 데이의 오만한 요구 사항에 똑같이 대응한 것이었다. 종합해보면 호노라는 데이에게 그가 "세상과 완벽하게 떨어져 살 결심을 분명하게 주장했듯이, 그녀도 똑같이 현재 자신의 생활 방식을 바꾸지 않을 것이며 따라서 퀴퀴하고 검증되지 않은 계획안에 실망할 이유도 없음"을 분명히 밝힌 것이었다.

수어드는 자기 학생을 아주 잘 가르쳤다. 자신의 기호와 잘 맞게 말이다. 애나에게 자신의 결정을 설명하면서 호노라는 데이의 재능과 덕을 존경하기는 하지만 그녀가 "그의 요구 사항을 진심으로 따를 수 있을지" 아무리 고민해도 답이 나오지 않는다고 말했다.[13] 외딴 오두막에서 결혼 생활의 행복을 찾겠다는 데이의 비전에는 겉으로는 보이지 않지만 그의 요구에 완전히 복종해야 하는 무언가가 있었다. 전보다 더 호노라에게 푹 빠진 에지워스는 그녀의 대답을 "아주 훌륭한 결정"이라고 생각했고,

완벽한 아내 만들기

데이가 옹호하는 남자의 권리와 비교했을 때 "여성의 권리에 대한 완벽하게 공정한 관점"이라고 평가했다.

그러나 데이는 거절에 큰 충격을 받아 고열에 시달리며 며칠간 몸져누웠다. 스토 하우스를 분주하게 오가며 데이의 혈관에서 많은 양의 피를 뽑고, 단호한 충고의 말을 했던 이래즈머스 다윈 박사의 부드러운 치료만이 버림받은 약혼자의 영혼을 달래고 있었다.

몇 주 뒤 메이저 스네이드가[14] 리치필드에 와서 성 존스 거리의 큰 도시 저택을 빌려 결혼하지 않은 네 딸을 모이게 하고는 자신의 새로운 영지에 살게 했다. 저택에서 호노라가 소환되고 열여덟 살의 엘리자베스가 슈루즈베리에서 돌아오자, 남은 두 자매인 스무 살의 메리와 열일곱 살의 샬럿도 수양 가족으로부터 돌아왔다. 스네이드는 미혼의 딸들을 좀 더 세심하게 보호하겠다고 결심했다. 현직에서 퇴임한 그는 상류사회의 안락함에 정착했고 리치필드 사교계로 들어왔다. 고지식한 아버지이자 수완 좋은 사업가인 스네이드는 군대에서 모은 돈을 지역의 운하 사업에 투자해 제법 많은 돈을 축적했다. 다음 두 해 동안 그는 거의 1만 파운드(오늘날 1억7800만 파운드, 2900만 달러에 해당)를 모았고 재산은 불어나기 시작했다. 네 딸의 성공적인 결혼을 위해 많은 지참금을 주어야 했기에 큰돈이 필요해질 것이라는 사실을 알고 있었다.

당연히 애나 수어드는 호노라가 친아버지 집으로 떠난다는 것에 좌절했다. 그녀는 14년간 호노라와 아주 친밀하게 지냈기에 다시 동생을 잃는 것처럼 느껴졌다. 그나마 호노라가 "같은 마을에 살아 자주 만날 수 있었고 내 마음은 변치 않는다"고 위로를 했음에도 불구하고, 그녀는 친구에게 "가족이 분리되는 것은 너무나 슬프다"[15]고 말했다. 그로부터

18개월 뒤에 쓴 시에서 수어드는 "나의 사랑하는 호노라"와 따뜻한 겨울 난로 앞에서 보낸 저녁에 대해 아주 슬프게 회상하곤 했다. 이제 가정에서의 핵심이자 상징인 그녀가 사라졌고, 그래서 "어둡고도 긴긴 밤에 홀로 한숨을 지었다". 반면 호노라는 애나 수어드와의 숨 막히는 10년 여의 세월 뒤에 세 자매와 합쳤기 때문에 아마도 구원과도 같았을 것이다. 실제로 가족에게 자기를 불러들이라고 요청하는 비밀 편지를 또 썼을 가능성도 없지 않다.

수어드는 호노라를 잃어 탄식했고 데이는 상처받은 자존심을 치유하느라, 에지워스는 혼자 새로운 적당한 일을 하느라 고심했는데 에지워스의 관심은 여름 활쏘기 대회로[16] 쏠렸고, 승자에게 은 화살을 주기로 마음먹었다. 그 시절은 확실히 평온했다. 뜨거운 들판 위에 표지판이 세워지고 리치필드의 사교계는 그 행사를 즐겼다. 활쏘기 경기에 나서는 신사들이 준비 운동을 하는 동안 마을의 숙녀들은 자신이 선택한 남자를 응원하느라 길가에 늘어섰다. 에지워스는 활쏘기 대회와 더불어 음악, 춤, 펜싱과 달리기 대회도 만들었고, 남녀노소 모두 참가했다.

애나 수어드는 호노라와 팔짱을 끼고 대회장에 도착했다. 비록 토머스 데이는 음악이나 춤에 합류하는 것에 관심이 없었지만, 비틀거리며 걸을 수 있을 만큼은 열병에서 헤어났다. 존 새빌이 음악 대회를 진행하는 데 많은 도움을 주었을 것이고 솔로나 이중창을 불렀는지도 모른다. 그리고 뚱뚱한 이래즈머스 다윈도 어린 세 아들과, 아마도 젊은 유모와 함께 경기에 참여했을 것이고, 에지워스 부인은 엷은 미소를 띠며 아이들에게 무리에 합류하라고 부추기고, 까만 울 스타킹을 비롯해 반바지와 가운까지 성직자 차림을 한 사람들이 한 무리의 까마귀처럼 뛰고 춤

완벽한 아내 만들기

추고 있는 모습을 상상하기란 어렵지 않다.

행사의 주최자로서 에지워스는 진가를 발휘하고 있었다. 그는 파티보다 더 좋은 건 없는 양 즐겼는데, 더욱이 아주 능숙한 댄서일 뿐 아니라 노련한 선수이기도 했다. 그는 어쩔 줄 몰라 하는 초보자들에게 춤 기술을 가르쳐줄 정도였는데, 학생일 때 춤을 배운 적이 있었기 때문이다. 수년이 지난 뒤 예순의 나이에도 그는 식탁을 훌쩍 뛰어넘을 정도의 실력을 보유하고 있었다.[17] 그리고 그는 흥분할 만한 충분한 이유도 있었다. 데이가 호노라에게 청혼을 거절당했기 때문에 에지워스는 "내 마음을 오랫동안 그리고 지속적으로 누르고 있던 강박감이 이제 사라졌다"고 느꼈다. 그는 환상의 여인을 "변치 않는 존경심"으로 마음에 두고 결혼 생활의 불행을 또다시 제쳐둘 수 있었다. 영광스러운 날들이 지나면 그림자가 길어지듯이 가장 가까웠던 친구들은 "그 어느 때보다 즐겁게 여름 밤"을 즐기는 에지워스의 쾌락을 이해해주었다.

메이저 스네이드가 둘째 딸 엘리자베스와 팔짱을 끼고 그 파티에 참석한 것은 분위기가 한창 무르익었을 때였다.[18] 귀엽고 생동감 넘치며 밝은 성격에다 큰 갈색 눈과 장밋빛 피부에 늘 웃는 얼굴인 엘리자베스는 언니인 호노라와 대조적인 고상한 매력을 발산하며 눈길을 사로잡았다. 말하자면 그녀는 루크레티아를 닮았고, 호노라는 사브리나에 가까웠다. 리치필드 사교계에 첫발을 내딛는 그녀에게 모든 눈이 쏠리자 호노라는 재빨리 동생의 손을 끌어다 에지워스에게 건네주었다. 엘리자베스가 기대하지도 않았던 관심의 대상이 되자 호노라는 에지워스에게 엘리자베스의 첫 춤의 상대가 되어달라고 요청했다.

참석자들은 자매 가운데 누구에게 더 우호적인지에 따라 나뉘었다.

(물론 에지워스의 마음에는 조금의 의심도 일지 않았다.) 엘리자베스는 언니보다 더 교육을 잘 받았고 지식이 많을뿐더러 세심하고 활달했으며 좀더위트가 넘쳐났지만, 반면 덜 우아하고 춤 솜씨가 형편없었으며 에지워스가 호노라한테 가장 매력을 느낀 강인함이나 명민함이 없었다. 애나 수어드도 물론 이에 동의했다. 엘리자베스는 "너무 예쁘고 밝으며 기교는없는데 한껏 애교를 부린다"고 인정했지만 "타고난 재능을 가졌으면서도 고상한 호노라와 비교할 수 없을 정도로 열등하다"[19]고 평가했다. 에지워스와 수어드가 과도하게 표현한 편이지만 그곳에 있는 다른 사람들도 그렇게 생각했을 것이다. 한쪽 구석에서 댄서들을 지켜보던 토머스데이는 미소를 머금은 채 매력적인 신참을 눈여겨보았다.

친구인 에지워스가 이끄는 대로 능숙하게 춤을 추는 엘리자베스를 지켜보던 데이는 그녀가 약간 통통한 것과 춤을 조금 서툴게 추는 것에 호감을 느끼며 주목했다. 재빨리 신참의 지인으로 나서면서, 그는 기쁘게도 엘리자베스가 자신이 얘기할 때 기꺼이 들어주고 조금 별난 생각을 표출해도 정중하게 호응해주는 것을 발견했다. 엘리자베스는 유행을 따른 옷차림을 하고 고급 교육을 받았음에도, 데이가 돈과 명성을 경멸하면서 박애주의적 사상을 가진 것에 감동한 듯했다. 그날 누가 은 화살을받았는지는 기록이 되지 않은 채 넘어갔지만 큐피드의 화살은 분명히 그표적을 찾았다.

슈루즈베리에서 사촌들 및 인맥이 넓은 가족과 함께 지냈던 엘리자베스는 언니 호노라보다는 분명히 좀더 개방된 양육 방식으로 자랐다.[20]엘리자베스는 지역의 젠트리 딸들이 받는 전형적인 교육을 받았으며 상류층의 살롱에서 통용되던 세련된 매너와 궁정 예법의 대화술을 익혔다. 나이를 먹으면서 엘리자베스는 런던과 배스에서 엘리트의 사교계에 들어가 겨울을 지냈고 여름방학은 슈롭셔의 젠트리들과 사귀며 보냈다. 잘 자란 그녀는 공식적으로 미혼 소녀들의 결혼 시장이었던 런던 모임에 나가기도 했다. 간단히 말해서 엘리자베스는 데이의 환상 속에 사는 순진한 시골 아가씨와는 정반대의 사람이었다.

겉으로 보기에는 그의 인생의 빈자리에 어울리지 않았지만, 몇 주 동안 토머스 데이는 친구들이 놀랄 만큼 열정을 보이며 엘리자베스와 어울렸다. 그 긴 여름날과 멋진 밤 동안 둘은 클로스가 주변을 거닐며 열심히 대화했고, 저택 테라스에서 저녁 모임에 함께 앉아 있기도 했다. 애나 수어드는 7월 말 즈음 다윈과 에지워스와 새빌 그리고 데이와 함께 소위 "친애하는 사총사" 모임을 주도했다.[21] 그녀는 한 친구에게 "우리가 테라스에서 나눈 대화는 밤새 이어졌다"며 "에지워스 씨가 해박한 위트로 분위기를 가볍게 해주고 (…) 다윈 박사는 우리를 웃겼으며 (…) 생각이 깊은 새빌은 우리에게 노래를 불러주었다", 그리고 "데이 씨는 우리 상상력을 배가시키면서 즐거운 분위기에 맞추고" 있었다고 썼다.

친구가 엘리자베스의 매력에 놀라운 속도로 빠져드는 것을 지켜보면서 얼이 빠진 에지워스가 기록한 바에 따르면 "엘리자베스 스네이드는 그녀의 언니가 열두 달에 걸쳐 데이에게 감흥을 준 것보다 3주 만에 더 깊은 인상을 남겼다는 것을 모든 사람이 알아차렸다".[22] 엘리자베스는 데이의 강의를 황홀하게 들었을 뿐만 아니라 그의 교육관, 박애주의나 심지어 결혼에 대한 새로운 사상에 감동을 받았다.

데이가 완벽한 아내를 찾고자 했고 어린 고아를 이 역할에 맞추려 들인 헛된 노력에 대해 묘사할 때 엘리자베스는 충격을 받기보다는 "어린 마음에 세상에서 가장 특이하고 로맨틱한 사람으로 보였던" 고통스러운 시인에게 푹 빠졌다. 심지어 그녀는 사회에서 벗어나 살면서 헌신적인 아내와 사랑에 빠져 "세상의 모든 것을 헛되게 여길 만큼 연인은 하나가 되어야 한다"는 데이의 비전에 사로잡히기까지 했다고 에지워스는 기록했다. 엘리자베스는 "만약 자신이 그런 남자와 진심으로 그리고 격렬하게 사랑에 빠진다면" 기꺼이 그 역할에 맞춰 스스로를 희생하겠다는 환상을 갖기 시작했다. 물론 데이에게는 사랑이 곧 결혼이었지만, 그녀는 개의치 않았을 것이다. 이렇게 빠른 속도로 전개되던 무더운 여름날의 연애에 들떠서 데이는 첫 만남 이후 몇 주 만에 엘리자베스에게 결혼 의향이 있는지 물었다. 마침내 그는 자신의 이상에 맞는 아내가 될 여성을 찾았다고 확신했다. 이것은 그가 3년 동안 한 세 번째 청혼이었다. 여기에 사브리나에 대한 계획은 포함되지 않았다.

그렇지만 겉으로 완벽해 보이는 결혼에 한 가지 장애물이 있었다. 촌스럽고 머리가 덥수룩하며 어울리지 않는 옷을 눈여겨본 엘리자베스는 데이가 용모에 신경을 쓰고 예의범절을 좀더 익힌다면 결혼에 동의하겠다고 대답했다. 그와 마찬가지로 그녀도 파티나 격식을 인위적이며 경멸할 만한 것이라고 생각하고 있었지만, 그녀는 수줍어하면서도 그가 신사의 세련된 매너 규칙도 모르면서 예의범절을 비판하는 것은 전혀 공정하지 못하다고 주장했다.

새로운 사랑에 빠졌고 그녀의 괴팍한 논리에 설득당한 데이는, 이제야 마거릿 에지워스와 호노라가 그를 거절한 이유가 자신에게 우아함과 사교적 격식이 부족해서였는지도 모른다고 생각하게 되었다. 분명 그의 개성이나 독특한 인생관 때문은 아닐 것이다. 그는 이듬해까지 정중한 신사에게 요구되는 자질을 연마하는 데 힘쓰겠다고 동의했다. 데이가 사브리나를 자신의 목가적 순수함에 맞추려 했던 것과 똑같이 이제 그는 세련된 도시 남자의 이상에 맞는 사람이 되기로 했다.

18세기의 예술가나 작가 그리고 철학자들이 완벽한 여성에 대해 뜨겁게 논쟁하던 것과 똑같은 방식으로, 조지 시대의 이상적인 신사에 대해서도 여론이 난무했다.[23] 왕정복고기의 영국 상류층 남자는 예의 바르게 행동하도록 기대되었고 17세기의 남자라면 거들먹거리고 독선적이며 혈기 왕성한 난봉꾼이어야 했다. 18세기가 다가올 때,『스펙테이터 The Spectator』와『태틀러The Tatler』같은 잡지는 합리적이고 이성적이며 평등주의적인 근대에 맞도록 남성의 행동과 용모가 변화되어야 한다고 설파했다. 과학과 기술이 진보하듯 사회의 많은 부분 역시 개선되리라 기대되었던 것처럼, 계몽주의자들은 그렇게 좀더 교양 있는 인간을 요구했다.

도시에서나 시골에서도, 남자들끼리나 남녀가 같이 있을 때, 공작과 공작부인부터 하루 벌어 먹고사는 하녀와 가축 상인들까지도 "예의 바른 신사"라는 이 새로운 경향을 안으로는 정직함과 이타주의 그리고 자비심을 갖추고 겉으로는 우아함과 신사다움을 보이는 것이라 생각했다. 그러나 여러 기사, 안내서, 그리고 설교가 그렇듯 이런 이상은 행동하기보다 말하기가 더 쉬웠다. 단순히 좀더 성실하고 자연스럽게 행동하라고 지시하더라도 실제로는 극도로 복잡한 행동 양식을 따라 하는 것을 의미했다.

조지 시대의 완벽한 남자는 지식을 나열하지 않으면서 유식하고, 친절을 과시하지 않으면서 자비로우며, 젠체하지 않으면서 우아하도록 기대되었고 또 외부로 드러난 모든 행동(의상이나 움직임, 대화)은 절제되어야 했다. 저녁 식탁에서든 무도회장에서든, 거실에서 혹은 거리에서도 격식을 차리기 위해 정교한 규칙이 행동 하나하나를 지배했다. 예의 바른 사람은 대화를 할 때 위트가 넘치면서 관용적이어야 했고 다른 사람의 관점에 대해서 절대로 논쟁해서도 안 되며, 외설적이거나 공격적인 주제를 결코 개입시켜서도 안 되었다. 신사는 의상도 "멋쟁이와 아무렇게나 걸친 사람"의 중간에 위치하도록 과도한 치장을 피하고 사치스럽지 않게 깨끗하고 소박하며 우아하게 입어야 했다.

이런 까다로운 규칙을 익히려면 몇 년에 걸쳐 공부를 해야 했다. 조지 시대의 도련님들은 학교에서 신사다운 행동의 기본을 익혔고 에세이나 지침서를 읽으면서 이론을 보충하고 댄스 교습을 통해 그 어떤 불편한 자세도 부드럽게 만들었다. 전형적인 지침서에는 이상적인 자세를 표현한 그림을 곁들여 서 있는 법(한 손에 양복 조끼를 들고 발을 돌려 서 있고), 인사하는 법(모자를 한 손에 들고 한쪽 무릎은 구부리면서 눈은 아래를 향하고), 걷는 법(머리는 꼿꼿하고 팔은 편하게)을 설명하고 식탁 예절과 미뉴에트를 추는 법 또한 자세히 기술되어 있었다. 춤 선생은 젊은이들에게 화려한 무도회장의 동선을 따라 스텝을 밟는 법뿐만 아니라 우아하게 균형을 잡으며 걷거나 서 있고 앉는 법과 인사하는 법도 가르쳤다. 어느 춤 선생은 다음과 같이 말했다. "걸을 때 손을 쫙 펴야 하고 인사를 하거나 그 밖의 생활에서 행동할 때는 아주 자유롭고 부드러운 매너로 우아한 몸동작을 보여야 일반 대중과는 구분되는 잘 자란 사람임을 입증해준다."[24]

이렇게 쓰인 것과 쓰여지지 않은 것들을 자유자재로 변주하는 사람들

완벽한 아내 만들기

은 늘 존재하기 마련이다. 극단의 한쪽에는 '마카로니'(18세기 영국에서 유행을 선도하던 멋쟁이를 가리킴― 옮긴이)처럼 매너와 의상에서 젠체하고 멋을 부리는 사람이 있었다. 다른 한편에서는 루소의 영향을 받아 인간은 감정을 드러내며 자연스럽게 살아야 한다고 주장했다. 그러나 이런 '감수성의 문화'가 유행하면서 다리를 저는 개를 보며 눈물을 터트리는 사람이 과연 남자다운지에 대해 비평가들은 논쟁하기 시작했다.

18세기 후반에 이르러 올바른 남자다움에 대한 논쟁은 눈물을 쥐어짜는 소설에서 '감수성이 뛰어난' 주인공 남자를 숭상하거나 조롱하는 작가들끼리의 논쟁으로 불붙으며 극단으로 치달았다. 로런스 스턴은 1768년에 출간한 『풍류 여정기』에서 당나귀의 죽음을 견디지 못하는 농부를 매우 흥미롭게 묘사했다.[25] 스코틀랜드 작가인 헨리 매켄지는 1771년의 소설 『감정의 인간』에서 운이 지지리도 없는 주인공 할리가 계속되는 불운에 흐느끼는 것을 묘사하면서 경멸조의 태도를 드러내곤 했다. 그러나 아일랜드 작가인 헨리 브룩은 『정말 바보The Fool of Quality』로 감상적인 소설의 새 지평을 열었는데, 그 소설은 인간의 모든 감정에 호소하면서 결점마저 솔직하게 드러내 1765년에서 1770년까지 5권의 책으로 출판되었다. 브룩의 여행기는 한 백작의 젊은 아들인 헨리 클린턴이 농가에 버려져 루소식으로 자연 교육을 받으며 살아가는 이야기다. 화려한 사치품과 오류투성이의 에티켓을 거부하며, 주인공은 이타적인 행동과 영웅적 활동을 통해 심신을 단련한다. 이 소설은 데이가 가장 좋아한 것이기도 했다.[26]

데이의 친구들 대부분은 그가 에티켓이라는 인위적인 규칙을 경멸하고 검소한 느낌의 외양을 찬양하는 것을 쉽사리 받아들였다. 그러나 엘리자베스 스네이드에게는 먹혀들지 않았다. 그녀는 데이의 자유로운 관점을 지지하고 낭만적인 도피에 대한 생각에 동의했는지는 몰라도, 더러운 팔로 거실을 질질 끌며 돌아다니거나 정찬 테이블에서 수프를 후루룩거리며 먹고 정중한 대화를 공격하는 태도는 견디지 못했다. 새로운 약혼자를 만족시키기 위해 데이는 프랑스로 돌아가 도시에서 세련된 남자에게 어울리는 공부를 하기로 했고, 자신의 결점이었던 우아함을 배우는 데 동의했다. 엘리자베스 역시 희생을 감수했다. 그녀도 사치의 극을 달리는 유행의 도시인 런던이나 배스를 방문하지 않을 것이며 사교 행사에 참석하는 일도 없을 것이고 데이가 제시한 것들에 스스로를 맞추겠다고 약속했다.

엘리자베스를 책과 생각에 몰두하도록 남겨두고 데이는 1771년 8월 17일(그가 사브리나를 고아원에서 꺼내준 뒤 2년이 흐른 즈음)에 가장 신뢰하는 친구인 에지워스와 함께 프랑스로 떠났다.[27] 호노라와의 사랑에 좌절한 에지워스는 자신의 열정을 다스릴 유일한 방법이 해외로 긴 여행을 가는 것이라고 확신했다. 불명예스러운 관계에 빠져 호노라를 소문에 시달리게 하고, 이미 비뚤어진 결혼이 더 나빠지게 하느니 차라리 달아나기로 한 것이다.

떠나기 전에 에지워스는 호노라에게 비록 완벽한 남편을 얻을 수는 없더라도 결혼은 하라고 말해주었다. 불만에 가득 찬 아내를 블랙 버튼에서 그녀의 부모와 동생들과 지내라며 보내놓고 에지워스는 이제 일곱 살인 통제 불능의 딕과 아이의 교육을 맡은 영국 선생과 함께 길을 나섰다. 그리고 그 여행자들은 파리에 도착해서 잠깐 그들의 우상인 루소를 방문하기로 결심했다.

금서인 『에밀』과 『사회계약론』 때문에 망명을 떠났던 루소는 프랑스의 지식인 모임으로 돌아와 점차 그곳에 동화되고 있었다.[28] 이제 쉰아홉 살인 그는 평생지기인 테레즈 르바쇠르와 함께 파리의 소박한 지역인 루브르 근처의 허름한 아파트 5층에서 조용히 지내고 있었다. 급진적인 견해로 유럽과 아메리카 전역에서 존경을 받고 있었지만 루소는 악보나 베끼면서 무미건조한 생활을 이어갔고 『고백론』을 마치는 데 열중하느라 방문객을 거의 만나지 않았다.

점차 내성적으로 변한 루소는 자신이 출판한 책에 대해 점차 환멸감을 갖게 되었다. 그는 이제 『사회계약론』을 이해한 사람은 자기보다 더 똑똑하다고 주장하고, 『에밀』이 문제를 너무 많이 일으켜서 그것을 쓴 일을 후회한다고 말했다. 심지어 자신의 유명한 교육 이론을 따라 키워졌다는 아이를 만날 기회도 거절할 정도로 자신의 글에 거부감을 보였다.

8월의 끝자락에 데이와 에지워스는 루소를 만나러 가파르고 깜깜한 계단을 올라 다락방 같은 5층 아파트에 들어갔다.[29] 검소한 식단 탓에 조금 말라 있던 루소는 여전히 적과 동지를 뚜렷하게 구분할 정도로 매서운 눈을 하고 있었다. 그의 방에는 달랑 두 개의 침대와 테이블 하나 그리고 몇 개의 의자만이 띄엄띄엄 놓여 있었고, 천장에는 카나리아가 들어 있는 새장이 대롱대롱 매달려 있었다. 루소는 자신의 은신처에 자연을 들여온 양 새들에게 빵 부스러기를 먹이고 있었다. 높은 층에서 새들에 둘러싸여 있는 철학자의 이런 모습에 충격을 받은 한 방문객은 루소가 "공중에 사는 사람" 같다고 말했다.[30] 새들이 빵 부스러기를 얻어먹으러 그의 낡은 아파트를 찾아오듯이 데이와 에지워스도 딕을 부추겨 그를 만나러 왔다.

물론 루소는 뷔르템베르크의 왕자 부부와 아기를 키우는 문제로 편지를 교환했었고 기욤프랑수아 루셀에겐 다섯 딸에 대해 조언을 하기도 했지만 그는 자신의 가르침의 열매들, 즉 허구적인 에밀이 살을 붙인 결과물과 직접 대면한 적은 없었다. 딕에게 시선을 고정시키면서 루소는 황홀해했다. 그는 딕을 파리 근교를 산책하는 자신의 일상에 동행시켰다. 마치 그의 책에 나오는 상상 속의 선생과 학생처럼, 교육안을 실제로 체험해보면서 데이와 에지워스를 초조하게 기다리게 내버려두었다. 두 시간 이상 파리의 공원과 거리를 산책한 후 루소는 소년의 지식과 견해를 시험해보았다.

에밀의 방식대로 솔직하게 말하도록 교육받은 딕은 루소의 질문에 두려움 없이, 자랑스럽게 과학과 역사에 대한 지식을 생각나는 대로 지껄였고 모든 면에서 영국적인 것이 더 우월하다고 오만하게 주장했다. 루소가 잘생긴 말이나 멋있는 마차나 심지어 깔끔한 신발의 버클을 가리키면 딕은 그것들이 영국제라서 그렇다고 주장했다. 딕의 애국심은 하등 놀라운 것이 아니었다. 아버지가 마차의 발명자인 데다, 세계적으로 유행하는 은제 도구 제작자인 볼턴이 아버지의 친구였으니, 딕은 당연히 가장 멋진 짐마차와 버클은 모두 영국제일 수밖에 없다고 생각했다.

루소는 어두운 얼굴로 방문객에게 돌아왔다.[31] 그는 소년의 지식과 지성에는 감탄했지만 유난히 호전적인 애국주의에 대해서는 오싹했다고 전했다. 루소는 에지워스에게 단호하게 경고했다. "당신 아들이 선입견을 갖는 경향이 있던데 그것이 아이의 성격에는 커다란 결점이 될 것이오." 이미 딕의 자유로운 교육에 의심을 품고 있던 에지워스는 그런 견해에 굴욕감을 느꼈다. 데이는 자신의 교육 실험이 가져온 실망스런 결과에 대해서는 전략적으로 함구했다.

일행은 리옹에서 겨울을 보내기 위해 남쪽으로 향했다. 에지워스는 그곳에 "온갖 분야의 장인들이 있으리라 기대한다"고 적었다.[32] 도착하자마자 데이는 펜싱과 춤 그리고 승마에 적당한 선생을 고용하는 데 착수했고, 에지워스는 호노라에 대한 열망을 그가 알고 있는 유일한 방법인 일에 몰두하는 것으로 극복하고자 했다. 시 당국을 위해 무료로 일하기로 하면서 에지워스는 론강의 격한 물줄기를 바꿔 개간지로 만들려는 당국의 야심찬 기술 프로젝트의 책임을 맡았다. 2년 동안 에지워스는 강줄기를 바꾸는 데 몰입하면서 호노라에 대한 열정을 누를 예정이었다. 데이와 딕은 각각 수업을 시작했다.

아버지가 종일 프랑스의 일꾼들을 통솔하느라 여념 없었기 때문에 딕은 영국 선생의 손에 넘겨졌고, 데이의 지시에 따라 여러 선생과 어울렸다.[33] 데이가 사브리나를 교육하려던 계획은 수포로 돌아갔지만 그는 이제 에지워스와 함께 친구의 아이를 키우는 것이 마치 임무인 양 여겼다. 하지만 4년 동안 자유를 누리고 놀았던 딕은 4시간이나 라틴어 수업을 받으며 학교에 갇혀버리자 화를 내며 대들었다. 재치 있지만 무척 고집스러웠던 그는 책을 내팽개치기 일쑤였고 영국 선생을 경멸스럽다는 듯 대했다. 딕과 그의 선생 둘 다 프랑스어를 원어민에게 배웠는데, 딕은 아주 빨리 프랑스어를 익혔지만 그의 선생은 문법에서 어정거리며 헤매고 있었다. 자신의 우월성에 자만한 딕은 선생에게 라틴어를 배우는 것을 거부했고 누구의 말도 들으려 하지 않았다.

딕의 아버지는 고집불통인 아들에게 절망했다. 에지워스는 풀이 죽어 고백했다. "아들에게 일을 시키기는 너무 힘들었고, 그가 하고자 하는 일을 그만두게 하는 것은 더더욱 힘들었다." 결국 에지워스는 데이처럼 루소식 실험이 완전히 실패로 끝났음을 알게 되었다. 어릴 적부터 들판을 달리면서 자연을 즐기도록 교육되었고 극단의 고통을 견디며 아무것도 두려워하지 않도록 양육된 딕은 당연히 독립적이었으며 권위에 굴복하지 않았던 것이다. 그러니 아버지가 타국의 이방인에게 자신을 넘기자 반항하는 것은 당연했다. 위대한 발명품을 만들던 아버지의 품 안에서 자란 소년은 무모한 여행에 동행하면서 아버지와 똑같은 상으로 자라났다. 그는 대담하고 두려움을 모르며 결정이 빨랐고, 물론 기계에 매료되었다. 딕은 그저 아버지 옆에서 그가 다리를 놓을 때나 론강의 운하를 만들 때 같이 지내기를 바랐지 더듬거리는 선생과 늘 인상을 쓰고 있는 데이와 함께 교실에 처박혀 있고 싶어하지 않았다.

"루소의 겉치레에 머리가 어지러웠음"을 통감하면서 에지워스는 이제 루소의 체계가 "오류투성이의 원리들"에 근거를 두고 있다는 것을 확신했다. 그 체계가 딕을 육체적으로 멋지고 강하며 금욕적인 소년으로 만들었지만, 성격은 고집불통이 되었고 거칠어졌을 뿐이다. 그것은 타고난 것일까 아니면 양육의 결과였을까? 에지워스는 후자라고 확신했다. 그는 썼다. "간단히 말해서, 딕은 제멋대로였는데 이는 독립적인 정신에서 나온 것으로 어릴 때의 교육으로 축적된 것이었다." 그는 나중에 다른 부모들에게는 절대로 루소의 방식을 따르지 말라고 주장하게 되었고, 스스로 좀더 실천 가능한 교육안을 고안하게 된다. 에지워스는 프랑스에 도착한 이래 일에 몰두하느라 딕의 교육에 무심했다고 자책했지만 거대한 사업을 포기하지는 않았다. 결국 그는 교육 실험과 딕을 팽개쳐버렸다.

완벽한 아내 만들기

에지워스는 여러 선생을 해고하면서 딕을 리옹 근처의 가톨릭 학교에 넣었다. 그가 이전에 옹호하던 자유로운 교육과는 정반대인 학교의 교과 목과 규칙 그리고 꼼꼼함에 끌렸을 뿐, 딕을 가톨릭으로 개종시키고자 하는 의도는 없었다. 에지워스가 때때로 딕의 진도를 체크하러 들르긴 했지만, 그게 최선이었고 아들을 포기한 것이나 마찬가지였다. 딕의 입장에서는 사랑하는 아버지 덕분에 지금껏 자유를 마음껏 누렸고, 자유로운 분위기의 홈스쿨링에 익숙해져 있었는데, 이런 변화는 비참한 것이었다. 혁신적인 교육이 실패했다고 판단했기 때문에 사브리나가 서턴 콜드필드의 기숙 학교로 짐을 싸서 가야 했듯이, 딕도 아버지를 마냥 기다리면서 창문으로 그리운 인물이 오는지 지켜봐야 했다.

데이에게도 수업은 도전의 연속이었다.[34] 에지워스가 론강의 진흙에서 셔츠와 손을 더럽히는 동안, 데이는 하루에 8시간씩 매너를 익히고 자세를 교정하며 옷에 대한 감각을 키우고자 노력하고 있었다. 긴장하여 땀을 흘리면서 데이는 그 도시에서 가장 뛰어나다는 선생에게 펜싱이나 춤, 의상 맞추기를 배우고, 두 다리를 자연스럽지 못한 자세로 교차시키느라 애썼다. 굴욕과 불쾌함을 느끼면서도 자세를 교정하느라 다리를 두 판자 사이에 끼우거나 등을 꼿꼿이 세워 몇 시간씩 서 있곤 했다.

승마술이 고전적인 남성상에 어울린다고 생각했기 때문에 그것을 배울 때를 제외하면, 데이는 프랑스에서의 수업을 모두 혐오했다. 한 지인은 데이가 "프랑스인들이 여성스럽고 허세를 부린다"며 경멸했지만 섬세하다는 영국인들도 "이중으로 한심한" 존재로 여겼다고 말했다.[35] 그러나 새로운 약혼자를 위해서 그는 억지로 춤의 마지막 스텝까지 익히고, 조그마한 검으로 찌르고 빼기를 배우느라 몸을 뒤틀었으며, 양복장이와 이발사 그리고 가발 업자를 찾아가기도 했다. 비탄과 자기혐오에 빠지면서도 그는 프랑스 귀족들이 모이는 카드놀이 파티나 살롱에서 신사다운 매너와 정중한 대화술을 습득하고 있었다.

에지워스는 데이가 사브리나에게 가했던 고문들을 떠올리면서 친구가 "각종 고문"으로 고통을 겪는 것을 멍하게 지켜보았다. 그는 다음과 같이 썼다. "그가 이런 목표를 추구하느라 힘을 쓰는 게 놀랍다. (…) 사색적인 친구가 몇 시간씩 몹시 싫어하면서도 발을 틀에 올려놓고, 손에는 책을 들고 마음에는 경멸감을 가진 채 견디는 것을 보면 마음이 쓰리지 않을 수가 없다." 데이의 훈련은 조금씩 아주 서서히 결실을 맺고 있었다. 그러면서 그는 리치필드에 있는 애나 수어드에게 보내는 편지에서 냉소에 가득 찬 채, 자조적으로 자신의 진도를 보고했다. 교묘하게 중간자 역할에 들어선 그녀는 데이의 점진적인 변신을 예비 신부에게 자세히 전달했다.

11월에 이르러서야 그의 교육이 정상 궤도에 들어섰다. 리옹에서 편지를 쓰면서 그는 비웃듯이 "새로운 코트의 장식을 결정하는 피로감"에 투덜거렸고 "나는 상상 이상의 예의 바른 사람이 되었다"고 선언했다.[36] 그의 편지는 앞으로 리치필드의 누구도 자신을 "철학자"로 언급하지 못하도록 하라는 조소로 끝났다. 그리고 프랑스에서 사귄 새로운 친구들에게 "무슈 데이, 인자한 영국인이 존경받고 높이 평가되며 사랑받는 모든 것을" 갖추었다는 것을 증명하는 사인을 편지에 하도록 설득했다.

12월에 변신은 완벽에 가까워지고 있었다. 데이는 수어드에게 보내는 한 편지에서 아주 냉소적으로 그가 철학을 포기했으며 동시에 한때 소유했던 지적 능력이 신사가 되기로 작정하면서 모두 "녹아내렸다"고 말했다. 그는 "나는 레이스 달린 코트 그 자체이자 가방이며 칼일 뿐 아무 것도 아니다"[37]라고도 썼다. "나는 하나의 유형이 되었고, 하나의 비유 이며 상징일 뿐이었다. 눈은 이제 불합리한 것만 보고 귀는 난센스만 들 으며 정신은 생각하지 않는다." 수업 덕분에 그는 이제 "프랑스어를 매우 유창하게 말할 수" 있었으며, "신사란 어떤 것인가"를 보여주게 되었다.

데이는 스스로를 이상화된 피조물로 만들어지게끔 내버려두었음을 철저히 알아챘다. 마치 피그말리온이 갈라테이아를 조각한 것처럼 그리 고 그가 사브리나를 변화시키려고 했던 것처럼 말이다. 그는 수어드에게 이상적인 신사에 대해 "그가 당신 앞에서 숨 쉬며 살아 있는 것처럼 정확 하게" 정의하겠다고 말했다. 이런 혼합물의 레시피는 다음과 같다.

우선 부자로 태어나야 한다. 교육으로 그를 충분히 가치 있게 만든 다 음, 세상의 나머지 사람들을 경멸하게 하라. 그리고 충분히 가르쳐라. 종교와 원칙과 인간성을 조롱할 수 있게. 그리고 연애편지를 쓰게 하 라. 만약 심부름꾼이 밖에 나가고 없다면 편지 중 하나는 자신에게 쓰 게 하라. 스스로 알고 있는 고대의 격언들을 세련되게 정리하라. 그리 고 그만의 재주를 알게 하고 그것들을 헛되게 하라. 자연으로부터 무 례함과 허식 그리고 무감각을 갖게 하라. 실상은 허황된 세상의 점잖 음을, 그리고 위선으로 가득한 세상의 용맹함을 교육으로 얻게 하라. 즉, 춤 선생에게서는 찡그린 상을, 여행에서는 무례함을, 양복장이로 부터는 외상으로 옷을 얻는 법을 말이다. 그리하여 숭상받는 자연의 모든 것과 인위적인 모든 것을 저 높이 별자리에 걸어놓아라. 그러면 세상은 그를 숭배할 것이다. 그가 추구하는 것이 무엇이든, 그와 같은 족속들은 그를 열망하게 될 것이고 숙녀들은 그를 우러러볼 것이다.

지금껏 노력했지만 데이는 자신의 목표가 무엇이었는지를 잊어버린 듯했다. 수어드에게 보낸 마지막 편지에서 그는 다음과 같이 말했다. "나는 아무 계획도 없다. 그리고 미래를 예측할 수 없는 인간사의 불확실성에 대해 너무나 잘 알고 있다." 그러나 계획이 없다는 말과 달리 데이는 이어서 이국적인 장소, 예를 들어 나폴리, 바르셀로나, 코펜하겐, 암스테르담과 심지어 세인트헬레나까지 목록으로 제시했는데, 이는 그가 이후 3년간 더 여행을 다닐 생각임을 암시한다. 그는 아마도 엘리자베스와의 약속을 우롱하고 우스꽝스러운 수작을 그만두라고 말하게 자극할 생각이었던 듯하다.

1771년이 끝나갈 무렵, 데이의 변신은 거의 완성되었고 그의 굴욕도 물론 그러했다. 그는 새해 전날의 모임에 합류하라는 모든 초대장을 거절하고 대신 수어드에게 자기 패러디의 걸작을 써 보냈다. 우울과 열광이 뒤죽박죽인 채 일관되지 못한 편지에서(아마 술에 취했는지도 모르겠다) 데이는 세상의 남자들에게 우정이란 하나의 "김빠진 구실에 불과하며, 그것으로 두 바보가 서로를 속이거나 두 칼로 서로를 겨누는 것"이라고 주장했다.[38] 또한 덕을 "추악한 얼굴을 감추는 가면"으로 표현했다. 그는 이제 위선을 떠는 데도 도가 터서, 프랑스 여자들이 "더럽든 깨끗하든, 옷을 입고 있거나 벗고 있든, 남편과 자든 정부랑 자든 상관없이 언제나 한결같다"라고까지 썼다.

데이는 괴로워하며 수어드에게 "나의 교육"은 언젠가 끝날 것임을 믿는다고, "여성이 충격을 줄지라도 여성의 감수성을 칭찬하고, 나를 역겹게 만들어도 그들을 존경하며, 속으론 미워하더라도 그녀에게 부드럽게 말할 수" 있을 때 끝낼 것이라고 했다. 물론 데이는 이것들 대부분을 "이미 할 수 있다"고 자신했다. 이튿날인 1771년 1월 1일에 마지막으로 저녁 무도회에 참석할 것이라는 포부로, 그리고 리옹에 있는 그를 만나러 오라고 호노라 스네이드를 초대하는 화려한 엽서를 동봉하며 끝을 맺었다. 아마도 너무 취해서 엘리자베스의 이름에 호노라를 잘못 써넣은 듯했다. 그러나 그의 변신에도 불구하고 스스로 부여한 고문은 새해에도 계속되었다.

그 편지는 당시 격려가 많이 필요했던 수어드에게 위안을 주었는데[39] 그녀는 "무슈 르 주르(데이의 불어 표기—옮긴이)"의 위트를 받아들였고 그래서 친구 포에게 편지의 많은 부분을 복사해서 보여주기도 했다. 애나의 운명은 "친애하는 사총사"들이 저택의 테라스에서 모임을 즐겼던 나른한 여름밤 이후로 소용돌이에 빨려 들어갔다.[40] 데이와 에지워스는 프랑스 여행을 떠나버리고 호노라를 아버지의 집에 빼앗겨 외로워진 그녀는 사랑하는 새빌 또한 포기해야만 했다. 분노에 가득 찬 새빌 부인은 1771년 말 애나가 자신의 집에 오는 것을 막아섰다. 그래도 둘의 관계를 막는 데 소용없어서 새빌 부인은 처음에는 수어드 경 부부에게, 나중에는 리치필드의 수석 사제에게 불만을 털어놓았다.

애나가 어떠한 성적 행위도 하지 않았다는 항의가(실제로 그랬을 수도 있다) 부모에게는 인정되었지만 소문을 잠재우지는 못했다. 1772년 3월 저택에서 열린 일상적인 저녁 파티에서, 다윈은 어리석은 소문 이상의 일이 있었을 것이라고 믿는다고 전했다. 수어드는 그를 영원히 용서하지 않을 생각이었다. 이런 유의 폭로를 우려했던 수어드 부부는 새빌을 저택에서 추방했고 애나에게 그를 다시 만날 경우 재산을 한 푼도 줄 수 없다고 협박했다.

수어드에게는 한동안 부모의 명령을 따르는 것 외에 대안이 없었다. 그녀는 그들의 "꽉 막힌 생각과 잔인함"에 대해 불만을 제기했고 그녀가 입은 사회적 오점은 "너무나 굴욕적"이었지만 별 도리가 없었다.[41] 결혼 맹세보다 애나에게 충직했던 새빌은 리치필드에서 떠나기만 하면 똑같은 급료의 새로운 자리를 내주겠다는 수석 사제의 제안을 거절했는데 "나는 완전한 결별을 견딜 수 없다"고 했다고 한다. 서른 살이 다 되었지만 여전히 부모에게 경제적으로 의존하던 터라 명령에 따라야 했던 애나는 데이에게 자신의 절망감을 털어놓았다. 다른 친구들은 애나에게 사회적 체면과 부모의 요구에 따라 새빌을 잊어야 한다고 충고했지만 데이만큼은 편견 없이 동정심을 보여주리라 기대했다.

그러는 동안 에지워스는 파탄 직전에 이른 자신의 결혼생활을 고쳐보려고 노력했던 듯하다.[42] 이제 롱강 개발의 책임자가 될 것이라 자신한 에지워스는 1772년 초 아내 애나 마리아에게 리옹에서 만나자며 초청장을 보냈다. 그녀는 내키지 않았지만 자매 중 한 명과 긴 여행길에 올랐는데 어린 마리아와 아기 에멀라인을 런던에 있는 친척에게 맡기고 왔다. 그다지 행복한 휴가는 아니었다. 에지워스는 여전히 건설 업무에 대부분의 시간을 보냈고 그의 아내는 프랑스 사회나 관습과 맞지 않았다. 그러면서도 그녀는 데이가 몸담은 사교계에 신세를 지려고 하지는 않았다.

일 년 가까이 신랑 수업을 받으면서 들볶이던 데이는 영국으로 돌아가도 되겠다는 자신감을 갖게 되었고 에지워스의 말에 따르면 "수고의 대가로 엘리자베스 스네이드 양의 손을 잡을" 준비가 되었다고 주장했다.[43] 리옹을 떠날 짐을 싸던 그는 자신들의 주 수입원이 떠난다는 소식을 듣고 비굴하게 손을 내민 거지와 가난한 농부들에게 포위되었다. 엄청난 군중이 그의 문 바깥에 모여들었다. 그들 중 몇몇은 "그와 그의 돈주머니 둘 다를 잃게 되다니 비통하다"고 했고, 어떤 이는 "앞으로 부족하지 않도록 큰돈을 남겨줘야 한다"는 교활한 제안을 하기도 했다.[44]

1772년 초에 영국으로 달려온 그는 리치필드에 위치한 스네이드의 집에 갑자기 나타났다. 일 년간 떨어져 있다가 데이를 만난 엘리자베스 스네이드는 자신의 눈을 믿을 수 없었다. 지난여름 그녀의 관심을 끌었던 지저분한 젊은 시인이 알아볼 수 없을 정도로 변했다. 머리부터 프랑스식으로 차려입고 화려한 실크로 허리를 감으며 번쩍거리는 장식을 한 조끼에 갸날픈 긴 자켓을 입었을 뿐 아니라 헝클어진 검은 머리카락은 짧게 자르고 회색 가발을 덮어 쓰고 은색 버클이 달린 신발을 신은 데이는 관습적인 매너대로 고개를 살짝 숙이며 인사를 하고는 약혼자에게 도시의 멋쟁이들의 예법대로 안부를 물었다.

결과는 처참했다. 그의 모든 노력에도 불구하고 데이는 이전보다 더 우스꽝스럽게 보였다. "인사법은 갑자기 거만해 보였고 감수성을 존중해주기보다는 웃음을 자아냈다"[45]라며 애나 수어드는 웃었다. "약간 간격을 두면서 어설프게 하는 행동은 자연스러운 자세와 유행을 타지 않았던 예전보다 진정 더 꼴불견이었다." 데이의 "전시용 복장"은 "전혀 어울리지 않았다". 전체적으로 "예의 바른 신사, 토머스 데이"의 모습은 이전의 평범하고 흐트러진 토머스 데이보다 매력이 훨씬 떨어졌다고 수어드는 기록했다.

리치필드의 숙녀들은 손수건으로 입을 가리며 수근거렸고, 엘리자베스 스네이드는 대경실색했다. 이상적인 남편을 만들기 위한 그녀의 노력은 데이가 이상적 아내를 만들어내겠다는 시도보다 더 나을 게 없음을 깨달았다. 완벽한 신사가 되라고 떠나보냈는데, 완전히 바보가 되어 돌아왔다. 이상한 존재에 대한 공포에 사로잡힌 엘리자베스는 재빨리 약혼을 깼다. 공포와 슬픔의 밀물이 데이 앞에서 분노로 쓸려나갔다.[46] 엘리자베스는 책을 탁상공론이라며 던져버리고 3월에 슈루즈베리의 모임에 참석해 즐겁게 춤을 췄다.

또다시 거부를 당한 데이는 깊은 상실감에 빠졌다. 그는 이제 친구들과 친척들 사이에서 조롱거리가 되어버렸다. 심지어 다윈의 열세 살 아들인 이래즈머스 다윈 주니어도[47] 데이가 몇 년 뒤 동생 로버트에게 비밀리에 보낸 시에서 그의 굴욕을 귀띔할 정도였다.

데이 씨 역시 거기 있었네. 당신이 아는 그 사람.
여행을 다녔고 멋진 남자였던 그가
도시에 들어선 바로 그 순간에
오 주여! 나는 그가 평민에 불과했음을 알았네.
비록 그가 머리부터 파우더를 칠하고 멋있게 보이려고 애썼지만.
그에게 이런 말을 하지는 말아줘.

유행하는 새 옷과 멋진 가발을 집어던진 토머스 데이는 평범한 옷차림으로 돌아왔고 머리칼도 아무렇게나 길어 헝클어지게 두었다. 그는 후에 "유행의 최고 법정에서의 A.B.에 대한 재판"이라고 명명하고는[48] 조소의 형식으로 자신의 단정치 못한 매무새에 대해 신랄한 변론을 쓰게 되었다. 고소장에는 다음과 같이 쓰여 있다. "피고에게 A.B.는 여러 차례 법정의 권위와 위엄에 대한 최고의 그리고 가장 큰 위법을 저지른 죄가 있어 이렇게 법정에 모였다고 말했다. 피고의 '죄목들'은 '옷을 너무 아무렇게나 입었고' '집을 꾸려나가면서' 제일 큰 죄를 지었는데, 필요한 만큼 하인을 쓰지도 않았고, 마음대로 머리를 곱슬거리게 만드는 도구나 파우더와 포마드의 사용을 금지시키면서 해고 협박을 한 것도 포함된다." 어쨌든 데이는 농담에도 거뜬할 정도로 충분히 회복되었다.

1772년에 파리로 되돌아가면서 데이는 수어드에게 "단 한 번도 사랑을 많이 받은 적은 없었지만" 그렇다고 해서 다시 그렇게 될 것이라 믿지는 않는다고 썼다.[49] 그리고 애나에게는 새빌과 고통스럽게 헤어진 것을 위로하면서 시간이 모든 상처를 낫게 한다는 것을 경험으로 알고 있다고 확신시켜주었다. "존경하는 리치필드의 친구에게, 나는 열정이라는 감정을 잃었다. 내 마음에 그런 것이 아예 존재한 적도 없는 듯하다." 만약 결혼했다면 엘리자베스가 자신을 행복하게 해주었을 것이라는 데는 의심의 여지가 없다며 그러나 "나는 내 자신에 대한 명예와 파혼했을 뿐, 그녀의 행복에 대해선 편견이 없으며 나는 기쁘다"라고 썼다. 그가 "두꺼비"라고 언급하면서 혐오했던 마거릿 에지워스와 달리 엘리자베스에 대한 감정은 그렇지 않았다. 그리고 수어드에게 이렇게 전해달라고 부탁했다. "만약 그녀를 만나게 되면 나는 그녀를 전혀 사랑하지는 않았지만 그녀에 대해선 이전보다 더 호의적으로, 더 좋아하게 되었다고 말해주세요."

스물네 살이 된 데이는 이제 여성의 변덕스런 본성을 진심으로 확신했다. 여성과 늘 나쁘게 끝났음에도 불구하고 그러나 그는 여전히 이상적인 연애관을 포기하지 않았다. 파리의 지식인 모임에 들어가면서 데이는 아멜리 쉬아르를 만났는데, 그녀는 작가이자 출판업자인 샤를조제프 팽쿠크의 동생으로 상당히 자유롭고 지적인 사람이었다.[50] 마담 쉬아르는 장바티스트 쉬아르라는 프랑스 저널리스트와 결혼했었는데, 그녀는 데이에게 결혼을 권하면서 감수성에 대해 열렬히 토론하던 "제대로 된 여성 지인" 중 한 명이었다. 1772년에 스물아홉 살이었던 마담 쉬아르가 이미 결혼했음에도 불구하고 데이는 계속 "그녀에게 관심을 보였다". 그리고 한 자료에 따르면 그가 그녀와 '사랑'에 빠졌다고도 한다. 그러나 마담 쉬아르는 데이의 감성적인 생각을 많이 받아주긴 했지만 그와의 관계에는 거의 신경을 쓰지 않았다.

수어드에게 담담하게 편지를 적어 보냈지만 데이는 그해 6월 끝 무렵, 서턴 콜드필드를 방문했을 때까지도 엘리자베스의 거절에 여전히 고통스러워하고 있었다. 그는 기숙 학교에 있는 사브리나의 진행 상황을 점검하기 위해 어쩔 수 없이 드물게나마 방문해야만 했다. 이제 열다섯 살이 된 그녀는 지난 18개월 동안 책에 파묻혀 지냈고, 그녀의 보호자가 프랑스에서 미뉴에트를 연습하면서 자세를 교정받는 동안 여전히 노래와 춤 수업에서는 배제되고 있었다. 그러나 데이는 이제 그녀에게 조금의 관심도 보이지 않았다.

도시의 여인숙에 머무르면서 그는 엘리자베스 스네이드의 거절을 탄식하며 창문에다 시를 새겨넣고는 '7월 24일에 T.D.'라고 서명했다.[51] 공공장소의 창문이나 벽 혹은 문에다 서정시를 새기는 것은 생각이 없는 반달리즘적 행위라기보다는 오히려 낭만적인 감수성의 표시라고 간주되었고, 영감이 솟구치는 작가들에겐 그리 드문 일이 아니었다. 루소는

1769년 리옹 근처 여인숙의 침실 문에다 그에 대항하여 벌어지는 어떤 음모를 비난하는 주장을 새기기도 했다.[52] 평소의 열정적이고 연설조인 스타일로 데이의 시는 굴욕감을 피하려고 최근 이탈리아와 스위스로 떠난 안타까운 장면을 그리고 있다. "마차에 올라타서는! 바퀴를 빨리 돌려라!"라고 시작하는 구절에서는 그가 마치 "차가운 요정"에게 퇴짜를 맞은 리치필드의 "냉정한 장갑들"과 "희미하게 사라지는 탑들"로부터 빨리 달아나려고 말을 재촉하는 듯한 모습이었다. 에트나와 알프스를 앞두고 그는 다음과 같은 구절로 송시를 마쳤다. "많은 애인이 넘칠 곳에서 한 요정을 찾을 것이다/ 다른 왕국에서, 신뢰할 수는 없지만 괜찮은 아가씨를." 이러한 주문은 계속되었다.

이탈리아와 스위스 여행을 미루고 프랑스로 돌아온 데이는 리옹에서 에지워스와 재회했다. 한번은 에지워스 부인이 그를 반갑게 맞이했다. 남편과 다시 만난 지 얼마 되지 않아 임신했다는 사실을 안 그녀는 이제 프랑스 사교계에, 그리고 론강 공사를 책임진 남편에게 완전히 싫증나 있었다. 이제 그 강의 새로운 경로로 예상되는 운하를 파는 데 성공했고, 겨울이 다가오면서 강물의 유속이 위협적으로 변할 것을 알고 있던 에지워스는 그 어느 때보다 더 바빴다. 타국에서 아이를 낳을까봐 걱정하던 에지워스 부인은 집으로 돌아가길 원했고 데이는 적극적으로 그녀를 보필해서 영국으로 돌아가겠다고 나섰다. 신경이 딴 데 쏠려 있던 에지워스는 그들과 헤어졌다.

얼마 지나지 않아 에지워스는 뱃사공에게서 "어마어마한 홍수"가 올 것이라는 경고를 들었다.[53] 고생한 일을 그르치고 싶지 않았던 그는 회사에 요새를 튼튼하게 만들기 위해 더 많은 인력을 투여해 밤낮으로 일

해야 한다고 간청했다. 회사는 이를 거절했다. 며칠 뒤 에지워스는 귀가 먹을 정도로 큰 소리가 나면서 사람들이 강둑으로 몰려가는 소란에 놀라 새벽에 깼다. 그리고 그간 공들여왔던 발명품인 철봉과 손수레 그리고 각종 도구들과 목재 더미가 "급류에 쓸려 강둑에서 박살나는" 모습을 목격했다. 호노라를 잊기 위해서 스스로를 론강에 바쳤지만 강은 그를 배신했다. 그나마 그는 겨울 동안 실험적인 풍차를 고안하면서 위로를 얻었다.

새해를 맞아 에지워스는 마지막으로 불행한 결혼생활을 회복하려는 필사적인 노력을 기울였다.[54] 1773년 1월 12일 아내에게 보낸 정성 어린 편지에서 그는 다가올 여름에 어디서 살고 싶은지 선택하라고 하면서 결혼 맹세를 새로 하겠다고 약속했다.

당신은 다시 결혼하지 않겠소? 내가 의미하는 것은 우리 사이의 계약이오. 그러면 새로운 것을 만드는 건 어떻소? 만약 당신이 나서고 싶다면 나는 진지하게 동의할 것이오. 당신이 매일 나와 좀더 유쾌하게 지내게 되길 바라오. 그리고 내가 그렇게 바라는 이유는 당신이 좀더 가치 있는 사람이 되기 때문이오. 과거는 과거로 묻어둡시다. 그러면 이제 나는 진정으로 당신을 기쁘게 하고 행복하게 지내리라는 희망으로 영국에 돌아가겠소.

이것은 애나 마리아가 그로부터 받은 마지막 편지였을 것이다.[55] 3월에 그녀는 런던의 친척 집에서 넷째 아이를 낳았고, 애나라고 이름 짓고는 열흘 뒤에 죽었다. 이제 다섯 살이 된 마리아는 마지막 키스를 하러 엄마 침대에 들려 갔던 것을 기억할지도 모른다.[56] 에지워스는 나중에 그 소식을 듣고는 일을 내팽개치고 수심에 잠겨 딕과 함께 런던으로 5월에 돌아왔다.[57] 불쌍한 어린 마리아는 엄마를 잃은 슬픔을 견디지 못해 남의 얼굴에 차를 뿌렸고 그 벌로 고모는 문 사이에 그녀를 세우고는 죄를 뉘우치게 했다.[58] 어두컴컴한 감옥에서 마리아는 이전에 전혀 들어본 적이 없는 목소리를 갑자기 들었다. 문이 열리고 검은 옷을 입은 남자를 보자 "전에 본 적 있는 그 누구보다 더 멋진 사람"이 서 있었다. 그녀의 아버지였다.

데이의 편지가 그를 기다리고 있었다.[59] 겨울에 파리에서 돌아온 데이는 리치필드에 가 있었고 친구가 몹시 듣고 싶어하던 문제에 대한 답을 확인했다. 그들은 옥스퍼드 근처 우드스톡이라는 마을에서 만나기로 약속했다. 에지워스는 아마도 근처 블랙 버튼에 있는 아내의 무덤에 다녀왔을 것이다. 데이는 곧바로 친구에게 호노라가 여전히 미혼임을, 더 중요하게는 그녀가 "완벽한 건강과 아름다움을 갖춘 상태에서 개성과 정신이 더 세련되어졌고 연인들 사이에 둘러싸여 있지만 여전히 독신"임을 알려주었다. 에지워스는 더 이상 용기를 낼 필요가 없었다. 마침 그는 론강의 물줄기를 막는 데 실패했고 풍차를 돌리는 것도 수포로 끝나버렸다.

리치필드로 가면서 그는 스네이드의 집으로 직행했고 그곳에서 친구와 지인의 무리를 발견했다. 떨림과 흥분으로 멍해 있던 에지워스는 곧장 걸어 호노라에게 다가갔다. "자세히 기억나지 않는다. 그러나 분명한 것은 그녀는 정말 사랑스러워 보였고 우리가 헤어졌을 때보다 더 사랑스러웠다는 점이다"라고 썼다. 에지워스는 호노라에게 자신과 결혼하겠냐고 물었고 그녀는 물론 이에 동의했다.

결혼 소식은 많은 친구와 친척들을 놀라게 했고, 그 커플은 관행적인 애도 기간도 거치지 않았다.[60] 몇 주가 지나 1773년 7월 17일에 두 사람은 수어드 경의 주례로 리치필드 성당에서 결혼식을 올렸다. 불쾌한 얼굴의 메이저 스네이드는 결혼을 서두른 것에 화가 났고 무례한 에지워스에게 화가 났지만 떨떠름하게 여기면서도 딸을 내주었다. 사위인 윌리엄 그로브는 호노라의 큰언니 루시의 남편이었는데 장인과 똑같이 갑작스런 결혼에 당황했고 이것은 표정에 그대로 드러났다. 호노라의 동생인 메리와 엘리자베스는 결혼식 내내 미소를 짓지 않은 채 뾰로통하게 앉아 있었다. 실제로 엘리자베스는 그 결혼이 이루어졌다는 선언을 듣자마자 컴컴한 방으로 들어가버렸다. 아버지의 견해에 따르기를 거부한 호노라는 리치필드 사교계의 분노를 자아냈다. 애나는 "다른 사람들은 호노라의 행동을 무책임하다고 몰아세우고 판단력이 흐려졌을 것이라 단언했지만, 그녀는 너무나 똑똑해서 아버지 때문에 그리고 세상의 어리석은 편견 때문에 자신의 행복을 희생하려 하지 않는다"고 썼다. 수어드는 신부의 들러리로서 데이와 함께 열정을 다해 결혼식에 임했다.

식이 끝난 뒤 메이저 스네이드의 집으로 옮겨진 파티는 이튿날 아침까지 열렸고, 점심에는 열에 들뜬 에지워스가 신부를 자신의 마차에 태우고는 데려가버렸다. 에지워스는 이상적인 아내를 얻었다. 그의 눈에 완벽한 그녀에게는 어떤 변화나 성취도 필요하지 않았다. 호노라는 똑같이 완벽한 신사이자 이상적인 남편을 발견했다는 자부심에 차 있었고 이제 '최고의 행복'을 누릴 일만 남았다.[61] 막 결혼한 부부는 리치필드의 수군거리는 이들을 피하고자 곧장 아일랜드에 위치한 에지워스의 영지로

완벽한 아내 만들기

향했고, 기숙 학교로 보내진 딕을 제외하고 3명의 어린 딸을 데리고 와 시골의 은거지에서 살고자 했다. 루소의 교육적 신조를 포기했으나 여전히 배움에 대한 자연적 접근법에 매료된 에지워스는 이제 남은 시간을 그만의 특징인 관용과 통찰력 그리고 열정으로 딸들 그리고 미래의 아이들까지 교육시키는 데 헌신하기로 했다.

그들의 친구들은 복잡한 심정으로 남겨졌다. 수어드와 데이 둘 다 가장 친한 친구와 가장 믿을 만한 사람을 잃었다. 애나는 "아끼는 두 연인"이 행복을 찾아 기쁘다고 공언했음에도 그 결혼이 자신에게는 그다지 축복이 아닐 것이라는 점을 잘 알고 있었다. 그녀가 사랑하는 새빌은 이제 자기 집을 떠나 근처로 옮겨갔다.[62] 그러면서 애나와의 관계를 회복하려 했지만 그들은 결코 자유롭게 결혼할 수 없었다. 그의 아내가 그를 위해 계속 장을 보고 옷을 빨고 있었다. 그러므로 독신생활을 하게끔 운명 지어진 수어드는 그녀가 친구로 인정했던 '나의 호노라'를 잃은 슬픔을 달랠 길이 없었다. "그녀는 행복하다. 나는 그녀가 행복해지기를 신께 빌었다. 그러나 그녀는 없고, 나는 흐느낄 수밖에 없다."[63] 이제 호노라는 그녀에게서 완전히 떠났다.

한평생 애나는 호노라를 그리워하는 시를 썼다. 호노라의 이름은 출판된 그녀의 시의 페이지마다 나타난다. 수어드는 호노라의 결혼을 궁극적인 배신으로 여겼다. 그녀는 그들이 했던 '맹세'를 깨트린 것을 결코 용서하지 않았고, 그것도 단순히 남자 때문에 자신을 저버린 것으로 만들었다. 호노라의 "들뜬 사랑은 차가운 경멸로 변했다"고 탄식하며 이전의 솔메이트를 "나쁜 친구"로 묘사했다.

한편 수어드는 데이에게도 실망했다. 그는 그녀의 열정에도 불구하고 중매 계획을 실패로 이끌었고, 엘리자베스에게 구혼하려 노력했지만 조롱거리가 되었다. 더 이상 "무슈 르 주르"와의 쾌활한 편지는 없을 것이었다. 물론 그녀의 가장 큰 분노는 에지워스에게로 향했다. 그가 눈앞에서 "보기 드문 물건"을 훔쳐갔으니 말이다. 호노라가 아플 때는 아내로 받아들이길 냉정하게 거부했고, 영웅적인 잔 다르크로부터 호노라를 훔쳐갔노라며 그를 비난하기 시작했다.

그에 비해 데이는 좀더 조용히 괴로워했다.[64] 그는 루나 회원인 스몰 박사와 지내려고 버밍엄으로 갔고 8월에 그곳에서 에지워스에게 우울한 축하 편지를 썼다. 에지워스의 행복을 "진심으로 바랐음"에도 불구하고 데이는 오랜 여행 단짝과의 관계가 이제 막 시들어가는 듯하여 울적해졌다. 이전에 서로가 모든 일에 신뢰를 보냈던 시기를 회상했다. "너는 낭패를 겪으면 내게 와서 안락함을 찾았다. 그리고 나도 그런 일이 계속되기를 희망했다. 너는 나에게 너의 불편함과 희망 그리고 공포와 열정을 맡겼다." 마찬가지로 데이도 에지워스에게 자기 연애의 모든 시련, 마거릿과 호노라, 엘리자베스는 물론 사브리나와의 실패까지 털어놓았었다. "나의 희망이 좀더 역동적이고 삶이 참신했을 때 나만의 모든 환상적인 감정, 계획까지도 네게 맡겼지. 한 젊은이가 열정적으로 상상하고 경외심으로 추구하던 것이었는데, 그가 하라는 대로 하면 실제로 일이 잘 풀렸어." 그러나 에지워스가 결혼을 하고 아일랜드로 이사감으로써 "서로에게 중요한 의미를 상실할 수밖에 없다"고 판단했다.

에지워스가 "아내이자 사랑스런 친구"로서의 동반자 관계를 발견하는 동안 데이는 "행복을 찾아서가 아니라 권태를 피하기 위해서 살 만한 곳을 찾는 데" 시간을 허비하고 있었다. 연애 실패가 거듭되고 스스로 변

완벽한 아내 만들기

신하고자 대담하게 시도했지만 자존심만 상하자 그는 "모든 인간의 대동소이함, 억제와 구속과 장애를 뒤집어버리고 싶은 마음이 계속 커지고 있음"을 느꼈다고 선언했다. 마침내 데이는 친구가 완벽한 결혼을 한 사실에 행복해했다. 그는 힘든 느낌이 전혀 없다며 에지워스에게 확신을 주었다. "내가 다시 너를 만나면 그 행복을 즐거운 마음으로 관찰하겠네. 네가 그렇게 완벽하게 가졌다는 행복을 말이야!" 그리고 자랑스럽게 운명의 신이 그를 '늙은 독신자'로 분류했다고 과장해가며 선언했다.

데이는 결혼에 대한 열망을 영원히 포기한 것처럼 보였다. 하지만 여전히 그가 알기론, 그의 방문을 애타게 기다리는, 그의 특별한 기대에 조심스럽게 맞추려는 한 사람이 남아 있었다.

8장

사브리나

1773년 7월 런던

런던의 문학계에서 노예제에 반대하는 시의 저자가 누구인지에 대한 이야기가 한창 떠돌고 있었다. 1773년 6월의 끝자락에 익명으로 발간된 소책자 『죽어가는 검둥이The Dying Negro』는 한 노예의 실화와 관련 있었는데,[1] 그는 지난달에 주인인 오딩턴 선장의 집에서 도망친 노예로, 영국 출신의 하녀와 사랑에 빠져 결혼을 앞두고 세례도 받았다. 당시 영국 여자와 결혼하면 관례상 아프리카인은 자유의 몸이 되었다. 그러나 그 커플이 서로의 맹세를 하기도 전에, 그 노예는 런던 거리에서 잡혔고 템스 강가에 정박해 있던 선장의 배에 실려 서인도 제도로 가야만 했다. 다시 구속된 삶을 살게 되었다는 사실에 절망한 노예는 권총으로 자기 머리를 쏴버렸다.

이 소식은 5월 말의 뉴스 꼭지에 단 한 문단 정도로 실렸는데, 커플의 이름은 기록되지 않았음에도 불구하고, 그 노예의 시련과 비극적 운명을 묘사한 시는 즉각 베스트셀러가 되었고, 노예제 논쟁의 도화선이 되었다. 유창하면서도 호소력 짙은 그 시는 노예가 자살하기 직전 애인에게 보내는 마지막 편지의 형식을 취했다. 7월 무렵에 토머스 데이는 이 논쟁의 주창자가 자신임을 은근히 내비쳤다. 실제로 시는 데이와 학창 시절 친구인 존 빅널과의 합작이었다. 문학계의 듀오인 '나이프와 포크'가 활동을 재개한 것이었다.

1773년 초반 런던에 정착했던 데이는 지역의 술집과 카페에서, 빅널과 더불어 급진적인 젊은 법률가들과 어울리는 가운데 정치를 논하면서 미들 템플에서 대중없이 법 공부를 하고 있었다. 이제 갓 스물일곱 살로 근사한 법률가가 된 빅널은 파산 전문 법무관이 되었다.[2] 대법관에 의해 임명되는 파산 전문 법무관은 무료로 과도한 업무를 하는 것으로 악명이 높았다. 그들의 임금은 너무 박해서 채권자 외에는 아무것도 남지 않을 지경이었고, 그래서 계속 새로운 파산 업무를 확보해야 했다. 빅널은 지속적으로 수입이 있는 편이라 이전의 비좁은 방에서 템플의 분수 떨어지는 소리가 들리는 뉴코트의 안락한 방으로 옮길 수 있었다. 그러나 그는 대부분의 시간을 법조문을 면밀히 조사하기보다는 카드놀이를 하며 노름에 몰두하느라 그의 고객들만큼이나 빚에 허덕이고 있었다. 문단의 옛날 친구들과 재회하면서 빅널은 데이를 아메리카 출신의 학생 모임에 소개했다.

미들 템플은 1600년대 이후 법조계에 이름을 올리려는 아메리카 식민지 출신의 학생들을 끌어모으는 자석과 같았다.[3] 세기를 거듭할수록 영국법의 기초를 마음속에 깊이 새기고 돌아간 미들 템플인들이 아메리카의 공적 영역에서 주도적인 역할을 했고, 연달아 자신들의 아들도 법학을 공부하도록 영국으로 보냈다. 한 숙소에서 아메리카인의 수는 18세기에 절정에 달해 무려 150여 명에 이르렀다. 1765년 영국의 직접세 부과에 반대하며 식민지에서 분노가 일자, 미들 템플에서 젊은 시절 시민

완벽한 아내 만들기

권의 원리를 받아들였던 아메리카인들은 목소리를 높였다. "대표 없는 곳에 과세 없다"고 외쳤던 존 디킨슨도 미들 템플 출신이었다. 1770년 초 영국 정부에 대한 분노가 임계점에 이르자, 미들 템플도 독립을 지지하는 젊은 아메리카인들이 모여 펄펄 끓는 가마솥이 되었다. 자유와 평등을 요구하는 운동가들과 저녁 식사를 함께 하며 빅널과 데이는 공동의 명분을 찾았다. 많은 선동가가 사실 노예제에 기초하여 부를 축적한 가문의 출신이었음에도 노예제 논쟁을 피하지 않았다.

데이와 빅널은 노예의 절망적인 마지막 행동을 묘사한 단신을 접하고 오싹했다. 그 사건을 공식화하기 위해 시를 쓰자는 제안을 한 사람은 빅널이었고 처음 8행의 시를 끌어낸 이도 그였다. 자주 가곤 하던 템플 근처의 술집에서 둘은 깃털 펜을 서로 바꿔가며 한 줄씩 이어갔다. 한 남자가 아프리카에서 납치되어 서인도 제도의 설탕 농장에서 착취당하는 모습을 그린 시는, 루소의 이상인 '자연인'과 대중적으로 가장 잘 알려진 표현인 '고상한 야만'을 연상시키는 동시에 사회적 평등과 자유를 요구하는 노예의 이미지를 불러일으켰다. 그들이 깃털 펜을 내려놓을 즈음, 시는 "나를 기억하라"며 죽어가는 내레이터의 외침으로 절정에 이르렀고, 빅널과 데이는 자신들이 쓴 충격적이고도 감동적인 노예제 비난 글에 자부심을 느낄 정도였다.

빅널이 거의 절반을 썼음에도 데이가 시를 썼을 것이라는 소문이 돌기 시작했다. 데이는 공개적으로 저작권을 주장하지는 않았지만 사적으로 그 추측을 부인하거나 또는 빅널과 평판을 나누는 어떠한 행위도 하지 않았다. 7월에 애나 수어드는 한 친구에게 그 시를 추천했다. "『죽어가는 검둥이』를 읽어봤으면 해. 나는 데이 씨가 썼다고 알고 있는데 그 스스로는 저자라고 주장하지 않아."⁴ 1774년과 1775년에 책이 재판되었을 때도 저자는 익명으로 남아 있었지만(두 저자의 이름이 겉표지에 처음으로 실린 것은 1787년이었다) 그 시는 데이가 썼다고 널리 알려졌다. 공저자라는 사실이 나중에 폭로되었을 때, 심지어 에지워스마저 시의 절반이 빅널의 펜에서 나왔다는 점에 매우 놀랐다.

반反노예제 운동을 확산시킨 최초의 기고문 중 하나이자 노예제를 공격한 최초의 시였던 『죽어가는 검둥이』는 시의적절했고 영향력도 컸다. 이미 영국의 사법 체제와 여론은 노예 무역에 반대하는 분위기였다. 1760년대 그랜빌 샤프가 이끄는 캠페인이 떠들썩하게 시작되었는데, 그는 1767년에 최초로 반노예제 소책자를 발간한 정부 관리였다. 샤프는 한 도망 노예인 제임스 서머싯의 소송을 진행해서 이긴 적이 있었다. 그 노예는 1772년에 맨스필드 지사가 영국 안에서 노예는 주인에게 강제로 돌아가거나 추방될 수 없다고 선언했던 소송을 통해 자유를 얻었다. 그 소송은 당시 영국에서 노예제를 완전히 금지하는 법률의 상징이 되었지만, 실제로 노예제는 법으로 강제할 수 없다는 것만 의미할 뿐이었다. 노예 무역을 불법으로 규정한 노예제 폐지법은 1813년에 가서야 제정될 것이었다.

『죽어가는 검둥이』에서 데이와 빅널은 법학도의 재능을 맨스필드령의 한계를 드러내는 데 사용했다. 그리고 노예가 된 아프리카인들에 대한 대중적인 공감을 불러일으켰다. 아프리카인의 당당한 목소리를 시에 담아 영국인 애인에게 플랜테이션에서의 고단한 삶에 관해 들려주어 공감하게 하면서 "수정같이 빛나는 액체 방울/ 그대의 창백한 뺨에 흐르고 그대의 슬픈 영혼을 적시네"와 같은 문장을 통해 두 작가는 노예제에 반

완벽한 아내 만들기

대하는 정서를 만들어냈다. 다시 말해 그들은 가상의 정치적인 인물을 만들어냈던 것이다. 그해 6월 『월간 리뷰』에 실린 비평에서는 시의 '저자'를 칭송하면서 다음과 같이 평가했다. "인간의 자유에 대한 최고의 감각을 표현하면서 인류의 자연적이며 보편적인 권리를 엄중하게 주장한다." 그 시는 많은 작가가 노예 무역을 종결하라는 캠페인에 동조하는 글을 기고하도록 영감을 주었다.

『죽어가는 검둥이』의 일부를 쓴 데이는 문학적·정치적 성공을 거두게 된다. 반노예제 운동에 괄목할 만한 기여를 하여 얻은 명성으로 인해, 그는 세계 무대에서 진보적이며 비전을 제시하는 사람이라는 평판을 얻게 되었다. 그러나 그들이 노예제에 반대하고 『죽어가는 검둥이』의 비극적인 주인공에 눈물을 흘려도, 그 시의 주요 저자가 비밀리에 십대 소녀를 자신의 명령과 변덕으로 조종하고 있다고 의심한 사람은 거의 없었다.

서턴 콜드필드의 기숙 학교에 적응한 사브리나는 가끔 데이에게서 소식을 들었지만 만나는 횟수는 더 줄어들었다. 2년 동안 그녀는 리치필드에서 사귀었던 친구들과 떨어져 지냈고 데이를 제외한 바깥세상과의 접촉도 차단되었다. 그녀는 어떠한 설명도 없이 쫓겨나서는 견습 준비 수업에만 참여하라는 통보를 받았다. 자신이 데이에게 견습을 받게 되어 있다는 그의 말을 믿은 이후로(법적으로는 여전히 에지워스에게 소속되어 있었음에도 불구하고) 그녀에게는 지시를 따르는 것 외에 어떤 선택권도 없었다. 더욱이 데이가 엄격하게 그녀의 학업 과정을 평가하는 편지를 보내고 학비를 지불하면서 이따금 황송하게도 그녀를 방문하는 등 취한 일련의 조치는 사브리나를 계속 구속할 구실이 되었다. 그녀는 충분한 음식과 집과 옷을 제공받으며 비교적 편안한 삶을 살고 있었다. 그녀의 상황은 그다지 노예 같지 않았지만 그럼에도 사슬은 존재했던 것이다.

이제 그녀는 열여섯 살이 되었고 학교생활도 끝나가면서 불확실한 미래를 향하고 있었다. 데이 외에는 친척이나 친구도 없는 데다 후견인도 없었다. 데이는 그녀 인생에서 가장 중요한 사람이었던 것이다. 데이가 드물게 편지를 보내거나 방문할 때, 그의 태도는 그녀의 학습을 따뜻하게 격려하면서도 사소한 잘못에 대해 매섭게 질책하기도 해서, 그때그때의 기분에 따라 들쭉날쭉거렸다. 데이는 사브리나가 완벽한 아내의 이상을 충족시키지 못해 멀리 보내버렸지만 그녀 생활의 세세한 대목까지 통제하고 있었다. 그는 선생에게 음악이나 춤 수업에서 제외시키라고 지시하면서 동시에 사브리나가 공부를 열심히 하는지, 기름진 음식이나 화려한 옷을 절제하며 지내는지를 감시하라고 주문했다. 마거릿 에지워스나 호노라, 그리고 엘리자베스 스네이드 같은 여자들은 그에게 퇴짜를 놓았지만, 최소한 그는 십대 소녀 인질만은 여전히 통제하고 있었다. 사브리나를 그렇게 구속하면서도 어느 날 이상적인 여자를 만나 결혼하리라는 꿈을 포기하지는 않았다. 그녀는 자신이 필요할 경우에 대비하여 언제나 그곳에 있었다. 사브리나는 여러 어린 인질이 그렇듯 자신을 인질로 삼은 그에게 강한 애착을 품고 있었다. 그러나 그것은 (수어드가 쓴 바에 따르면) 대개 공포에서 유래한 것이었다.

위선적인 면을 감추고, 데이는 인권 옹호에 열정적으로 투신했다. 이후 수년 동안 그는 노예의 자유와 독립을, 나아가 미국의 그리고 노동자의, 종교적 회의론자의 권리운동에 헌신했다. 그러나 그가 시민권을 옹호하는 것은 동료들의 이해관계와 맞지 않았기 때문에, 결국 많은 동지, 심지어 그의 가장 위대한 우상인 루소와도 갈등을 일으켰다.

이제 데이는 루나 모임과 돈독한 관계를 맺으면서 런던의 급진적인 정치 그룹 사이에서 새로운 우정을 키워나갔다. 수도에서 기반이 필요했던 그는 오랜 대학 친구이자 언어학자이면서 당시 미들 템플 내 펌프 코트에 변호사 사무실을 연 윌리엄 존스와 함께 지내고 있었다.[5] 데이는 여성의 권리에는 거의 관심을 보이지 않았음에도 자신의 법률 지식을 인권이나 심지어 동물의 권리를 지지하는 데 사용했다.

식사를 잘 하지도 않았지만 데이는 특히 고기를 즐겨 먹지 않았다. 자신의 철학은 아니지만 (루소의 자연 찬미에 따라) 인간은 당연히 고기를 먹으려는 경향이 있고 "식용으로 동물을 기르고 살상하는 관행은 그들에게 고통보다는 행복을 주는 것"이라고까지 생각했지만[6] 자신은 어떤 고기든 기꺼이 먹지는 않는다고 말했다. 하지만 당시 영국에서 동물에 대한 고의적인 학대는 흔한 일이었는데, 키어에 의하면 "그건 그에게 아주 불편한 사실이었다". 그는 동물의 감정에 매우 예민해서 먼지로 뒤덮인 책에서 나온 거미조차 죽이려 하지 않았다. 데이는 동료인 존스에게 마치 재판관인 양 다음과 같이 선언했다. "나는 그 거미를 죽이지 않겠네, 존스. 내게 거미를 죽일 권리가 있는지 모르겠군." 그러고는 감상에 젖어, 만약 "절대자"가 한 친구에게 "대부분의 사람에게 거미보다 법률가가 더 유해한 동물"이라는 점을 주지시키면서 갑자기 "법률가를 죽여라"라고 명령한다면 어떤 기분이 들지 상상해보라고 했다. 이것은 데이에게서 좀처럼 보기 힘든 재미있는 면이었다.

거미나 그 밖의 동물을 변호하지 않을 때에는 미국의 급진주의자들과 어울려 지내길 좋아했다. 데이는 1771년에 미국의 외교관이자 학문적으로도 조예가 깊은 벤저민 프랭클린을 만난 적이 있다.[7] 그들은 다원의 소개로 만났는데, 프랭클린은 자신의 시민권에 대한 자유 사상과 기성 종교에 대한 회의적 관점을 공유한 이 열정적인 젊은이에게 깊은 인상을 받았다. 데이는 유럽에 만연한 노예 무역에 그리 과민하지 않아서 프랭클린이 영국에 두 명의 노예를 대동하고 나타났다는 사실을 간과했다. 그리고 프랭클린이 자신이 막 설립한, 엘리트들이 모여 저녁 식사를 하는 종교적 회의론자 클럽에 가입하라고 데이에게 권유했을 때도 데이는 행복하게 수락했다.

스트랜드에서 떨어진 크레이븐가에 있는 프랭클린의 숙소나 올드 슬로터 커피하우스에서 만났던 그 모임에는 웨지우드, 런던에 사는 웨지우드의 사업 파트너이자 열렬한 반노예제 운동가인 토머스 벤틀리와 과격한 웨일스인 데이비드 윌리엄스가 있었다.[8] 원래 국교에 반대하는 성직자인 윌리엄스는 계속해서 종교에 회의를 느끼면서 성직을 그만두었고 이제는 확고한 이신론理神論자가 되었는데, 기성 종교의 어떠한 요구도 받아들이지 않는 독자적인 창조자의 존재를 신봉했다. 윌리엄스도 데이처럼 루소의 교육 철학을 지지했다. 그는 첼시에 소년 학교를 세웠는데 그곳에서는 학생들이 경험을 통해 배우고, 처벌 문제는 자신들만의 법정에서 판단 내려 행동했다. 프랭클린은 그의 그룹을 13인 클럽(아마도 독립 투쟁 중인 13주를 의식해서)이라 명하고 회원을 그 불운한 숫자로 고정시켰다.

이것은 "최고 지성의 존재"를 믿는 누구라도 받아들이려는 프랭클린의 생각에 초점을 맞춘 모임이라 특정 종교의 교리보다는 도덕이라는 보

완벽한 아내 만들기

편적인 사상을 숭상하는 이들로 구성되었다. 가톨릭교, 유대교, 퀘이커교와 영국 국교회를 제외한 어떤 분야의 활동이라도 제한되던 시절에 그 모임은 아주 대담한 박애주의적 운동이었다. 1776년 4월 7일(부활절) 캐번디시 스퀘어 근처의 마거릿가에 단체가 설립되었고, 윌리엄스는 18세기에 매우 드물었던 종교적 관용의 정신으로, "무한하며 위대한 존재"를 찬양하는 그 누구보다 더 열렬히 환영했다. 그러나 모임이 점차 확산되자 정치적이거나 개인적인 차이로 거의 열세 분파로 나뉘었다.

윌리엄스나 벤틀리 같은 이신론자와 데이 같은 유물론자 혹은 무신론자 간의 논쟁은 그 친목 모임의 첫 번째 균열을 야기했다. 윌리엄스가 신문에서 이교도로 고발당하자 데이는 그를 옹호한답시고 『모닝 크로니클』에 장문의 과장된 익명의 글을 보냈지만, 오히려 그 내용이 고발을 옹호한 꼴이 된 데다 윌리엄스를 또 다른 스캔들에 노출시켜버렸다. 그는 "편지들은 확실히 유익했지만 거기에 대응할 책임이 없는 나에 관한 의심과 경고를 확산시켰다"라며 피곤해했다. 윌리엄스가 전략적으로 신념을 펼쳐나가자 데이는 그가 자신의 문학적 재능을 질투한다고 비난했다. 추후에 왕립 문학 기금을 만들어 곤궁한 작가를 후원하기도 한 명민하고 자비심 넘치는 윌리엄스는[9] 데이가 "티끌 한 점 없는" 척하면서 뒤로는 "탐욕스러운 야망"으로 추동받고 있었다고 기억했다.

한편 영국과 아메리카 식민지 사이에서 커져가던 균열이 이후 갈등이 되어 데이에게 돌아왔다. 1773년 12월, 식민지에 세금(이 시기에는 차tea)을 부과하기로 한 영국의 결정에 대해 끓어오르던 분노가 정점에 이르러 동인도 회사는 최고의 차를 보스턴 항구에 버렸다.[10] 보스턴 차 사건에서 사유재산이 파괴되는 것에 큰 충격을 받은 프랭클린은 보상을 요구했다가 갑자기 식민지 입장에서 타협을 이끌어야 할 입장에 서야 함을 깨달았다. 1774년 1월 추밀원Privy Council이 열리기 전에 체포된 그는 동포들에게 한 행동으로 비난을 받고 있었다. 폭도들에게 잡히거나 공격을 받을까 두려웠던 프랭클린은 윌리엄스와 함께 첼시로 몸을 피했다. 다른 한편 프랭클린은 윌리엄스나 웨지우드, 벤틀리를 포함한 자기 클럽의 회원들에게 아메리카 독립을 위한 지지를 받으리라 계산하고 있었지만, 데이에게서는 같은 의견을 들을 수 없었다.

미들 템플이나 근처의 담배 연기 자욱한 술집에서 친구들과 까다로운 아메리카 독립 문제를 논의하면서 데이는 아메리카인들의 자유의 외침을 지지할 수 없다고 선언했는데 이는 그들이 수천 명에 달하는 노예의 동일한 권리를 부인하기 때문이라고 했다.[11] 그는 『죽어가는 검둥이』에서 드러나듯 유럽의 무역상들이 노예 무역을 처음 시작했으나 이후에 영국이 삼각 무역에서 그것을 독점했다고 인식하고 있었다. 여전히 1770년대까지 서인도 제도는 물론이고 아메리카 남부에서 수만 명의 노예가 면화와 담배 그리고 쌀 플랜테이션에 동원되고 있었다.[12] (사우스캐롤라이나에 6만 명의 흑인이 있었고 버지니아 한 곳에만도 14만 명이나 있었다.) 독립을 위해 애쓰던 대부분의 아메리카인은 노예 소유주였다.[13] 조지 워싱턴은 열한 살에 10명의 노예를 상속받았는데 나중에는 100명의 노예가 그의 농지를 경작하고 있었다. 토머스 제퍼슨은 스물한 살이 되던 해에 52명의 노예를 상속받았고 플랜테이션에는 170명이 넘는 '노예 가족'이 있었다. 그러나 런던에서 그런 이중 잣대의 문제는 무시되기 어려웠다.

아메리카 사업가들과 스스로를 아메리카인이라고 여기는 서인도 제도에서 온 플랜테이션 농장주들이 흑인 노예를 데리고 조지 시대의 런

완벽한 아내 만들기

던 거리를 활보하는 광경은[14] 모두에게 익숙한 것이었다. 실제로 아메리카 법학도들이 노예를 대동하고 법정이나 템플가를 어슬렁거리는 모습은 흔했다. 1774년 보스턴에서 영국 군대가 폭도들을 진압하러 움직이자 데이는 대담한 태도를 취하기로 결심했다.

『죽어가는 검둥이』의 출판인 윌리엄 플렉스니는 대중적인 시를 재출간하자며[15] 강력히 요구하고 있었다. 영국과 식민지 간의 전투가 강화될 조짐을 보이자, 데이와 빅널은 자신들의 글을 좀더 호소력 있게 수정하려고 깃털 펜을 벼르고 있었다. 첫 문장이 중요했다. "신의 마지막 슬픈 선물로 축복받았던—물들이고자 하는 힘"이라는 수동적인 느낌 대신 "신의 마지막 선물로 무장한—죽고자 하는 힘"으로 시작한다. 네 번째 행에서 체념과 탄식의 문장 "세상과 나는 더 이상 적이 아니다"는 분명한 선동적인 외침이 되었다. "평화가 있는 모든 곳에서 인간은 더 이상 노예가 아니다." 그리고 시를 고치면서 그 둘은 좀더 강건하고 호전적이며 다급한 긴장감을 표현하고자 단어에 접두 모음자를 붙이기도 했는데 이는 충격적인 경고를 포함한 추가적인 두 페이지에서 절정에 이르렀다. 초판에서는 족쇄를 찬 노예가 "나를 기억하라"며 하늘에 동정 어린 탄식을 하면서 물에 뛰어들어 죽는 것으로 끝났다. 하지만 재출간 작업을 하면서 빅널과 데이는 54행이나 덧붙였고(그중 44행은 데이가 썼다) 노예가 가혹한 주인에게 피비린내 나는 복수를 다짐한다. 단어만 봤을 때는 아메리카 친구들에게 보내는 메시지임에 틀림없다. "나는 너희 전사들이 바닥에서 헐떡거리는 것을 본다. 그리고 너희의 타오르는 도시가 무너지는 소리를 듣는다." 약간 망설이는 듯한 지점에 데이는 긴 헌사를 첨언했는데, 이는 자유를 향한 아메리카인들의 요구에 대해 매우 분명한 어조로 자신의 견해를 밝힌 것이었다.

데이는 8쪽에 달하는 이 헌사를 불후의 영웅인 루소에게 바쳤는데, 『사회계약론』의 탁월한 첫 문장을 인용한 것이다. "인간은 자유롭게 태어난다. 하지만 어디에서나 사슬에 매여 있다." 데이는 헌정사에서 철학자에 대한 경의를 표현해도 되는지 허락받지 않았다고 인정했는데, 이로 인해 결국 루소와 멀어지게 된다. 아메리카의 운동가들을 격렬하게 비난하면서 데이는 다음과 같이 외쳤다. "그들을 위해서 검둥이는 오두막과 수풀진 그늘에서 끌려 나온다. 그들에 의해서 아프리카 폭군의 분노는 사악한 금으로 달래진다. 자연의 권리는 침략당했고 유럽인의 신앙은 전 세계로부터 오명을 뒤집어쓴다. 그러나 이것은 인류의 모순이다. 그들이 바로 대서양 건너편에서 들려오는 자유를 외치는 자들이다!" 그는 가혹한 비난으로 끝맺는다. "아메리카의 소란이 더 득세하게 두자. 그러면 그것은 철렁거리는 쇠사슬 소리와 분노의 신음으로 남을 것이다. 아메리카의 목표가 온화한 부모의 가슴을 겨냥하게 두라. 그녀는 노예들의 시체와 죽어가는 몸뚱이들을 밟아 뭉개지 않고는 한 발짝도 못 나갈 것이다."

데이는 아메리카 혁명가들이 자유를 위해 싸우는 것은 명백한 위선이라고 주장했다. 법률 공부가 끝나는 그 여름에 『죽어가는 검둥이』의 2판을 인쇄공에게 넘긴 뒤 그는 대륙을 여행하면서 휴가를 보내려고 짐을 쌌다. 그러나 먼저 그는 서턴 콜드필드에 있는 자신만의 작은 인질을 방문해야 했다.

1774년 여름 기숙 학교에서의 3년을 마칠 시기가 되자 사브리나는 교육을 잘 받은, 둥그런 얼굴에 밤색 머리칼과 같은 색의 눈썹을 가진 인기

완벽한 아내 만들기

있고 매력적인 열일곱 살의 아가씨로 완성되었다. 수업을 열심히 들었던 그녀는 선생으로부터 좋은 "평점을 얻었다".[16] 학교 문 앞에서 등이 약간 굽은 익숙한 얼굴을 마주했을 때, 자신의 기나긴 성장 프로그램이 마침내 끝났다고 느꼈을 수도 있다. 그녀는 심지어 데이의 마음에 들어 집으로 돌아갈 것이라는 희망을 품었는지도 모르겠다. 그러나 그녀는 틀렸다. 데이는 매정하게 이제 파킨슨이라는 만투아mantua, 즉 드레스를 만드는 어떤 부부의 새로운 견습생으로 들어가라고 말했다.[17] 나중에 데이는 사브리나에게 옷 만들기가 "너를 유혹할 생각이 전혀 없었음을 보여주는 업종이고, 어떠한 상황에서도 유용하며 섬세한 기술"이었다는 근거로 그 직업을 선택했다고 말했다. 그러나 그건 변명에 가까웠고, 다소 억지스런 대답이었다.

원래 '만투아'는 속에 입은 페티코트가 살짝 드러나게 앞이 갈라진, 드레스 위에 걸치는 여성용 가운을 지칭하는 것이었는데, 18세기 후반에 '만투아 만들기'는 일반적으로 드레스 제작을 의미했다. 만투아 제작자는 부유한 중류층 고객들의 요구에 따라 런던이나 파리에서 최신 유행의 디자인을 베껴가며 성업 중이었다. 바느질이 소녀 교육에서 가장 중요한 과목이었기 때문에 만투아 만들기와 같은 일은 중간 계층으로 부상하려던 딸들이 하는 일이었고 가사를 맡을 하인이 되기 위한 주요 단계로 여겨졌다.

그러나 유행을 따르는 것을 증오하는 데이가 사브리나에게 허영과 사치로 가득한 일을 시켰다는 점은 너무 이상해 보였다. 십대의 사브리나가 패션에 대해 어떠한 관심도 갖지 않도록 주입시켜놓고는 이제 화려한 실크나 염색된 면에다 사치스런 프랑스식 복장을 베끼라고 하는 것은,

그것도 데이가 그렇게 한 것은 앞뒤가 맞지 않았다. 그녀는 일찍이 그가 보내준 옷을 아무렇지도 않게 불에 던져야 하지 않았던가. 그러나 물론 그녀는 아무 말도 하지 않았다. 그녀는 그가 시키는 대로 움직이는 물건에 불과했다.

1774년 어느 날 데이는 사브리나를 파킨슨네에 데려다놓았다. 공식적인 견습 동의가 있었는지는 확실하지 않다. 데이가 사브리나와 파킨슨네 양쪽 모두에게 그녀가 여전히 "나의 보호하에" 있다는 점을 분명히 했기 때문이다.[18] 데이는 파킨슨 부부에게 사브리나의 견습 비용을 지불했고 평소처럼 그녀가 업무를 열심히 해야 한다는 사실과 방종하게 굴면 안 되고 안락함도 추구하지 않아야 한다는 의무를 주지시켰다. 그 부부와 사브리나를 간헐적으로 만나면서 데이는 자신의 요구 사항을 전달했고 늘 그녀의 행동을 감시했다. 물론 이것은 나중에 비난으로 돌아올 일이었다. 데이가 나중에 그녀에게 한 말은 다음과 같다. "나는 당시 항상 너를 좋아할 의향이 있었다. 그 점은 내가 언제나 점검했지만, 너는 내가 원하는 자질을 갖추려는 어떤 수고도 하지 않더라. 그래서 나는 많은 생각이 들었고 여러 가지 행동을 했다. 때로 너를 개선시키고자 너에게 맞는 몇 가지 시련을 가하기도 했지만, 어느 순간 결국 네가 무엇을 하든 신경을 쓰지 않기로 했지." 그러면서도 보이지 않는 사슬을 느슨하게 풀어줄 의도는 없었던 것이다.

파킨슨 부부는 리치필드나 그 근처에서 옷 가게를 경영한 것으로 보인다. 그래서 사브리나는 거기서 사귀었던 애나 수어드, 이래즈머스 다윈 및 새빌의 가족들과 관계를 다시 이어갈 수 있었다. 행복하게도 익숙한 지역으로 되돌아온 그녀는 클로스가로 다시 향했다. 주교의 저택에서 그녀는 애나 수어드의 환영을 받아 테라스에서 차를 마셨고, 존 새빌이 개최한 저녁 음악회에 참가했다. 수어드의 말에 따르면 사브리나는 리치 필드에 처음 왔을 때보다 상당히 성숙해져 있었다.[19] 4년 전 사교 행사에 서는 '보호자' 뒤에 수줍게 숨어 있던 볼품없고 초라한 고아 소녀가 이제 '여성적이고, 우아하며, 사랑스러운' 여인이 되어 돌아왔고, 품위 있는 대 화를 이끌어갔다. 수어드의 기록에는 사브리나가 "아름답고 사랑스러우 며, 그녀가 가는 곳 어디에나 친구들이 있었다"라고 그려져 있다.

이런 변신이 그녀가 데이와 함께 살면서 고초를 겪던 18개월 동안이 아닌 학교에서 교육받은 3년 동안 이루어졌다는 사실이 수어드의 시선 을 비껴가지 않았다. 그녀는 "이 젊은 아가씨는 인가된 교육 방식이 자 신만의 방식으로 교육을 시키려던 사람들의 계획보다 더 효과가 좋았던 사례 중 하나를 보여준다"라고 기록해두었다. 데이의 좋은 의도에도 불 구하고 사브리나는 오히려 학교에서 예의 바른 숙녀로 자랐고 상류사 회로 들어왔다.

사브리나는 클로스가 끝에 위치한, 식구 수가 예전보다 불어난 다윈 가족에게 들렀다. 로버트의 유모였던 메리 파커가 아내가 되어 그 의사 와의 사이에서 막 둘째 여아를 출산한 직후였다. 리치필드의 가십거리가 되는 것에 도전하듯 그들의 부적절한 관계에서 여자아이가 둘이나 더 태 어났고, 아이들은 아버지의 사랑을 듬뿍 받았다. 이제 열여덟 살이 된 엘리자베스 새빌과 사브리나는 다시 친해졌다. 친구들에게는 엘리자로 알려진 그녀는 까칠한 어머니와 함께 살고 있었지만, 바로 옆집으로 씩 씩하게 걸어가 아버지에게서 노래를 배우고 있었다.

사브리나를 미들랜드에 두는 것이 데이에게는 신중한 결정이면서 편리하기도 했다. 루나의 친구들을 만날 때는 이전처럼 그녀의 근황을 감독한다고 주장하기도 했고, 그가 멀리 나가 있을 때는 친구들이 그녀의 행동을 알려줄 수도 있었다. 특히 제임스 키어가 나서서 이 일을 수행했다. 키어는 스몰의 말에 따르면 '미인'인 수재나 하비와 결혼해 스타워브리지 근처에서 유리 공장을 운영하며 행복하게 살고 있었는데,[20] 데이의 어린 견습생을 주도면밀하게 살피기도 했다. 키어가 파킨슨 가족에게 주는 돈을 관리하고 있었고 여러 곤란한 문제도 해결해주었다. 스몰은 아버지와 같은 심정으로 데이의 재산에 관심을 보였고 적절한 짝을 계속해서 추천하고 있었다. 키어와 스몰이 재정적으로 데이에게 빚을 지고 있긴 했지만, 그가 사브리나를 감시하라고 그들에게 재량권을 준 것은 아니었다.

긴 여름 내내 창가 옆에서, 겨울의 짧아지는 나날에는 촛불을 켜고 바느질을 하면서 사브리나는 꽤 잘사는 손님들의 요구에 맞게 비싼 실크 가운을 손대거나 면 속치마나 모슬린 모자를 만드는 법을 배웠다. 종종 드레스 장인들이 만지는 비싼 실크와 날염된 면은 프랑스나 벨기에에서 수입하거나 미들랜드의 공장에서 보내온 것들인데, 이 원료 자체가 옷을 만드는 수공보다 훨씬 더 비쌌다. 사브리나는 견습생이라 임금을 받지는 않았다. 그러나 그녀의 작업 환경은 근처 공장에서 일하는 고아원 동료들보다는 확실히 나았다. 그들은 후덥지근한 공장에서 귀가 먹을 정도의 소음을 들으며 장시간 일했으니 말이다. 그녀의 견습은 유사 업종에 있는 다른 소녀들보다는 아주 쉬운 것이긴 했다.

처음부터 파킨슨 부부는 사브리나를 조심스럽게 대했다. 아마도 사브리나의 유창한 말솜씨와 부자 후원자를 의식해서, 또는 자신들의 예쁘고 어린 견습생과 데이와의 원래 관계를 뚜렷하게 알고 있어서인지 그 부부는 상대적으로 쉬운 바느질감을 맡겼고 그녀가 담당했던 많은 가사 업무를 면제해주기도 했다. 데이는 나중에 파킨슨 부부가 그들의 책임인 '검약과 절약'을 제대로 가르치지 않았다고 질책했다. 실제로 그들은 사랑하는 딸을 키우는 다정한 부모처럼, 혹은 입양아를 사랑하는 너그러운 부모처럼 행동했던 것으로 보인다. 사브리나가 저택으로, 의사의 집으로 친목 나들이를 해가면서 파킨슨네에서는 부엌 한 귀퉁이에서 무릎 꿇고 일했다고 주장하기는 어렵다. 사브리나와 차를 마시며 담소를 나누는 이들이 손님으로 오는데 그녀에게 옷 주문을 받으며 일을 시키는 것도 사실 우스꽝스러웠을 것이다. 리치필드에서 친절한 파킨슨 부부와 편안하고 안락하게 살면서 우정을 다시 쌓고 있던 사브리나는 지난 수년을 통틀어 가장 행복했을 것이다.

여전히 변하지 않는 것은 그녀가 이중적인 모호한 지위에 놓여 있다는 사실이었다. 그녀는 옷 만드는 일로 독립해서 살아가려 했지만 여전히 데이에게 재정적인 지원을 받고 있었다. 그리고 사교 모임에 나가거나 우정을 유지할 자유가 있었지만, 사교 모임의 멤버 모두가 그녀에게 같이 살지는 않지만 후원자가 있음을 알고 있었다. 그는 여전히 줄을 잡아끌고 있었다. 그녀는 데이의 재산이었으며 어느 노예나 그렇듯 주인이 그녀의 운명을 쥐락펴락했다.

리치필드의 소문에 전혀 개의치 않으면서 데이는 1774년 7월에 3주간 네덜란드 여행을 위해 사브리나를 떠나 해협을 건넜다. 빅널과 어머니에게 편지를 보내면서 그는 프랑스인들에게 그러했듯이 네덜란드인들에게도 전혀 호감을 보이지 않았다. 마실 물은 "나빴고", 풍경은 "맘에 들지 않았으며" 마을에 있는 집들은 "싫었고" 여자들 역시 그의 취향이 아니었다. "네덜란드 여자들은 내 취향에 조금도 맞지 않았다"고 어머니에게 담담하게 말했다. "그들은 몹시 불결하고 게걸스러우며 하루 종일 빵과 버터와 차로 뱃속을 꽉꽉 채웁니다. 그런 다음 조그만 집에서 남아도는 시간을 빈둥거리며 보내고, 심지어 체면도 차리지 않고 문을 닫으려는 수고도 하지 않습니다." 그러니 그곳에서 결점이 없는 동반자를 찾을 기회는 없었다. 네덜란드 여자들도 마찬가지로 인상을 잔뜩 찌푸린 웬 영국 남자가 프라이버시를 지켜야 하는 '안식처'를 들여다보는 것이 이상했을 것이다.

빅널에게는 강한 어조의 편지를 보내 플렉스니에게 『죽어가는 검둥이』의 저작권을 팔지 말고 계속 유지하라고 충고했다. 데이가 얼핏 언급한 금액은 100기니로, 100파운드가 조금 넘는 것이었다. 만약 이것이 사실이라면 시집 하나치고는 어마어마한 금액이었다. (오늘날의 기준으로 약 1만3000파운드, 2만 달러의 가치다.) 1778년에 패니 버니는 소설 『에블리나』로 20파운드(오늘날 2600파운드)를 받았다. 빅널은 사실 그때 현금이 몹시 아쉬웠던 터라 그들의 문학적 성공에 비해 "너무 박하다"며 플렉스니를 고소했다. 데이는 두 저자를 다음과 같이 묘사했다. "하나는 '진정한 천재'이고 다른 하나는 '질이 떨어지는 사람'인데, 후자는 자기 분야에서도 실수를 하고, 자신이 타고나지 않은 능력을 유지하려고 애쓴다." 물론 데이가 천재라 믿었던 이가 자기 자신임은 의심할 여지가 없다. "『죽어가는 검둥이』의 두 저자의 지분을 따져봐야겠지만, 지금은 결정을 내릴 수가 없다. 하지만 내가 스토아학파 및 루소와 얘기를 해본 뒤에 인간 본성의 위엄을 대중에게 알리고, 진실과 덕 그리고 인류애를 표현하는 작품의 대가가 고작 100기니라는 것, 그렇게 루소를 팔아야 하는 것은 참을 수가 없다."

이런 거드름에도 불구하고 데이는 1774년에 빅널과 덜 고상한 일을 도모하고 있었다. 데이가 네덜란드에 있는 동안, 빅널은 또 다른 익명의 소책자를 마무리하고 있었다. 빅널이 주 저자였고 아마 대부분을 썼던 것으로 보이는데 결과물에는 데이의 직인이 찍히게 된다. 정말 오만하게 도 그들은 런던 고아원에 음악 수업을 권유하는 의견을 공격하기 위해 풍자물을 출판했다.[21]

고아원에서 음악 수업을 하자는 생각은 찰스 버니 박사가 고안한 것으로 그는 부잣집 아이들에게 음악을 가르치며 그럭저럭 잘 살고 있던 사람이었다. 대륙에서 유사한 주창자들에게 영감을 얻은 버니는 자신과 한 친구를 고아원에 음악 선생으로 취직시킬 것을 제안했다. 고아원 아이들은 대개 오랫동안 노래 연습을 했고, 버니는 그중 재능 있는 아이를 가수로 키워 생계를 유지하도록 해주어야 한다고 믿었다. 7월 28일에 음악 학교를 연 지 일주일이 채 되지 않았을 때, 운영위원회는 그것이 자선 단체의 법률 규정에 부합하지 않는다며 돌연 사업을 중단했다. 갑작스런 반전에 모욕감을 느낀 버니 박사는 다음 달에 자신의 견해에 대한 야유를 담은 소책자가 나오자 더욱 모멸감을 느꼈다.

조엘 콜리어라는 가명으로 출판되어 고아원 운영위원회에 헌정된 『영국의 음악여행Musical Travels Through England』은 버니 박사가 3년 전에 출판한 유럽을 기행하며 음악사에 관해 쓴 『프랑스와 이탈리아 음악의 현주소The Present State of Music in France and Italy』를 패러디한 것이었다. 음탕한 방식으로, 화자는 자신의 이름을 콜리오니Coglioni(고환이라는 뜻의 이탈리아어)로 바꿔 음악계에서 경력을 쌓고 있음을 폭로했다. 영국을 여행하면서 그는 딜레탄티 박사를 만났고, 함께 고기를 잘라 먹으며 메트로놈의 진동에 맞춰 섹스를 하고는, 만셀리 후작이 두 여자아이와 섹스하는 장면을 훔쳐보다가 절정의 지점에서 "내가 들었던 가장 음악적인 화음의 신음이 뒤에서 바로 터져나왔다"고 외쳤다. 영국의 취향을 여성적이라며 은근히 놀리는 대륙의 영향을 받은 작품으로, 그것은 분명 고아들이 "이탈리아식으로 노래하고 춤추며" 수업을 받는 음악 학교에 대한 조롱이었다. 악의 넘치는 조롱을 담은 『영국의 음악여행』은 흥미를 불러일으키며 이듬해 재판을 찍을 정도로 잘 팔렸다.

저자를 밝히지 않는 통상적인 신비주의 전략으로 주요 작가가 빅널임이 밝혀지는 데는 몇 해가 걸렸지만 그 책은 사실 데이와 공동으로 쓴 것이었다. 젊은 시절 그 둘이 짝을 이뤄 '나이프와 포크'라는 가명으로 시를 쓰던 방식이 반복적으로 드러나고, 아이들의 음악 교육이 엄청난 사치라고 생각했던 데이의 증오를 나타내고 있어, 그 소책자가 합동 작품임을 쉽게 알 수 있다. 데이는 공식적으로 고아원의 운영위원이었고, 또 두 명의 고아원 소녀를 불법적으로 유괴하다시피 한 전력이 있기에 그 작품은 정말 위선적이었다.

불쌍한 버니 박사는 그 공격으로 너무나 비참해져서 마지막 작품인 『음악사A General History of Music』 저술을 포기할 뻔했다. 한 지인에 따르면 그는 그 소책자를 찾을 대로 찾아내 200부의 사본을 사느라 200파운드를 썼고, 가능한 한 모든 사본을 불살랐다고 한다. 그래서 오늘날 그 작품을 찾기란 정말 어렵다.

데이가 1774년 8월에 미들 템플에서 가을 학기를 다니려고 런던으로 돌아왔을 즈음, 아메리카인의 자유 투쟁에 대해 더 신랄한 비판을 담은

완벽한 아내 만들기

『죽어가는 검둥이』의 2판이 불티나게 팔리고 있었다. 여전히 익명이었지만, 이제 저자가 누구인지는 비밀이 아니었다. 영국과 식민지 13주 사이의 싸움이 더 커지면서 아메리카 독립 문제는 몇몇 가족과 친구들을 갈라놓기까지 했다.

루나 모임 내에서도 웨지우드와 키어, 다윈은 진심으로 아메리카의 독립을 지지했던 반면 볼턴은 영국의 편이었는데, 이는 다분히 상업적 이익 때문이었다. 그럼에도 그들은 여전히 친목을 위한 학문적인 저녁 모임을 유지하고 있었다. 그러나 13인 클럽은 아예 찢어졌다. 데이비드 윌리엄스는 슬퍼하면서 "나라를 압도하는 불일치의 정신이 프랭클린 박사의 집에서 만들어진 아주 조그만 사교 모임에까지 영향을 미쳤다"[22]고 기록했다. 그런 불일치의 주요인 중 하나는 노예제에 대해 데이가 야기했던 논쟁이었다. 웨지우드와 벤틀리는 그들 중에서 노예제에 가장 반대한 투사였지만, 독립 자체를 지지하기 위해서 이 주제를 한쪽으로 제쳐두었다. 오로지 데이만이 확고하게 자신의 논리를 유지했고, 아메리카인들이 노예제에 의존하는 한 독립을 지지할 수 없다며 선을 그었다.

미들 템플에서 젊은 아메리카 혁명가들과 논쟁을 지속하면서 데이는 또 한 명을 노예제 폐지론자로 전향시켰다. 존 로런스는 8월에 미들 템플에 학생으로 등록했는데, 그 역시 법률가이며 챈서리 레인에 사는 존 빅널의 형과 같이 살기 위해서 이사를 갔다.[23] 사우스캐롤라이나 출신인 부자 가문의 장남으로 열아홉 살인 로런스는 독립을 요구하는 그들의 동포와 합류하느라 바빴다. 대다수의 친구처럼 그의 안락한 생활도 가족이 노예를 소유했기에 가능했다. 그의 아버지인 헨리 로런스는 노예 무역을 통해 수천 명의 아프리카 노예를 팔았고, 사우스캐롤라이나와 조지아에서 플랜테이션으로 엄청난 돈을 끌어모았는데 모두 노예 덕분이었다. 그러나 존 빅널과 사귀면서 또 그를 통해 데이를 만나면서 존 로런스는 자신의 가족뿐만 아니라 나라 전체가 노예 무역에 기대는 것에 의문을 제기하기 시작했다.

노예제 폐지에 대한 확신이 있었던 로런스는 이제 아버지를 포함한 아메리카 동료들에게 자유를 원한다면 노예들을 해방시켜야 한다고 주장했다. 그는 심지어 데이에게 부탁해 자기 아버지에게 그 문제에 대한 탄원서를 보내달라고 설득했다.[24] 그의 아버지 헨리 로런스에게 보내는 유창하고 호소력 짙은 편지는 나중에 소책자 형식으로 출판되었다. 데이는 아메리카가 자신을 만들어준 국가에 대항하여 무장을 했다고 말하며 "이는 올바르고 정의로우며 모든 인류가 흐름에 저항할 수 없다"고 했다. "하지만 그 정당성이 폭력에서 나오지는 않는다. 만약 그렇다면 당신의 노예들에게 어느 날 '태양 아래 발가벗고 채찍과 사슬 소리에 맞춰 일하라고' 강요하는 것도 정당화될 수 있다." 그럼에도 헨리 로런스가 확고하게 노예제를 찬성하자 데이는 노예제가 "인류에 반하는 매우 사악한 범죄라서 그것을 실행하는 자는 지상에서 추방되어야 마땅하다"고 강경하게 주장했다. 또한 그는 다음과 같이 덧붙였다. "만약 정말로 조롱받을 대상이 있다면 그것은 아메리카의 애국자들인데, 그들은 한 손으로는 자유를 달라고 요구하면서, 다른 한 손으로는 공포에 질린 노예에게 채찍을 휘두르고 있다." 존 로런스는 결국 독립 투쟁을 위해 아메리카 군대에 들어가느라 법률 공부를 중도에 그만두게 되지만 아메리카 노예 해방을 위한 노력을 결코 포기하지 않았다.

독립에 관한 견해가 무엇이든, 사람들은 대서양 양쪽의 150여 년 동안 지속된 관계를 종식시키는 것을 부모와 자식의 분리와 같은 감정으로 받아들였다. 아기처럼 식민지를 태어나게 했고 키웠으며 보호해왔다고 여긴 많은 영국인은 아메리카를 부모의 집을 나가려는 무분별하고 배은망덕한 십대 자식으로 보았다. 문학의 후원자이자 작가인 엘리자베스 몬터규는 "아메리카는 우리 자식이며 그래서 매우 아끼는 아이다"라고 밝히기도 했다.[25] 루소로부터 영감을 받은 부모의 무례한 자식들처럼 아메리카는 자상하고 유순한 창조물에서 통제할 수 없고 위협적인 어떤 것으로 변하는 중이었다.

1774~1775년 겨울 법학 공부를 쉬고 있던 크리스마스 휴가 동안 데이는 대륙 여행을 다시 시작했다. 그러나 그 여행은 1775년 2월에 갑자기 끝났는데, 오랜 친구이자 마흔 살밖에 안 된 스몰 박사가 중병이 들었다는 황망한 소식 때문이었다. 데이는 친구와 함께 있기 위해 즉각 브뤼셀을 떠났다. 다윈과 볼턴은 소호에 있는 그의 집에서 친구 옆에 무력하게 앉아 있을 뿐이었다. 스몰은 2월 25일에 세상을 떠났는데 아마도 그가 아메리카에 거주하는 동안 말라리아에 감염되지 않았나 싶다. 데이는 너무 늦게 도착해 친구에게 마지막 인사를 할 겨를도 없었다. 그는 좌절했다. 아버지를 알지 못했고 계부를 좋아한 적이 없었던 데이에게 수줍음 많고 동정심 넘치던 그 의사는 거의 아버지나 다름없는 사람이었다. 키어에 따르면 데이는 그 후 2년 동안이나 스몰을 추도했다고 한다. 데이가 그 의사를 진심으로 추도한 것에는 조금도 의심할 여지가 없다. 비록 그가 늘 그랬듯 스몰이 죽은 지 한 달 뒤에 "죽은 자를 애도는 하지만 그것에 대해 그리 자주 생각하지는 않는다"며 "우리 인생은 너무나 짧고 비참

해서 그리 오래 슬퍼할 수가 없다"고 볼턴에게 말했을지라도 말이다.[26]

그 의사는 루나 모임의 핵심 멤버였기 때문에 그의 죽음은 정상으로 돌리기 어려울 만큼 모두의 삶에 상처를 주었다. 제임스 와트에게 소식을 전하면서 볼턴은 몹시 좌절한 나머지 이 말을 제외하고 한마디도 덧붙일 수 없다고 썼다. "상실감은 표현할 수도, 치유할 수도 없다. 나는 언제나 울 준비가 되어 있다."[27] 볼턴은 가족만 없었다면 그도 스몰을 따라 "죽은 자들의 집"에 가고 싶다고 했다.

한편 스몰의 죽음은 루나의 형제애를 더 북돋운 것처럼 보였다. 볼턴과 와트에게 협력해 증기 엔진을 만들게 한 이도 스몰이었다. 이제 그 둘은 짝을 이뤄 모든 에너지를 그 계획에 쏟아부었다. 데이가 짝을 찾도록, 심지어 길에서 만난 아가씨조차 데이의 잠정적인 짝으로 소개시켜준 이도 스몰이었다. 엘리자베스 스네이드에게 거절당한 후, 데이는 자신과 친구에게 독신으로 살겠다고 확실히 말했었다. 그러나 그 의사의 죽음은 죽음과 후손에 대해 생각하게 만들었다. 정말 인생은 슬픔에 빠져 살기에는 너무나 짧았다. 그는 리치필드에서, 런던에서 혹은 대륙에서 이상에 맞는 여자를 찾는 데 실패했다. 리치필드에서 스몰의 장례식 이후 방황하며 멍해져 있는 자신을 발견하고는 데이는 오랫동안 잊고 있었던 견습생을 찾았다.[28] 이제 그는 사브리나를 새로운 눈으로 보았다.

일 년 가까이 옷 제작자로 견습을 하면서 사브리나는 파킨슨 가족과 아주 가까워졌다. 데이는 사브리나에게 편지를 쓸 때 그들을 "네 친구들"이라고 표현했다.[29] 그러나 1774년 말에서 1775년 초, 어느 순간 그 행복한 견습은 갑자기 끝나버렸다. 옷 제작 업종이 사양길에 접어들었던

완벽한 아내 만들기

것으로 보이는데, 데이는 이를 "망했다"라고 꼬집었다. 볼턴이나 그 밖의 사람들에게 무기한으로 돈을 빌려주거나 동정심을 가졌던 것과는 달리 데이는 마지막으로 파킨슨 가족을 만났을 때, 자신의 어린 견습생에게 '근면과 성실'을 주입하라는 지시를 어겼다며 매섭게 질책했다.

이전에 그가 질문할 때마다 부부는 언제나 사브리나가 일을 잘한다고 칭찬했음에도 불구하고, 이제 파킨슨은 말을 바꾸어 "이제야 솔직히 고백하건대 사브리나는 자신이 좋아하는 일 외에는 아무것도 하지 않았다"고 했다. 또다시 자신의 학생에게 실망한 데이는 사브리나를 멀리 보내버렸다. (이때 그녀가 어디에서 머물렀는지는 알려져 있지 않다.) 1775년 초 스몰이 죽은 직후 그녀를 찾아 다시 만났을 때, 데이는 그녀의 변한 모습을 보고는 깜짝 놀랐다.

이제 그녀는 막 열여덟 살이 되었고 매력적일 뿐 아니라 자기 주장이 확실하며 세련된 젊은 여인이 되었다. 리치필드의 사교계에서 익힌 우아한 옷차림은 그녀가 신체적 매력을 발산하는 법을 알고 있다는 것을 보여줬다. 파킨슨 부부의 옷 가게에서 지내는 동안 그녀는 멋있는 옷차림과 매력적인 헤어스타일을 익혔을 것이었다. 둥근 얼굴과 예쁜 모습, 밤색 머리카락의 그녀는 손님에게 새로운 디자인을 권해주기까지 했다. 저택의 테라스에서든 다원의 거실에서든 그녀는 기숙사에서 익힌 예의와 규범을 연습했을 터였다.

데이는 사브리나가 열세살 살이 되기도 전에 데려와놓고, 두려움 속에서 애정을 갈구하는 복잡한 심경의 가냘픈 그 소녀를 4년 동안이나 내팽개치고 아주 가끔씩만 찾았다. 그러나 이제 고치를 벗어난 나비와 같은 매력적이고도 얌전한 여성이 자신 앞에 나타났음을, "잘 성장했고 이전에 의도하려 했던 바를 상기시킨다"는 점을 인정했다. 그러나 그가 없을 때, 다른 선생 밑에서 배울 때 이런 성장이 이루어졌다는 사실은 전혀 고려하지 않았다. 연애의 실패가 이어지고 몇 차례 여행을 한 뒤 마침내 데이는 자신이 생각하는 이상적인 여자를 발견할 수 없으리라 확신하던 차였다.

그는 사브리나를 선택했고 (빅널의 선택에 편승하긴 했지만) 자신의 이상에 맞게 최선을 다했다. 비록 그녀를 멀리 보냈을지라도 그는 그녀 인생에 엄격한 규율을 부과하고 있었다. 아마 그녀가 필요로 했던 것은 변신을 위한 약간의 섬세한 배려였는지도 모른다. 데이는 이제 이 실험이 결국 취지대로 성공했다고 상상하기도 했다. 독신으로 살겠다는 결심을 버리고 그는 고아원에서 데려왔던 소녀가 완벽한 아내가 되리라 기대했다. 사브리나를 교육시키려고 했던 그의 임무는 이제 끝이 났다. "그래서 나는 결심했다"며 데이는 "내가 지금까지 해온 것보다 덜 세심하지만 결정적인 한 차례의 시험만 하기로 했다".[30] 물론 당연하게도 그는 아직까지 사브리나에게 상황의 전말을 말하지는 않았다.

희망이 되살아나면서 데이는 사브리나를 버밍엄에서 12마일 떨어진 스타워브리지 근처에서 유리 공장을 운영하던 키어의 집으로 보냈다. 여기서 그는 사브리나를 앉혀놓고 이전보다 '더 분명하게' 그녀에게 말했다. "이제 네가 내 마음에 들게 행동한다면 너와 같이 살겠다." 그리고 덧붙였다. "아직까지 네가 잘할지 확신은 없다. 그래서 네가 내 생각에 맞춰 행동할 수 있을지 여부를 알기 위해 한 가지 시험을 치르도록 결심했다." 그때까지도 그는 자신의 진짜 목적에 대해서는 아무런 언급도 하지 않았다.

나중에 그는 이렇게 발뺌한다. "나는 당시 진지하게 말하지도 않았고 긍정적으로 너를 아내로 생각했다는 작은 암시도 준 적이 없다." 데이와 함께 산다는 제안을 사브리나가 어떻게 생각했는지에 대해서는 명확히 밝혀진 바가 없다. 추정컨대 그녀는 같이 산다는 것을 지금껏 그랬듯 가사를 맡을 집사로서 평범하게 일하는 것으로 여겼을 것이다. 그래서 그가 그녀에게 실제 의도를 밝히지 않았더라도 자신의 미래를 결정하게 될 최종 시험을 그러려니 하고 받아들였을 것이다. 늘 그랬듯 차갑고 냉소적인 태도로 데이는 사브리나에게 명령을 한 번이라도 어기면 "앞으로 어떤 시험도 보지 않을 것이며 영원히 너를 만나지 않겠다"고 경고했다.

사브리나는 곧바로 데이의 시험을 치르기로 동의했다. 그녀는 젊은 숙녀의 육체와 자태를 보이고 있었음에도 불구하고 여전히 아이처럼 데이를 믿고 그의 동기에 순진무구한 태도를 나타냈다. 열두 살 이래로 데이가 인생에서 가장 중요한 선생이며 보호자이자 자선가였기 때문에 이런 태도는 당연했다. 심지어 지금은 견습이 끝나서 불안정한 상태에 놓였고 데이로부터 경제적 지원을 받고 있었다. 쌀쌀맞고 고압적인 그의 태도에도 불구하고, 사브리나는 그에게 헌신했고 그의 평가와 칭찬을 다시 얻을 기회가 생긴 것에 기뻐했다.

사브리나가 마지막이자 결정적인 시험을 치르는 동안 어디에서 살았는지는 분명하지 않다. 아마도 스타워브리지에서 키어의 가족들과 살았을 듯한데, 그곳은 데이가 미들랜드로 가는 길에 자주 들르기도 했고, 계속 감시받으며 지내기에 최적의 장소였다. 그즈음 키어는 친구의 실험을 위한 과학적인 도구를 포함해서 섬세한 유리 작업을 하느라 바빴고, 실용 단계로 만드느라 심혈을 기울이고 있었다. 그래서 그는 이 독특한 시험에 별 신경을 못 썼던 게 분명했다. 수어드는 이제 데이가 목격자와 함께 있을 때만 사브리나를 만났다고 기록했다.[31] 데이는 사브리나에게 키어와 "너의 귀중한 친구인 키어 부인"에게 "의지하고 지도를 받으라"고 충고했는데 나중에 사브리나가 키어 부부를 "상당한 적개심을 가지고"[32] 대했다는 사실이 밝혀져 그들이 분명 그녀의 운명을 결정하는 중요한 역할을 했다고 추측할 수 있다.

이제 마흔이 다 된, 이전에 장교였던 키어는 결혼한 지 4년이 되었고 아름다운 아내인 수재나에게 헌신했다. 당시 수재나는 임신한 상태였고,[33] 프랜시스라는 세례명을 받은 아들을 키우고 있었다. 그래서 가사를 맡도록 기술을 익힌 막 열여덟 살이 된 소녀는 키어의 집안에서는 환영받을 법했다. 사브리나가 최종 시험을 얼마나 지속했는지는 알 수 없으나 아마도 몇 개월이거나 길게는 일 년 정도였을 것이다. 이 시기에 데이는 노력해서 실험을 성공시키겠다는 마음이었고, 이에 사브리나가 열심히 맞추려고 했던 것은 분명하다.

예전에는 데이의 테스트와 지시가 교육적인 듯 보였지만 이제는 완전히 바뀌었다. 초기에는 읽기와 쓰기, 덧셈과 뺄셈을 가르치며 태양계를 이해시키고 루소의 사상에 맞춰 자연법을 가르쳤다. 그녀는 가난한 자를 이해하는 법을 배웠고, 최소 필수품으로 평범하고 단순하게 사는 생활에 가치를 두도록 배웠다. 이런 모든 것은 살아가면서 얻은 교훈들이었다. 그때 그녀는 어린이였기에 지식과 사상을 받아들일 준비가 되어 있었고, 선생을 기쁘게 하려고 열심이었다. 그녀가 반항한 적은 그가 가사를 너무 오랫동안 시켰을 때뿐이었다. 이제 데이는 사브리나에게 공부 진도를 나가게 하거나 새로운 사상을 주입하려는 시도를 아예 하지 않았고, 그녀도 필요한 지식은 책을 통해 조금씩 늘려나갔다. 그는 어찌되었

완벽한 아내 만들기

든 그녀의 성격을 완벽한 아내라는 분명하고도 특별한 목적에 맞추려고 할 뿐이었다.

　루소의 교육 진도에 어린 소녀를 맞춰왔지만, 더 이상 순진하고 참신한 실험은 아니었다. 이제 이것은 한 인간의 의지를 자신의 뜻에 맞추도록 완전히 세뇌시키려는 체계적 계획이었다. 그리고 기수가 말을 조종하듯, 주인이 노예를 길들이듯 그녀의 정신을 개조하려 했다. 돈을 주지 않고는 거지의 앞을 지나칠 수 없었던 자선가가, 말을 학대하는 것은 말할 필요도 없고 거미조차 죽일 권리가 없다고 느꼈던 자연을 사랑하는 이가, "한 사람이 다른 사람에게 완벽하게 종속되는 것"이기 때문에 노예제를 반대했던 박애주의자가 한 여자를 자신의 명령에 굴복시키고 욕구에 맞게 변모시킬 권리가 자신에게 있다고 확신했다. 『피그말리온』에 등장하는 엘리자는 변신 이후 비참해하며 히긴스 교수에게 이렇게 말했다. "좋은 옷을 입고 있음에도 여전히 노예다."[34]

　이전에도 그랬듯이 사브리나는 열정적이고 순종적인 학생이었다. 그녀는 데이의 급진적인 견해를 재빨리 받아들여 노예제를 혐오하고 사치와 나태를 경멸하며 음악과 춤을 비난하고 점잖은 척하는 예절과 유행을 거부했다. 또한 그녀는 그의 완벽한 여성에 대한 기대를 맞추려 했고, 그래서 그가 골라준 옷을 입었으며 그의 기호대로 장식이 없는 머리 스타일을 유지했다. 파리의 유행을 베끼느라 몇 달을 보내놓고도 이제 사브리나는 데이의 청교도적 취향에 맞춰 수수하게 입고 다녔다. 심지어 그녀는 데이와 함께 유일한 동료로서 무미건조하고 불편한 삶을 살았으며, 그의 수업을 스스로의 선택인 양 받아들이겠다고 확신을 주었다.

　몇 달이 지나 사브리나는 마침내 그의 수업 진도를 뛰어넘었다. 한 친구가 쓴 바에 따르면 "그녀는 그의 생각을 모두 뛰어넘었고 심지어 희망마저 능가했다"[35]고 한다. 그의 판단이 결국 옳았다. 완벽한 아내를 찾는 유일한 방법은 스스로 만드는 것이었다. 제자의 성장 속도에 기뻐하며 런던에서 사브리나를 자주 보러 오던 데이는 아일랜드에 있는 에지워스에게 보내는 두툼한 편지를 사브리나의 덕목을 칭송하는 것으로 채웠다.

에지워스는 데이가 사브리나와 한 번 더 "같이 지내게" 되었다는 소식을 듣고 처음에는 놀랐고 시간이 지나자 당황했으며 깊은 고민에 빠져들었다. 호노라와 결혼하면 친구를 거의 보지 못하게 될 거라는 예감은 적중했다. 오랫동안 고립된 은신처에서 결혼의 축복을 누리며 살기를 바랐던 사람은 데이였음에도 불구하고 정작 그 꿈을 실현한 이는 에지워스였다. 별 특징이 없는 전원인 롱퍼드 카운티의 평지에 위치한 낡은 고대식 집에 살면서 에지워스는 그가 사모한 호노라와 이전의 자식들과 함께 지내면서 행복에 겨웠다. 에지워스에 따르면 이웃이 거의 없고 오락거리도 없어 "홀로 떨어진 것처럼 살고" 있다며, 자신들은 "위대하고 질리지 않는 애정"으로 서로에게 심취하여 "사교 모임의 필요성을 전혀 느끼지 못한다"고 했다.[36] 그 행복은 전적으로 상호적인 것이었다. 호노라는 집과 영지를 가꾸면서 나무 한 그루를 심을 때도 서로 불일치라는 걸 경험해본 적이 없다고 했다. 그녀는 한 친구에게 "이런 사소한 데서 의견이 일치한다는 것이 행복이라면, 더 큰 행복은 감정과 의견 그리고 취향마저 같다는 거야"[37]라고 썼다.

에지워스 부부는 완벽하게 동등하고 화합이 잘되며 서로 사랑하는 관계를 창출했다. 그것은 한때 데이가 호노라에게 제시했던 이성적이며 일방적인 관계와는 완전히 다른 것이었다. 언젠가 호노라는 결혼 반지를

완벽한 아내 만들기

들판에 떨어뜨렸다는 것을 알고 40명의 일꾼을 동원해 그것이 발견될 때까지 새로 일군 밭을 뒤집으라고 시켰다. 그녀는 평상시대로 아주 냉정하고 침착하게 인생이 다할 때까지 다시는 반지를 잃어버리지 않겠다고 맹세했다. 전원생활의 지평선에 드리워진 유일한 오점은 호노라의 건강이 다시 나빠지면서 잦은 기침을 하는 것이었다. 그녀가 조용히 않는 가운데 에지워스는 타고난 낙관주의를 유지해갔다.

삶이 그 가족의 누구에게나 그렇게 즐거운 것은 아니었다.[38] 이제 열한 살이 된 딕은 새로운 기숙 학교로 보내졌는데 그곳에서 겁 없는 행동으로 동료들에게는 귀여움을 받았지만 선생들은 기함했다. 그는 여전히 루소식의 신동이었다. 이제 여섯 살이 된 마리아는 식구들과 잘 지냈던 아일랜드를 추억하며 불행해했고, 잘 알지도 못하는 아버지와 아름답긴 하지만 냉정한 계모와 사느라 일탈을 일삼았다. 마리아는 공연히 화를 내며 새로 짜놓은 온실용 나무 막대를 짓밟았고 장난꾸러기처럼 소파의 귀퉁이를 마구 잘라놓으며 새로 결혼한 부부의 즐거움을 방해했다. 아이는 생활력이 넘치는 아버지를 자기편으로 끌어들이긴 했지만 항상 계모를 두려워하며 지냈다. 알면서 저지르는 악행에 대한 계모의 보복은 최소한 아이가 보기에는 너무 빨랐고 잔인했다.

루소에 의해 고안되었던 자유방임 체계는 에지워스네의 새로운 체제 뒤로 사라졌다. 제멋대로 내버려두는 대신 아이들은 규율과 명령이라는 격식에 따라야 했고 세 살 때부터 각자의 침대를 정리하도록 훈련받았다. 마리아는 일곱 살이 되어 기숙 학교에 들어갔고, 첫 번째 결혼에서 낳은 네 살의 에멀라인과 두 살의 마리아가 여전히 집에 있었으며 곧 두 명의 아이 호노라와 러벌이 1774년과 1775년에 더해졌다. 아내와 어린 자식들로 더없이 행복한 에지워스는 진심으로 데이가 똑같은 즐거움을 발견하길 바랐다. 그가 그것을 사브리나에게서 발견할 것이라고 확신할 수는 없었다.

데이가 열두 살의 고아 사브리나를 보내온 첫날, 에지워스는 그녀가 "충분히 잘 자랄지" 그리고 친구의 완벽한 아내가 될 "만족할 만한 지식을 얻을 수 있을지" 심각하게 의문을 품었다.[39] 데이가 그녀에게 기초 교육을 시킨다 할지라도 에지워스는 사브리나가 자신의 욕구와 욕망까지 데이의 명령에 희생시키도록 훈련되지는 않을 것이라고 생각했다. 그래서 데이가 사브리나를 기숙 학교에 보냈을 때(물론 에지워스가 그렇게 조언했다) 첫 번째 실험이 끝난 데 대해 안도했다. 그러나 사브리나가 자신의 생각을 받아들이고 규칙을 수행하는 과정을 자랑스럽게 떠벌리는 데이의 편지 묶음을 읽으면서 이제 에지워스는 결국 그가 옳았음을 인정해야만 했다. 아마도 사브리나는 친구가 그토록 찾아 헤매던 그런 여성인 듯했다.

에지워스는 "데이 씨가 지식을 기르느라 큰 수고를 아끼지 않았고, 여전히 그녀의 마음가짐과 역할을 그만의 견해와 목표에 맞추느라 수고한다"고 썼다. "이 시기에 내게 보낸 편지에는 사브리나의 진도나 기질 그리고 행동에 대해 비밀이 거의 없을 만큼 세세하게 써 보냈다." 실제로 데이의 편지는 사브리나에게 행한 실험을 세세히 기록해 몹시 노골적이었고, 나중에 에지워스는 그것들을 불태웠다. 아주 길게 '많은 시간과 노력'을 들여 데이는 그의 프로젝트가 완성되었음을 자랑스럽게 공표했다. 에지워스에 따르면, 데이는 마침내 "그를 기쁘게 하고, 감사한 마음과 사랑으로 그에게 헌신할 특별한 동료"를 만드는 데 성공했다. "데이는 분명히 사브리나 이외에 어느 여자에게서도 그토록 사랑받지는 못할 것이다. 그리고 나는 그가 이제 자신의 취향만 고집하며 그녀를 대할 것이라고 생각하지 않는다. 또한 그에게 그토록 잘 맞춰갈 다른 여자가 있을 것이라고 믿지도 않는다." 사브리나는 예전의 그와 그의 모든 결함마저 사랑했다. "나는 데이 씨를 세상에서 가장 사랑한다"고 헌사를 바쳤던 그 어린 소녀는 여전히 그를 인생에서 가장 중요한 사람이라고 느꼈다.

데이가 마침내 이상형의 여자를 찾은 듯해서 에지워스는 이제 친구의 약혼을 알리는 편지가 도착할 날만을 고대하고 있었다. 사브리나가 아직 스물한 살이 되지 않았기에 약혼을 하려면 법적 후견인으로서 에지워스의 동의가 필요했다. 하지만 한 가지 문제가 남아 있었다. 데이가 여전히 사브리나에게 앞으로 있을 일에 대해 아무런 언급을 하지 않았던 것이다. 데이는 그녀가 자신의 의도를 알아야 한다거나 그에 대해 어떠한 견해를 가져야 한다고 생각하지 않았다. 사브리나를 무지의 상태로 두면서 친구들에게는 순진하게 의도를 밝혔다. 그는 나중에 그녀에게 이렇게 말했다. "나는 네게 결혼이라는 단어를 끝까지 말하지 않으려고 했다. 물론 친구들에게는 얘기했지만."[40] 데이가 감추는 데 실패한 것이 파킨슨 가족 때문인지 아니면 새빌 가족이나 수어드 때문인지는 분명하지 않지만, 결국 어느 때인가 사브리나의 친구들이 자선가의 결혼 계획을 그녀에게 알릴 필요성을 느꼈던 듯하다.

사브리나가 자신에 대한 소문을 듣고 데이를 맞닥뜨렸을 때, 마침내 그는 그녀와 결혼하고 싶다고 밝혔다. (비록 이 계획이 아주 오랫동안 진행된 그의 계획이었다는 결정적인 점은 빼고 말이다.) 사브리나로부터 직접 그 얘기를 들은 한 지인은 다음과 같이 말했다. "마침내 그는 자신감으로 충만해서 그때까지 그녀가 보여온 우정과 존중에 기초한 사랑을 확신하며 그녀가 청혼을 받고 행복해할 것이라고 예상했다."[41] 데이는 아내 역할에 간택된 그녀가 당연히 기뻐할 것이라고 기대했던 것이다. 그랬던 그는 그녀의 반응에 난처해하며 당황할 수밖에 없었다.

사브리나에게는 데이가 자신과 결혼할 생각을 했다는 게 끔찍한 충격으로 다가왔고, 그녀의 감정은 폭풍 속으로 휩쓸려 들어갔다. 그녀의 친구는 "(청혼을 받자마자) 그녀는 심각하고 조용해졌으며 슬퍼했다"라고 말했다. 사브리나는 데이를 보호자로, 선생으로, 고용주로 생각했다. 그리고 자상한 아버지 같은 사람으로, 아주 마음씨 좋은 인도주의자로 여겼지 한 번도 남편이나 애인으로 생각해본 적이 없었다. 물론 그녀는 데이에게 모든 것을 빚졌다는 것은 알고 있었다. 그는 그녀를 열두 살 때부터 보살피고, 공부를 시키며 도움을 주었다. 하지만 그런 그와 침대를 같이 사용하고 그의 아이를 낳는다는 것은 끔찍한 일이었다.

사브리나는 양심과 싸웠다. 조지 시대의 많은 여성은 경제적인 이유로 어울리지도 않는 상대와 결혼했다. 이들에게 사랑에 의한 결혼은 상대적으로 새로운 개념이었다. 사브리나보다 더 어린 여자들조차 한 번도 만난 적 없는, 심지어 데이보다 훨씬 더 늙은 남자와 부모의 뜻에 따라 결혼하는 게 보통이었다. 그러니 데이와의 결혼이 아주 그럴듯하지 않은 일은 아니었다. 그는 대토지 소유주이자 부자였고, 똑똑하고 영향력이 있었으며 법률가이자 시인이었을 뿐 아니라 문단에서 좋은 평가를 받았고, 생동감 넘치는 정치 평론가였으며 이따금 자기중심적이고 화를 잘 내긴 했지만 대개는 온화한 사람이었다. 스물한 살의 남자가 열두 살 소녀와 결혼하려고 마음먹었다는 것이 꺼려지긴 하지만, 열여덟 살의 소녀와 스물일곱 살의 남자는 완벽한 조합이라 생각될 정도였다. 그러나 동시에 사브리나는 데이와의 결혼이 그의 확고한 도덕관념과 가혹한 규율을 끊임없이 견디는 과정이라는 것도 알고 있었다. 실제로 배우자가 죽지 않는 한 결혼을 끝내는 것이 불가능했기 때문에 그것은 종신형과 같았다.

예상과 달리 그녀가 혼란스러워하자 데이는 당황했고, 이제 자신의 행복이 "전적으로 그녀에게 달렸다"고 강조하면서 결혼에 동의해달라고 설득했지만 이것은 오히려 사브리나를 더욱 곤란하게 만들었다. "사실이 드러나자 그녀는 더 예민해 보였고, 데이가 부드러워질수록 그와 있는 것이 덜 행복해 보였다"며 나중에 그녀의 친구는 전했다. 그럼에도 데이는 자신감에 넘쳐 '서로에 대한 존중'이 '결혼의 축복'으로 이어질 것이라며 결혼 계획을 밀고 나갔다. 마침내 사브리나는 결혼에 동의한 것으로 보였다. 데이는 결혼 날짜를 잡아두었고 에지워스는 기대에 차서 결혼식을 기다렸다. 그런데 갑자기 데이의 계획이 참혹하게 변해버렸다.

데이는 결혼 준비를 착착 진행하다가 갑자기 사브리나를 친구에게(아마도 키어의 집) 남겨두고 며칠 동안 자리를 비웠다. 떠나기 전에 그는 사브리나에게 평소대로 분명한 지시를 내렸고, 그녀 또한 그러겠노라고 담담하게 약속했다. 데이는 돌아와서 방으로 들어가 사브리나를 보고는 질려버렸다. 그녀는 그가 지시한 것과는 정확히 반대로 옷을 입고 있었다. 데이는 불같이 화를 냈다.

사브리나가 마지막 심판일에 어떻게 옷을 입어 데이의 지시를 거부했는지 정확하게 설명할 수는 없을 것이다. 실제로 장막에 가려 있기도 하다. 에지워스는 그 드라마가 펼쳐진 집에서 어떤 "신사"에게 들었다며 그것은 "사소한" 것이었다고 전했다.[42] 그는 "사브리나가 분명하게 밝혀지지 않은 어떤 것을 무시했고, 까먹었거나 과소평가했다"며 다소 얼버무렸다. "그녀는 긴 소매를 입었고, 손수건을 걸쳤거나 안 걸쳤는데 그게 그가 싫어한 건지 좋아한 건지 아무튼 그랬다." 에지워스가 추론하기로는 사브리나가 "너무 어리고 기교가 없어서 평소 사소한 걸 신경 쓰지 못했든지 아니면 당시 유행하는 여자 옷을 거부했든지 어쨌든 그 의미를 잘 알지 못했다". 그녀가 거부한 지시가 무엇이었든 간에 데이는 그녀의 망각을 "정신력이 부족한" 증거로 여겼다고 에지워스는 말했다. 결국 사브리나는 최종적인 복종의 시험에서 떨어졌다.

심지어 데이조차 나중에 사브리나가 위반한 일이 정확히 무엇이었는지 기억하지 못했다. 아니면 그가 사실을 애매하게 만들려고 했는지도 모른다. 이후에 그녀에게 "나는 분명 정확한 지시를 내렸다"고 말하면서 "그 지시가 엄한 것이었는지 아닌지, 정당한 것인지 비웃을 것인지 간에 이제 따질 필요는 없다. 너는 지시를 어겼다"고 말했다. 데이는 그녀에 대한 "비난"이 "큰 것도 사소한 것도 아니었다"며 그러나 "네가 한 잘못은 그 어떤 것보다 나의 독특한 사고방식을 고려하면 더 큰 잘못"이라고 따졌다. 그러면서 덧붙였다. "너는 그것들을 어겼다. 그리고 네가 잘 알다시피 내가 어떻게 행동할지는 뻔했다."

아마 키어도 분명히 현장을 목격하거나 이유를 알고 있었을 텐데 그 마지막 대결에 대해서는 영원히 침묵하기로 했다. 그러나 또 다른 지인에 따르면 사브리나는 데이가 돌아올 때까지 얌전히 기다리지 않고, 계획된 결혼에 공포를 느껴 멀리 달아났다고 한다. "그녀는 몇 시간 동안 사라졌었고, 예기치 않은 사건의 반전에 데이는 충격을 받아 환멸을 느꼈다."[43] 데이는 사브리나가 자신의 허락 없이 도망갔다면 충분히 좌절하고 혼란을 느꼈을 것이다.

갈등의 원인이 무엇이든 간에 결과는 마찬가지였다. 사브리나는 데이의 규칙을 어겼고, 사슬을 끊고 도망가 독립을 선언했다. 마치 매사추세츠에서 전쟁이 선포되어 아메리카가 모국에 저항해 봉기했듯, 그렇게 데이도 자신이 고안해낸 피조물이 자신에게서 등을 돌렸음을 깨달았다. 꿈꾸던 대로 완벽하게 만들어낸 여자가 더 이상 자신의 통제를 받지 않게 되었다. 갈라테이아가 피그말리온의 품을 거부했다. 이런 불복종에 직면하여 데이는 정확하게 자신이 경고한 대로 행동했다. 아주 냉정하게 사브리나에게 네가 지시를 어겼기 때문에 시험은 끝났다고 하며 다시는 그녀를 보지 않았다.

데이의 말은 진짜였다. 일 년에 50파운드를 사브리나에게 주기로 하고 버밍엄 교외의 기숙 학교에 보냈다.[44] 이 돈은 하녀가 1년 동안 받는 돈의 5배였지만, 그녀가 그동안 누려온 사교 모임을 지속하며 지내기에는 턱없이 부족했다. 게다가 그녀의 견습은 완전히 끝나버려서 생계를 이을 수단이 없었기 때문에 재정적으로 여전히 데이에게 기댔다. 더 중요한 것은 그녀의 이름이 데이와 너무 오랫동안 연관되어 있었기 때문에(친구들은 그녀가 곧 결혼한다고 믿고 있었다) 그녀는 이제 어디에서도 제대로 된 결혼을 할 기회를 찾을 수 없었다는 점이다. 18세기 영국의 이중 기준에 따르면 남자는 수많은 여성과 놀아나도 성공적인 결혼을 하지만, 여자는 어떤 남자와 연애설이 돌면 그 관계가 아무리 순수했다고 해도 돌이킬 수 없는 상처를 입었다.

사브리나는 데이가 얼마나 길고 혹독하게 아내 훈련 실험을 했는지에 대해선 단 한 번도 언급한 적이 없다. 오히려 친구들에게 그녀가 명명한

"사연 많고 모험적인 역사"[45]에 대해 아무 말도 하지 말아줄 것을 간청했다. 데이의 돈은 매년 정확하게 왔고, 단호함이 묻어나는 편지도 계속해서 도착했으며 그들의 인생은 항상 복잡하게 얽혔다. 그러나 그는 다시는 그녀를 만나지 않았다.

대다수의 친구는 데이가 아내 훈련 실험을 끝냈다는 소식을 듣고 안도했다. 그러나 에지워스는 친구의 행동에 경악했다. '그런 사소한 이유'로 결혼을 포기하는 게 어리석을 뿐만 아니라 너무 괴로운 것으로 보였다. 데이가 자신의 행동을 설명한 편지들조차 그의 불편함을 조금도 해소시키지 못했다. 에지워스는 데이가 "행복을 위해 독특하게 잘 판단했다"고 평가했지만, 한편으로는 통탄하면서 "같은 상황에 놓였다면 나는 그가 했던 것처럼 행동하지는 않을 것"이라고 덧붙였다. 물론 에지워스는 첫 번째 결혼이 서로에게 너무 "무분별하게 얽혀 있어서" 달아날 수 없었을 뿐이었다.

에지워스가 데이와 그의 기상천외한 실험에 대해 묘사한 것을 살펴보면, 친구를 "배신했다"고 평가할 수도 있다.[47] 물론 데이를 '조롱할' 의도는 결코 없었으며 데이는 "내가 알고 있는 사람 중 가장 도덕적인 인물"이라고 주장했다며 항의할지도 모른다. 그러나 그때 그는 데이의 편지를 불태우면서 극단적인 행동에 대해 "안 한 것만 못한 일 중 하나였다"고 분명하게 짚으면서 자신의 심정을 밝히고 싶어했다.

에지워스의 당혹감은 어느 정도 수긍이 갈 만한 것이었다. 데이의 실험은 모든 논리를 거스르는 것이었다. 심지어 데이 자신도 너무나 어리석은 사소한 계기로 인해 결혼이라는 미래를 그르쳤다고 생각했다. 그는

완벽한 아내 만들기

수년 동안 공들여 이제 막 완성되어가는 단계의 여성과 결혼할 뻔했다. 진실은 복잡했다. 실제로는 다른 요인들이 작동했는지도 모른다. 판단은 데이의 기대가 얼마만큼 실현될지에 따라, 아니면 사브리나가 어떻게 반항했는지에 따라, 또는 그의 모순되는 감정에 따라 다르게 내려질 것이었다.

데이는 환상의 여인을 선택했고, 창조했으며 결국 만들어냈다. 그러나 꿈을 실현하고 자신의 상아 소녀를 껴안으려는 바로 그 순간, 자신감이 사라져 괴로워했다. 과연 대담한 계획을 수행해서 고아원 출신 소녀와 결혼할 수 있었을까? 이상적인 여성을 만드는 과정을 거치며 그는 정말로 자신이 이뤄낸 소녀를 원했을까? 데이는 완벽함과 완전함에 대한 인간의 갈망을 극단까지 추구했다.

사실을 인정하지 않을지라도, 데이는 사브리나에게 막 청혼했을 무렵 자신의 꿈을 실현시켜줄 여성을 이미 만난 상태였다. 사브리나처럼 그녀도 고아였지만 유사점은 그것뿐이었다.

9장

에스터

1775년 요크서 웨이크필드

스물세 살의 에스터 밀네스는 부유한 가정에서 자라 명민하고 사랑스러웠으며, 소녀 시절에는 친구들과 또래 남자들에게 인기가 많았다.[1] 조지 시대 아이들에겐 그리 낯선 경험도 아니었지만, 네 살에 몇 달 간격으로 부모를 모두 잃은 그녀는 나이 많은 언니인 엘리자베스에 의해 양육되었고, 더비셔와 요크셔에 흩어져 사는 친척들과 어울리며 자랐다. 1769년에 언니가 죽자 에스터는 열여섯 살에 가족 명의의 광산과 땅을 포함해 대략 2만3000파운드(오늘날 시세로 300만 파운드, 560만 달러)에 해당되는 재산의 유일한 상속자가 되었다. 그러나 그녀는 곧 자신이 형부를 포함한 재산을 노리는 사람들의 먹잇감이 되었음을 깨달았다. 짙은 갈색 눈과 도톰한 붉은 입의 예쁜 얼굴을 지닌 에스터에게는 선택의 여지가 있었다. 주변 사람들이 결혼하라고 압력을 넣었지만 에스터는 확고하게 독신으로 남아 있었다. 번창하는 웨이크필드에서 나이 든 두 삼촌과 함께 집을 꾸려가면서 에스터는 결혼하기에 적당한 괜찮은 남자를 기다리고 있었다.

　1752년 체스터필드에서 태어난 에스터는 더비셔와 요크셔에서 양모 산업에 약삭빠른 수완을 발휘해 재산을 축적한 전통 있는 상인 집안 출신이었다. 두 종조부는 양모 제품을 러시아에 수출하여 목재로 교환하면서 웨이크필드의 양모 시장을 독점했다. 아버지인 리처드 밀네스는 더비셔에서 납 광산으로 엄청난 돈을 축적했고 상속녀인 엘리자베스 호크즈워스와 결혼해 체스터필드 근처의 영지를 추가함으로써 더 큰 부자가되었다. 부부의 아홉 자녀 중 오로지 스무 살 많은 언니 엘리자베스와에스터만 살아남았다. 고아원에 가는 대신 에스터는 근처에 사는 여러친척의 보호 속에서 언니와 행복하게 자랐다. 엘리자베스가 야심에 불타는 법률가인 로버트 론데스와 1761년에 결혼하자 에스터는 언니 부부와 가족 영지에서 계속 살았다. 그러나 에스터가 매력적인 형부와 친하게 지내자, 그녀는 열한 살에 갑자기 언니에 의해 기숙 학교로 보내졌다.

퀸스 스퀘어의 학교에서 에스터는 뛰어난 학업 적응 능력과 언어 실력, 그리고 능란한 하프시코드 연주로 선생들에게 인상을 남겼다. 시에대한 열정으로 실력이 나날이 늘어가는 동안, 고대의 역사와 언어에 대한 풍부한 지식으로 로마 지혜의 여신인 미네르바라는 별명을 얻기도 했다. 에스터는 친한 친구나 좋아하는 선생 심지어 책에도 '교훈을 주는 영원한 친구'와 같은 현란한 찬사를 붙이곤 했고,[2] 돌아가신 부모님의 독실한 신앙을 물려받아 자선을 많이 한다는 칭송을 듣기도 했다. 그녀는 마치 왕족처럼 자비심이 넘쳤기 때문에 친구가 많았고, 그들은 그녀를 헤티 혹은 에시라 부르며 좋아했다.

방학 동안 친구들은 에스터에게 부모와 형제, 애인 문제로 조언을 구하는 편지를 많이 보냈고 에스터는 성숙한 조언을 해주었다. 부모와 함께 인도로 여행을 떠나는 한 친구에게 열네 살짜리 에스터는 다음과 같

완벽한 아내 만들기

이 편지를 써서 보냈다.[3] "내 친구여, 너는 곧 새로운 인생을 시작하고 어떤 장면으로 들어가게 되겠지. 그곳에서 지금까지 네가 키워온 가치와 품격의 씨앗들은 밝게 피어나거나 아니면 악과 어리석음에 오염되어 파괴될 거야." 친구에게 "덕의 법칙에서" 일탈하지 말라고 충고하면서 에스터는 그녀만의 논조가 드러나는 한두 마디의 교훈적인 글로 끝맺었다. 두 남자 사이에서 고민 상담을 하는 또 다른 친구에게 에스터는 "풀 수 없는 끈을 맺을 때는 조심해야 한다"고 권하면서 사려 깊게도 "감정의 동의와 영혼의 공감이 요구되는 부부관계에서 정작 행복은 이뤄지기 어려워"라고 덧붙였다.

에스터는 열다섯 살에 학교를 떠나게 되자 친구들과 헤어질 때 눈물을 흘리면서도 온갖 유혹이 난무하는 사교계에 진출하더라도 덕을 잃지 말자는 진심 어린 편지를 남겼다. 한 친구에게 "경박한 데다 환상을 부추기는 쾌락"을 피하라고 충고하면서 "친구야, 우리 여성들이 몸치장 외에 아무것도 생각하지 않는다고 여겨진다니 얼마나 우울한지. 그건 곧 먼지로 돌아가버릴 텐데"라고 말했다.[4] 친구들이 요란한 모임에서 댄스 스텝을 밟고 자세를 잡느라 난리법석을 피우는 동안 에스터는 "가볍고 사람 많고 소란스러운 곳에서 멀리 떨어져" 조용한 곳에서 홀로 책을 읽거나 시 쓰는 것을 좋아했다.

"예의 바름"에 관한 어린이용 에세이에서 에스터는 "하나의 허례허식"이 되어버린 "의미 없는 소란과 요란하기만 한 파티를" 비난했다.[5] 그녀는 진정한 예의 바름이 오직 "마음과 이해심"에서만 나온다고 주장했다. 결혼을 주제로 한 다른 에세이에서는 돈을 보고 하는 결혼에 대해서 다음과 같이 비난했다. "결혼하는 두 사람이 덕, 지식 그리고 감수성을 지니고 있을 때 축복이 연대함으로써 사랑이라는 온화한 매듭으로 하나가 된다. 그리고 우정이라는 황금률로 강화되는데 나는 결혼한 상태에서도 이 우정이 허용되는 것이 행복이라고 생각한다." 에스터는 자신이 생각하는 이상적인 여성상을 "지식을 약간 갖고 있으면서 순수하고 정교하며 소박한 언어로 말하고 감정을 아름답고 고상하며 바르게 표현하는 사람"이라고 했다. 그러나 그녀는 친구들의 행동에 관해서는 편하게 충고하면서 정작 자기 인생을 감당해야 할 때는 이처럼 분명하게 행동하지는 못했다.

1769년에 언니가 남편 로버트 및 각각 네 살과 두 살 난 밀네스와 토머스를 남겨놓고 죽자 에스터의 순진한 세계는 엉망이 되었고 그녀는 조카들을 키워야 했다. 얼마 지나지 않아서 에스터는 재산과 평판을 보호하려는 후견인이자 아버지의 사촌인 앤과 리처드 윌킨슨, 그리고 어떤 수단을 써서라도 아내의 돈을 차지하려고 하는 사악한 로버트 사이의 전쟁에서 자신이 인질이 되었음을 파악했다. 윌킨슨 가족은 웨이크필드에서 에스터의 안전을 보장하려 노력했던 반면, 그녀의 형부는 텅 빈 집에 찾아와서 그녀에게 자신과 엄마를 잃은 조카들을 위로해달라고 애원했다. 슬픔과 근심에 빠진 에스터는 로버트에게 "용기를 내세요/ 그대의 고결한 마음이여/ 이슬 같은 눈물을 닦아드릴게요"라고 약속하는 시를 보냈다.[6] 조카들에 대한 책임감에서 나온 우려를 드러내며 그녀는 천진난만하게 다음과 같이 덧붙였다. "매사 친절하게 부모로서의 무게를 느끼며/ 어머니 같은 보살핌으로 너희를 보호할게."

그러나 로버트의 마음은 올바르지 않았고, 순수하게 아이를 키우기보다 다른 속마음을 품고 있었다. 에스터의 고모 앤은 그녀에게 여러 이유로 형부와 함께 사는 것은 "부적절하다"고 충고했는데, 당시 기준으로 "이상하게" 보일 만했기 때문이다.[7] 고모는 로버트가 "이런 관계에서 꼭 등장하는 흔들리는 마음을 어쩌지 못하고" 에스터에게 "호감"을 고백했다는 사실을 알고는 에스터에게 그를 "최대한 쌀쌀맞게" 대하고 "의도를 가진 남자의 가식으로부터 가장 안전한 쉼터"를 찾기 위해서라도 다른 남자와 결혼해서 행복하게 살아야 한다고 간청하다시피 충고했다.

형부의 구혼을 단호하게 거부하긴 했지만 에스터는 친구와 친척들 사이에서 자신이 가치 없는 짐짝처럼, 다른 한편으론 저주받은 보석처럼 끌려다니고 있음을 발견했다. 1773년, 그녀는 맨체스터에 머물면서 리스라는 사람과 거의 결혼할 뻔했다. 친구들이 결혼식을 기대하는 동안 에스터는 자신과 같은 이름인 에스터 고모에게 약혼자가 자신의 낭만적인 생각을 충족시켜줄 남편일지, 나아가 자신이 정말 결혼에 어울리는지에 대한 고민을 털어놓았다. 조카를 확신시키려고 애쓰던 고모는 "네가 결혼해서 행복할지 독신인 게 더 나을지에 대해 답하는 것은 매우 어려운 문제인데, 그건 전적으로 네 선택과 의견에 달려 있기 때문"이라고 인정했다.[8] 또한 고모는 리스 씨가 "술을 좋아하고 상당히 비속한 말을 쓰는" 사람이라는 소문을 말해주지 않을 수 없었다. 결혼식은 그 즉시 취소되었다.

실망스런 구혼자를 한 번 더 거절하면서 에스터는 앞으로 이상적인 남자를 만나지 못할 듯하여 절망했다. 그녀는 친구에게 '독신생활'이 자신에게 가장 어울리는 것 같다고 말하기도 했다. 돈으로 부리는 허세나 천박한 행동에 질린 에스터는 탐욕과 낭비 그리고 유행에 대한 자신의 혐오를 공유할 남자를 아예 만나지 못할까봐 두려워했다. 친구들이 돈 많은 남편을 찾아다니고, 옷을 고르는 데만 관심을 가질 동안 에스터는 책을 읽으며 자선 행사에 헌신하는 등 단순하면서도 검소한 삶을 원했다. 그녀는 웨이크필드에 있는 고모 집의 어린 소녀인 고아원 출신의 아이에게 유산 증여를 약속함으로써[9] 박애주의의 이상을 보여주었다. 천박한 오락과 소비가 만연한 세계에서 덕과 같은 전통적인 개념에 헌신하고, 고대 역사에 박식하며 시에 열정을 보이는 에스터를 귀하게 여길 구혼자를 기대한다는 것은 확실히 하나의 도전이었다. 누가 그 조건에 맞출 수 있을까?

에스터가 토머스 데이에게 눈길을 준 그 순간, 그녀는 인생의 완벽한 배우자를 발견했다고 생각했다. 남은 유일한 문제는 데이를 확신시키는 일이었다. 에스터는 윌리엄 스몰의 소개로 1774년에 데이를 처음 만났다.[10] 그 의사는 에스터를 우연히 알게 되었는데, 아마 그녀가 자주 버밍엄을 방문하던 1770년대 초였을 것이다. 그녀는 가끔 친척집에 머물렀는데 그곳은 스몰의 집에서 얼마 떨어지지 않았고 심지어 에스터는 그에게 건강에 대한 자문을 구하기도 했다.[11] 데이의 짝을 맺어주려고 노력하던 의사는 활기찬 에스터를 만났으니 흥분을 감출 수 없었다.

조심스럽게 스몰은 북부의 친구들을 통해 그녀의 성격을 묻고, 심지어 비밀리에 그녀의 편지들 중 일부를 복사해서 들여다보곤 했다. 그렇게 살펴본 후 그는 자신의 야심찬 희망을 확신했다. 에스터의 자비심은 요크셔에 자자했고 그녀의 편지에서는 탁월한 지성을 발견할 수 있었다. 한 화학자가 새로운 원자를 분리해낸 것처럼, 아니면 의사가 만병통치약을 발견한 것처럼 흥분한 스몰은 에지워스에게 자신이 발견한 것을 편지로 알렸다. 그는 에지워스에게 다음과 같이 말했다. "나는 마침내 데이

씨에게 완벽하게 어울릴 아가씨를 찾았다고 생각하네. 그녀는 그의 장점을 살려줄 수 있고, 사려 깊은 판단으로 그의 용모와 예의범절에서 나타나는 몇 가지 결점을 아주 사소한 것으로 만들 만한 그런 여자야."

스몰은 자신이 발견한 것을 즉시 데이에게도 알렸다. 에지워스에 따르면 그 의사는 데이가 마침내 사브리나를 혹독하게 떼어낼 때까지 기다렸다고 한다.[12] 그러나 의사가 죽은 이후 데이가 사브리나에게 다시 관심을 가졌기 때문에 한동안 주춤했다. 따라서 스몰이 에스터를 처음 소개했을 때는 데이가 사브리나와의 관계에서 두 번째 시도를 하기 전이었다. 특유의 의심스러운 눈초리로 데이는 의사가 젊은 상속녀에게 지나치게 관심을 갖는 것을 미심쩍게 바라보았다.

처음에 데이는 다재다능한 밀네스 양이 자신이 그렇게 좋아하는 포동포동하고 하얀 팔을 가지고 있는지를 물었다.[13] 스몰은 여성의 신체에 대한 전문가다운 눈으로 그렇다고 대답했다. 그녀는 데이의 괴상한 옷 취향에 맞춰 긴 페티코트를 걸쳤는가? 비정상적으로 길게 입는다고 그가 확인해주었다. 또한 그녀가 데이의 계획대로 허름한 시골 농가에서 지낼 만큼 키가 크고 튼튼하며 건강한지 묻자 의사는 화가 나서 에스터가 실제로는 아주 작고 특별히 튼튼하지도 않다고 쏘아붙였다. 멋지고 교양 있는 매력적인 아가씨에 재산도 많은 데다 "상상 속에 존재하는 이미지와 딱 맞는" 용모까지 갖춘 이의 기대를 데이가 어떻게 충족시킬지 물었다. 물론 데이도 그런 대답을 기대하고 한 질문이었다.

시간이 흐르면서 그녀를 세심하게 관찰한 스몰은 다음과 같이 주장했다. "이 아가씨는 스물둘 혹은 셋이며 그녀에게는 지금 스무 명 정도의 구혼자가 있다. 그들 중 일부는 그녀 자체를, 몇몇은 그녀의 재산을 흠모하고 있다. 구혼자와 연인 후보자가 있음에도 불구하고 그녀는 아직 약혼하지 않았다." 하지만 여전히 걸리는 문제가 하나 있었는데, 바로 에스터의 재산이었다. 재산 문제로 신부를 선택했다는 오명을 쓰지 않으리라 결심했던 데이는 상속녀와는 결혼하지 않겠다고 주장했다. 그러나 예리한 스몰은 한 가지 대답만을 했다. 그는 "여자를 선택하는 데 재산이 왜 문제가 되는가"라고 쭈빗쭈빗거리며 물었다. 그는 기어이 데이를 굴복시키고 마지못해 귀중한 밀네스 양을 만나도록 설득했다. 그렇게 하여 1774년의 어느 날 데이가 그녀를 만나러 요크셔로 오게 되었다.

돈을 좇는 총각들과 그녀의 말 한마디에 까무러치기도 하는 사랑의 열병을 앓는 구혼자들로 둘러싸인 에스터는 배우자를 찾는 일을 거의 포기하고 있었다. 그런데 토머스 데이가 그녀의 인생으로 걸어 들어오자 그녀는 자신의 눈을 도저히 믿을 수 없었다. 그녀는 곧바로 속세에 관심이 없는, 헝클어진 머리의 젊은 시인에게 빠져들었다. 더군다나 재산을 경멸하는 태도에 감동한 그녀는 그가 덕을 추구하고 인권에 대해 진보적인 생각을 가지고 있으며 자선에 관심이 많다는 것을 알고 매우 기뻐했다. 게다가 『죽어가는 검둥이』라는 시를 읽고 나서, 그녀는 그의 정치적 이상과 문학적 열정에 진심으로 감동했다. 심지어 책과 더불어 동반자인 아내와 함께 낭만적으로 고립되어 살겠다는 결정에도 매혹되었다. 에스터는 이상적인 파트너를 만났음을 전혀 의심하지 않았다. 그녀는 "당신에 대한 애정은 내 마음에서 바로 나온 감정이었어요"라고 그에게 말했다. 그리고 다음과 같이 덧붙였다. "오직 당신만이 완벽에 대한 나의 이상을 이해했고, 당신은 나의 우주가 되었으며 나는 당신 안에서 영혼을

완벽한 아내 만들기

가득 채울 무언가를 발견했어요.”[14]

제아무리 둔감한 사람이라도 그들이 이상적으로 잘 어울린다는 것은 알아보았다. 물론 아직 데이를 설득해야 하기는 했다. 조그만 체구에 이따금씩 병치레를 하는 것을 제외하고는 자신이 유럽까지 건너가서 찾아 헤맬 정도로 에스터가 신체적 조건과 지적 능력이 뛰어나며 그리고 고상한 여인의 성품을 가졌다는 것은 인정해야만 했다. 그러나 그는 여전히 망설였다. 그는 이전에 자신을 거부하여 모욕을 주었던 여성들의 변덕에 이미 상처받은 적이 있었다. 자신을 문 앞에서 참을성 있게 기다릴 줄 아는 완벽한 여성을 발견하리라는 것은 거의 불가능해 보였다. 이러는 와중에 그는 사브리나를 훈련시킬 두 번째 시도를 하고 있었다.

데이는 오랜 고통 끝에 자신의 정확한 요구에 부합하도록 만들어낸 상아 소녀 갈라테이아, 즉 사브리나와, 신기하게도 그의 기준을 거의 충족시키는 미네르바 사이에서 갈팡질팡했다. 결정을 내리지 못한 채, 데이는 에스터를 만날 때마다 다정하면서도 냉정했으며 그녀를 “평소와 마찬가지로, 절대로 친구 이상으로는”[15] 대하지 않았다고 그녀는 나중에 말했다. 하지만 결국 사브리나를 가망이 없다며 포기했을 때, 에스터에게 좀더 관심을 보일 의향이 있었다. 그리고 에스터는 그에게 응하고 싶어 안달이 난 상태였다.

친구들은 숨죽인 채 상황을 지켜보았다. 데이는 북쪽을 여행하면서 요크셔에 있는 에스터의 집에서 삼촌들과 지냈는데, 이는 상속녀의 의중을 떠보기 위한 행동이었다. 타운의 넓은 길가에 길게 늘어서 있는 빌라에 사는 웨이크필드의 웬만한 거주민들 중에서도 밀네스의 가족은 거상이었고, 그 집은 궁전이라고 알려져 있었다. 그러나 데이가 대부분의 시간을 런던에서, 여전히 법률 공부를 하며 보냈으므로 에스터가 매번 수도를 방문하여 그와 만나기엔 어려움이 있었다.

그들은 가끔씩 만나 후견인이 지켜보는 거실에서 차를 마시며 문학이나 철학에 대한 대화를 했다. 이런 짧은 만남 동안 그들은 각자의 시를 교환했다. 에스터가 데이에게 몇 줄 쓴 것을 건넸는데, 항상 그의 시선을 끄는 주제인 자유롭고 방탕한 남자에게 유혹당한 뒤 '괴로워하며' 죽은 한 여자의 실화에서 영감을 얻은 시였다.[16] 답시로 데이는 「'델리아의 무덤에 새겨질 산문'의 저자에게」라는 제목의 시를 건넸고, 이는 "귀여운 시인"으로 시작하여 "타락한 순수"를 비통해하고 "덕스런 사랑"을 찬양하는 구절로 이어졌다. 데이는 어떤 구절에서 진지하게 "한 처녀가 비밀의 그늘에서 살고 있네 / 관심을 가진 남자에게 아직 배신을 당하지 않았으니 부끄러워하지 않아도 되는가?"라고 묻고 이에 대해 에스터는 속으로 '예, 예, 아직입니다!'라며 조용히 되뇌었다. 그러나 에스터가 자신의 높은 기준을 충족시킬 수 있을지 끝까지 의심하던 데이는 결정을 유보했다.

자신을 돌보지 않고 헌신하던 에스터는 데이가 결심할 때까지 몇 년을 더 기다려야 했다. 데이는 여전히 사브리나를 버밍엄의 기숙 학교에 감춰둔 채, 자애로운 편지와 연금을 보내고 있었다. 그러면서 다른 잠재적 파트너에게도 시야를 넓혀갔다. 1775년의 언젠가 그는 "해나"라고 부르는 여성에게 일방적으로 사랑에 관한 시를 보내고 있었는데[17] 결국 그녀와는 '헛된 사랑'을 할 운명이었다. 에스터를 기다리게 내버려두고 데이는 법률 공부를 계속하면서 또 다른 활력을 찾아 정치에 뛰어들었다.

미들 템플에서 아메리카의 선동가들과 함께 지내면서 데이는 반노예

완벽한 아내 만들기

제에 대한 주장을 굳건하게 유지했다. 1775년에 『죽어가는 검둥이』의 3판을 낼 때, 그는 루소에게 바치는 헌사에서 아메리카 노예주들을 혹독하게 비난했다. 하지만 1775년 후반 고국이 전쟁에서 처음 승리하자 혁명적 열정에 고취된 아메리카 학생들에게 둘러싸인 데이는 돌연 입장을 바꿔 독립을 지지했다. 1775년 말 조지 3세가 봉기를 진압하기 위해 대규모 군대를 보내자 데이는 아메리카인들의 주장을 절대적으로 지지한다고 선언했다. 노예제 반대 캠페인은 좀더 시간이 걸리는 일이었다.

데이는 「신년 송가」라는 극도로 친아메리카적인 시를 써냄으로써[18] 1776년의 여명을 기쁘게 맞이했는데, 그 시에서 영국은 자신의 핏줄을 죽여 "자식의 피를 마시는" 부자연스러운 어머니로 묘사되었다. 그는 심지어 식민지인들을 위해서 호전적으로 「제물이 된 사람들」이란 시를 발표했다. 그러나 시기가 적절하지 않았다. 불행히도 아메리카를 열렬히 지지했던 두 편의 시와 노예주이자 혁명가를 공격한『죽어가는 검둥이』가 동시에 유포되고 있었기 때문이다.

영국 함대가 뉴욕항을 떠나고 1776년에 아메리카인들이 독립선언서를 선포해 입지를 굳히게 되자, 데이는 13인 클럽 모임에 슬슬 나타나기 시작했다.[19] 작년에 프랭클린이 아메리카로 도망간 이후 클럽의 원멤버들이 줄어들고 있었지만 핵심 멤버들은 여전히 첼시에 있는 토머스 벤틀리의 집에서 일요일 저녁마다 모이고 있었다. 한 특별한 저녁에 벤틀리는 매우 흥분한 상태였다. 사람들이 모두 모이자, 벤틀리는 파리로 가서 자신의 영웅인 루소를 만날 계획이라고 밝혔다. 그러나 루소가 워낙 사람들과 어울리지 않는 것으로 유명해서 벤틀리는 그의 마음을 돌릴 수 있을지 걱정했다. 이때 데이가 해결책을 가지고 나타났다. 그는 벤틀리에게

『죽어가는 검둥이』의 사본을 내밀었는데 그것은 루소에게 헌정된 것으로 그 작가의 처소에 들어갈 확실한 여권이 될 것이었다.

몇 주가 지나 벤틀리는 귀중한 책과 소책자를 넣은 가방을 들고 루소의 다락방 계단을 올라갔다. 테레즈 르바쇠르가 문을 열어주었지만, 벤틀리의 예상대로 돌아서야 했다. 그래도 갖고 온 책을 놓고 갈 수는 있었다. 이틀 뒤 벤틀리는 다시 찾아갔고 존경하는 철학자를 만나 환영을 받는 기쁨을 누렸다. 그러나 그의 기쁨은 곧 공포로 변했는데, 벤틀리가 남기고 간 출판물 중 하나에 루소가 신랄한 비판을 가했기 때문이다. 작가의 분노를 산 것은 여덟 쪽에 걸친 루소에 대한 헌사가 실린 데이의 노예제 비판 시였다.

루소는 데이가 자신의 허락도 받지 않고 헌사를 써서 '부적절한 자유'를 누린 것에 격노했고, 게다가 그 헌사에서 자신이 절대적으로 지지하는 아메리카인들의 독립 투쟁을 비난했다는 점에 더 화가 났다. 당황한 벤틀리는 아메리카의 독립에 관한 정당성을 알기 전에 데이가 그 찬사를 썼고, 지금은 혁명가들의 열렬한 지지자가 되었다며 그를 옹호했다. 루소는 다음과 같이 확고하게 대답했다. "이해하지도 못한 주제에 대해서는 쓰지 말아야 했다." 벤틀리가 떠나자 루소는 "가장 소중하게 여기는 충고"를 윌리엄스에게 주면서, 동시에 신랄하게 써내려간 "데이 씨에 대한 나의 조언"을 첨가했다.

런던으로 돌아온 윌리엄스는 벤틀리 부인이 알려주어 그 만남에 대해 듣게 되었고, 데이에게는 아무 말도 하지 말라고 그녀에게 부탁했다. 윌리엄스는 만약 데이가 루소의 경멸 섞인 조언을 듣게 된다면 "내 시인 친구는 명백한 편애를 견디지 못할 것이기" 때문에 그들의 우정은 끝날 것

완벽한 아내 만들기

이라고 했다. 하지만 다음 13인의 클럽에서 윌리엄스는 벤틀리를 만나 그가 이미 데이와 깊은 대화를 나누었다는 사실을 알게 되었다. 윌리엄스는 데이의 표정을 보자 최악의 사태가 일어났음을 직감했다. 데이는 윌리엄스의 지인들을 피했고 그와 다시는 얘기도 하지 않았다. 데이는 머리끝까지 화가 났으며 모욕감을 느꼈다. 데이는 자신의 논쟁적인 교육 방식에 영감을 주었으며 모든 정치적 사상의 원천이었던 루소가 자신을 비난했다는 사실에 격분했다. 루소에게 퇴짜를 맞은 그는 이제 또다시 결혼의 운명을 바꾸려 하고 있었다.

여전히 상황을 바꿀 여지는 있었다. 웨이크필드에서 에스터를 헛되이 기다리게 하고 버밍엄에서 사브리나를 홀로 감금하다시피 하면서 데이는 계속 많은 여자와 놀아나고 있었다. 미들랜드를 방문했을 때, 데이는 다윈의 질녀인 엘리자베스 홀을 만났다. 그녀는 그 의사의 누나의 딸로서 아버지는 고故 토머스 홀이었다. 1776년에 스물두 살이 된 엘리자베스는 링컨셔에 있는 웨스트버러에서 살고 있었는데 그곳은 그녀의 아버지가 1775년 죽을 때까지 교구 목사를 했고, 그의 동생에게 교권을 넘긴 곳이기도 했다. 데이는 엘리자베스의 아버지가 돌아가신 뒤에 그녀가 가끔 삼촌을 만나러 왔을 때 그녀를 본 적이 있었다. 데이가 볼턴의 공장에서 리치필드의 의사 집으로 '다윈 양'을 위해 은 접시를 보내려고 1776년 겨울에 주문한 적이 있는데, 아마도 엘리자베스를 위해 고안한 것으로 보인다.[20] 주교의 딸에게 매혹된 데이는 1777년 여름이 끝나갈 무렵 그녀에게 청혼을 했다. 그러나 그가 여전히 옹졸하게 여성의 행동을 구속하려 들었기 때문에 다시 한번 연애 기회는 좌절되었다.

(사브리나를 제외하고도) 데이의 네 번에 걸친 약혼과 파혼 이야기는 한

세기가 지나서야 이래즈머스 다윈의 손녀인 에마 골턴이 사촌인 자연과학자 찰스 다윈에게 보낸 편지에서 드러나게 된다. 에마는 "데이 씨는 한때 우리 고모인 엘리자베스 홀과 약혼했었다"라고 찰스에게 고백했는데, 찰스는 이후 할아버지의 전기에 이를 기록해두었다. 에마의 말에 따르면 데이는 엘리자베스가 할머니로부터 물려받은 다이아몬드 귀걸이를 착용하는 것을 반대했다고 한다. 엘리자베스는 그 귀걸이가 할머니를 추억하는 것이기 때문에 특별히 좋아했지만 다시는 착용하지 않겠다고 진심으로 약속했다. 그러나 데이는 거기서 만족하지 않았다. 데이는 약혼녀에게 "내 아내는 어떤 귀걸이라도 소유해서는 안 된다"며 고집을 부렸고 그녀는 이렇게 대답했다. "그렇다면 우리가 계획한 결혼은 결코 이루어지지 않겠군요."

갑작스런 파혼 이후 엘리자베스는 로저 보턴과의 결혼을 빠르게 진행했다.[21] 그는 서턴 콜드필드 인근의 애슈펄롱 하우스에 사는 지주로서, 그녀보다 열여섯 살이나 더 많았다. 에마 골턴에 따르면 엘리자베스는 보턴을 "서둘러 받아들였는데" 이를 보면 그녀가 데이의 아이를 임신했을 가능성도 있어 보인다. 결혼한 지 10개월 만에 그녀의 첫아이가 태어났는데, 세례 기록은 실제 출생일보다 다소 늦게 남기는 것이 관례였던 점을 고려하면 출산이 더 빨랐으리라 추측할 수 있다. 하지만 엘리자베스는 데이에게 버려졌다는 소문이 나기 전에 얼른 결혼을 서둘렀을 것이다. 에마 골턴의 주장에 따르면 이건 "빛나는 결혼은 아니었다". 그러나 이 결혼에는 여러 결실이 있었는데, 보턴 부부는 13명의 아이를 낳았던 것이다.

엘리자베스가 데이와의 약혼을 깬 정확한 날짜는 콕 집어내기 어렵다.

보턴과 서둘러 결혼했기 때문에 아마도 1777년 9월 이전이었을 것임은 분명하다. 데이는 1777년 초에 매슈 볼턴에게 빌려준 돈의 이자를 독촉하고 있었다.[22] 그는 당시 예상치 못한 거절로 몸과 마음이 아팠다고 불평했다. 데이는 볼턴에게 "오래된 염증과 더불어" 좌골 신경통으로 "여름 내내 기다시피" 하며 지냈다고 1777년 12월에 보낸 편지에서 말했다.

또다시 거부당해 좌절에 빠진 데이는 1778년 새해가 되자 자신의 미래에 대해 깊이 고민하게 되었다. 그는 더 이상 젊지도 않았고(그 여름에 그는 서른 살이 되었고, 병치레를 하면서 아마 죽음에 대해 생각해봤을 것이다) 그래서 결혼하고 아이를 낳길 원한다면 더 이상 허비할 시간이 없었다. 마침내 그는 요크셔에서 얌전하게 기다리고 있는 에스터를 떠올렸다. 그 이후에 에스터를 만나자 데이는 마침내 그녀에게 모든 편의나 친구를 버리고 고립된 곳에서 자신을 위해 훌륭한 일을 하며 인생을 바칠 수 있는지 물었다.

물론 에스터는 황홀해하며 동의했다. 그녀는 4년이나 그를 기다리며 덕을 쌓고 있었다. 그러나 데이는 여전히 데이인지라 머뭇거렸다. 그렇더라도 이제 더 이상 물러날 수도 거부당할 수도 없는 노릇이었다. 그래서 그는 에스터에게 장문의 편지로 그녀가 미래의 아내로 적합한지를 시험하기 위해 아주 엄격한 기준과 세세한 질문에 응해줄 것을 요구했다.

데이가 시간을 끌며 우물쭈물하자 친구들이 오히려 당황했다. 에지워스는 "데이는 꽤 많은 준비를 했다"며 "하지만 결혼 이전에 의견을 나누거나 사색에 잠긴 것은 아니었고 더군다나 마음을 정한 신부에게 알려준 것도 아니었다"[23]라고 썼다. 또 다른 친구는 에지워스에게 몇 달이 더 걸릴 것이라며 다음과 같이 말했다. "사실, 나는 어느 연인도 밀네스 양

만큼이나 상황이 뒤바뀌는 와중에 그렇게 오랫동안 편지를 주고받지 못할 것이라고 믿는다." 에스터의 한계를 시험하는 것은 정말 피곤한 것이었다.

데이가 자신의 요구를 관철하고 미래에 대한 계획을 늘어놓았지만 에스터는 그를 기쁘게 하려고 정말 애를 썼다. 그녀가 쓴 편지를 살펴보자.[24] "지난밤에는 무엇이 그대를 그리 낙담시켰나요…… 모두 저 때문인가요? 왜 저는 당신의 처진 기분을 되살릴 수 없나요? 지구상의 어떤 힘이 낙심한 이의 슬픔을 덜고 편안하게 해줄까요?"

에스터는 후견인인 윌킨슨 가족의 눈을 피해 비밀 만남을 제안하기도 했다. "내일 여러 가지 설명을 할 겸 당신을 동료로서 만나고 싶어요"라고 쓰면서 이후의 데이트에서는 후견인과 함께 "계단 위에서" 차를 마시는 좀더 통상적인 만남을 제안하기도 했다. 데이는 그녀가 편지에 덧붙인 말의 의미를 의심했다. "당신이 나랑 계단 아래에서 차를 마시자고 말하는 건가요?" 아마도 에스터는 데이에게 순수한 의도로 정식 프러포즈를 하도록 설득할 사적인 대화를 원했을 것이다. 아니면 그저 좀더 친해지고 싶었던 것일 수도 있다. "계단 아래에서"라는 표현은 성적 은유였다. "당신이 곤란해지는 것도 혹은 내가 당신을 그렇게 만드는 것도 정말 안 될 일입니다. 나는 당신을 항상 기다리겠지만 앞으로 6시나 7시 사이로 약속 시간을 정하는 게 더 편할 것 같습니다." 그러면서 "영원히 그리고 변하지 않는 당신의 것"이라고 서명했다.

마침내 데이는 에스터의 후견인을 통해 정식 프러포즈를 할 준비가 되었다. 그녀는 스물다섯 살이나 되었지만 결혼 전에 부모나 후견인의 허락을 받는 것이 관행이었다. 1778년 초, 윌킨슨에게 "내 인생 최고의 목

완벽한 아내 만들기

표는 그녀를 행복하게 만드는 것"이라며 에스터와의 결혼을 허락해달라는 편지를 썼다.[25] 윌킨슨 가족은 그의 비정상적인 행동, 즉 고아와 결혼하려 한 계획에 대해 잘 알고 있었는데, 데이는 "지금까지 당신들이 들은 나에 대한 소문은 과거의 전부가 아니며 그것에 대해 차후 설명해드리겠다"며 확신을 주었다.

1778년 5월에 사브리나가 스물한 살이 된 것이 우연의 일치는 아니었다. 그가 재정 지원을 계속하고는 있었지만 사실 도덕적 책임을 질 이유는 없었다. 에스터의 재산이라는 문제만이 남아 있었다. 그는 그것에 전혀 관심이 없을 뿐만 아니라 심지어 "재산이 많은 아가씨와 결혼할 생각이 없다"고 주장하면서 결혼 전에 에스터의 재산은 영원히 그녀의 것임을 보증했다. 당시는 법에 따라 결혼을 하면 여성의 재산이 자동으로 남편에게 넘겨지던 때라 이런 제안은 매우 특이한 것이었다. 윌킨슨네는 기이한 약혼자에 대해 그리고 찝찝한 과거에 대해 저어했음에도 불구하고 그 제안을 거절하지는 않았다.

1778년 초여름에 데이는 지병인 다리 염증을 온천수로 치료하고자 배스로 떠났다. 영국에서 가장 인기 있는 온천 휴양지이자 특히 봄여름이 성수기인 배스는 조지 시대에 사치의 중심지로 통하던 곳이었다. 젠트리와 귀족들은 매년 여름에 배스로 와서 그랜드 퍼레이드가를 산책하거나 로열 크레센트 주변을 돌아다니기도 하면서 차를 마시고 수다를 떨며 온천을 즐겼다.

소설가 토비아스 스몰렛이 1771년에 출간한 『험프리 클링커Humphrey Clinker』에는 남녀 혼욕을 묘사한 장면이 나오는데,[26] 여성들은 머리에서 발끝까지 긴 리넨 옷을 걸치고 주름 있는 모자를 써서 점잖게 입고, 남자들도 거의 다 가린 채로 있었다고 한다. 스몰렛의 책에 등장하는 신사 매슈 브램블은 4개 중 한 욕조에 조심스럽게 들어가면서 괴혈병이나 매독에 걸린 환자들과 더러운 물을 공유하게 될 것을 염려하며 "입욕자들의 때"까지 물과 함께 삼키는 것은 아닌지 걱정하고 있다. 그러나 스몰렛은 개인적으로는 그 물의 치료 효과를 믿었고, 데이 역시 그랬다.

6월에 배스에 도착한 데이는 킹스턴 빌딩에 묵었는데 그곳은 로마식 욕조가 많은 로열 퍼레이드와 가까웠다. 상류사회의 선남선녀들이 모인 장소에 들어설 때마다 그는 평범한 옷에다 아무렇게나 기른 머리의 기이한 사람으로 보였을 것이다. 배스에서의 요양이 효과가 있었는지 나중에 친구 빅널에게 "많은 런던 외과의"에게 문의했고 심지어 석 달 동안 전기 충격 요법까지 시도했지만 온천수가 "가장 의학적인 혜택"을 주었다고 말했다.[27]

뜨거운 온천수가 그의 영혼까지 되살린 모양이었다. 토머스 데이가 에스터 밀네스와 1778년 8월 7일에 결혼한 세인트제임스 교회가 바로 배스에 있었다.[28] 그는 서른 살이었고 그녀는 스물다섯 살이었다. 그가 생애의 거의 절반을 바친 모색은 드디어 끝났다. 데이는 마침내 완벽한 아내와 결혼했다. 그가 바라 마지않던 일이었다.

샴페인의 코르크 마개 따는 소리가 오랫동안 고통을 나눈 친구들과 지인의 집에서도 울려 퍼졌을 것이다. 토머스 벤틀리는 웨지우드에게 그 기쁜 뉴스를 떠들썩하게 전했다. 웨지우드는 다음과 같이 답했다. "나는 데이가 행복하기를, 그의 부인도 그렇게 되기를 진심으로 바란다. 그들은 좋은 사람들이며 진정으로 변덕이나 변심으로 단단한 행복이 깨지지 않기를 바란다."[29] 볼턴은 결혼 소식을 듣자 데이에게 자신의 소호 집을

완벽한 아내 만들기

기꺼이 내주며, 와트의 스팀 엔진을 만드느라 콘월에서 바쁜 동안 신혼의 휴양지로 쓰라고 했다.

한 달 뒤 콘월의 볼턴에게 엉망인 사업을 정리하라고 조언했던 키어는 데이와 에스터가 사촌 워커 양과 함께 소호에 도착했으며 "소호의 모든 것이 그들의 소유인 양 정원을 걸어다니고 있다"는 소식을 전했다.[30] 신혼여행 중 리치필드의 친구들을 방문하면서 데이는 저택을 찾아 애나 수어드와 함께 차를 마셨다. 애나 수어드의 말에 따르면, 데이는 "평소와 다를 바 없었다고 하고" 에스터는 "극적으로 결혼했다"고 밝혔다고 한다.[31] 그러면서 덧붙이기를 "그녀에 대해 나는 어떤 판단도 할 수 없었다. 그런 여자를 본 적은 없었다. 말 한마디나 용모가 무한히 부드럽고, 조금의 두려움도 섞여 있지 않은 그런 여자를 말이다"라고 했다. 친구들이 데이의 결혼을 축하하는 동안 사브리나가 그 소식에 어떻게 반응했는지는 알려져 있지 않다. 심지어 데이가 그녀에게 결혼 소식을 알리거나 했는지에 대해서는 아무런 기록이 없다.

친구들은 데이와 에스터가 완벽한 한 쌍이 되었다는 것에 전혀 의심이 없었다.[32] 키어의 말에 의하면 "두 사람의 취향이 꼭 맞아서 그들 이외의 누구와도 그 정도로 일치할 순 없었다". 에스터의 조카인 토머스 론데스도 "취향이나 자세, 지식 수준에서도 의아할 만큼 비슷했고 마음과 영혼은 기이할 정도로 일치했다"고 말했다.

데이는 마침내 가장 기대하지 않았던 사람을 완벽한 아내로 맞이했다. 에스터는 조지 시대의 상류층이면서 일반 교육을 받았고 모든 면에서 성취를 이룬 부유하면서도 독립적인 여성이었다. 그녀는 특권을 가지고 태어났으며 도시에서 사치와 낭비의 분위기 속에 자랐으며 상류계에 데뷔하려고 최고의 여학교를 다녔다. 태생적으로나 양육 환경으로 보나 그녀는 데이가 경멸했던 모든 것을 갖고 있었다. 그러나 모든 사람이 에스터가 데이에게 꼭 맞는 여성이라고 생각했다. 지적인 면이나 감성적인 면에서 그들은 이상적으로 잘 맞았다. 점잖고 박애주의적이며 시에 열정적인 에스터는 마치 남편을 거울에 비춘 듯했다. 그것은 마음과 정신의 완벽한 결혼이었고, 그들은 온전하게 행복할 것이었다. 다만 에스터에게 변화가 필요하다고 생각한 유일한 이탈자가 있었으니 바로 토머스 데이였다. 그의 관점에서 에스터는 다다를 수 없는 이상에 맞춰 끊임없이 검사받고 교정되어야 했다. 결혼은 진보를 향한 긴 여정의 한 걸음을 내딛는 것이었다.

11월 초에 신혼은 진정으로 끝났다. 소호의 잘 갖추어진 가구와 아름다운 정원에서 누리는 기쁨을 뒤로하고 데이는 에스터를 햄프스테드로 데려갔는데, 햄프스테드는 런던에서 북쪽으로 마차로 한 시간이나 떨어진 곳이었고, 데이가 아담한 집을 빌려둔 장소였다. 여기에서 그는 앞으로 다가올 박탈된 삶을 혹독하게 준비시키기 시작했다. 에지워스에 따르면, "불편한 숙소, 전혀 알지 못하는 곳, 선택된 소수를 제외하고는 어느 누구도 방문할 수 없는 곳에서 신부를 적응시키려 했는데, 이는 그가 자신의 행복에 필수적이라고 생각한 것이었다".[33]

에지워스 가족은 인근의 하트퍼드셔에 살고 있었기에 한겨울의 어느 날 새신랑과 신부를 보러 갔다. 그들은 조그만 체구의 데이 부인을 보고 놀라지 않을 수 없었는데, 건강해 보였던 이전의 모습은 온데간데없고, 남편 곁에서 외투로 꽁꽁 싸매고 투박한 신발을 신은 채 눈길을 터벅터

완벽한 아내 만들기

벽 걸고 있었기 때문이다. 극기 훈련이 시작되었던 것이다. 그러나 전적으로 데이를 옹호하는 에지워스의 눈에도 놀라웠던 것은 에스터가 남편에게 완전히 복종하는 모습이었다.

에지워스의 기록에 따르면 에스터는 대화를 할 때 데이만큼의 지식 수준과 명료함을 갖추고 어느 주제든 막힘없이 진행해나갔고 조용히 경청하고 추론하면서 누구와도 잘 지낸 반면 데이는 길고도 지루한 연설로 사람들을 소원하게 만들었다. 그녀는 "유창한 언변으로 아주 우아하게 말하곤 했다"고 한다. 그들은 대화를 하고 끊임없이 토론하기도 했지만 에스터는 언제나 데이에게 양보했다. 에지워스는 "남편의 감정이나 의지에 그렇게 전적으로 맞춰주는 여자를 한 번도 본 적이 없다"며 너무 놀라 말을 잇지 못했다. 어느 상황에서나 에스터는 "가장 완벽한 부부로서의 복종"을 보여주었다.

젊은 시절의 우정을 되살리고자 열심이었던 에지워스는 그들이 자주 만날 수 있도록 근처로 이사 오라고 설득했다. 그러나 데이는 매몰차게 어느 친구의 근처에도 살지 않겠다고 답했다. 에지워스에 따르면 이것은 에스터가 "부부만의 행복을 위한 체계에 반하는 어떠한 견해"와도 접촉하는 것을 막기 위해서였다. 하지만 단순히 그녀가 에지워스와 만날 가능성을 차단하기 위한 것이었는지도 모른다. 그 친구는 이전의 애인을 훔쳐간 전과가 있었으니까.

데이 가족은 하트퍼드셔와 멀리 떨어져 혹독한 겨울 내내 햄프스테드에서 지냈다. 집을 고르고 가구를 사느라 바빴다고 1779년 1월에 다윈의 아들인 이래즈머스 주니어에게 쓴 편지에서 밝히고 있다.[34] 3월에 그가 볼턴에게 주문했던 은 주전자와 접시를 받아간 것으로[35] 미루어볼 때

분명 최소한의 물품만 있었을 것이다. 봄에 데이는 이상적인 집을 발견했다. 에식스의 스테이플퍼드 애벗 마을 근처에 위치한 작고 통풍이 잘되며 낡아빠진 집이었다. "그 집은 별 특징이 없었고 땅이 거칠었다"[36]고 에지워스가 쓰고 있는데 그는 롱퍼드 카운티의 습기 많은 풍경에 익숙한 사람이었다.

오랜 여정 끝에 도착한 붉은 벽돌집은 길가의 깊은 웅덩이와 굵은 나무로 인해 시야에서 가려져 얼핏 보일 뿐이었다. 에지워스는 작은 방 하나만 있고 궁핍한 가족에게도 "전혀 어울리지 않는" 집이라고 평가했다. 옹가라는 가장 가까운 마을과도 5마일, 런던과는 20마일 정도 떨어진 곳으로 데이의 목적에는 아주 이상적인 곳이었다. 데이는 원할 때마다 갈 수 있게 수도와 그리 멀지 않으면서 에스터가 요크셔의 가족이나 친구들과 충분히 멀어져야 한다고 믿었고, 그녀를 속된 생각으로부터 보호하기 위해 이웃들과도 격리시켰다. 이런 '은신처'에 고립시켜놓고 자기만 보좌하도록 선택한 신부와 함께 그가 오랫동안 바라던 청교도적인 삶을 시작했다.

그 부부는 근처의 빈민들에게 구호품과 음식 그리고 약을 제공하면서도 자신들이 자선을 베풀던 빈자들보다 결코 더 나을 게 없는 삶을 살았다. 데이는 지역의 노동자를 고용해 척박한 땅을 손보았고 대부분의 노동자들이 쉬는 겨울에도 임금을 지불했다.[37] 그중 한 일꾼은 데이가 재정적으로 자신을 도와주었고 데이 부인은 자신의 아내가 아이를 낳을 때 포도주를 보내줬다고 전했다.[38] 그러면서 자신의 집을 수리하고 땅을 직접 개간하고자 데이는 건축이나 농사 기술을 배웠다. 그는 시장의 한 귀퉁이에서 건축에 관한 책을 발견해 독학하면서 건축 일을 시도하려고 결심했다. 그러다 곧 수작업에 회의감이 들었는데 하루의 주요 일과인 에스터와의 대화 시간을 방해하기 때문이라며, 나머지 일은 석공과 미장이에게 맡겼다.

얼마 지나지 않아 에지워스가 친구를 방문했을 때 마침 한 석공이 데이에게 1층을 확장하면서 창문을 낼 것인지 물었다.[39] 책에 빠져 있던 데이는 석공에게 벽을 먼저 만들고 그다음에 창문을 내라며 퉁명스럽게 말했다. 데이 부인의 옷 방에는 창문이 없었다. 그래서 그녀는 긴 페티코트와 평범한 가운마저 촛불을 켜고 갈아입어야 했다. 그러나 그것은 그녀의 진짜 고난에 비하면 정말 아무것도 아니었다.

집에서는 음악이 금지되었기 때문에 에스터는 더 이상 하프시코드를 연주하지 않았다. 데이는 여자가 글을 써서는 안 된다고 생각해서 그녀는 더 이상 시를 쓰지도 않았다. 그리고 그 밖의 모든 쾌락과 사치가 금지되었기에 짐 가방 하나도 허용되지 않았고 외로움을 달랠 어떤 수단도 없었으며 일을 도울 하녀도 없었다. 데이는 빅널에게 자신은 "물 이외에 어떤 것도" 마시지 않으며 "고기도 거의 먹지 않는다고" 떠벌렸는데[40] 에스터도 그와 같은 규칙을 따라야만 했다는 데에는 의심의 여지가 없다. 동시에 데이는 매일 운동을 거르지 않아야 한다고 주장해서 에스터를 데리고 비가 오나 눈이 오나 궂은 날에도 2~3시간씩 산책을 하곤 했다. 그는 "삶을 여유 있게 보내고 많이 걷는 것만큼 좋은 약은 없다고 생각한다"며 빅널에게 말했다.

애나 수어드는 나중에 에스터가 친구나 하인이 한 명도 없었다고 주장했을 때 과장이라고 믿었다.[41] 물론 한두 명의 하인은 있었다. 가정부였던 에스터의 친척인 워커 부인과 여러 해 같이 머물렀던 일꾼인 조지브리스토가 있었으니 말이다. 게다가 방문객도 있었다. 에스터의 조카인 토머스와 밀네스도 종종 와서 머물렀고 한두 번 찾아온 학교 친구들도 있었다. 그러나 데이가 에스터의 기질과 충성도를 시험하는 동안 그녀가 "종종 울었다"는 말은 아마 사실이었을 것이다. 그리고 다음과 같이 말했을 때도 확실히 과장이 아니었을 것이다. "어떤 아내도 그런 구속을 풀어달라고 말도 못하면서, 잔혹한 남편에게 절대적으로 복종하지는 않을 것이다." 당시에 기혼 여성은 심지어 귀족이거나 고위층일지라도 독립적인 수입을 지닐 수 없었지만 에스터는 실제로 자기가 쓸 만한 상당한 재산을 보유하고 있었다. 그런데도 남편의 명령에 전적으로 굴복하면서 스스로를 가장 불쌍한 의존적인 존재로 만들었다.

그럼에도 데이 부부는 서로에게 헌신적이었다. 데이가 에스터를 "이 세상이 내게 허락한 가장 사랑스런 대상"이라고 묘사했을 때[42] 그는 진실을 말한 것이었다. 에스터가 데이를 "나의 모든 영혼"이 "그대 안에 싸여 있다"라고 말했을 때도 진심이었다. 데이는 완벽한 솔메이트를, 그만의 소피를, 자신의 스파르타적 삶을 기꺼이 나눌 순진하고 고분고분한 처녀를 찾아냈다. 그들은 루소의 꿈대로 살고 있었고, 그렇기에 반드시 천국과 같아야 했다. 그러나 그런 낭만적 전원생활은 쉽게 악몽으로 변질될 수 있었는데 이는 루소도 뒤늦게나마 인정했던 것이다.

루소가 1778년 7월 사망한 때는 데이와 에스터가 결혼하기 바로 몇 주전이었는데, 미출간 원고 몇 부가 그의 서류 속에서 발견되었다. 1761년의 소설 『신엘루아즈』의 추가분이었다. 거기엔 충격적인 『고백록』도 있었는데, 젊은 시절에 행했던 성적 일탈과 여자에 빠졌던 경험을 자세히 묘사한 자전적 소설이며, 그의 가장 열렬한 지지자들마저 오싹하게 만들

완벽한 아내 만들기

면서 1782년에 초판이, 1789년에 재판이 나왔다. 그리고 『에밀』의 후속편[43]도 있었다. 나중에 영어로 『에밀리우스와 소피아 혹은 연대Emilius and Sophia; or, The Solitaries』라는 제목으로 출간되었을 때, 그 책의 편집자는 '혐오스런' 내용에 대해 사과문을 함께 게재할 필요를 느꼈다. 『에밀』의 열광적인 독자들은 에밀이 소피와 결혼했을 때, 앞으로 그 둘의 행복한 부부생활을 기대하고는 정말 기뻐했다. 그러나 그들은 루소가 죽기 직전까지 작업한 후속편에서 그 부부의 운명을 읽고는 공포에 빠졌다.

그의 생각을 문자 그대로 따랐던 모든 부모나 독자들의 생각을 바꾸려 했는지, 아니면 자신의 연애 실패에서 나온 이야기를 담고 싶었는지 그의 진짜 의도는 모르겠지만, 루소는 에밀과 소피의 완벽한 결혼이 암초에 걸려 무너지는 지옥 같은 그림을 그려놓았다. 그들이 낳은 두 아이 중 하나가 죽자 그들은 결혼생활을 지겨워했고 서로를 힐난했다. 소피는 애인을 따로 두어 그의 아이를 임신하고, 그러자 에밀은 그녀에게 혐오를 느끼며 미쳐버릴 것 같은 절망에 빠져버린다. 그 이야기는 에밀이 세상을 방황하며 나중에 노예로 팔려가는 것으로 끝난다.

토머스와 에스터에게도 결혼의 축복은 거의 환상이었음이 증명되었다. 그들의 결혼생활은 데이가 반복해서 에스터의 행동을 지적함으로써 폭풍우를 만났고, 잘못에 대한 쓰라린 비난으로 손상되어갔다. 특히 그는 에스터가 자신과 관련된 일이 아닌 이전의 약혼자를 다룬 방식을 두고 꾸짖었으며, 그러자 그녀는 그의 냉정함에 항의했고 잔혹성에 화를 냈다. 실제로 배신을 한다거나 혼외 출산을 하지는 않았지만, 데이 부부의 결혼생활은 그들의 우상만큼이나 위태위태했다. 적어도 두 번, 아니면 그 이상 그들의 싸움은 너무 격렬해져서 에스터가 집을 나갔으며 별

거까지도 생각했었다.[44]

　이런 다툼 중 하나는 결혼생활 4년 만에 에스터가 변덕을 부렸다고, 그것도 이전의 약혼자인 리스와 또 다른 약혼자였던 미스터 R에게 그랬다고 비난하면서 촉발되었다. (데이가 여성을 싫어했던 이유도 변덕 때문이었다.) 물론 이는 에스터가 데이를 알기도 전에 일어난 일이었고, 더군다나 그녀의 '변덕'이 없었다면 그와 결혼하는 일도 있지 않았을 것이므로 그의 비난은 너무나 어이없는 것이었다. 에스터는 자신을 변호하면서 오히려 데이가 사브리나에게 한 짓이 변덕임을 비난했다. 그러자 데이는 불같이 화를 냈고, 이에 에스터는 영원히 돌아오지 않을 수도 있다고 협박하면서 집을 나갔다. 그러나 갈 데가 없었기 때문에 시어머니 집에 머물면서 불과 며칠 지나지 않아 장장 8페이지의 사과 편지를 썼고 모든 잘못은 전적으로 그녀에게 있다고 인정했다.

　"나의 사랑과 헤어진 후 생각해보니 이런 경멸의 감정을 경험해본 적이 없었어요"라며 그녀는 다음과 같이 이어갔다. "서로 존경하고 서로의 행복을 위해 애쓰는 두 사람이 상처를 입히는 이런 상황이 얼마나 우울한지 깨달았습니다. 조용히 숙고하면서 내 행동을 다시 생각해보니 지금은 부끄럽고 우리 불행을 야기한 큰 책임이 내게 있음을 느껴요."

　에스터는 지난날의 싸움이 자신의 "약함이나 어리석음, 성질"을 이기지 못해 생긴 실수임을 자책하면서, 그것은 젊은 시절의 "상처받은 허영심"과 "자기애"에서 유래했다고 말을 이었다. "지난 수요일에 일어난 일은 내가 전적으로 명백한 오류와 심각한 어리석음을 저질렀기 때문이"라고 썼다. "나는 당신의 근엄한 태도를 믿기 때문에 사브리나에 대한 당신의 행동이 지성과 영예를 지닌 행동임을 확신해요. 약혼자 리스에 대한 내 행동은 무분별함과 경솔함에서 나온 것으로 우리 여자들의 약점으로 비난받아 마땅합니다." 다른 약혼자였던 R에게 가졌던 애정은 이제 생각해보니 "그저 고마움에서 나온" 감정임을 깨달았다. 그러나 데이에 대한 그녀의 사랑은 이전의 연인들 어느 누구보다 더 고귀한 것이었다고 그에게 확신시켜주었다. "항상 당신에 대한 내 생각과 느낌은 이전에 내가 경험한 그 무엇보다 훨씬 더 크다는 것을 알게 되었고 지금도 여전히 계속 그렇습니다."

한편 에스터가 자신의 실망스런 행동을 "젊은 날의 실수"로 자책하면서 데이와 같은 "여성이 갖춰야 할 덕목을 혹독하게 가르쳐줄" 아버지나 오빠가 자신에게 없었던 불운 탓이라고 변명했다. 그리고 다음과 같이 덧붙였다. "당신을 떠나면서 저지른 모든 것을 홀로 지낸 외로움에서 나온 과거의 것으로 여기고 넘어가준다면 내가 사랑하고 떨어질 수 없는 남편임을 기억하며 당신에 대한 애정을 소중히 여기겠어요." 때때로 데이의 냉혹함에 화가 나고 분노를 느꼈지만 남편에게는 "완벽한 사랑이며 당신을 존경한다"고 늘 맹세했다.

논쟁과 별거는 일 년 뒤에 또다시 일어났는데, 이번에도 마찬가지로 에스터가 시어머니 집에서 잘못을 깊이 뉘우치며 용서를 구하는 편지를 썼다. 그녀는 "화가 난 순간에" 말했던 "어리석고 부주의한 말"에 대해 사과했고, 그 잘못은 전적으로 자신의 "변덕과 부족한 인내심" 탓이라고 인정했다. 장차 더 열심히 노력할 것을 다짐하면서 그녀는 다음과 같이 썼다. "나는 당신과 지내면서 내 성격을 조금 고쳤다고 생각해 건방을 떨었어요. 앞으로는 내 성격과 정신을 좀더 절도 있게 개선시킬게요. 나의 사랑 당신이 만들어준 그 거울 앞에서 좀더 깊이 반성했다면 내가 어떻게 해야 할지 금방 깨달았을 텐데." 그녀의 "수천 가지 모순"에 대해 그 녀는 "앞으로 다른 사람이라고 느낄 만큼 당신을 생각하면서 일체가 될 것"임을 맹세했다. 이렇게 데이는 서서히 에스터의 자존심을 손상시켰는 데, 그것은 사소한 잘못들까지 지적하며 자기가 상상하는 완벽한 존재 로 만들어가는 과정이었다. 그는 결코 행복할 수 없었다. 망상에 사로잡 힌 완벽주의자로서, 완벽함이란 언제나 다다를 듯하면서도 닿을 수 없 게 애를 태우는 것이기 때문이었다.

데이 부부가 힘든 스파르타적인 삶을 유지했기 때문에 에지워스 부부 가 1780년 초에 놀러 왔을 때 그 집에선 거의 안락함을 느낄 수 없었다. 호노라의 건강이 약해졌다는 증상이 뚜렷하게 나타나자,[45] 에지워스는 여름에 다윈과 의논하려고 그녀를 리치필드에 데려왔다. 그 의사는 에지 워스에게 그녀가 더 이상 살 가망이 없다고 말했다. 이전보다 그녀에게 더 헌신적이었던 에지워스는 절망에 빠졌다. 그는 결혼 전에 "사랑이라 는 이름의 아픔"을 느꼈는데 6년이 지난 뒤 그것을 "더 강하게" 느낀다고 말했다. 다윈이 오진했음을 필사적으로 증명하기 위해 그는 영국의 명 망 있는 모든 의사와 상담을 했다. 그 부부는 하트퍼드셔의 집을 버리고 런던의 유명 의사를 만날 수 있게 데이의 집에서 머물렀다. 실망스럽게 도 에지워스는 런던의 의사들도 더 나은 진단을 내리지 못한다는 것을 알았고, 데이 부부는 그의 절망을 덜어줄 노력을 거의 하지 않았다. "그 들은 내 아내에게 매우 친절했다"고 기억하면서도 "그러나 그녀에게 닥 친 위험을 내가 생각하는 것처럼 그리 심각하게 대하진 않았다"며 볼멘 소리를 했다.

데이의 냉랭하고도 불편한 농장을 떠나 에지워스는 슈롭셔의 시프널에 집을 구해 리치필드로 정기적인 치료를 하러 다녔다. 그는 아내를 끝까지 간호했다. 호노라는 마지막 편지에서 "나는 축복받았고 행복하다. 사랑하는 남편과 마지막 숨을 쉴 수 있을 때까지 나누는 대화가 내겐 큰 기쁨이다. 그는 내가 편하도록 항상 보살피고 병이 낫도록 모든 것을 다한다"라고 기록했다. 그리고 어느 시에서 발췌한 구절 "친절한 천사처럼 평화와 안식이 죽은 자의 침대에 속삭인다"로 편지를 끝맺었다. 그녀가 1780년 5월 1일 남편의 품에 안겨 죽는 순간, 에지워스는 마루에 뭔가 굴러떨어지는 소리를 들었다. 그것은 결혼반지로, 마지막 숨을 쉴 때 힘이 빠진 손가락에서 떨어져나간 것이었다. 그녀의 나이 스물여덟 살이었다.

에지워스는 절망했다. 밤새 아내의 시체 옆에 누워서 더비의 학교에 다니는 열두 살의 마리아에게 계모의 죽음을 알리는 편지를 썼다. "그녀가 죽고 내 옆에 누워 있단다. 아직도 그녀가 숨 쉬는 것만 같아 기쁨을 주고 싶지만, 내가 할 수 있는 것이 지금 네게 그녀의 마지막 모습을 전하고자 이렇게 편지를 쓰는 것밖에는 없구나."[46] 이튿날 그는 그녀가 요구했던 대로 장례를 위해 아내의 몸을 단장했다. 그녀를 관에 누이면서 에지워스는 눈물을 흘릴 수 없었다. 그는 장례식을 거의 혼수상태에서 치렀다.[47] 삽으로 땅을 파서 관을 묻으려 할 때는 비틀거렸고, 무덤까지 어떻게 다녀왔는지 알 수 없는 채로 집으로 돌아온 자신을 발견했다.

슬픔에 잠긴 에지워스는 데이와의 대화에서 위로를 얻지 않을까 생각했다. 그는 어린 딸을 데리고 데이의 농장에 쉬러 갔다. 그러나 데이의 지루한 긴 연설도 썰렁한 집도 에지워스의 슬픔을 덜어줄 순 없었다. 그에겐 "신성한 철학조차 헛되게 느껴졌"기 때문이다. "나는 단지 존재하기만 했다. 어떤 것에나 어느 장소에서나 이질감을 느꼈다." 30년 뒤에 에지워스는 호노라를 "내가 알고 있는 어떤 사람보다 가장 사랑한 아내이 자 누이이며 친구"라고 묘사했다. 에지워스에게는 어느 여자도 두 번째 부인만큼 잘 맞는 사람이 없을 듯했다.

에지워스에게 거의 빼앗기다시피 했고, 누구 못지않게 호노라를 소 중하게 여기던 애나 수어드는 그녀의 사망 소식을 듣고는 최근 몇 년간 그에 대해 잊고 지냈음에도 진심으로 슬퍼했다. 에지워스가 결혼한 후, 1776년 저택을 방문했을 때 수어드는 히스테리를 부리며 친척이 설득할 때까지 꼬박 한 시간 넘게 그들을 만나길 거부했다.[48] 호노라가 평온하게 죽자, 에지워스는 자신이 주문했던 그녀의 초상화를 수어드에게 보냈다. 그러나 수어드는 에지워스가 '진품'을 소유하면서 '허영심'을 부린다고 여 겼던 기억이 떠올랐다. 그녀는 한 친구에게 그 그림은 호노라를 전혀 닮 지 않아서 마치 "더 이상 그녀가 아닌 사람의 복사본을 얻은 듯했다"고 말했다. 실제로 수어드에게 호노라는 에지워스와 결혼한 그 순간부터 죽은 것이나 다름없었다. 그래서 에지워스를 위해 그려진 그 그림은 어 떻게든 수어드의 왜곡된 기억에 다가갈 수 없었다.

호노라의 죽음 이후 거의 모든 편지에서 수어드는 "잃어버린 나의 호 노라"라는 구절을 집어넣었다. 여성의 우상으로 "매우 우수했고, 적절 히 조화를 이뤘으며 창백한 얼굴의 가장 사랑스러운 처녀" "여성의 정신 에 완벽함을 불어넣은 아이" 등과 같이 묘사되었다.[49] 수어드는 자신이 라이벌이라고 인식했던 자에게 처참한 복수를 결심했고, 에지워스가 아 내를 무시하고 함부로 대했다며 사적인 자리에서나 공식적인 글에서 그 를 비난했다. 심지어 10년 뒤 한 친구에게 쓴 편지에서조차 "사악하고 잔혹하며 오류투성이의 살인자 같은 에지워스, 세계를 서서히 망가뜨리면서 나중엔 모든 인류의 가장 아름다운 꽃마저 부숴버렸다"[50]고 표현했다.

에지워스는 호노라를 평생 애도하려고 했지만 여섯 아이를 위해서라도 혼자 살 수는 없었다. 그는 리치필드로 돌아와 호노라의 유언을 실행하려고 했다. 그것은 동생 엘리자베스와 결혼하는 것이었다. 에지워스는 자매들을 데리고 어느 해변을 여행 중인 엘리자베스 스네이드와 합류했는데, 거기서 신선한 공기를 느꼈고 새로운 동료가 점차 자신의 기분을 회복시켜준다는 사실을 깨달았다. 엘리자베스는 이전에 에지워스를 남편으로 삼고 싶은 "그녀의 지인 중 마지막 남자"로 묘사한 적이 있는데,[51] 에지워스는 엘리자베스가 "자신과는 어울리지 않는다"고 믿었다. 하지만 해변에서 돌아왔을 때에는 결혼하겠노라고 결심했다.

메이저 스네이드는 그 소식에 혼비백산했고 그의 제안을 강력하게 거부했다. 소문을 들은 리치필드의 친척들은 충격에 사로잡혔다. 형부와 결혼한다는 것이 비도덕적이라고 간주되었을 뿐만 아니라 몇몇 비평가는 그런 결혼이 불법적이라고 믿었다. 에지워스는 볼턴에게 조언을 구하는 편지를 썼는데[52] 볼턴은 아내가 죽은 뒤 처제와 결혼을 한 상태였다. 볼턴은 필요하다면 지옥에 함께 떨어지겠다며 그에게 확신을 심어주었다. 엘리자베스가 나서서 문제를 해결했다. 그녀는 10월 24일 아버지의 집에서 도망쳐 체셔에 위치한 친구 집에 숨어 지냈다. 그녀의 아버지는 결코 용서하지 않을 것이었다. 에지워스에게 딸 하나를 빼앗긴 것은 불운이었지만 두 번째로 잃는 것은 말로 표현하기 힘들었다. 화가 나서 펜을 들기조차 힘들었던 그는 일기에 다음과 같이 썼다. "형언하기 어려울 정도로 괴롭다. 내 딸 엘리자베스가 나를 떠났고 형부에게로 갔다."[53] 그러면서 그는 신속하게 엘리자베스에게 상속을 하지 않겠다고 유언장을 고쳤으며 나머지 자식들에게 엘리자베스와 다시는 이야기하지 말라고 명령했다.

에지워스의 동생인 마거릿도 오빠의 결혼 계획에 충격을 받자 에지워스는 "난 아이들이 고아가 되는 꼴을 견디지 못해, 만약 그렇다면 너에게 모두 보내버릴 거야"라며 이상할 정도로 화를 내는 편지를 썼다.[54] 그들이 스태퍼드셔에서 결혼하려고 하자, 주교가 난색을 표하며 결혼식을 거절해 제단 앞에 그냥 서 있어야 했다. 이에 굴하지 않고 엘리자베스와 에지워스는 런던으로 향했고 그곳에서 1780년 크리스마스에 결혼했다.[55] 에지워스의 눈에 엘리자베스는 결코 언니를 대신할 수 없었지만, 그래도 그들의 결혼은 행복하고 성공적으로 보였는데 9명의 아이를 더 낳았던 것이다.

사회생활에서 은퇴를 선언했음에도 런던으로의 여행은 결혼이든 그 밖의 목적으로든 데이에게는 드문 일은 아니었다. 그는 점차 에식스의 집에서 아내를 개선시키려는 노력을 포기하면서 동떨어져 사는 생활을 버렸다. 에스터가 자신의 잘못을 숙고하도록 내버려두고 데이는 이전처럼 많은 시간과 에너지를 사회와 정치, 문학에 할애했다. 마침내 그는 1779년에 사교 모임에 불려갔는데[56] 기록에 따르면 긴 법적 훈련을 마친 후였다. 비록 그가 법을 사용하지는 않았지만 말이다. 첸서리 레인 근처의 퍼니발 여인숙에 방을 얻어 숙소로 삼으면서 그는 인권과 자유에 관한 강연을 하고 돌아다녔던 반면 에스터는 데이의 권위적인 체제의 인질로서 집에 남아 있었다.

노예제와 아메리카 독립에 대해 강력하게 연설한 일로 유명 인사가 되면서 데이는 개혁운동을 이끄는 중요한 인물이 되었다.[57] 그 개혁운동은 선거권 확대와 매년 선거를 실시할 것을 주장하고 왕의 권한을 제한하자는 1789년에 시작된 캠페인이었다. 데이는 케임브리지와 첼름스퍼드의 공중 집회에 나가 노동자의 선거권(물론 여성의 권리는 제외하고)을 요구하는 격렬한 연설을 했고 의회를 지지하는 주장을 펼쳤다. 그는 의회 정치라는 탁한 세계에 들어가길 거부했지만 곧 아메리카 전쟁에 더 깊숙이 얽혀 들어가게 되었다.

데이는 아메리카 독립을 지지한다고 맹세했기에[58] 그 명분을 충실하게 유지했다. 그래서 노예주이자 1777년에 미국 의회의 의장이 되었던 헨리 로런스가 해전에서 영국 군대에 잡혀 1780년 말 배반 죄목을 쓰게 되었을 때, 데이는 그의 충심이 어디 있는지 알게 되었다. 로런스는 런던탑에 갇혔다가 15개월 뒤 요크타운 전쟁에서 영국이 패해 풀려나자 곧 에식스 집으로 데이를 찾아왔다. 그들은 금세 친구가 되었고 데이는 로런스를 평화 협상에 참여시키려고 자신의 의회 인맥을 통해 파리로 안전하게 보내주었다.

로런스는 파리에 도착하자마자 자신의 아들 존이 영국 군대의 공격으로 살해되었다는 소식을 듣게 되었다. 그는 데이에게 추도사를 써달라고 부탁했다. 그리고 1782년 평화 협상이 절정에 이르자 로런스는 데이에게 아직 영국 협상가들과 비밀리에 진행 중인 협상 초안을 보냈다. 데이에게 세세한 항목에 대해 "비밀을 유지"하라고 주의를 주는 가운데 로런스는 지도상 "미국"의 새로운 국경을 콕 짚으며 "우리는 평화의 문턱에 들어선다"고 써 보냈다. 로런스는 1783년 1월 『모닝 헤럴드』에서 자세한 사항이 언급되자 의심하지 않을 수 없었다. (협상 내용 전체를 에스터에게도 보여주긴 했다.) 그러나 아메리카 평화 협상을 누설한 것은 데이가 아니었을 것이다. 그리고 데이는 진심으로 로런스에게 "어느 누구에게도 보여주지 않았다"고 분명히 말했다. 이중적인 기준을 가진 사람이었지만 데이가 이중 첩자일 수는 없었다. 평화가 확보되고 독립이 확실해지자(파리 조약은 1783년 9월에 조인될 것이었다) 데이는 루소의 자유와 평등이라는 이상을 좇았듯 독립을 향한 아메리카 친구들의 감동적인 발걸음에 적극 찬성했다.

루소의 유토피아를 영국의 한 귀퉁이에서 이루고자 데이는 에식스 농장에서 소유자와 노동자로서의 일을 해나갔다. 서리에 있는 처트시 근처의 애닝슬리 파크[59]라는 새로운 영지를 사들인 뒤 1782년에 이사 가서 이웃의 모든 사람에게 노동과 교육, 종교적 훈시와 의학 치료를 제공하는 복지 체계의 원형을 만들었다. 데이 부부는 담요와 음식 그리고 약을 나눠주고 집에서 어린이를 위한 주일 학교도 열었다.

그러나 여전히 데이는 박애주의에서 즐거움을 누릴 수도 없었고 매번 내는 돈이 아까웠다. 아직 30대임에도 불구하고 그는 이미 심통이 난 노인네였다. "나는 주변 사람들에게서 어떤 감상적인 것도 기대하지 않아. 그리고 자선에 심드렁한 반응을 보이거나 기부를 당연하게 여기는 태도에 지쳤어"라며 에지워스에게 털어놓았다.[60]

애닝슬리 파크는 이전의 데이의 은둔지보다는 편리했지만, 좀더 금지의 영역인 듯 보였다. 2층짜리 집은 빽빽한 나무와 삭막한 황야로 둘러싸여 마치 어두운 동굴 속에 있는 듯했다. 조용한 숲 사이로 집을 향해 걸어가면 나무가 너무 빽빽하고 두터워서 햇빛은 전혀 안 들어오는 것

완벽한 아내 만들기

같다고 말하는 방문객도 있었다. 마리아 에지워스가 런던의 기숙 학교에서 방학을 맞아 여기로 왔을 때, 그녀는 "데이 씨의 지나치게 검소한 생활"과 "얼음같이 찬 체제"에 충격을 받았다.[61] "날카로운 목소리"로 "동정심을 가진 듯" 데이는 그녀에게 매일 타르를 섞은 물을 한 컵씩 마시게 했는데(당시의 민간요법) 결국 잘못되어 눈을 감염시키기도 했다. 엘리자베스 워버턴리턴은 그녀의 아버지가 체력을 단련시킨답시고 눈 위로 구르게 했는데, 훗날 어느 밤 애닝슬리 근처에서 "어둡고 매서운 얼굴에 아주 권위적이며 수두 자국으로 얽은 키 큰 남자"를 보고 너무 무서웠다고 기록했다.[62] 데이는 그녀에게 장문의 라틴어 교본을 번역시켰고, 그녀는 그나마 에스터의 "케이크과 포옹"으로 위로받곤 했다.

데이 부부가 아직 젊고 상대적으로 건강한 체질임에도 불구하고 그들 사이에는 아이가 없었다. 앞으로도 아이는 없을 것이었고, 토머스 데이는 국가의 아이들을 교육시키는 데 전념하고 있었다. 에스터에게는 시 쓰는 것을 금지시켰으면서도 자신은 아동 도서의 작가로 불후의 명성을 유지하게 된다. 그리고 최초의 운동가로서 데이의 교육에 대한 열정을 되살린 이는 에지워스였다.

에지워스는 루소의 이론을 딕에게 적용시켜 실패했음에도 불구하고 여전히 아이 교육에 급진적인 개혁이 요구된다고 확신했다. 기숙 학교에서 끔찍하게 고통을 겪었던 딕은 열다섯 살에 상선을 탔는데 배 안의 규율도 학교 못지않게 엄격하다는 것을 알고는 1783년 인도에서 몰래 배에서 내렸고 영국으로 불명예스럽게 돌아왔다. 그 일이 있고 난 뒤 전혀 잘 자랐다고 볼 수 없는 딕은 아버지로부터 영원히 내쳐졌고, 에지워스는 유산 상속에서 장남을 아예 제외시켜버렸다. 딕은 결국 미국에 정착해서 결혼도 하고 아이도 얻었지만 무절제한 생활을 하다가 1796년 겨우 서른두 살의 나이로 죽었다.[63] 소식을 듣고도 그의 아버지는 눈물 한 방울 흘리지 않았다. 결국 딕은 제인 오스틴의 소설 『설득』에서 "아주 골치 아프고 가망 없는 아들" 딕 머스그로브의 모델이 되었고,[64] "이름 말고는 어떠한 것도 스스로를 증명할 만한 것 없이 살다 죽었다"라고 묘사되었다.

딕을 망친 것처럼 나머지 아이들을 망치지 않으려고 결심한 에지워스는 1782년 엘리자베스와 함께 아일랜드로 돌아와 새로 태어난 어린아이들의 양육을 세심하게 감독하는 일에 헌신했다. 그는 예전과 달리 아이들이 규율에 적응하고 정규 과정으로 읽기와 쓰기 같은 기본 기술을 익혀야 한다고 주장했지만 여전히 루소의 이상, 즉 아이들은 실험과 발견을 통해 배우는 것이 최고라는 생각을 견지하고 있었다. 그가 벽을 만들든 폭발적인 실험을 할 때든 에지워스는 항상 아이들을 모아놓고 그들 나이에 어울릴 만한 대답을 하도록 질문했다. 큰딸인 마리아가 쓴 글에 따르면 "한 아이가 질문에 어떻게 답할까 고민하는 동안 아버지는 조용히 앉아 방해하지 않고 또 방해받지 않도록 해주면서 마침내 스스로 답을 생각해내도록 했다."[65] 답을 내놓을 것이라는 희망을 버린 방관자처럼 그저 곁을 어슬렁거리면서 끈기 있게 기다렸고, 결국 "완벽하게 만족스런 답"을 내놓은 아이는 에지워스의 칭찬에 우쭐해하곤 했다.

차차 나이를 먹으면서 마리아는 아버지를 도와 어린 동생들을 교육시켰고, 나중에 교육 안내서인 『실용 교육Practical Education』을 함께 쓰는데, 이 책에서 그들이 가장 성공적이라고 생각한 교육 접근법을 서술했다. 1798년에 출간되자마자 단숨에 베스트셀러가 된 그 책은 이후 교육에 관한 가장 중요한 저작 중 하나로 기억될 것이었다. 현실적이고 아이 중심적인 그 책은 이상적인 교육 환경으로 집에서 교육적인 장난감, 모형, 책과 지도 그리고 과학적인 도구를 가지고 함께 노는 것을 제시했다. 앞부분의 35쪽가량에서 장난감이 아이의 발달 과정에 얼마나 중요한지 서술하고, 아이는 정교한 마차나 인형의 집보다는 "풀과 흙이나 돌을 담아 위아래로 끌고 다니는" 단순한 나무 상자를 더 좋아한다고 강조한다.

일생에 걸쳐 교육에 관심을 보인 에지워스는 아이에게 읽기를 가르칠 만한 책이 없자 1778년 당시 아내였던 호노라와 함께 아이를 위한 짧은 이야기를 쓰기도 했다.[66] 그는 동화책을 시리즈로 계획해서 『해리와 루시Harry and Lucy』라는 제목으로 리치필드에서 1779년에 출간했다. 이런 친구의 행보에 영감을 받아 데이는 장편의 이야기를 써보는 게 어떻겠냐고 제안했다. 호노라가 죽자 슬픔에 빠진 에지워스는 그 제안을 잊어버렸고, 데이는 계속 책을 집필했다. 오래지 않아 그가 쓴 단편은 한 권의 책으로 완성되었고, 데이는 그것을 『샌퍼드와 머튼의 이야기, 아이들을 위해 기획한 작품The History of Sanford and Merton, A Work Intended for the use of Children』[67](이하 『샌퍼드와 머튼』)이라고 이름 붙였다. 그 책은 총 3권으로 나왔는데 1권은 1783년에, 2권은 1786년에 그리고 마지막은 1789년에 출간되었다. 에지워스 부부는 특별히 아이들을 위한, 아이들에 대한 글을 쓴 최초의 인물이었다. 그러나 어린이용 책으로 명성을 유지한 이는 데이였다.

간단한 단어를 사용해 다양한 대화체로 구성된 『샌퍼드와 머튼』은 두 소년의 이야기로, 게으르고 이기적인 플랜테이션 소유주의 버릇없는 아들 토미 머튼과 동료와 동물들에게 친절한 해리 샌퍼드라는 가난한 농부의 아들이 주인공이다. 지역의 신부인 발로 씨는 두 소년을 가르치는 역할을 맡고 있는데, 여기에는 상당 부분 데이가 두 소녀를 교육시킨 경험이 반영된 것으로 보인다. 발로는 해리 샌퍼드를 모범적인 학생이자 소년들의 멘토로 여기고, 토미 머튼은 자신의 잘못을 깨우치며 덕을 쌓고 친절하며 평범하게 사는 신사로 커간다. 샌퍼드와 머튼은 모험을 하면서 여러 사람을 만나는데, 그들은 우화를 들려주고 경고성 이야기를 해준다. 그 이야기들은 주로 고전과 그 밖의 출처에서 인용된 글로서 덕으로 이끄는 길을 제시한다. 그러면서 소년들에게 빵 만드는 법과 집을 짓고 자석을 이용하는 법도 알려준다. 확고한 도덕적 기준과 감정에 호소하는 이야기 구조를 갖춘 그 책은 데이의 신념, 즉 근면과 금욕, 정직이라는 전통적 가치를 그의 감수성에 접목한 것이다.

『샌퍼드와 머튼』은 즉시 성공을 거두었고, 한 세기가 넘도록 아이들이 가장 사랑하는 책 가운데 하나로 자리매김했다. 19세기를 지나 20세기 초까지 수많은 소년 소녀가 데이가 영웅으로 설정한 해리 샌퍼드에게 사로잡혔고 그 책의 저자를 존경했다. 한번은 데이가 미들랜드를 방문했을 때, 책의 저자를 직접 보려고 찾아온 어린 독자들로 둘러싸인 적도 있었다. 이들의 모험은 로버트 사우디와 리 헌트, 찰스 디킨스, 오스카 와일드, 우드하우스에 이르기까지 여러 작가가 열정적으로 차용했다. 리 헌트는 그 책을 "내가 또렷이 기억하며 영원히 감사를 표할" 작품이라고 선언했고, 사우디는 "이득과 즐거움을 주는 것"으로 모두가 반드시 읽어야 한다고 주장했다.

데이가 쓴 양육서이자 어린이를 위한 소설은 빅토리아 시대 거의 모든 책꽂이에 꽂히면서 1870년까지 140쇄나 찍었으며[68] 프랑스어와 독일어로도 번역되었고 새로운 판본은 2009년에도 출판되었다. 이 책은 어린이를 겨냥한 최초의 책이었을 뿐만 아니라 소년을 위한 모험 이야기라는 새로운 장르를 개척했는데, 이 장르는 운동장에서든 전장에서든 위험에 직면했을 때 영국인의 해결 능력을 강화시키는 데 도움을 주었다.

불가피하게도『샌퍼드와 머튼』의 선풍적인 인기는 사그라지게 되었다. 디킨스가 1869년에 "나의 어린 시설을 우울하게 만들었던" 이야기라고 떠들썩하게 공격을 해대면서 시작되었다. 3년 뒤 전국에서 소년들이『새로운 샌퍼드와 머튼』이라는 조롱조의 버전을 깔깔거리며 비웃었다. 그럼에도 데이의 소설은 시대착오적이라고 선언될 때까지 수십 년은 휘청거리면서도 명맥을 유지해갔다.

이는 괄목할 만한 업적이었다. 데이는 책에서 그가 오랫동안 이루려고 했던 모델에 딱 들어맞는 두 소년을 만들어냈다. 그 책이 거의 소년의 교육에만 초점을 맞추었기에 데이는 완벽한 소녀인 수키 시먼스를 탄생시켜 해리와 우정을 유지하게 했다. 어린 시절 고아가 된 수키는 에스터처럼 삼촌에 의해 세심하면서 루소적인 환경에서 자랐다. 어린 시절 수키는 추운 겨울에도 촛불을 켜고 깨어나 차가운 욕조에 들어가 씻고, 매일 12마일 정도를 달리거나 걸어야 했을 뿐만 아니라 "최고의 저자들"의 작품과 프랑스어로 된 책을 읽도록 배워야만 했다. 이런 "부지런하고 힘든" 교육을 통해 수키는 "최고의 자질"을 갖추었다. 현실에서 데이는 자신의 독특한 생각에 두 여자아이를 적응시키는 데 실패했지만 소설에서는 아이들의 인성을 완성시켰다. 더군다나 데이의 지속적인 문학적 성공은 그의 순진한 덕과 금욕주의가 19세기 내내 수많은 소년과 소녀에게 주입되었음을 보여준다.

국가 차원에서 아이들을 교육시키느라 바빴던 데이는 자신이 초기에 시행했던 교육적 실험을 크게 신경 쓰지 않았다. 키어에 따르면 만약 그가 한번쯤 돌이켜봤다 할지라도 "실행이 불가능했다는 점을 고려한다면, 성숙한 나이에 그 계획들은 그저 자신만의 쾌락을 추구했다"고 여기며 자신의 순진함에 대해 조소했을 것이었다.[69] 다른 말로 하자면, 사브리나의 고통은 이제 가벼운 농담의 주제가 되었다는 것이다. 그러나 에지워스가 시골 소년을 입양해서 신사로 만들어낼 교육 과정을 구상한 것이[70] 사브리나를 교육시키던 데이의 시도를 베낀 것이라고 말했을 때, 데이는 그 생각에 대경실색하면서 에지워스가 상식에 반하는 짓을 한다고 준엄하게 경고했다.

경험에서 우러난 참담함으로 담담하게 말하면서 데이는 "만약 운명을 거슬러 한 숙녀를 하녀로 만들든, 한 신사를 의지와 무관하게 대장장이로 만들든 우리는 분명 아주 좋은 의도에서 그런 것"이라고 주장했다. 그러나 그 아이가 자라 "너를 모든 요구를 충족시켜주어야 할 사람으로 여길지도 모르지"라고 하자, 에지워스는 "네가 거지로 여겨 데려온 이를 신사로 만들어"주어야 한다고 주장했다. 미래에 대한 평판을 생각하면서 데이는 다음과 같이 우울하게 덧붙였다. "아니면 너는 나이가 들어서도 너만의 행동 지침을 일관되게 유지해서 기뻤거나 네 친구를 한 번도 하수인이나 바보로 만든 적이 없다고 확신할 수 있겠니?" 현명하게도 에지워스는 일찌감치 그 계획을 포기했고 자기 가족의 교육에만 몰두했다.

그러나 적어도 한 사람만은 아직 사브리나를 포기하지 않았다.

완벽한 아내 만들기

10장

버지니아, 벌린다 그리고 메리

1783년 5월 버밍엄 파이브 웨이즈

정치와 출판이라는 현기증 나는 세계와 떨어져 사브리나는 데이로부터 뜨문뜨문 오는 냉정한 편지와 50파운드의 연금을 받으며 20대에 들어섰다. 1775년에 데이가 최종적으로 그녀를 거부한 이후 사브리나는 8년 동안 미들랜드 이곳저곳의 기숙사와 하숙집에서 머물렀다. 데이가 처음 데려다놓은 버밍엄의 기숙사를 떠난 직후 슈롭셔의 뉴포트에서 귀부인의 말동무로 지냈다.[1] 교육을 받은 단정한 외모의 독신 여성은 잘사는 집에서 말동무나 집사가 되는 것이 유일하게 존경받는 직업이었다. 피후견인이면서 때로는 하녀이기도 한 귀부인의 말동무라는 직업은 밤낮으로 안주인의 명령에 따라야 함을 의미했다. 공식적으로 하녀와 다를 게 없었으나 실제로는 하녀보다 더 저급하고 힘든 일을 했다.

　　1780년에 이르러서야 이 난처한 지위는 끝이 나서 사브리나는 버밍엄의 교외에 돌아왔다. 그때쯤 데이는 유언장을 작성할 필요를 느꼈는데 지금까지의 행동에 대해 마음의 짐을 벗고자 아주 꼼꼼하게 기획한 것이었다.[2] 그는 사망 이후 어머니와 계부 그리고 에스터에게 충분한 돈을 남긴다고 공언하면서 "버밍엄 근처의 고아, 사브리나 시드니"도 독신일 경우 매년 50파운드를 계속 받을 수 있다고 명시했다. 1769년에 데이는 만약 그녀가 결혼한다면 500파운드의 지참금을 줄 것이라 약속했지만 그 돈은 "내가 그녀를 위해, 또는 그녀 입장에서 유리한 계약과 구속을 완전히 면제하는 조건으로 지불되어야 한다"는 단서를 달았다. 데이는 진실한 친구 키어에게 사브리나에 관한 이 규정을 이행하라고 맡겼다. 데이가 유산 상속 명단에서 사브리나를 제외하고 싶어도 그녀를 자기 인생에서 잘라낼 수는 없었다.

매력적이고 우아하며 예의 바르고 대인관계가 원만했던 사브리나는 옛 시절의 친구들을 방문했고 새로운 장소에서 새로운 구혼자들을 끌어모으고 있었다. "그녀는 머무는 곳과 방문하는 곳 어디에서나 친구가 되었다"고 애나 수어드는 써두었다. 그녀는 종종 리치필드에서 다윈의 가족과 머물렀고, 1781년에 다윈이 두 번째 결혼을 한 후 더비로 옮길 때까지 새빌 가족이 가장 좋아하는 손님이었다. 1780년 8월에 그녀는 존 새빌의 손자 세례식에 초대받았는데, 그 아이는 사브리나의 친구였던 다윈의 큰딸, 이제 결혼해서 엘리자 스미스가 된 이의 장남이었다. "우리는 사브리나가 올 때까지 시간을 정하지 못하고 있었다"며 새빌이 한 친구에게 "며칠 안에 올 것이다"라고 말했다.[3] 그녀의 도착을 기다리는 것으로 보건대 아마도 사브리나가 그 아이의 대모였을 것이다. 그 세례식은 8월 25일에 있었고 아이는 새빌 스미스라고 이름 지어졌다.

사브리나의 과거 고아원에서의 흔적이 잊히거나 희미해지면서 그녀는 독립적으로 살아갈 수단을 가진 자신감 있는 여성이 되었다. 수어드에 따르면, "그녀는 열여섯 살에서 스물다섯 살까지의 위험한 시기를 일탈 행동도 하지 않고 티끌만 한 오점도 남기지 않은 채 무사히 건너왔다".

그러나 여전히 데이가 그녀만의 인생을 살도록 놓아주지 않았다. 20대 초반에 사브리나는 적절한 젊은 구혼자를 만났지만 데이에게 조언을 구하는 실수를 저질렀다.[4]

그 결혼 제안은 자비스 와들리라는 외과 약제상이 한 것으로 그는 드레이턴 마켓 근처에서 자기 약국을 열기 전에 뉴포트에서 견습공으로 일했었다. 전통적으로 약제상은 의사의 처방에 따라 가루를 내고 분량만큼 포장하는 일을 했는데, 1700년대 말에는 자격을 갖춘 약사이자 일반 개업 의사로도 인정받았다. 와들리는 이래즈머스 다윈이 환자에 대한 조언이 필요해 편지를 보냈을 때 꼼꼼하게 답장을 써서 높은 평가를 받았다. 와들리와 사브리나의 만남은 아마도 다윈을 통해서 이뤄졌을 것이었다. 사랑스런 젊은 여성에게 마음이 끌린 와들리는 각 행의 첫 알파벳으로 메시지를 전달하거나 이름의 철자를 각 행의 첫 알파벳으로 사용하는 방식(예를 들면 이름으로 삼행시 짓기—옮긴이)으로 시를 보내며 호감을 드러냈다.

와들리는 안정된 수입과 낭만적인 성향을 지닌 전문 직업인이었고, 그래서 그의 제안은 쉽게 거절될 만한 것이 아니었다. 그리고 약제상의 아내가 되는 것은 운이 좋은 일이었다. 그러나 데이는 사브리나에게 거절하라고 말하면서 단호한 태도를 보였다. 아마도 와들리의 직업이 자신의 옛날 제자에게는 너무 부족하다는 속물적인 생각에서였거나 아니면 그녀를 보내기 싫었거나 둘 중 하나였을 것이다. 자신의 시적 재능을 발휘해 데이는 자비스 와들리의 이름으로 약제상이라는 직업을 은근히 비꼬는, 똑같은 형식의 시를 써서 답장이라며 사브리나에게 단호한 거절의 표시로 그것을 주라고 충고했다. 일부를 인용하면 다음과 같다. "모든 기술에서 당신은 남자 중의 으뜸으로 빛난다, 그래서 당신은 절굿공이와 펜을 그렇게 교묘하게 잘 쓰는군! 세련된 손이 움직일 때마다(W) 너는 아마(천)를 펼친다/ 그리고 부러진 손으로 석고를 반죽하면서(A)/ 롤러와 붕대로 너의 기술을 보여준다(R)/ 의사들은 스스로 사람을 죽일 약을 제조한다(D)." 심지어 데이는 그녀의 거절 편지마저 작성해주었다. "시드니 양은 와들리 씨에게 정중한 글자 맞추기 형식의 시에 대해 충분히 대답했듯이, 절대로 허락하지 않을 것임을, 다시 한번 어떠한 마음의 변화도 없을 것임을 분명히 밝힙니다." 와들리의 다음 편지들은 개봉하지도 않은 채 돌려보내졌고 데이는 "이런 편지는 어떤 기질의 젊은 여성에게는 전혀 어울리지 않기 때문이라고" 썼다.

사브리나에게 거절당하자 와들리는 곧바로 다른 신부를 찾았다. 그러나 사브리나는 20대 중반까지 미혼인 채로 누구에게도 속하지 않았다. 파이브 웨이즈(버밍엄에서 1마일 정도 남쪽에 오거리로 길이 난 작은 마을)의 하숙집에 살면서 사브리나는 1783년 초반에 같은 집으로 이사 온 한 젊은 여자와 친해졌다.[5] 제네바 태생의 프랑수아즈 앙투아네트 드뤼크(친구들에게는 패니로 알려져 있었다)는 장 앙드레 드뤼크의 딸이었는데, 그는 지리학자로 루나 멤버들과 친하게 지낸 인물이었다. 패니는 스물여덟 살로 아버지의 친구들 사이에서 인기 있는 손님이었는데, 그 모임의 가장 이상한 회원에 대한 흥미 있는 이야기에 이끌렸다.

공동으로 하숙을 하며 패니를 친구로 여긴 사브리나는 자신이 데이에게 받은 훈련 가운데 괴상한 실험들을 털어놓았다. 그리고 패니는 그 충격적인 이야기를 새뮤얼 골턴의 집에 가서 말했는데, 그는 루나 모임의 새 멤버로서 파이브 웨이즈 근처 해글리 로에 살고 있었다. 골턴의 큰딸

메리 앤은 그 당시 여섯 살이 채 안 되었는데도, 왁스를 녹이고 총을 쏜 사브리나에 대한 고문 이야기를 70대까지 기억했다. "우리는 패니가 데이의 피후견인이었던 사브리나 시드니의 일화를 들려주어 흥분했다. 패니는 당시 그녀와 같은 집에서 하숙하고 있었다"고 기억했다. 그런 폭로에도 불구하고 그녀는 자신이 좋아하는 책인『샌퍼드와 머튼』에 대한 존경심이 줄어들지는 않았다고 했다.

사브리나는 1783년 봄 스물여섯 살이 되었지만 버밍엄의 변두리에 살면서 사교계의 구석에 남겨질 위험에 처했다. 그녀를 대상으로 한 실험적인 교육은 차 마실 때의 화젯거리나 농담의 주제가 되었다. 재정적인 지원도 마지못해 돈을 내놓는 자선가가 통제하고 있었다. 그리고 과거 데이와 연루된 일 때문에 그녀는 평판을 유지하기도 힘들었다. 하숙집 창문을 통해 바라보던 그 도시는 그녀의 모호한 지위를 뚜렷하게 상징하고 있었다.[6] 한쪽의 늘어서 있는 광장이나 차 밭은 버밍엄의 잘사는 이들에게 바람직한 사회적 지위를 제공하는 듯 보였지만, 다른 쪽의 비좁은 테라스의 집과 어느 공간에서나 안개가 자욱한 작업장은 또 다른 미래를 제시하고 있었다. 데이는 한 여자와 결혼해 아내를 자신의 이상형으로 만드는 중이었기 때문에 사브리나는 그와 결혼할지도 모른다는 희망은 버려야 했다. 오거리의 교차점에 살고 있던 그녀는 인생의 방향이 어디로 향할지 전혀 몰랐다. 그런데 오랫동안 잊고 지낸 누군가가 그녀의 현관 문 앞에 도착했다. 존 빅널이었다.

미들 템플에서 친구들과 노닥거린 세월 탓에 빅널은 대가를 톡톡히 치러야 했다. 그도 데이처럼 법률 책이나 관련 문서를 읽기보다는 대부분의 시간을 급진적인 정치 토론에 쏟아붓거나 문학작품을 쓰는 데 보냈다. 데이와 달리 빅널은 여가를 즐길 만큼의 재산이 없었다. 그나마 집안이 법조계에서 오래 득세한 까닭에 그는 출세의 사다리를 차곡차곡 밟아갈 수 있었다. 고등 법원의 법률가와 파산 정리 전문가로서의 지위 덕분에 꾸준한 수입은 있었다. 에지워스에 따르면, 빅널은 "대단한 재치와 날카로움"에다 "빛나는 재능을 겸비한 남자였다".[7] 그러나 빅널은 자신의 재능과 행운을 나태와 호화로운 생활 방식, 그리고 사치로 소모했다.

법률 소송에 관한 조항들을 익히는 대신에 빅널은 노름장에서 카드를 쳐다보고, 거기서 딴 돈은 사창가에서 써버리거나 돈을 잃으면 술집에서 쓰린 마음을 달랬다. 그는 특히 내기 카드놀이를 즐겨 했는데, 이는 귀족들 사이에서 유행한 것으로 바카라의 일종이며 철제 상자에서 카드를 꺼내는 방식이었다. 한때는 상당한 액수의 돈을 따기도 했지만[8] 그것은 곧 그의 손가락 사이로 빠져나갔다. 이윽고 빅널에게 사건을 맡겼던 고객들은 다른 사람에게 가버렸다. 에지워스는 "빅널이 사건 서류들을 주머니 속에 넣거나 테이블에 두고는 쳐다보지도 않았다"고 썼다. "대리인들이 불평했지만 그는 법률 대리인으로서의 명성처럼 자신의 건강이 추락할 때까지 위트, 문학, 그리고 쾌락으로 자신을 위로했다." 30대에 이르자 빅널은 "완전히 마비되어"(아마도 뇌졸중으로) 고통을 받았고 데이에게 조언을 구했다. 데이는 신선한 공기, 제대로 된 음식, 그리고 운동이라는 뻔한 충고를, 하지만 빅널의 입장에서는 현명한 경고를 해주었다.[9]

데이의 처방이 빅널의 고통을 경감시키기에는 이미 너무 늦었지만. 오랜 학교 친구를 다시 만나면서 빅널은 재산 손실을 만회할 생각을 떠올렸다. 건강과 재산 모두 곤경에 처하게 되자 미래를 직시한 것이다. 그것은 장밋빛이 아니었다. 오랫동안 독신으로 지내온 서른여섯 살의 빅널은 이제 정착하고 결혼도 해야겠다고 생각했다. 그는 동반자를 원했고 심지어 아이도 원했으며 남은 생애를 그들에게서 위로받고 싶어졌다. 가능한 신부가 있을까 궁리하다가 그는 갑자기 14년 전에 슈루즈베리 고아원에서 줄을 서 있던 소녀들 중 자신이 직접 뽑은 열두 살짜리의 어여쁜 고아가 생각났다.

지금까지 빅널은 사브리나에게 거의 관심을 보이지 않았다.[10] 데이의 완벽한 아내로 그녀를 선택한 것은 자신이었음에도 오히려 나중에 데이가 그녀에게 매료되었다는 사실에 매우 놀랐다. 그는 에지워스에게 "그 소녀에게선 개성을 찾을 수 없었다"고 말했다. 에지워스가 그녀의 감미로운 목소리와 우아한 예법을 칭찬하자, 빅널은 "어깨를 으쓱했을" 뿐이었다. 데이가 사브리나를 거부하고 에스터와 결혼하자 빅널은 별다른 생각 없이 그녀를 동정했을 뿐 그 이상은 없었다. 겉으로 보기에 사브리나는 빅널의 마음에서 완전히 떠난 것처럼 보였다.

이제 빅널은 사브리나의 상황에 대해 여러 질문을 하기 시작했는데, 주로 에지워스에게 물었고 데이는 모르는 상태로 진행되었다. 그녀가 여전히 독신인 채로 있다는 사실이 확실해지자 그는 그녀의 평판에 오점이 없는지를 알고 싶어했다. 조지 시대의 이중적인 기준에 따르면 빅널은 아무 데나 씨를 뿌리고 다녀도 괜찮았지만 잠재적인 아내에게는 용납될 수 없는 일이었다. 사브리나가 쾌활하고 여전히 독신인 데다 처녀로 지낸다는 것을 알게 된 빅널은 주소를 얻어 그녀를 찾아 부리나케 움직였다. 파이브 웨이즈에 있는 그녀의 하숙집을 찾아냈을 때, 그는 자신이 기억하고 있던 사춘기의 소녀가 매우 아름답고 건강한 젊은 여성으로 컸음을 알아보고는 매우 기뻐했다.

에지워스에 따르면, 빅널은 이제 "그녀를 다른 눈으로, 즉 그녀를 이전에 봤던 것과는 다른 눈으로" 봤으며 "곧 사랑에 빠졌다". 물론 빅널이 다른 눈으로 봤던 것은 사브리나에게 약속된 지참금 500파운드였을 수도 있다. 그는 "중년이자 스러져가던 세월에 동료를, 친구를, 간호사를" 발견한 것 같다고 기뻐하며 그녀에게 결혼하겠냐고 물었다. 그는 사브리나가 자신의 요구를 들어줄 것이라 확신하고 있었다.

사브리나는 그 제안을 신중히 판단했다. 그녀는 미래가 보장되고 문학적 재능을 지녔던 젊은 약재상을 거절한 적이 있었다. 이제 중년의, 건강도 나쁜 데다 몰락해가는 법률가를 맞닥뜨렸다. 그러나 그녀는 가족도 없고 독신인 데다 임시로 빌린 방에서 살고 있었고, 게다가 경제적으로 데이에게 의존한 채 미래에 대한 아무런 보장이 없었다. 빅널은 똑똑하고 매력 있으며 사려 깊었고 아무런 흠이 없는 존경받는 집안의 일원이었다. 사브리나가 그러겠다고 답한 것은 아마도 합리적으로 고려해서, 수어드의 말로 하면 "신중한" 이유에서 그렇게 했을 것이었다. 나중에 사브리나는 빅널이 "그녀가 꿈에 그리던 남자"[11]였다는 것을 알게 되었는데, 어느 정도는 사실이었다. 물론 한때 그녀는 에지워스에게 다음과 같이 말한 적이 있었다. "나는 세상에서 데이 씨를 가장 사랑하고 빅널이 다음이며 당신이 그다음이다." 결혼을 진행하기 전에 사브리나는 에지워스와 데이에게 물어봐야 한다고 주장했다.

에지워스는 그의 특징인 친절함과 낙관주의로 대답했다. 그는 빅널이 이전에는 별 관심을 보이지 않던 누군가와 갑자기 사랑에 빠졌다는 이야기를 듣고는 빅널의 나빠진 건강 상태를 떠올렸고, 빈약한 직업 윤리로

완벽한 아내 만들기

사브리나를 경제적 곤경에 처하게 만들 것을 예상하면서 살짝 놀랐다고 고백했다. 그러나 이미 구제할 수 없는 감정에 빠져본 경험이 있는 그로서는 "사랑하는 여인을 가지고 싶다는 욕망만큼 남자가 빠져들 만한 강한 동기는 없을 것이다"라고 생각하면서 진심으로 그들의 미래가 행복하길 바란다는 소망과 함께 찬성 의사를 보냈다. 하지만 데이의 반응은 사뭇 달랐다.

사브리나가 빅널의 프러포즈에 단순히 놀랐다면, 그가 꺼림칙한 모든 진실을 폭로했을 때는 거의 까무러쳤다. 그때까지 사브리나는 데이가 순수하게 자신을 고아원에서 하녀 견습생으로 데려와 교육시켰고, 자비심에 넘쳐 후원했다는 이야기를 의심의 여지 없이 받아들이고 있었다. 또한 그가 그렇게 하는 동안 우연히 결혼하고 싶은 마음이 들었다고 믿었다. 그러나 빅널은 처음부터 그녀와 루크레티아를 특별히 미래의 아내 후보감으로 골랐으며, 그 목적에 맞춰 교육시켰다는 사실을 폭로했다. 데이의 계산된 친절과 박애주의적 보호가 사실은 자기중심적으로 신부를 훈련시키기 위함이었다. 데이는 법적으로 그녀의 후견인이 아니었으며, 그녀도 결국 그의 견습생인 적은 없었던 것이다.

사브리나는 공포에 질려버렸다. 자신이 데이의 별스런 실험 대상이었다는 사실뿐만 아니라 그의 모임과 그녀가 알고 지낸 리치필드의 모든 친구가 이 엄청난 계획을 알고 있었다는 사실 때문이었다. 분노에 휩싸이고 모멸감을 느낀 그녀는 데이에게 빅널과 결혼할 것을 선언하고 그의 과거 행동 모두에 대해 완전하고도 분명한 설명을 독촉했다.

1783년 5월 4일에 보낸 데이의 대답은[12] 그녀의 결혼을 마지못해 찬성하면서 사브리나와 그의 과거 관계를 정당화하려 했고, 자신의 입장에서 분노를 표현했다. 그는 "사랑하는 나의 시드니 양에게"로 시작하면서 "네가 나에게 써 보낸 이야기는 네가 빠른 대답을 원하는 만큼 나에게도 아주 중요한 사안이다"라고 썼다. 데이는 "지금 네가 만들려고 하는 관계에 대한 내 의견"을 보낼 뿐만 아니라 "지금까지 너와 나 사이에 유지되어온 좀더 이상한 것"에 대해서도 설명하겠다고 약속했다. 마지막으로 그는 고아원에서 그녀를 선택한 동기와 아내로 키우려 한 계획에 대해서도 고백했다. 그러나 데이는 과거의 행동을 변명할 이유가 없다고 격렬하게 주장하면서, 다음과 같이 썼다.

데이는 "내가 이상한 계획의 대상으로 너를 선택했을 당시, 즉 네가 14년 전에 어땠는지 언급하고 싶지는 않다"며 말문을 열었다. (고아원 출신이라는 사브리나의 과거는 여전히 너무나 부끄러운 것이었다.) 그리고 다음을 인정했다. "너를 내 의견에 따라 교육시킬 의도로 데려왔다는 점, 그리고 너의 성장에 충분히 자부심을 느끼고, 네가 내 바람대로 만족할 만한 수준이 되었다면 결혼할 생각도 있었음을 시인한다." 그렇지만 그는 자신의 행동에 대해서는 사과할 생각이 전혀 없었다. "그런 의도가 거칠고 황당하고 과도한 것이든 아니면 합리적이고 신중한 것이든 중요하지 않다. 그건 오직 나의 문제다." 그는 자신의 계획을 설명했고 "여성의 교육에 관한 관습적인 편견을 버리고 사치를 모르는 아내를 얻기 위해서" 였다고 고백했다. 그는 진심으로 이 실험에 매달렸다고 설명하면서 사브리나의 운명이 고아원에 남아 있었을 때보다는 더 좋아졌을 것이라고 주장했다. "내가 너와 결혼을 하든 안 하든 너를 그런 상황에서 꺼내주었기에 적어도 네가 좀더 나은 일을 하며 괜찮은 인생을 살도록 도운 것이다."

데이는 사브리나가 원래 그의 견습생이었다고 꾸며냈고(이는 그녀가 에

완벽한 아내 만들기

지워스에게 물어봐서 금방 진실이 탄로 났음에도 불구하고) 자신은 그녀에게 항상 예의 바르게 행동했다고 주장했다. 그녀를 성적으로 유혹하지 않았다는 점에서 어느 정도는 사실이었지만 그녀의 평판에 대한 그의 거만한 태도에서는 거짓이었다. 데이는 계속해서 그녀를 어떻게 훈련시켰는가를 확인하면서(그렇지만 사디스트적인 신체 테스트는 언급하지 않았다) 그후에 그녀를 서턴 콜드필드 학교에 보냈고, 마지막 실험을 하기 전에 파킨슨네로 견습을 보낸 사실도 적었다. 그리고 그는 그녀가 실패했던 사례의 목록을 작성했는데, 예를 들면 가사를 돌보지 않은 점, 그의 의견을 무시하고 행동한 점, 파킨슨네에서 게으름을 피웠던 것, 특히 그의 "특별한 명령"에 불복종한 점을 적시했다. 이것 때문에 그들의 관계가 끝났다고 했다. 그녀의 모든 결점에도 불구하고 데이는 "너를 지원했고, 교육시켰으며, 최선을 다해 13년이나 돌보았으며 항상 네 입장을 고려하고 내 자신의 어떤 은혜보다 더 중요한 대상으로서 너를 지켜달라고 신께 요청했다"라고 주장했다.

부도덕하고 부당한 대우라는 비난에서 벗어나는 것에 급급했던 데이는 이제 일련의 사건에서 자신의 정당성을 입증하기 위해 키어를 증인으로 세우겠다고 말했다. 데이는 키어에게 반드시 읽어달라고 요청하면서 편지를 봉인하지 않은 채로 보냈다. 데이가 사브리나를 대우한 방식에 대해서 공격을 받는 것은 당연했다. 에스터가 이 논쟁에 끼어들어 그를 비난하기 시작했으며, 에지워스만 데이를 옹호했다. 데이는 기어이 키어에게서까지 진술을 듣고자 한다면 그렇게 해보겠다며 사브리나에게 이렇게 말했다. "나에게는 너에 대한 모든 행동을 이해해줄 친구가 최소한 한 명 정도는 있다. 그는 친절하고 사심 없었던 내 행동을 비난하지 않을 유일한 사람이며 누구도 그만큼 못할 것이라 믿는다."

빅널과 결혼하겠다는 그녀의 제안에 대해서, 데이는 사브리나가 "내 의견이나 충고"를 원하기보다는 통보를 했다고 지적하며 불쾌해했는데, 실제로 그녀는 이미 마음을 명백하게 굳히고 있던 터였다. 빅널은 "분명히 감정과 애정을 지닌 남자"였기 때문에, 그가 "너보다 뛰어난 수백 명의 다른 사람이 아닌 너를 선택했기 때문에" 행운으로 여겨야 한다고 했다. 그러면서 결혼을 하면 남편에게 완전히 의존해야 한다고 또다시 강조했다. 데이는 이 편지가 그들 사이의 마지막 교신이 될 것이라고 말했다. "인간의 삶이 늘 그렇듯 불안한 상황에서 매 순간 선하고 행복하기를 진심으로 바란다." 그와 같은 마지막 말을 하고 안도의 한숨을 내쉬고 나서 데이는 그가 보호하던 여인에게 영원한 이별을 고했다.

만약 사브리나가 그에게서 좀더 애정 어린 충고와 지속적인 관심을 원했다면 정말 실망했을 것이다. 그녀는 기회가 있었지만 데이와 결혼하지 않기로 결심했었다. 그의 지시를 어겼든 도망을 갔든 그녀는 데이를 거절했던 것이다. 이제 그녀는 다른 남자를 선택했고, 데이는 전적으로 그녀를 저버렸으며 우정을 비롯한 어떠한 연결의 가능성도 없었다. 그는 그녀가 열두 살일 때 그녀의 인생으로 걸어 들어와 아무런 말도 해주지 않다가 이제 스물여섯 살이 된 그녀를 뒤도 돌아보지 않고 버렸다.

이듬해인 1784년 4월 16일 사브리나는 버밍엄의 세인트필립 교회 정원에서 존 빅널과 결혼했다.[13] 빅널의 여동생 캐서린과 데이의 대리인 키어가 증인이었다. 사소하지만 중요한 변화로 과거의 신원과 데이로부터의 독립을 의미하는 형식으로 그녀는 애나 사브리나 시드니로서 결혼 명부에 서명했다. 그리고 곧 그녀의 네 번째이자 마지막 이름을 얻었는데 그것은 사브리나 빅널이었다.

같은 날 데이는 빅널에게 500파운드(오늘날의 시세로 거의 6만 파운드)의 지참금을 지불한다고 서명했다. 이 돈은 사브리나에게 주기로 약속했던 것으로 조지 시대 법에 따르면 곧 남편의 것이었다. 재정 지원을 받은 신혼부부는 셴필드로 이사했는데, 이곳은 에식스에 위치했고 도시에서 전문직으로 살아가기 쉬운 조그만 지역이었다. 에지워스의 걱정이나 수어드의 예상과는 반대로 그 결혼은 동반자적이며 결실이 있었다. 18세기의 보통 기혼 남녀를 기준으로 보면 정말로 완벽한 결혼이었다.

사브리나는 3년 안에 두 명의 아들을 낳았다.[14] 장남은 1785년 혹은 1786년 초에 태어나 존 로런스 빅널이라는 이름으로 세례를 받았는데, 빅널이 아메리카 친구를 기념해서 지은 것이었다. 둘째는 1786년 12월 18일에 태어나 헨리 에지워스 빅널이라 이름 지었는데, 중간 이름은 사브리나의 평생에 걸친 친구이자 후원자에게서 따온 것이었다. 데이에 대한 감사는 전혀 없었다. 사브리나가 아내로서 이상형이 되는 데 실패했다는 데이의 확신에도 불구하고 에지워스의 관점에서 그녀는 "뛰어난 아내"였다. 수어드는 그녀를 "최고의 아내이자 가장 사랑스러운 아내"라고 묘사했다.

빅널은 아일랜드에 있는 에지워스에게 정기적으로 편지를 쓸 때 사브리나와의 생활과 아들들의 변화를 묘사하며 "행복한 남편과 아버지로서의 기쁨을 누리면서"[15] 지냈다고 말했다. 그리고 설령 사브리나가 신중하지 못하게 결혼을 결정했다 할지라도 그녀 역시 결혼생활에 만족하는 것처럼 보였다. 나중에 그녀의 친구들 중 하나가 증언하길, "꿈에 그리던 남자를 만나 행복하지 않을 수 없다"고[16] 말하면서 사브리나의 남편이 그녀를 우상처럼 대하며 "즐거움과 기쁨"을 주었다고 한다.

처음에 빅널의 일은 번창했다. 결혼이 그에게 안정감을 준 것처럼 보였다. 새로운 열정으로 법률 일에 매진하자, 그는 고등 법원관으로 임명되었는데 그 조직에서 가장 나이 많은 사람 중 한 명이었다. 보즈웰이 1786년에 고등 법원을 방문했을 때,[17] 동료인 윌리엄 수어드는 그를 "법정관 빅널"로 소개했다고 한다. 동시에 빅널은 사브리나와 문학적 관심도 공유하고 있었다. 그들은 둘 다 1786년에 반노예제 운동의 동료였던 헬렌 마리아 윌리엄스가 출판한 첫 시 모음집의 명단에 들어 있다.[18]

그러나 결혼의 책임감과 뒤늦은 부성애도 젊은 시절 빅널의 낭비벽을 바꾸지는 못했다. 그는 아들을 위해 돈을 저축하지도 않았고, 사치스러운 생활로 번 돈을 다 썼으며 그나마 있던 돈마저 노름으로 다 날렸다. 그의 운만큼이나 건강도 좋아지지 않았다. 사브리나의 완벽한 결혼은 짧게 유지되다가 막을 내렸다.

결혼 3주년 기념일에 막 접어든 시점에 빅널에게 또 다른 마비가 왔고 몇 주 뒤인 1787년 5월 27일에 죽었다. 그의 죽음은 런던의 신문에 단신으로 실렸고,[19] 그가 『죽어가는 검둥이』의 공동 저자였으며 덜 알려지기는 했지만 조엘 콜리어라는 가명으로 발표한 『영국의 음악여행』의 주 저자임이 밝혀졌다. 엿새가 지난 1787년 4월 2일, 빅널은 플리트가의 가족묘지에 묻혔는데,[20] 그곳은 챈서리 레인에 있는 그의 집과 미들 템플에서 수백 야드 떨어진 곳이었다.

결혼생활 3년 만에 사브리나는 다시 혼자가 되었고, 이제 그녀에게는 아무런 수입도 없이 혼자서 키워야 할 어린아이 둘이 있었다. 헨리는 생

완벽한 아내 만들기

후 3개월이었고 존은 이제 겨우 한 살이었다. 사브리나의 건강도 좋지 않았는데 아마 헨리를 출산한 후유증이거나 혹은 남편의 죽음에서 받은 충격 때문이었을 것이다. 그러나 아직 더 나쁜 상황이 남아 있었다. 빅널이 아무런 유언도 남기지 않았던 것이다.[21] 법률 전문가로서 말도 안 되는 상황처럼 보였지만, 빅널은 유언장을 작성할 필요가 없었던 듯하다. 빚 외에는 물려줄 것이 아무것도 없었기 때문이다. 그는 사브리나에게 한 푼도 남기시 않았다. (그녀가 결혼하면서 가져온 500파운드에서 남은 건 하나도 없었다.) 게다가 빚을 독촉하는 채권자들이 있었다. 빅널은 결혼 후 3년도 안 되어 재산을 탕진했다. 파산 전문가로 수입을 올리던 그가 실제로 파산한 것이다.

두 아이를 가진 서른 살의 과부이자 생계 수단이 없는 사브리나는 친구와 다른 사람들의 도움에 의존했다. 한 지인이 증언하듯 "그녀에게는 정말로 아무것도 없었다".[22] 아이를 포기하고 고아원에 보내는 여성들과 같은 상황에 처했다. 그러나 자선 기관에서는 오래전부터 고아를 받아들이지 않았고, 교구마다 있는 노동의 집workhouse만이 가난한 엄마와 아이들의 마지막 쉼터가 되어주었다. 인생의 첫 12년을 자선 기관에서 보낸 사브리나는 아이들마저 똑같은 운명으로 고통을 겪게 할 수는 없다고 다짐했다.

불행하거나 폭력적인 결혼에 갇혀 있던 조지 시대의 여성에게 과부가 된다는 것은 행복한 해방이자 심지어 재정적인 독립을 가져다주기도 했다. 아내는 법적으로 모든 재산과 수입을 남편에게 넘기게 되어 있었지만 과부는 자기가 소유한 것이나 번 것은 모두 가질 수 있었다. 그러나 남편의 죽음으로 가난해진 과부는 더욱 가난해질 수밖에 없었는데 자비 넘치는 교구의 구제책이나 노동의 집 외에는 국가 보조금이 전혀 없었기 때문이다. 과부들은 식구를 먹여 살리기 위해 거리에서 구걸을 하거나 매춘에 뛰어드는 것 외에 다른 선택지가 없었다.

결혼 전에 모든 관계를 끊겠다며 매몰차게 대했지만 데이는 마지못해 사브리나에게 연금을 지급하겠다고 약속하면서 금액을 30파운드로 제시했고, 돈을 벌기 위해 일을 찾는다는 조건을 붙였다. 수어드는 "그는 관대하게 마음을 쓰긴 했으나 그의 방식은 아니었다"[23]라고 썼다. 그 정도의 돈은 에지워스도 약속했는데, 한 아이를 공부시켜주고 1년 동안 에지워스네에서 일을 하면 내줄 돈이었다.[24] 하지만 사브리나는 에지워스의 제안을 거절했는데 아마도 선뜻 아일랜드로 갈 마음이 없었기 때문일 것이다. 그들이 제시한 60파운드의 연금은 하녀 봉급의 몇 배에 해당되는 것이었지만, 사브리나가 아이들을 돌보고 교육시키기에는 여전히 턱없이 부족한 돈이었다. 하지만 빅널 가문은 더 비우호적이었다.

빅널의 어머니인 예순여섯 살의 세라는 가족의 재정을 움켜쥐고 평판을 유지하던 가장이었다. 아비뇽에서 사브리나가 데이와 함께 돌아온 이후로 그녀를 보살피기까지 했기 때문에 그녀의 과거를 누구보다 잘 알았던 세라는 그녀를 며느리로 인정한 적이 한 번도 없었다. 무엇보다 그녀가 사생아라는 오점이 계속 신경을 긁었는데, 사브리나의 한 친구에 따르면 시어머니는 그녀를 "늘 미워했다".[25] 4명의 아들을 키워내면서 법률 가문으로서의 명성을 구축하느라 애쓰던 빅널의 어머니는 무엇보다 자기 아들들을 먼저 돌보기로 결심했다. 빅널의 형제들도 사브리나의 청원을 무시했다. 사브리나와 그 아이들이 집안의 부담이 되지 않도록 전전긍긍하던 빅널의 가족은 그녀에게 마을 학교에서 하녀로 일하도록 자리를 만들어주었다. 그녀는 도와줄 의무가 분명히 있는 모든 사람으로부터 외면당한 셈이었는데, 오히려 그녀를 돕겠다고 나서는 이들은 거의 모르는 사람들이었다.

빅널이 죽은 지 몇 주 지나지 않아서 사브리나는 뜻밖의 편지를 한 통 받았다. 한때 고아원에 음악 수업을 도입하려 했던 작곡가인 찰스 버니 박사의 아들이 사브리나의 아들 존을 자신이 운영하고 있는 학교에서 무료로 교육시켜주겠다고 제안해온 것이다. 그녀의 남편이 자기 아버지에게 퍼부은 공격에 대해서 전혀 앙심을 품지 않았던 버니는 빅널과 데이의 오랜 학교 친구인 윌리엄 수어드로부터 사브리나의 불행에 관해 전해 들었다. 천부적인 재능을 가진 고전 학자였던 버니는 빅널과 런던의 문단에서 인연을 맺었는데, 아마도 사브리나의 평탄치 못했던 과거에 대해서도 잘 알고 있었던 듯하다. 사브리나의 큰아들과 동갑인 아들을 두었던 그는 여러 이유로 인해 그녀에게 동정심을 갖게 되었다. (버니 자신도 스캔들과 무관하게 지낸 사람은 아니었기 때문이기도 했다.)

차터하우스 학교에서 뛰어났던 찰스 버니는 열아홉 살에 케임브리지에 입학했다.[26] 하지만 몇 달 지나지 않아 대학 도서관의 매우 귀한 책이 35권이나 그의 방에서 발견되어 학교에서 쫓겨났다. 술고래였던 데다 상습적인 노름꾼이었던 버니는 책을 팔아서 빚을 갚았던 것이었다. 버니가 불명예스럽게 집에 돌아오자 그의 아버지는 자식과 인연을 끊겠다고 협박했는데, 여동생인 소설가 패니 버니는 오빠가 총으로 자살하려는 순간에 그를 발견했다고 전하고 있다. 그는 운이 좋았다. 케임브리지 대학의 책 도둑이었던 그는 벌로 교외 추방령을 받았고, 결국 에버딘 대학에서 학위를 마쳤다. 런던으로 돌아왔을 때도 여전히 불명예스러운 상태에 있던 버니는 보수가 낮은 교사직을 얻어 처음에는 하이게이트에서, 나중에는 치즈윅에서 일했는데 거기서 교장의 딸인 세라 로즈를 사귀어 결혼했다. 장인이 죽자 버니는 치즈윅 학교를 맡게 되었고 나중에 해머스미스로 옮겼다. 버니가 어린 존에게 무료 교육을 제안한 데가 바로 이곳이었다.

버니에 대한 그녀의 답장은 1787년 5월 16일자에 쓴 것으로 사브리나가 직접 써서 남아 있는 편지 중 가장 이른 것이었다.[27] 단정하고 둥그런 필체의 문법이 완벽한 문장으로 사브리나는 "사랑하고 사랑하는 친구"의 죽음 때문에 "너무나 엉망"이라고 고백했다. 그녀는 그가 "저에게나 어린 아들에게 위대하고도 친절한 제안"을 한 데에 너무나 감사한다고 쓰면서 죽은 남편이 "당신과 당신의 능력에 대해 크게 칭찬하고 존경을 표현하는" 것을 들은 적이 있다고 덧붙였다. 그녀의 아들이 너무 어려서 아직 학교에 갈 수 없다는 점을 안타까워하면서(존은 당시 한 살이었다) "인내하며" 아들을 그곳에 데려갈 날을 학수고대했다. 그때까지 사브리나는 빅널 가문이 마련한 비천한 일을 하는 것 외에 다른 선택지가 없었다. 아기인 헨리를 유모에게 맡기고 존은 발밑에서 놀게 하면서 그녀는 한 손으로 일하고 다른 손으로는 아이에게 음식을 먹이며 옷을 해 입혔다.

이듬해 10월에 사브리나는 며칠간 휴가를 얻어 리치필드에 있는 엘리자 스미스를 방문했다. 이제 그녀 역시 호노라와 새빌이라는 아이 둘을 부양해야 할 과부가 되어 아버지와 함께 살면서 노래를 잘하는 재능을 활용하여 간신히 먹고살고 있었다. 아버지가 마차로 실어주어 엘리자는 리치필드와 버밍엄 그리고 배스의 공연장에서 노래를 불렀다. 아마 이때 사브리나가 이제 두 살과 한 살인 존과 헨리를 리치필드 친구들에게 처음으로 소개했던 것으로 보인다. 사브리나는 리치필드에서 불가피하게 저택으로 갈 수밖에 없었다. 여러 해 동안 사브리나를 보지 못했던 애나 수어드의 말에 따르면, 세월이 흘러 "예전보다 미모가 덜하긴 하지만" "전보다 더 우아해지고 매력적이며 고상해졌다".[28] 수어드는 사브리나가 처한 상황을 알게 되자 크게 충격을 받았다.

약간의 고의적인 간섭을 하지 않을 수 없었던 수어드는 법률가 친구인 조지 하딩에게 빅널의 "매우 불행한" 과부를 도와달라고 호소하는 편지를 썼다. 그는 샬럿 여왕의 법무 장관이었고 이전에 빅널과도 알고 지내던 사이였다. 하딩에게 사브리나의 젊은 시절 연애 사건을 알고 있냐고 물어보면서, 수어드는 다음과 같이 탄식했다. "친구들의 자비에만 의존하기에는, 더군다나 선택에 의한 결혼이 아니라 어쩔 수 없이 결혼한 뒤에는 상황이 너무나 어렵다." 수어드는 빅널 가문에 호된 비난을 퍼부었다. 빅널의 형제들은 "번성했고 풍요롭기까지 한데 그렇게 사랑스런 형수가 하루하루 일용할 양식을 위해서 일하고, 보통의 하인들보다 상태가 더 나쁘며 형편이 점점 더 어려워지지만 이상하게도 아무런 감정이 없는가 보다". 수어드는 사브리나의 일이 보조 교사와 유사하다고 가정했다. 그러나 패니 버니는 그녀를 "하녀"라고 묘사했다. 수어드는 데이에게는 심한 비난을 하지 않았는데, 그는 수입의 3분의 2를 지역의 가난한 사람들에게 쓰고 있었지만 자신의 예전 학생에게는 겨우겨우 살아갈 정도의 돈만 주었다. 그러면서도 그녀는 "좀더 많은 부담을 져야 할 의무를 가진 사람이 있는데, 그는 관심을 끊고 냉정하며 성의 없게 대한다"면서 데이가 "명백히 의무를 무시하고 있다"고 생각했다.

하딩은 대대적으로 모금을 했고, 수개월 동안 빅널의 동료들로부터 거의 800파운드나 되는 돈을 모았다. 이런 알토란 같은 돈은 오늘날의 가치로 10만 파운드, 16만 5000달러에 달하는 것으로 사브리나의 정기적인 수입뿐만 아니라 아들 유산의 자본금이 마련되었다. 하딩은 수어드에게 모금의 성공을 알리면서 그가 들었던 "빅널이 독신일 때 누렸던 향락"을 폭로하지 않을 수 없었다. 놀라고 얼이 빠진 수어드는 다음과 같이 대답했다. "나는 데이 씨가 빅널의 과거를 몰랐다고 생각하지만, 설령 안다고 해도 평소 그의 질색하는 태도로 보건대 말을 아꼈을지도 모르겠다." 그러면서 덧붙였다. "그러나 오 주여! 창백한 처녀 행세를 한 난봉꾼 좀 보소서! 그의 기행이 그렇게 숨겨져 있었다니! 십계명이 쓰여 있을 법한 순진한 얼굴을 하고!" 이제 아이들의 복지가 확보되자 사브리나는 찰스 버니의 친절한 은혜를 받을 날만 기다리고 있었다.

데이는 사브리나에게 수전노처럼 인색하게 굴며 마지못해 그녀를 도와주고 있었지만, 이제 그녀는 혼자가 아니었다. 그가 그토록 바라던 결혼생활을 10여 년 동안 하고 나자, 그는 이전보다 더 심술궂어지고 불행해졌다. 감사할 줄 모르는 가난한 이들에게 적선하면서 그는 에스터와 친구들에게 더 자주 화를 냈다. 그는 에지워스에게 끊임없이 투덜거렸고[29] 에스터의 친구들에게 한 수 가르치려 드는 편지를 쓰면서 볼턴에게는 빚을 갚으라고 독촉했다. 결국 볼턴이 돈은 다 갚았지만 그들의 우정은 끝났다. 데이는 심지어 출판업자인 존 스톡데일에게 달려가 지분을 제대로 줄 때까지 『샌퍼드와 머튼』의 마지막 부분 원고를 보내지 않겠다고 협박했다.[30] 키어와의 우정도 털어내야만 했다. 데이의 팬들에게는 기쁘게도 해리와 토미의 모험은 계속되었고, 8월에 3판이 출시되었다. 그러나 데이는 자신의 책이 성공 가도를 달리는 것을 보지 못할 운명이었다.

한 달 뒤, 1789년 9월 28일에 토머스 데이는 애닝슬리에서 베어힐로 말을 타고 가다 떨어져 죽었다.[31] 말이 뒷걸음쳐 다시 밟히고 심각하게 다친 그는 동물의 권리를 주장하던 신념에 맞게 자비심의 희생자가 되었다고 친구들은 탄식했다. 루소의 교육 체계(여기선 아이가 아닌 동물)에 대한 데이의 헌신은 결국 그를 망가뜨렸다. 그의 나이 고작 마흔한 살이었다.

에스터는 베어힐에서 기다리다가 사고 장소로 달려왔지만 데이는 끝내 의식을 되찾지 못했다. 그녀는 내내 교정을 지시받던 이로부터 해방되었다는 느낌을 갖기보단 슬픔을 견딜 수 없어 했다. 그녀는 에지워스에게 "슬픔의 무게로 짓눌렸다"고 말했다.[32] 데이를 처음 만난 순간부터 그녀는 "나는 그를 사랑하고 존경하려고 태어났다. 그를 둘러싼 모든 상황이 나에게는 너무 즐거웠다"고 말했다. 한 보고서에 따르면 에스터는 매일매일 하던 산책을 다시는 하지 않았다고 하며, 또 다른 보고서를 보면 그녀는 나머지 생을 어둠 속에서만 지내면서 낮에는 커튼을 한 번도 젖히지 않고 밤에만 걸어다녔다고 한다.[33]

몇 명 남지도 않은 데이의 친구들은 좌절에 빠졌다. 이래즈머스 다윈 주니어가 "데이는 친구이자 철학자, 학자 그리고 정직한 사람이라는 여러 이름으로 나를 다정하게 대했다"고 썼다.[34] 에지워스 역시 그 소식을 듣고 충격으로 마비 상태에 빠졌다.[35] 에지워스는 거실의 소파 위에 걸려 있는 황금색 재킷에 붉은 조끼를 입은 땅딸막한 젊은 남자의 초상화를 들여다보며 그를 처음 만났을 때의 구부정하고 헝클어진 머리의 젊은이를 생각하면서 평생의 친구가 되겠다는 약속을 기억했다. 그들은 함께 여행했고 함께 살았으며 같은 여자를 두고 경쟁했고 딕을 키우고 사브리나를 교육하는 데 함께 했으며, 모든 차이점을 극복하면서 진정한 친구로 남았다. 마리아의 표현에 따르자면 "두 친구는 취향이 아주 다른데도 근본적인 생각에서는 그토록 일치할 수가 없었고, 외모는 정반대이지만 늘 함께 붙어 있었다".

데이의 문서들을 샅샅이 뒤진 끝에 발견된 유일한 유언[36]에 따르면 그는 1780년부터 사브리나를 자기 인생에서 삭제하는 데 심혈을 기울였다. 데이의 남은 재산은 기대했던 것보다는 적은 2만 파운드가량이었다. 그는 재산의 대부분을 써버렸던 것이다. 매번 돈을 낼 때마다 투덜거리긴 했지만 데이는 자선이 드문 시대에 진정한 박애주의자였고, 시대에 앞서 사회 개혁을 진정으로 원한 열정적인 사상가였다. 그의 남은 재산은 애닝슬리 영지와 함께 에스터에게 넘겨졌고, 그녀는 굳이 그 돈이 없어도 자신만의 재산을 보유하고 있었기 때문에 안락하게 살아갈 수 있었다.

물론 데이의 유언에 사브리나의 몫은 없었지만 에스터는 자비롭게도 그녀에게 30파운드의 연금을 계속 보내주었다. 에스터는 사브리나가 그녀 "스스로 잘해나갈 수" 있으리라는 희망에서 그녀를 "야박하게" 대하지 않았다고 에지워스는 설명했다.[37] 에스터는 양심에 거리낄 것이 전혀 없었다. 그녀는 "나의 행복을 위해 시드니 양에게서 데이 씨의 자부심을 빼앗은 상황을 생각하면 그녀는 내게 연민의 대상이자 보호의 대상이라는 이중적인 인물로 다가온다"고 썼다. "이전에도 내가 말한 적이 있을 텐데, 내가 사랑하는 그가 나를 매우 어여삐 여기긴 했지만 사브리나는 내가 사랑하고 존경하는 사람을 사랑한 적이 있고 계속 아쉬워했다고 믿어 특별히 그녀에게 관심이 갔다. 그녀만의 잘못이 전혀 아닌데도 그녀

완벽한 아내 만들기

는 특별히 불행했고, 남편과의 일을 생각해보면 그녀는 이제 모든 비난으로부터 분명히 자유로워야 한다."

데이의 남은 친구들은 그의 덕을 칭송하느라 바빴다. 한 사망 기사는 그를 "인류애의 창시자"로 묘사했고[38] 다른 기사는 "어느 시인의 손도 아직 받아본 적은 없었다/ 덕의 신성한 사원에나 바쳐질 이렇게 순수한 화환을"이라는 시로 그를 높이 칭송했다. 그러나 얼마 안 가서 정반대의 견해들이 표면에 드러났다. 과장된 송가에 대응해 익명의 지인이 언론에 "약간의 잘못된 정보"를 수정한다며 글을 보냈다.[39] 그 글에 따르면 데이가 분명히 박애주의자이긴 했지만, 그는 자신의 돈을 받는 사람들이 또 돈을 받으려 하면 "다음에는 목을 따버리겠다"고 불평했고, "일반적으로 단정치 못하고 심지어 방탕"했던 곳에서는 낭비를 일삼았으며, 다른 이유가 아니라 "인간사회의 악취"를 피해 은거지에서 살았던 것이라고 말하곤 했다고 전했다. 더군다나 데이는 아내에게 강요해 모든 계약을 이행하도록 했고, 그가 "사교를 경멸하는 것"에 맞춰 아내의 편의를 희생시켰다고 썼다. 그 편지에는 C.L.이라고 서명되어 있었다. 데이의 지인들 가운데 그 글이 애나 수어드의 신랄한 펜에서 나온 것임을 알아채지 못한 사람은 없었다. 한때 데이의 친구였으나 이제는 사브리나에게 한 행동과 에지워스를 경멸하는 데 날이 섰던 수어드는 복수할 기회를 맘껏 즐겼다.

데이의 명성이 위험에 처한 것을 알게 된 가족과 친구들은 곧 다른 공격에 맞닥뜨렸다. 지칠 줄 모르는 에지워스가 회고록을 쓰기 시작했던 것이다. 데이에게 우호적인 감정을 지녔던 그는 친구의 자선 행위와 진보적인 철학을 널리 칭찬하고 싶어했다. 그러나 동시에 친구의 기행과 유별난 생각, 그리고 결혼의 축복을 확보하기 위한 그의 괴팍한 요구를 솔직하고도 충실하게 그릴 생각이었다. 에지워스는 그 책의 인세를 사브리나에게 기부하기로 계획을 세웠다. "데이의 인생을 책으로 출판하려 한다면 그의 편지를 공개해야 한다고 생각한다"고 동생인 마거릿에게 말하면서 다음의 문장을 덧붙였다. "그리고 그 책의 판매금은 빅널 부인에게 주어야 한다고 믿는다."[40]

에지워스가 책을 반쯤 썼을 때 에스터 역시 키어에게 의뢰해 데이의 전기를 쓰려 한다는 소식을 들었다. 경쟁자가 된 두 전기 작가는 서로의 기록을 교환했다.[41] 그들이 친구를 기억하는 데 다른 관점을 가진 것이 분명해졌다. 데이의 아내 만들기 프로젝트에 대한 언급을 감추고자 급급했던 키어는 에지워스에게 어느 회고록에서도 사브리나를 언급하는 것은 "불가능하다"며 쌀쌀맞게 말했다. 에지워스는 신속하게 펜을 놀려 키어에게 다음의 충고를 담은 메모를 보냈다. "내가 자네에게 보낸 일화들은 극소수에 불과하네. 그러나 그것들은 자네의 계획에 적합하다고 생각해서 내가 선택한 전부이기도 하지. 때문에 개인의 자서전에 대한 우리의 생각처럼 자료상으로도 크게 다를 수밖에 없을 것이야. 자네는 공적인 것에 관련된 것만 출판되어야 한다고 믿는 모양인데, 나는 인간을 즐겁게 하려고 그들을 가르치려 드는 것은 효과가 없는 방법이라고 생각한다네." 그러면서 덧붙이길 "같은 자료를 가지고 자네의 친구에 대한 기억을 좀더 고상하게 할 수는 있을 테지". 여기서 "자네의 친구"에 대한 강조는 매우 중요하다. 키어의 초상화는 에지워스가 알고 있는 누군가와는 다를 것이었다. 에지워스는 "사생활을 공개하지 않고 한 개인의 인생을 어떻게 그릴 수 있다는 건가?"라며 다윈에게 불평했다.

완벽한 아내 만들기

다윈도 같은 생각이었다. 키어가 그에게 조언을 구하자 다윈은 데이의 전기에 "독특한 사건인 두 고아원 고아를 교육시킨 일"을 쓰지 않는다면 "엄청난 생략"이 될 것이라고 주장했다.[42] 이제 키어도 "너무나 모순적일 수 있기 때문에" 진실을 두고 문제가 될 것이라며 혼란스러워했지만 동시에 그는 "부인이 관련된 미묘한 문제라 둘을 화해시키기도" 몹시 어려울 것이라며 두려워했다.[43] 키어와 다윈, 그리고 에스터 사이에서 여러 문건이 서로 원하지 않는 선물처럼 오갔다.

키어의 전기는 마침내 1791년에 출간되었는데, 그것은 소년 시절부터 일생을 위대한 덕에 헌신하고자 결심했던 데이의 성스러운, 마치 작가 데이가 만들어낸 인물인 해리 샌퍼드와 같은 영웅의 일대기였다. 책에 따르면 이런 목표를 향해 단 한 번도 일탈한 적이 없는 데이는 자신의 문학적 재능을 "인류애와 자유 그리고 덕"을 고양시키는 데 바치고 재산은 "인류의 복지를 위해" 기꺼이 썼다. 비록 키어가 인정하듯이 그의 매너와 말투는 좀 야만적이긴 했지만, 데이는 정말로 농담을 사랑하고 아이들을 즐겁게 했던 천재이긴 했다.

두 고아 소녀와의 관계에 대해서 키어는 데이의 "여성 교육에 대한 실험"이라며 조심스럽게 진실에 비해 축소하여 묘사했다. 사브리나나 루크레티아의 이름 그리고 고아원을 언급하지도 않고 그는 데이가 "두 여자아이의 견습을 맡았다"라고 썼으며 "몇 년간" 교육시켰고, 그가 "그들 중 한 명과 결혼할 기대를 품었던" 것이 부적절하지는 않았다고 담담하게 썼다. 시인인 로버트 사우디가 나중에 서술했듯이 키어가 쓴 데이의 전기는 "가장 눈에 띌 만한 상황을 모두 생략했다".[44]

데이의 친구들이 그가 죽은 후 그의 명성을 보호하려고 노력했던 것처럼 데이의 전기 작가들도 대부분 그를 덕의 모범이자 이상적인 남자로 만들려는 노력을 기울였다. 그는 노예제를 폐지하고 선거권을 확대시키며 미국의 독립을 증진시키려는 가상한 노력을 기울인 사람이었을 뿐만 아니라 아이들을 위한 책을 개척한 사람이었다. 비록 당시로서는 생각할 수도 없었던 아내 양육 실험은 젊은 시절의 탈선이나 어리석은 치기로 다루어져 카펫 밑에 묻혀 있었지만 말이다.

일 년이 지난 1792년 6월 12일에 에스터는 죽었다. 그녀가 서른아홉 살에 죽은 의학적 원인은 기록되지 않았지만 친구들은 그녀가 사망한 원인을 잘 알고 있었다. 스톡데일은 "그녀가 부서진 심장을 추스를 수 없어 죽었다고 생각한다"[45]며 키어에게 말했고, 『신사의 잡지』는 그녀가 "부부의 사랑이 다한 희생자였다"고 전하고 있다. 어떻게 비평하든 간에 최소한 에스터 입장에서는 그녀가 논쟁을 견뎌내고 지속적으로 노력한 것으로 보건대 데이의 완벽한 파트너였음이 증명되었다. 그가 없는 세상에서 그녀는 살아갈 이유가 없었다.

태평스럽게도 키어의 전기에 대해서 모르고 있던 사브리나는 과거를 지우는 데 집착했다. 찰스 버니의 제안을 받아들여 장남을 해머스미스 학교에 데려가기로 했고, 버니의 그 제안은 두 아들을 포함해 사브리나의 자리까지 제공하기로 확대되어 그녀는 1791년에 아이들과 함께 이사를 왔다. 존과 헨리는 네댓 살의 아이들이 모인 교실의 책상 뒤에서 뛰어놀고, 서른네 살의 사브리나는 버니의 집사 겸 비서로 일했다. 사브리나는 유능하고 효율적으로 업무를 수행했기 때문에 학생뿐만 아니라 버니의 식구들에게도 인기가 있었다. 이는 그녀의 인생을 바꿔놓을 버니 친족과의 이상한 관계의 시작이었다.

완벽한 아내 만들기

버니 박사가 초라한 배경을 지녔음에도 불구하고 버니 가문은 재주가 많고 인맥이 넓은 집안으로 불행과 구설수를 이겨내고 성공 가도를 달리는 중이었다. 패니는 소설 나부랭이나 쓴다는 불명예를 극복해 쾌활하고도 위트 넘치는 소설들로 명성을 날렸고, 찰스는 케임브리지에서의 치욕을 학문적 업적으로 극복했으며 그들의 이복 누이인 세라 해리엇은 패니의 족적을 따라 5권의 소설을 출판했다. 버니 가족과 친분이 있었던 새뮤얼 존슨은 "그 집안의 모든 이를 사랑한다. 그들 모두와 잘 아는 사이라고 말할 순 없으나 그들은 서로 믿으며 사랑하기 때문에 나도 그들을 사랑한다"[46]고 들떠서 말했다. 또 다른 가족의 친구인 헤스터 스레일은 "버니 가문은 매우 놀라운 사람들로 구성된 가족이다"라고 외쳤다.

사브리나 역시 매우 놀랐는데, 버니 가족이 그녀를 진심으로 대하며 유별난 과거를 전혀 개의치 않고 집으로 데려왔던 것이다. 1791년 10월에 사브리나를 처음으로 만난 패니는 오빠의 집에 새로운 구성원이 온 것을 매우 기뻐했다. 패니는 "일요일에 빅널 부인과 함께 여기 있었는데, 나는 그녀를 이전에는 본 적이 없었다. 그녀와 함께라서 너무나 기뻤다. 그녀는 부드럽고 순종적이며 매우 착하고 귀여워 보인다"[47]라고 썼다. 패니와 오빠 사이에서 그때부터 오간 편지에는 언제나 사브리나에 대한 좋은 기억이 담겨 있었는데 한 사람은 이렇게 끝맺을 정도였다. "빅널 부인이 우리를 영원히 잊지 않기를, 우리가 그녀를 잊지 않을 것처럼 말이야."

사브리나는 버니 가족의 중요한 구성원으로서 찰스뿐만 아니라 그의 아내도 적극적으로 도왔다. 불분명한 증세로 늘 아팠던,[48] 세라는 그 가족 내에서 "불쌍한 로제트"로 알려져 있었다. 로제트는 혹독한 우울증에 시달리면서 가끔 찰스와 떨어져 살고 싶다고 우겼고 거의 미친 것처럼 행동할 때도 있었다. 찰스의 동생인 수잔이 "로제트는 유머 감각이 뛰어났지만, 때론 너무 과해서 사람들이 그녀를 어떻게 대해야 할지 고민하기도 했다. 하지만 그녀가 내는 소음과 덜그럭거리는 소리조차 반갑기만 했다"고 전했다. 수잔은 찰스가 로제트에게 약을 먹였을 때 그녀가 맛을 보고 창밖으로 뱉어버린 행동에 깜짝 놀랐던 일화도 기록해두었다.

사브리나는 두 살 어린 로제트가 깊은 우울증에 시달릴 때 위로하면서 동료애를 보여주었고 가끔은 배스나 클리프턴의 온천 방문에 동반했으며, 동정심에 찰스를 실질적으로 도와주기까지 했다. 로제트는 종종 의학적인 문제로 활동을 할 수 없거나 어딘가에 가 있는 경우가 많았기 때문에 찰스는 사업이나 집안일에서 점점 더 사브리나에게 의존했다. 그녀는 그들의 어려운 결혼생활을 지탱해주는 기둥이었다.

1793년 찰스가 해머스미스에서 그리니치로 학교와 가족을 옮기자 사브리나와 그 아들들도 함께 옮겨갔다. 그해 여름 사브리나는 버니 가족과 함께 클리프턴 온천에 동행했는데 이때는 찰스가 많이 아파서 사브리나가 그를 간호하게 되었다. 버니는 평생 통풍과 두통으로 고생했는데 아내에 대한 불안, 그리고 좋은 와인과 기름진 음식에 대한 집착으로 상태가 더 나빠졌던 듯하다. 로제트가 집으로 돌아와서도 혼자 있어야 해서 사브리나는 그다음 달까지 찰스를 간병했다. 세라 해리엇이 8월에 찰스를 방문했을 때, 자신이 "그와 아주 가까이 지내던 빅널 부인의 보조 간호사"가 되었다고 기록하고 있다.[49] 이 시점에 로제트는 그리니치에서도 "예전부터 그랬던 것처럼 크게 아팠다". 항상 오빠를 걱정한 패니는 오빠에게 사브리나가 짧게라도 소식을 담아 편지를 써주었으면 좋겠다고 부탁하기도 했다. 패니는 다음과 같이 덧붙였다. "나는 이 상황에서 빅널 부인이 보여준 부드러운 보살핌을 잊지 않고 항상 그녀를 사랑할 거야. 나도 그녀한테 아주 친절하게 대할게."[50]

언젠가 다시 한번 로제트의 문제가 불거졌을 때, 사브리나에게 로제트를 보살피게 하고 학교 일을 운영하도록 머물게 하면서 배스까지 달려간 것은 찰스와 그의 아들이었다. 찰스는 로제트에게 보내는 우편 엽서에, 사브리나에게 "영수증으로 보이는" 것들까지 모두 그의 호텔로 보내달라고 부탁했다. 그 엽서에는 "당신의 애정 어린 친구, C. 버니"라고 사인이 되어 있었다.[51]

사브리나는 데이에게 그랬던 것처럼 집사로, 학교 비서로 그리고 버니 가족의 간호사이자 결혼생활의 기둥으로서 거의 두 배로 힘들게 일했고, 이제 그녀는 이전의 자선가에게서 누린 적이 없는 존중을 받고 동등한 사람으로서 대우를 받았다. 예술가 조지프 패링턴은 그리니치에 있는 버니의 집에 초대받아 저녁을 먹을 때, 건너편에 있는 조각가 조지프 놀레켄스 옆자리에 앉은 집사 격의 사브리나 빅널을 눈여겨보았다.[52] 계단 위에서 동등한 사람으로 대우받으면서 계단 아래에서 집안일을 잘 운영하던 사브리나는, 찰스와 가깝고도 중요한 관계를 이어나가고 있었다.

그들의 가까웠던 관계는, 특히 로제트의 오락가락하는 감정 기복에 따라 찰스와 떨어져 있기를 주장하는 기간이 자주 반복되고 길어질 때마다 그러했을 것이라고 추측할 수 있다. 버니 가문의 한 지인은 집사로서의 사브리나의 역할은 간소한 집안일을 훨씬 더 넘어서는 것이었다고 주장했다. 새뮤얼 존슨의 친구로 1784년 재혼해 헤스터 피오지가 된 헤스터 스레일은 나중에 찰스 버니를 "자신의 집에서 공공연하게는 한 여자와 살았던"⁵³ 사람이라고 묘사했다. 이런 언급은 사브리나를 가리키는 것으로 보인다. 그러나 피오지 부인은 믿을 만한 목격자가 아니었다. 그녀는 피오지와 재혼하는 시점에서 지인들과 메울 수 없는 틈이 생겼고 (그녀는 당시 마흔세 살의 과부였는데, 스무 살가량 어린 남자이자 집에 드나들던 딸의 피아노 선생과 재혼해 반향을 불러일으켰다—옮긴이) 그로 인해 버니 가문과 멀어졌는데 찰스가 그녀에 대해 악의적인 소문을 냈다고 믿고 있었다. 그래서 그녀의 고발에 대해서는 고려할 여지가 없어 보인다.

피오지 부인의 의심이 사실이든 아니든, 사브리나는 찰스가 학교를 운영하는 시간 내내, 그리고 종종 로제트가 집을 비운 사이에도 확실하게 그의 오른팔로 남아 있었다. 이따금 그녀는 대리 아내의 역할을 수행했고, 다른 한편으로는 완벽한 파트너이기도 했다. 패니는 "그들은 서로에게 감사할 만큼 상대를 잘 이해했고, 그들의 관계에서 애정이 필요 이상으로 넘친 적은 없었다"고 썼다. "찰스는 모든 일을 그녀에게, 그녀의 판단에, 그리고 그녀의 충심에 맡겼고 그녀를 항상 동반자로, 친구로 대우했다. 그녀의 재능이 유용했던 만큼이나 그녀의 덕성은 충분히 존중받았다."⁵⁴ 그는 진정 그녀의 "애정 어린 친구"였다.

그리니치에서 버니의 학교를 둘러싼 높은 담 안에서, 버니 가족 안에서 터전을 잡은 사브리나는 자신의 비밀스런 과거가 안전해졌다고 여겼다. 템스 강변의 조용한 마을이자 런던에서 10마일이나 떨어진 그리니치는 튜더 군주 세 명의 출생지이자 궁궐이었던 전성기를 지나 거의 쇠퇴하고 있었다.⁵⁵ 이제 넝마를 걸친 아이들이 악취 나는 강을 따라 어둡고 좁은 골목을 지나온 하수도에서 놀고 있었고, 왕립 선원 병원에 운집한

완벽한 아내 만들기

2500여 명의 병약한 선원들이 연기 가득한 술집에서 맥주를 마시거나 도로 위에서 목발을 한쪽 옆으로 팽개친 채, 인사불성인 상태에서 거짓말을 늘어놓기도 했다. 그러나 눅눅하고 위험한 부둣가에서 멀리 떨어진 마을은 그리니치 공원이 내다보이는 고급 저택을 지어 살고 있는 장성이나 귀족들에게는 즐거운 곳이었다.

그리니치에서 가장 오래되고 쾌적한 거리인 크룸스힐 아래, 벽돌로 지어진 버니의 학교는 여섯 살에서 열다섯 살에 이르는 100명 정도의 남학생들이 다니는 기숙사 학교였다.[56] 아이를 파란 나무 대문 안에 맡긴 부모들은 일 년에 100파운드나 되는 상당한 돈을 자식을 옥스퍼드나 케임브리지에 보내려고 지불하고 있었다. 찰스 버니는 명성 있는 고전학자로서 아이들에게 관습적인 방법으로 전통적인 과목을 가르치면서 최대한 루소의 철학과 거리를 두고 있었다. 공정하면서도 엄격한 교장으로서 버드나무 채찍을 "짐마차를 채울 만큼"이나 샀던 버니는 그의 잘못된 젊은 시절을 보상이라도 하듯 역할을 다했다.

100명이나 되는 학생을 질서 있게 유지하면서, 선생들과 그 가족과 하인들 모두를 보살피는 일은 웬만한 재주 없이는 불가능한 것이었다. 그러나 사브리나는 계단 위에서나 아래에서 없어서는 안 될 집사의 역할을 해냈다. 그 집에는 로비 층과 3층의 집에서 가족이 살고, 번쩍번쩍 빛나는 마호가니 계단에다 대리석 벽난로를 갖추고 빨간 벨벳 커튼으로 비싸게 치장된 방이 있었다.[57] 위층에서는 조용한 수업 분위기가 차분하게 조성된 반면 아래층에서는 열기에 들뜬 활동이 분주했다. 지하에서는 하인들이 주물 난로를 덥히느라 땀을 흘렸고, 아주 큰 레인지와 두 개의 돌 싱크대에서는 요리사가 불안한 눈으로 12개의 용수철 벨이 있는 보드를 쳐다보며 음식이 만들고 있었다. 집사의 큰 방은 다림질을 기다리는 리넨과 주름 펴는 기구로 꽉 차 있었다. 정원에 있는 우물과 연결된 수압 펌프와 바깥의 얼음 창고에서는 물과 얼음을 계속 대고 있었다. 부속 학교 건물에는 학생들의 숙소와 교실이 있었다.

사브리나는 집사로서 요리를 하고 부엌일을 하며 세탁과 청소를 하는 하인들을 감독하고 중요한 열쇠들을 관리했을 것이다. 그 학교에 다녔던 두 학생의 장부[58]가 당시 활동의 강도를 증명한다. 장부에는 펜싱, 그림, 지리와 수학에 항목별로 각각 낸 비용과, 치과 의사나 모자장이, 양복장이와 구두장이에게 낸 영수증과 복사 책과 펜, 그리고 슬레이트와 연필 비용 등이 적혀 있었다. 그리고 그 종이에는 각각 1기니를 "크리스마스에 빅널 부인에게" 준다는 항목도 포함되어 있었다.

사브리나는 에지워스에게 편지를 쓰면서 쉴 새 없는 노동에 대해 이야기했다. 그녀는 한 편지에서, 학교 휴일이 다가오면 "언제나 생각지도 못한 일들이 쌓여" 하루도 쉴 수 없다고 불평했다.[59] 다른 편지에서 그녀는 "조용한 시간"을 발견하리라는 희망이 늘 좌절되어 "매 순간 방해를 받을까 저어하며" 편지를 쓰는 것을 사과하기도 했다. 그녀는 확실히 기니 팁을 벌고 있었다.

그러나 아들을 그리니치로 보내 버니 학교에서 엄격한 교육을 받도록 한 중간층과 상층의 부모들 가운데 그 누구도 소년들에게 환영받는 여성 집사가 충격적인 과거를 지니고 있다는 것을 알아채지 못했다. 비록 데이의 실험에 대해 키어의 전기에서는 자세히 다루지도 않았지만 이 책이 너무 적게 팔려서 사브리나의 정체는 계속 드러나지 않았다. 두 아들 역시 버니의 학교에서 수학하고 있었기 때문에 그녀는 존과 헨리도 엄마의 정체나 아버지를 만나게 된 이상한 경위를 계속 모르길 바랐다. 그러나 데이의 몸이 무덤에 들어가는 순간부터 사브리나의 이야기는 함께 묻히는 것을 거부했다. 데이의 유령은 언제나 그녀의 어깨 위에 있었고 그의 미친 실험은 그녀의 남은 인생에 그늘을 드리웠다.

마리아 에지워스가 아버지의 친구인 토머스 데이에게 복수하는 데 자신의 문학적 재능을 사용한 것은 놀라운 일이 아니었다. 처음에 데이는 그녀에게 "엄한" 체제의 일부로 더러운 타르 물을 마시게 강요한 것이 다였다. 두 번째로는 좀더 심각하게, 마리아의 글쓰기를 방해했다. 만약 데이가 조용히 그의 길을 갔다면 마리아 에지워스는 소설가가 되지 않았을지도 모른다.

아버지의 격려에 힘입어 마리아는 열두 살의 나이에 짧은 이야기를 쓰기 시작했다. 2년이 지난 뒤 에지워스는 출판할 목적으로 그녀에게 교육에 관한 프랑스어 책을 번역하도록 제안했다.[60] 마리아가 그 책을 거의 다 번역했을 무렵, 다른 영역본이 먼저 나왔다. 데이는 그 소식을 듣고 에지워스에게 편지를 쓰면서 친구 딸의 실망을 가엾게 여기지 않고, 오히려 그녀의 번역이 출판되었다면 욕을 먹을 게 뻔했다면서 축복으로 여기라고 말했다. 이처럼 데이는 "여성 작가를 끔찍이도 혐오했기에" 에지워스가 그녀에게 번역을 허락했다는 이야기를 듣자 "충격에 빠져 주의를 주었다"고 한다. 실제로 데이는 여성이 글을 쓰지 못하도록 하는 데 열정이 넘쳤고 어떤 시에서 몇 행을 자주 인용하곤 했다. 그는 「숙녀들에게 주는 충고」에서 "위트는 술처럼 뇌를 중독시키니/ 연약한 여성들에게 이는 너무 독해서 견디기 어려울 것이다"라며 경고하기도 했다. 1731년에 처음 출간된 그 시는 미지의 벌린다에게 헌정되었다.

에지워스는 여느 조지 시대의 아버지들처럼 딸의 이름이 공공연히 거론되는 것을 염려했지만, 마리아의 문학적 야망에 대해서는 적극적으로 옹호했다. 그러나 데이의 말이 자꾸 귀에 맴돌아서 마리아는 그가 죽은 이후에나 첫 번째 책『여류 문학가를 위한 편지Letters for Literary Ladies』를 1795년에 출판할 수 있었는데 당시 그녀의 나이 스물일곱 살이었다. 이 책은 데이의 반대에 대한 날카로운 반격으로, 여성이 문학적 경력을 쌓을 수 있음을 지지한 것이었다. 이제 그녀를 멈추게 할 것은 아무것도 없었다. 아버지와 같이 썼던 육아서인『실용 교육』이 1798년에 출간된 이후 마리아의 첫 번째 소설인『라크렌트 성Castle Rackrent』이 출간되어 1800년에 널리 알려졌다. 마리아는 자신의 문학적 성공에 들떠, 예전의 방해자인 데이의 평판을 뒤집을 준비를 하고 있었다.

처음에 그녀는 「포레스터」라는 짧은 이야기[61]로 가볍게 시작했는데, 이 글은 이후『젊은이를 위한 도덕적 이야기들Moral Tales for Young People』이라는 모음집으로 1801년에 나왔다. 분명히 데이를 염두에 둔 주인공인 무례한 젊은 포레스터는 "예의를 너무" 싫어해서 사교적인 모임을 "혐오하거나 조롱했다". 후원자의 집에 도착해서 포레스터는 거실로 들어가기 전에 구두를 닦거나 "엉망인 옷"을 갈아입는 것을 거부했다. "그는 더러운 신발로 엉망인 외투를 걸치고 한 번도 빗질한 적이 없어 보이는 머리칼을 한 채로 들어서고도 사람들의 반응에 상당히 놀랐다. 그의 독특한 외양은 사람들에게 웃음을 자아냈다."

이제 마리아는 문학적 복수를 한층 더 높여서 같은 해에 두 번째 소설 『벌린다Belinda』를 출간했다.[62] 그녀는 여주인공의 이름과 책 제목을 직접 선택했고, 데이가 여성 작가들에게 하곤 했던 충고를 비꼬려고 사브리나를 교육시켰던 그의 실험을 이야기의 핵심으로 삼았다. 마리아 에지워스의 첫 번째 '사회' 소설인 『벌린다』에 두 여성과 한 남성이 등장한다. 벌린다는 열일곱 살에 부유한 귀족인 클래런스 허비에게 능욕을 당했는데, 결국 허비가 추잡스러운 비밀을 감추었다는 사실을 알게 된다. 이상적인 젊은이인 허비는 "루소의 사상에 심취하여 그를 위한 아내를 교육시킬 낭만적인 계획"을 품었다. 계획에 맞는 순진한 처녀를 찾던 중, 허비는 우연히 고립된 오두막에서 할머니와 살고 있는 어린 소녀를 만나게 된다. 레이철이란 이름을 가진 소녀는 "부드러운 목소리"에 "아주 잘생긴 손과 팔을" 가진 "가장 완벽한 피조물"이었지만, 안타깝게도 그녀의 엄마는 어떤 부랑자에게 속아 넘어갔다. 허비는 소녀를 데려와 집사만 있는 어떤 집에 숨기고는 애완용 새를 친구로 삼으라고 주었다. 또한 그녀의 이름을 버지니아 생피에르라고 다시 지었는데, 이는 루소가 좋아하는 또 다른 사람인, 1787년에 출판된 『폴과 비르지니Paul et Virginie』의 작가이자 식물학자인 앙리 생피에르를 연상케 했다. 이 소설은 루소가 지은 『에밀』 속 소피와의 이상적인 연애를 연상하게 만든 것이었다.

허비는 버지니아의 취향을 시험하기 위해 그녀에게 장미와 다이아몬드 귀걸이 중에서 고르라고 주문한다. 데이의 옛날 약혼자였던 엘리자베스 홀과 달리 버지니아는 장미를 집어든다. 사브리나가 데이와의 관계에서 느꼈을 법한 자비로운 포획자에 대한 감정으로 혼돈스러워하던 버지니아는 "그가 내 옆에 있을 때, 나는 사랑과 두려움이 섞인 감정을 느낀다"고 말한다. 허비는 버지니아의 존재는 물론 그녀에 대한 열정도 벌린다를 위한답시고 숨겼는데 이는 데이가 에스터를 얻기 위해 사브리나를 버린 것과 같다. "벌린다와 비교해보면, 버지니아는 순진하기는 했지만 지루했다. 벌린다는 그와 수준이 맞았지만 다른 한 명은 그렇지 못했다. 시간이 지나 그는 버지니아와의 관계의 본질을 바꾸기를 바랐고, 그래서 그녀를 오로지 친구 정도나 자선가의 자세로만 대하게 된다." 이런 삼각 관계는 버지니아가 어린 시절 단짝과 재회하면서 행복하게 끝나고 허비 는 벌린다와 자유롭게 결혼하도록 남겨진다.

허비와 데이가 비슷한 인물이라고 결코 직접적으로 진술된 적은 없지 만 책 속에서 마리아는 벌린다의 친구에게 『죽어가는 검둥이』를 읽도록 했고, 어떤 지점에서는 허비의 비밀을 밝혀내는 노력의 일환으로 키어의 전기를 직접 인용하기도 한다. 마리아 에지워스는 훗날 아버지의 회고록 을 편집하면서 『벌린다』 플롯에 영감을 준 원천을 밝혔다.[63] "데이 씨가 사브리나를 아내로 교육시켰던 실험에서 버지니아와 허비의 이야기를 만들어낸 것"이라고 쓴 것이다. "그러나 데이 씨의 진짜 성격을 재현하는 것을 피하기 위해 나는 허구적 인물을 등장시켜 내가 할 수 있는 한에서 진짜 인물과는 다른 사람을 만들어냈다." 아주 적절하게도 마리아 에지 워스의 문학적 경력을 확고하게 만든 것은 『벌린다』였다.[64] 오래지 않아 그녀는 당대에 가장 인기를 누린 소설가인 패니 버니를 제쳤고, 그녀의 스타일은 월터 스콧과 제인 오스틴에게 영향을 미쳤다.

항상 극적인 플롯을 만들어내던 패니 버니 역시 사브리나 이야기에 영 감을 받았다. 1802년 프랑스인 남편 알렉상드르 다르블레와 합치려고 프랑스로 건너간 패니는 프랑스어 실력도 늘릴 겸 짧은 작문을 써서 남 편에게 수정을 받기로 결심했다.[65] 남편의 주의를 끌 만한 적절한 주제 를 찾고 있는데 마침 아들인 알렉스가 『샌퍼드와 머튼』의 교훈적인 이야

완벽한 아내 만들기

기를 소리 내서 읽고 있었다. 더 이상 다른 주제를 찾아볼 필요가 없었다. 사브리나와 찰스로부터 이야기를 들어 그 저자의 비도덕적인 과거에 대해 모두 알고 있었던 패니는 서툴지만 스스로 익힌 프랑스어로 데이의 아내 훈련 계획을 써보기로 결심했다.

지금도 남아 있는 작은 노트에서, 패니는 사브리나의 이야기를 소설가만이 할 수 있는 방식으로, 진실에 다가가는 기사도적 태도로 묘사한다. 패니의 버전에서 데이는 "두 마리의 양" 사이에서 몹시 괴로워하며 사브리나와 줄리아나(루크레티아에 해당되는 인물)를 "사교적인 숙녀"로 키우기로 결심한다. 데이가 사브리나와의 결혼을 결정하고 그녀에게 자신의 의도를 고백하자 그녀는 "처음 본 순간부터 열렬히 사랑했고 그녀 또한 존경하며 사모했던" 빅널과 결혼하려고 달아난다. 사브리나는 "꿈에 그리던 남자"와 결혼했지만, 그녀는 데이를 생각할 때 "애정과 감사, 후회"를 떠올리지 않은 적이 없었다. (이는 패니의 생각대로 추측한 것이다.)

사브리나의 이야기는 헨리 제임스와 같은 소설가를 매혹시켜 경쾌한 중편 소설 『감시와 감금』이 1871년에 나오게 되었다. 그의 동시대인인 앤서니 트롤럽 역시 어떤 젊은이가 고아를 데려다 아내로 만드는 비슷한 이야기를 고안해내 1862년에 소설 『올리 농장Orley Farm』의 주요 소재로 삼기도 했다.[66] 트롤럽의 소설 속 주인공인 펠릭스 그레이엄이라는 젊은 변호사는 학위도 받지 않은 채 옥스퍼드를 떠났는데, 이는 분명히 데이의 경험을 근거로 삼은 것이었다. 또한 그레이엄은 "키가 크고 말랐으며 얼굴은 수두 자국으로 살짝 얽어 있었다. 그는 구부정하게 걸었고 종종 그의 손과 다리는 따로 놀아 어색하기 짝이 없었다". 그의 성격은 순진했지만 분명 어떤 의도를 가지고 메리 스노라는 한 고아를 돌보고 있었는데, 그녀는 목판공의 딸로, 그녀의 아버지는 "늘 술에 절어 있고 난폭했으며 가난했다". 그레이엄은 그 아버지에게 스노를 교육시키고 "그녀의 행동이 적절해지는 나이가 되면" 결혼하겠다는 계약을 문서화하는 데 동의하게 한다. "인생이 어려울 때 파트너로 삼아" 데리고 있는 것을 넘어, 그레이엄은 "젊은 정신과 성격을 다듬어서 한 여인이 수행하게 될 임무를 가장 잘하도록 추구하고, 그렇게 사고하게 만들겠다"고 맹세했다.

그러나 그레이엄은 데이처럼 마지막 순간에 이 계획을 계약대로 수행할 수가 없었다. 그와 같은 부류의 판사 딸과 사랑에 빠졌는데, 다행히 열아홉 살에 스노가 비밀리에 약사 보조사인 다른 남자를 만나는 장면을 목격하고는 그녀를 버렸다. 데이와 달리 그레이엄은 "스노와의 일이 바보 같았음을 스스로" 인정했고, 현명하게 다음과 같은 결론을 내렸다. "아내 만들기는 그에게 실패를 안겨주었는데, 그가 말한 대로 모든 남자는 이런 일에 반드시 실패한다." 약사 보조사라는 메리 스노 애인의 직업에 대한 트롤럽의 선택은 거의 우연이었다. 그가 사브리나의 과거 결혼 이야기까지 알 수는 없었을 것이다. 한편 버나드 쇼의 희곡「피그말리온」에서 엘리자 둘리틀의 난폭한 아버지의 모습과 결말이 비슷한 걸로 봐서 쇼는 트롤럽의 책을 분명히 알고 있었던 것으로 여겨진다.

사브리나의 이상한 과거가 전기나 소설에서, 그리고 프랑스어로도 그렇게 먼 곳까지 알려졌음에도 불구하고 그녀는 여전히 대중에게 이름이 오르내리지 않았고 그녀의 정체는 안전했다. 그녀의 아들들이 십대가 되고 찰스 버니의 학교에서 수학하면서도 그녀는 계속 정체를 들킬지 몰라 전전긍긍했다. 학기 중에 사브리나가 학교 학생들의 일정을 감독하는 동

완벽한 아내 만들기

안 빅널가 소년들은 다른 학생들과 마찬가지로 엄격한 교장을 두려워하며 자랐다. 존과 헨리는 휴가 기간에 어머니와 함께 버니 가족들과 지내면서 찰스에게서 아버지의 모습을 보기도 했다. 그 둘은 본가와 화해하여 삼촌들의 도움으로 법률 경력을 쌓고 싶어했다. 19세기의 여명이 밝아오는 그 시점에 프랑스의 군대가 도버 해협에 도착했을 무렵 사브리나의 행복에는 상처를 입힐 위협이 도사리고 있었다.

11장

갈라테이아

1805년 1월 그리니치

거의 2년 동안 영국인들은 전쟁의 공포에 시달리며 살았다.[1] 1803년, 나폴레옹 보나파르트가 불로뉴에서 어마어마한 침략을 감행한 후, 점령에 대한 공포는 나라 전체에 퍼져 있었다. 영국 전역의 초원에서는 자발적으로 전쟁 훈련을 하는 소음이 다시 들렸고, 술집마다 애국주의의 노랫소리로 가득 찼다. 켄트 사람들은 육지에서나 바다에서 공격의 예봉이 될 것이라 예상하고 있었고, 그리니치 근처의 황야는 프랑스 군대와의 일전을 치를 전투장으로 채비를 갖출 지경이었다. 그러나 지금 사브리나 인생의 걸림돌은 보나파르트의 군대에서 나온 것이 아니었다. 비록 후폭풍이 마치 나폴레옹 군대가 그녀의 집을 쓸어버린 것만큼 그녀의 세계를 뒤흔들었지만 말이다.

1804년에서 1805년으로 넘어가는 겨울, 사브리나의 장남인 존 로런스 빅널은 막 열아홉 살이 되었고 한 번도 본 적 없는 아버지의 발자취를 따라 법률가로서의 경력을 막 쌓으려던 참이었다. 그가 『다윈 박사의 인생 회고록Memoirs of the Life of Dr. Darwin』이라는 책을 집어든 것은[2] 1802년에 사망한 친절한 의사에 대한 호기심 때문이었다. 그는 어머니의 젊은 시절 친구였다. 애나 수어드가 쓴 그 전기는 1804년 초에 출판되었다. 존은 그 회고록이 다윈이 아닌 그의 별난 친구 중 한 명으로 시작되는 것을 발견하고는, 아마도 여느 독자처럼 어리둥절했을 것이다.

그 책에서는 다윈에 대해 간단히 언급한 뒤 전적으로 토머스 데이의 어린 시절과 우스꽝스런 연애담, 그리고 고아원의 두 소녀를 완벽한 아내로 교육시키고자 했던 별난 결정을 상세히 서술하고 있었다. 존은 데이가 고아들을 루크레티아와 사브리나라고 새로 이름 붙인 사실, 그런 다음 그들을 프랑스로 데려간 뒤 나긋나긋한 사브리나가 마음에 들어, 의지가 강한 루크레티아를 버린 사실을 알게 되었다. 그러고는 열세 살의 사브리나를 리치필드에 일 년 동안 혼자 처박아두면서 충격적이며 외설적인 실험을 한 뒤 결국 버렸다는 사실도 알게 되었다.

그러나 그 이야기는 거기서 끝나지 않았다. 수어드는 "이 둘의 이야기는 계속되었고, 사브리나의 운명이 앞으로 어떻게 될지 독자들이 알게 되면 더 슬퍼질 것이다"라고 써두었다. 실제로 어린 존은 사브리나의 운명을 극적으로 알게 되어 너무 슬펐다. 두려움에 휩싸인 채 사브리나가 '신중하게' 법률가 존 빅널과 결혼했다는 부분을 읽는데, 그 법률가가 고아원에서 줄지어 서 있는 그녀를 선택했다는 부분이 등장했다. 수어드는 사브리나 빅널이 돈 한 푼 없이 두 아들과 남겨졌으며 자비로운 법률가들에 의해 궁핍에서 벗어날 수 있었음을 폭로했다. 이 오싹한 사회적 실험의 대상이 된 이의 정체성을 숨기지 않으며 수어드는 다음과 같이 주장했다. "그 똑똑한 여성은 여러 해 동안 힘들게 살았으며 지금도 그리니치에서 착한 버니 박사의 집사로서, 그리고 학교에서는 보조원으로 일하면서 그와 같이 살고 있다."

처음에 존은 그가 읽은 것을 믿으려 하지 않았다. 어머니가 고아원에 버려졌다는 사실은 소름끼쳤고, 게다가 사생아라는 것은 상상할 수도 없었다. 사생아에 대한 태도는 고아원이 처음 문을 열었을 때부터 비정했다. 존도 알고 있었겠지만, 사생아는 법률상 재산이나 작위를 상속받을 수 없었는데 그들은 '어느 누구의' 자식도 아니라고 인식되었기 때문이다.[3] 조지 시대의 소설가들은 계속해서 사생아에게 불명예를 씌우며 정체성을 부인해왔다. "나는 아무도 아니다. 그 어느 누구의 자식도 아니다"라며 한 소설의 사생아인 여주인공은 탄식한다. 또 다른 사생아 주인공도, "나는 아무것도 아니다. 가장 경멸적인 종류의 인간이다"라고 말한다.

소설에서는 보통 주인공이 결국은 적법한 출생이라 밝혀지고, 게다가 아주 부자 출신이었다고 마무리된다. 그러나 수어드의 충격적인 책에서는 존의 어머니가 겪은 여정이 정반대로 전개되었다. 그녀는 검소하게 살고 있는 존경받을 만한 과부였으나 이제 비천한 고아원 출신임이 세상에 드러났다. 이것이 그리 수치스러운 사실은 아니었을지라도 수어드는 그녀가 데이와 단둘이 살았던 적이 있고, 존의 아버지와는 편의상 결혼했다고 말함으로써 계속 불쾌한 비방을 해댔다. 충격으로 창백해지고 분노로 벌벌 떨던 빅널은 어머니에게 달려가 진실을 이야기하라고 독촉했다.

마흔일곱 살의 사브리나는 역시 과감한 집사답게 비현실적인 걱정으로 불안해하는 아이들을 차분하게 위로하고 있었다. 그러나 장남이 손에 책을 든 채 문을 박차고 들어왔을 때, 그의 분노가 너무나도 강렬해서 깜짝 놀랐다. "내가 묘사할 수도 없을 정도로 화가 난 상태"였다고 그녀는 후에 기술했다.[4] 그녀는 존에게 출생이나 어린 시절의 힘들었던 이야기를 한 번도 한 적이 없었기 때문에 그는 "심하게 충격을 받았고, 엄청나게 화를 냈다". 심지어 사브리나가 마지못해 사실을 확인해주었음에도 존은 어머니의 평판에 대한 모함이라며 받아들이려 하지 않았고, 가만히 있지도 않았다. 분노에 찬 그는 수어드에게 비방을 철회하고 사과할 것을 요구하는 편지를 썼다.

건강이 나빠 쇠약해진 예순두 살의 수어드는 부모가 죽고 곧이어 사랑하던 존 새빌이 1803년에 죽자, 주교의 저택에서 혼자 살고 있었다. 새빌의 아내가 바로 옆 주교의 클로스에서 살고 있었지만 수년간 마치 새빌과 결혼한 사람처럼 함께 여행하고 동료로 지냈던 수어드는 "지상에서 가장 사랑했던 친구"[5]의 사망에 대해서 자신이 과부가 된 양 슬퍼했다. 다윈의 전기를 쓴 것을 진심으로 후회하고 있던 그녀는 이미 그 가족들에게서 의사에 대한 노골적인 묘사, 특히 다윈이 아들 이래즈머스 주니어가 1799년에 자살했을 때 "감정의 동요가 전혀 없이" 행동했다는 부분에 대해 수정을 요구받고 있었다.[6] 그러다 존 빅널의 편지를 받게 되자 수어드는 격분했다.

1805년 1월 22일, 수어드는 한 친구에게 편지를 보내 "빅널 부인의 아들, 즉 데이 씨의 아내 후보였던 "사브리나"의 아들이 내 진실 고백에 대해 무례하고, 정말 생각지도 못한 공격을 했다"[7]며 흥분했다. "어머니의 독특한 이야기가 공개된 것에 대해서 어리석게도 자부심에 상처를 받았다고 한다. 그 이야기는 사브리나의 입장에서 다시 생각할 여지가 없는 것인데, 그녀는 원래 고아원 출신이고, 곤궁한 상태에서 버려졌으며 이는 어느 정도 그녀도 인정한 부분이다." 수어드는 존이 왜 불만을 제기하는지 이해할 수 없었다. "그녀는 내 글에서 아주 아름다운 모습으로 그

완벽한 아내 만들기

려지고 나는 그녀의 장점을 부각시켰어. 이게 내 대답이야." 수어드는 자신이 묘사한 상황은 "한 점 과장도 없이" 정확했으며 그녀가 과부이고 조지 하딩이 모금을 했던 이야기도 생략했다며 단호하게 말했다. "그 무례한 편지에는 특정 불만을 적시하지도 않았으면서 오히려 그의 어머니와 관련된 모든 일화가 잘못되었다며 공개적으로 비난할 것이라고 협박하고 있어."

그러나 수어드는 겁먹지 않았다. 존 빅널의 편지에 답장을 쓰면서 그녀는 "내가 사실이라고 진술한 모든 상황을 알고 있는 믿을 만한 목격자들"을 소환해서 공개적으로 자신의 견해를 옹호할 것이라고 협박했다. 그리고 다음과 같이 덧붙였다. "빅널 부인은 이 모든 것이 사실이라는 점을 잘 알고 있죠. 그녀가 이를 악의에 찬 거짓말이라고 인정한다면, 그녀가 가지고 있다고 믿었던 덕과 내가 그녀에 대해 기억하고 있던 부분이 절대로 순수할 수 없을 것이에요." 분노로 가득한 편지를 주고받으면서 수어드와 빅널은 "격렬한 종이 전쟁"을 벌였고 우위를 다투었다. 그러나 결국 수어드가 말하는 진실을 받아들일 수밖에 없던 어린 빅널은 체념하고 어머니의 과거를 인정하는 것 외에 다른 선택을 할 수 없었다.

사브리나가 지속적으로 걱정했듯이 영국에서 가장 사랑받는 어린이 책의 저자와 그 저자가 아내로 삼으려고 훈련시켰던 아이에 대해 언론은 결코 침묵하지 않았다. 다윈 전기의 비평가들은 매우 도덕적인 톤으로 데이가 했던 실험의 순진한 대상자를 수어드가 폭로했다고 비난했는데 그러면서도 그들 생애의 시시콜콜한 면까지 계속 묘사했다.[8] 『연간 리뷰 Annual Review』의 한 비평가는 "좀더 자세히, 심지어 과장된 이야기를 알기를 원해서 그들 사생활의 많은 부분이 출판되었다"고 기록해두었다.

그러나 여전히 데이의 '가정사'가 그 책에서 가장 흥미 있는 부분이었다는 점은 인정해야 했다.

데이에 대한 공격은 더욱 거세졌다. "데이 씨에 대해서, 그의 성격을 표현하기에는 언어가 너무 빈곤했다. 한 비평가는 그를 있음 직한 사람 이상으로 미친 사람이거나 바보라고 표현했고, 모순을 숨긴 채 활동했다"며 『유니버설 매거진Universal Magazine』에서 분노를 드러냈다. 『크리티컬 리뷰Critical Review』에서 한 작가는 "한마디로 말해서 가장 야비한 인간도 그렇게 비합리적인 체계를 만들어낼 수 없고, 그렇게 어리석게 추진할 수도 없을 것"이라고 썼다. 그리고 그 나라의 수많은 부모에게 충격을 주었던 것을 상기시키면서, 『브리티시 크리틱British Critic』의 평론가는 그 폭로가 "그에게는 매우 수치스럽고, 『샌퍼드와 머튼』의 저자로서 받아왔던 이전의 찬사 모두를 손상시켰다"고 썼다.

세상은 변했다. 10여 년 전에는 일탈적인 기행 정도로 치부되었던 일이 이제는 프랑스의 급진주의자들마저 등을 돌릴 만큼 위험하고 비일상적인 것이 되어버렸다. 18세기 말에 보편적이지 않은 방식이라 여겨진, 부조리하고 염세적인 생각은 19세기 초에는 부끄러운 경향으로 비난받았다. 어느 누구도 사브리나를 직접적으로 알지 못했지만, 그녀가 처한 곤경에 대해서 동정의 여론이 형성되었다. 한 작가는 다음과 같이 물었다. "자기 인생과 교제와 결혼 그리고 불행에 대한 이야기가 사람들이 차를 마실 때 탁자 위에서 찢고 까부수는 주제가 되었다는 걸 알면서도 정당한 분노를 느끼지 않을 여성이 있겠는가?"

종종 아프고 늘 몸이 쇠약했던 존 빅널은 어머니의 출생을 알게 된 충격으로부터 결코 회복될 수 없었다. 이후 10년에 걸쳐 데이의 이름과 그

완벽한 아내 만들기

의 어린이 책에 대한 언급이 회자되면서 완벽한 아내에 대한 그의 요구를 곱씹어보게 되었고, 그가 가르쳤던 학생의 운명에 관한 질문을 자극했다. "반은 사실이고 반은 잘못된 이야기"라는 제목의 한 잡지 기사에서는[9] 심지어 사브리나가 죽었다고 발표해서 존은 다시 화가 솟구쳤고 시름시름 앓았다. 사브리나는 나중에 장남의 병이 그녀를 "근심과 불행"에 시달리게 했고, "15년에서 20년 이상의 노동으로 인한 고통보다 내 성정에 더 큰 혼란을 불러일으켰다"라고 고백했다.[10]

1805년 트라팔가르 해전에서 승리함으로써 결정적으로 프랑스의 침략 위협을 모두 물리쳤고, 넬슨 제독의 시신은 반환되어 그리니치에 사흘간 안치된 상태로 있었다. 한동안 유행했던 그 수다 주제도 익명 상태로 유지되었다. 모든 출판물의 관심이 쏠리고 아들이 신경증을 앓았음에도 불구하고, 사브리나는 조용히 버니 학교와 학생들의 요구에 따르면서 일에 헌신하고 있었다. 한때 18세기의 급진적 교육 실험의 한가운데 있었던 사브리나는 이제 학생들을 19세기의 가장 유명하거나 혹은 악명 높은 인물로 만드는 데 일조하고 있었다.

버니 학교에서 사브리나의 효율적인 관리 방식으로 혜택을 입었던 많은 학생 가운데 제임스 할리버턴이 있었다. 그는 이집트학 학자로서 '왕들의 계곡the Valley of the Kings'을 발굴했는데, 스물다섯 살이나 어린 그리스 노예를 사서 영국으로 데려와 아내로 삼았다. 그의 동창 중 하나는 토머스 포웰 벅스턴으로 노예제 반대 캠페인을 지휘한 유명 인사였다. 버니 학교 학생들 중 덜 유명한 사람은 토머스 그리피스 웨인라이트로[11] 외삼촌, 장모와 처제를 독살한 혐의를 받았다. 그는 살인 혐의에서 벗어나 상속을 보장받기 위해 외할아버지의 유언이 담긴 서류를 위조했고 그 벌로 결국 1837년에 식민지로 유배되었다.

버니의 학생들은 대개 엄한 계율을 유순하게 준수했는데 이는 그들의 집사가 자기 선생의 시련을 견뎌냈던 것과 같았다. 그러나 학생들이 어디에서나 간헐적으로 반란을 일으키듯이, 버니의 학생들도 어느 시점에 질서를 교란시켰다. 1808년 2월, 40명이 넘는 학생들이 버니가 채찍을 마음대로 휘두르는 것에 항의하려고 기숙사에서 바리케이드를 쳤다.[12] "소년들은 버니가 너무 엄하고 잔인하다며 화를 냈고, 저항으로 그것을 종식시키지 않으면 안 된다고 생각했다"며 당시 학생이었던 존 그레이엄은 어머니에게 말했다. 막대기와 주머니칼을 든 소년들은 문을 마구 찌르고 쑤셨으며, 마침내 버니는 그 문을 부수겠다고 협박했다. 현명하게도 그 반란자들 틈에서 빠져나왔던 그레이엄은 그때 소년들이 "버니 선생님을 막대기로 쳤다"고 증언했고, 버니는 결국 그들이 그만둘 때까지 맞받아 때렸다고 했다. 소요를 일으킨 주동자 두 명은 학교에서 쫓겨났고 나머지는 "용서받았다".

가끔씩 항의 소동이 일어나곤 했지만 버니의 학생들 대부분은 충분히 행복했던 듯하다. 존 그레이엄이 어머니에게 말한 바에 따르면[13] "우리는 지칠 때까지 놀았으며 운동장의 멋진 바닥에 그늘이 드리우면 그곳에 누워 있었다". 집에 보내는 다른 편지에서 그는 다음과 같이 말했다. "빅널 부인은 나에게 아주 친절했고 그래서 정말 행복했다." 분명히 사브리나의 아들들은 학창 시절을 즐겁게 보냈을 것이다. 존과 헨리는 버니 클럽의 창안자가 되었는데, 그것은 학생들이 그들의 엄격한 교장을 기리며 저녁 식사를 하는 친목 모임이었다.

완벽한 아내 만들기

사브리나는 학교의 중심에 계속 남아 있었지만 그녀의 아들들은 떠났다. 1808년에 두 아들 모두 결혼 계획을 발표하자, 사브리나는 에지워스에게 그녀가 20여 년 전에 자신의 결혼에 대해 조언을 구했던 것처럼 그 소식을 전했다. "경애하는 사브리나에게"라며 그는 "네가 아들들의 결혼으로 기쁘다면 나는 진심을 다해 너와 함께 기꺼이 기뻐하겠다"[14]라고 답장을 보냈다. 다음 우편에 그녀 몫의 연금을 보내겠다고 약속하면서 에지워스는 "너에게 존경과 애정을 보낸다"고 말했다.

에지워스는 1798년에 네 번째 부인과 또 결혼했다. 엘리자베스가 언니인 호노라를 따라 1797년에 죽어 묻혔을 때 에지워스에게는 10명의 아이가 남겨졌는데, 프랜시스 앤 보퍼트라는 여성과 재혼하기 전의 6개월 동안만 독신으로 지냈다. 그녀는 아일랜드 성직자의 딸로 에지워스보다 스물다섯 살이나 어렸다. 프랜시스는 에지워스에게 6명의 아이를 더 낳아주었는데, 나중에 그의 자식들은 (유아기에 사망한 아이를 포함해서) 모두 22명에 이르게 된다.

사브리나의 아들인 헨리는 급하게 고모의 딸인 사촌 메리 아널드와 1808년 8월 23일에 첫 결혼을 했다. 4개월 후인 12월 28일에 존도 제인 윌모트와 결혼했는데 그녀는 그리니치에서 멀지 않은 곳에 살던 제지업자의 딸이었다. 금세 손자들이 태어났다.[15] 헨리의 아내는 결혼 후 일 년 만에 딸 마리아나를 낳았고, 그 후로 총 5명의 딸과 2명의 아들을 더 낳았다. 헨리는 두 번째 결혼을 하게 되는데, 첫 아내가 5명의 딸을 남겼고 두 번째 아내인 캐럴라인 게이슨은 4명의 아이를 더 낳았지만 딸 하나만이 유년기를 넘길 수 있었다. 존과 제인은 1824년까지 아이가 없다가 외동딸을 낳아 메리 그랜트 빅널이라고 이름 지었다.

헨리 에지워스 빅널은 대단히 성공적인 삶을 산다. 키가 크고 잘생겼으며 깔끔한 헨리는 별 노력을 들이지 않고도 법조계에서 경력을 착착 쌓아 곧 대법원에 들어가게 되었다. 말년에 그려진 헨리의 초상화에는 멋지고 잘생긴 남자가 정면을 응시하는 모습이 담겨 있다. 반면 존의 인생은 언제나 투쟁의 연속이었으며, 병약한 몸에다 자신이 감추려 했던 집안의 수치를 상기하며 힘겹게 살아가게 된다. 그는 법조계의 계단을 너무 빨리 올라가 힘겨워했고 일에 쫓기는 형국이 되었다. 결국 존은 그리니치와 첼시를 오가며 법무관으로 일했고, 기이한 건축가이자 수집상인 존 손의 개인 변호사로 일하기도 했다. 역시나 말년에 그려진 존의 초상화를 보면 키가 작고 뚱뚱하며 고상한 신사가 입을 굳게 다물고 미간을 찌푸린 채 근심 어린 표정으로 서 있다.[16] 헨리는 대가족을 이끌고 런던 중심의 아담한 집으로 이사를 갔고, 존은 어머니 근처에 남아 한 집은 자신을 위해, 다른 집은 두 번째 아내와 살기 위해 크룸스힐[17]에 얻었는데 두 집 모두 버니 학교에서 가까웠다.

찰스 버니는 1813년 교장 직에서 은퇴했으나 사브리나는 계속 학교의 집사로 남아 그의 아들 찰스 파 버니를 위해 일했다. 반항적인 수백 명의 아이들과 불행한 아내에게 시달렸던 찰스 버니는 뎁트퍼드 근처 세인트폴 교회의 학장이 되었다. 이제 쉰여섯 살의 할머니가 된 사브리나는 학기 중간에 학교의 번잡함을 피해 에지워스를 보러 갔는데, 그는 몇 주간 런던을 방문해 체류하는 중이었다. 그들이 두 번째로 만나기도 전에 그가 아일랜드로 돌아갈까 걱정했던 사브리나는 "당신을 한 번만 더 만나길 고대합니다"라고 편지를 썼다.[18]

헨리의 결혼에서 알 수 있듯이 사브리나의 아들은 본가의 친척들이 어린 시절의 가난에 냉담했음에도 불구하고 그들과 강한 유대를 착실하게 유지했다. 삼촌인 찰스는 해군과 웨일스 공의 법무관으로 돈벌이가 되는 지위를 획득한 후 조카들의 법조계 입문을 도왔고, 딸 마리아와 친하게 지내도록 했다. 사촌인 마리아는 존과 그의 아내인 제인과 함께 지내려고 1816년 2월 몇 주간 그리니치에 머물렀다. 찰스 빅널은 형 존 빅널을 옴짝달싹하지 못하게 했고, 형수인 사브리나마저 가난으로 내몰았던 채무에 관해 결벽에 가까울 정도로 싫어했기에 딸 마리아가 존 컨스터블과 교제하는 것을 싫어했다. 그는 당시 마리아와 7년이나 사귀고 있었지만 불투명한 전망 때문에 힘겨워하던 예술가였다. 그러나 마리아는 아버지 몰래 그리니치에서 은밀한 편지를 보내면서[19] "축축한 날에 밖으로 걸어나와 감기에 걸렸다"며 불평했다. 8개월 뒤 마리아는 아버지를 속이면서 결혼을 했다. 나중에 존 컨스터블은 당대의 가장 위대한 화가가 되었으며, 결혼을 하고 사브리나의 조카가 되면서 그녀의 일과 자식들에게 살뜰한 관심을 보였다.

찰스 파 버니에게는 그의 아버지보다 더 엄격한 교장으로 여겨지게 한 무언가가 있었다. 존 컨스터블은 어떤 시점에 친구들이 "불행한 아이들을 돌려달라"는 "명령조"의 편지에 화가 났다고 마리아에게 말했다.[20] 컨스터블은 찰스 파 버니를 "냉혹한 놈"이라고 생각하긴 했지만, "모든 학교가 기껏해야 우울한 어떤 것일 뿐"이라며 학교 자체를 좋아하지 않는다고 한탄했다. 열정적으로 행복했고 완벽하게 헌신적이었던 컨스터블 부부도 12년밖에 함께 살 수 없었는데, 마리아는 1828년에 폐결핵으로 세상을 떠나면서 상심에 젖은 남편과 열한 살이 채 안 된 7명의 자식을 남겼다.

이 와중에 사브리나도 자신의 슬픔을 감당해야 했다. 3년 사이에 그녀의 아들 헨리는 3명의 아이(장녀인 마리아나와 두 명의 아기)를 잃었고, 존은 다시 심하게 아팠다.[21] 4월에 사브리나는 존이 오랫동안 계속해서 아팠고 "그런 상태로 줄곧 있었다"고 에지워스에게 말했다. 덧붙여 "버니 씨와 여전히 일하고 있지만 일 년 뒤에 더 좋은 세상을 준비하는 데 필요한 일에 전념할 조용한 휴양지"로 은퇴하고 싶다고 밝히며 "그곳에서도 일을 지속하기를" 원했다.

다음 달에 그녀는 에지워스가 50파운드를 다시 보내준 것에 감사를 표했다.[22] 그는 사브리나에게 더 이상 돈이 필요하지 않다는 것을 알았고 그래서 몇 년 동안은 돈을 보내지 않았다. 그녀의 아들들이 이제 자리를 잡았고, "더 이상 지갑을 열지 않아도" 되었기 때문에, 그녀는 "매일 증상이 나타나는 자신의 병을 고치기 위해" 그 돈을 저금하고 있었다. 그녀의 병은 노년의 결과이지만 그래도 그녀가 신랄하게 얘기하듯 "내가 겪었던 많은 시련"보다는 덜 고통스러웠다. "내 인생이 끝나는 날이 언제든 간에 나는 단 하루도 무용하거나 무익하게 지나가지는 않을 것임을 느낀다"고 덧붙였다. 그녀는 이제 예순 살이 되었고 이전보다 더 열심히 일했으며 은퇴는 아직 먼 희망으로 남아 있었다.

사브리나가 아들과 손자들을 걱정하는 와중에 그녀를 절망에 빠뜨리는 것은 에지워스의 병환이었다. 사브리나는 에지워스에게 "당신의 쇠약해져가는 건강에 대한 설명이 나를 불안하게 하고 내 영혼을 표현할 수 없는 깊이로까지 떨어뜨립니다"라고 썼다. "나는 당신을 한 번 더 만나기를 고대했습니다. 그러나 신이 허락한 이 세상에서는 그런 축복이 내려

지지 않을지도 모르지만, 모든 것이 평화롭고 기쁜 저세상에서 만나길 바랍니다." 이 편지 구절은 부치자마자 현실이 되었고, 충실한 친구이자 자선가인 그에게 보낸 마지막 편지가 되었다. 그녀는 이 편지의 겉봉에 "안녕, 친애하고 친애하는 분. 그리고 당신이 내게 보여준 친절에 수천 번 감사하며"라고 다급하게 덧붙였다.

그녀의 불안은 현실이 되었다. 1817년 6월 13일에 리처드 러벌 에지워스는 죽었다. 길고도 지루하게 병마와 싸우면서도 그는 유달리 긍정적이었다.[23] 바로 일 년 전까지도 그는 실험과 기계 조작을 계속했다. (여전히 완벽한 마차를 만들려고 노력 중이었다.) 그가 너무 아파서 보조 없이 더 이상 실험을 할 수 없게 되자, 아이들은 침대 주변에 모여 서로 해야 할 일을 의논했다. 죽기 닷새 전, 고통과 병으로 거의 밤을 샌 후 그는 동생인 마거릿 럭스턴에게 이전처럼 열정과 즐거움을 섞어 "내 정신에는 타고난 흥겨움이 있다"고 글을 썼다.

그의 바람대로 에지워스는 "벨벳이나 받침대, 금박이 없는" 평범한 관에 안치되었다. 관은 하인들에 의해 운구되었고, 이름과 출생, 사망 연도만 새긴 단순한 대리석을 묘비로 세웠을 뿐이다. 그는 네 번째 부인인 프란시스와 22명의 아이들 중 살아남은 13명을 남겼는데, 가장 나이가 많은 마리아가 마흔아홉 살이었고 가장 어린 아이는 고작 다섯 살이었다.

그가 끝까지 관심을 가졌던 일에 걸맞게 에지워스는 유언장에 에지워스타운에 학교를 건립하고 싶다고 남겼는데, 그곳에서 가난한 아이들이 기본적인 읽기, 쓰기, 산수를 배우도록 하고, 재능 있는 아이들에게는 기계를 공부할 기회도 주고 싶어했다. 그리고 가톨릭이나 프로테스탄트와 무관하게 학교를 개방해야 한다고 주장했다. 또한 생애 내내 루소의 방식을 잊은 적이 없었던 전형적인 실용주의자 에지워스는 다음의 글로 자기 주장을 명확하게 밝혀두었다. "이 학교에서 수업은 암기에 치중하지 않는 방식으로 아이를 기르고 실습을 중시해야 한다. 그리고 끊임없이 학생들이 생각하고, 그 생각을 행동에 적용해보도록 흥미를 갖게끔 이루어져야만 한다." 이에 그의 살아남은 자녀들 가운데 장남인 러벌은 학교를 설립하는 일에 바로 착수했다.

사브리나는 마리아가 며칠 뒤에 보낸 편지에서 에지워스의 사망 소식을 확인하고는 절망했다. "나의 오랜 친구이자 가장 편하게 만날 수 있었고, 무엇을 하든 도움을 받았던 사람을 빼앗겼다"[24]고 답장을 썼다. "그가 내게 보여준 친절은 마음속 깊이 새겨졌으며 그를 친애하며 사랑했던 기억으로 여생을 매우 즐겁게 보내겠다." 에지워스는 사브리나가 열두 살 때부터 책임감을 보여주었고, 일생을 통해 그녀의 복지와 행복을 확보하기 위해 최선을 다했다.

그러나 데이가 죽을 때처럼 에지워스의 사망 또한 옛날의 상처를 들쑤셨다. 인생의 대부분을 아버지의 사업을 관리하고 개인 비서처럼 활동한 마리아는 미완성인 회고록을 출판할 생각으로 그의 편지(특별히 데이와 주고받은 것들)를 추리는 업무를 맡았다.[25] 이제 그녀는 사브리나에게 아버지가 그녀에게 보냈다고 믿었던 "데이 씨에 대한 약간의 메모"를 돌려달라고 요청했다. 에지워스가 마리아에게 구술시켰던 그 메모는 키어가 임무를 마쳤다고 생각하기 전에 에지워스가 원래 출판하려고 계획했던 전기의 일부분으로, 에지워스는 사브리나에게 자세히 물어서 세목을 쓸 생각이었다. 이제 마리아가 간절하게 그것을 돌려받고자 했다. 그녀는 "특별히 내 것이 아니라 아버지의 것이기 때문에 돌려줄 것을 요청

완벽한 아내 만들기

합니다. 그것은 그가 내게 말해준 전부거든요"라며 사브리나에게 말했다. 그리고 "나는 당신이 싫다고 답하면서 괴로워하지만 말고 자세히 살펴보기를 간절히 바랍니다"라고 덧붙였다.

그러나 에지워스의 회고록이 미칠 파장에 대해 사브리나가 숙고할 시간을 갖기도 전에 그녀는 두 번째로 가까운 친구를 잃는 아픔을 견뎌야 했다. 고통스러운 통풍과 날로 악화되던 두통을 겪은 찰스 버니가 1817년 크리스마스이브에 발작을 일으켰고, 사흘 뒤 예순 살의 나이로 사망했다. 그녀의 가장 진실한 친구이자 동료인 버니와 에지워스를 한 해에 모두 잃은 슬픔은 측정할 수조차 없었다.

사브리나 역시 이제 예순 살이 넘었는데도 버니 학교에서의 과중한 임무는 여전히 그녀에게 맡겨지고 있었다. 그녀의 시력은 날이 갈수록 떨어져 돋보기 없이는 글자를 읽을 수 없는 지경에 이르렀으며, 1818년 봄에는 등에 생긴 종양으로 병이 들기 시작했는데, 6개월 이상의 치료를 요했다. 학생들이 밀물과 썰물처럼 들고 나듯이 버니 가족에게도 새로운 성원이 생겼으며 그녀는 더 많은 시간을 할애해야 했다. 찰스 파 버니는 1810년에 결혼했는데 여섯 아이 중 첫째인 프랜시스 앤이 2년 뒤에 그 학교에 입학했다. 거친 남자아이들 사이에서 자란 패니타나는 집사를 비키라고 부르며 그녀를 안식처로 삼곤 했다.[26] 1818년 2월에 셋째 딸이 태어났을 때, 사브리나는 대모가 되어줄 것을 요청받았고[27] 그녀에 대한 존경의 의미로 아이의 이름을 수전 사브리나라고 지었다. 병이 들었지만 열심히 일했던 사브리나는 10월에 마리아의 편지가 도착할 때까지 곧 나올 에지워스의 회고록에 대한 모든 생각을 잊고 있었다.

에지워스는 60대에 회고록을 쓰기 시작하면서 1809년에 병이 그를 덮

치자 저술을 중단했다. 그 시점에 그는 마리아에게 자기가 죽은 후에도 이 일을 계속하겠다는 약속을 받아냈다. 성실하면서 정직하고, 과도하게 겸손한 에지워스의 회고록에는 자신의 불행했던 첫 결혼과 세 번의 행복한 재혼, 딕을 교육하면서 실패했던 이야기와 다른 어린아이들에게 시도했던 좀더 성공적인 노력, 조악한 발명들과 루나 모임과의 관계 그리고 물론 필생의 친구였던 토머스 데이에 대한 기억과 사브리나를 교육시켰던 데이의 시도에 대한 솔직하고도 완벽한 이야기가 담겨 있었다.

이제 마리아는 아버지의 회고록을 출판하기 위해 퇴고와 편집을 거듭하면서 문득 두려움을 느꼈는데, 단순하면서도 솔직하게 쓴 아버지의 글에 충실하겠다고 맹세했다. 그러나 그녀는 아버지의 과거를 파고들수록 살아남은 몇 안 되는 친구들에게 불편한 진실이 될 수도 있다는 사실을 잘 알고 있었다. 하지만 이미 데이의 교육 방식을 허구의 형식을 빌려 『벌린다』라는 소설로 발표한 적이 있었던 마리아는 진실을 다시 말하는 데 전율을 느끼고 있었다. 8월에 그녀는 의붓 자매인 스물일곱 살의 호노라와 함께 브리스틀로 항해하면서 아버지 회고록의 원고를 조심스럽게 견고한 상자에 포장해서 들고 왔다.[28] 결과적으로 이것이 에지워스의 마지막 영국 여행인 셈이다.

10월에 런던에 도착하자마자 마리아는 문학 축하 행사에 초대받았다. 그녀의 무겁고도 거친 소설의 찬양자들은 조그맣고 수줍음 많으며 온화한 중년 여자를 만나고는 깜짝 놀랐다. 어떤 이는 그녀를 "작고, 어두우며, 날카롭고, 무기력하고, 활동적이며, 잘 웃고 수다스럽고, 오만하며, 두려움이 없고, 솔직하고, 정직하며, 동시에 무기력하고 비기독교도이며, 좋은 성정의 친절한 아일랜드인"[29]으로 묘사했다. 사회적 소용

　　　　　　　　　　　　　완벽한 아내 만들기

돌이에서 빠져나와 휴식을 취하러 햄프스테드에 은거하면서 그녀는 그리니치에 있는 사브리나에게 "원고의 일부와 거기에 있는 그녀와 그녀의 남편을 언급한 부분"을 살펴봤으면 한다는 편지를 보냈다.[30] 사브리나는 즉시 답장을 보냈다. "내가 사랑하는 너를 만나러 갈 수 없다. 5개월 동안 등에 종양이 있어 아팠는데 움직일 때마다 더욱 아파서 고통을 견딜 수가 없나." 사브리나는 불편했지만 대학으로 떠나는 한 아이의 짐을 싸주느라 바빴다. 마리아는 "등에 종양이 있으면서도 이 모든 수고와 짐을 짊어진 여성이 있다"고 계모에게 말했다. "세상의 반쪽은 다른 반쪽이 어떻게 사는지를 모른다고 말하는 게 차라리 낫겠다."

그러면서 마리아는 데이가 한때 아주 검소하게 살았던 에식스 농장을 찾으러 갔다. 휴가 동안 데이의 냉정한 교육 체계를 견디며 보냈던 장소를 희미하게나마 기억해낸 마리아는 창문이 없던 그 집이 사라지고 그곳에 아담한 집이 들어선 것을 보고 실망했다. 그러나 그녀는 한때 데이의 하인이기도 했던 새 입주민을 만나 오래전의 고용주가 따뜻한 사람이었다며 "오, 데이 씨는 좋은 사람이었고 가난한 자들에게 선행을 했습죠"라고 기억해냈을 때는 아주 기뻤다. 아버지가 가장 좋아했던 친구를 "좋은 사람"이라고 믿었던 그녀는, 바로 이튿날인 10월 15일에 그 믿음이 흔들리고 말았는데, 그날은 그녀와 호노라가 그리니치로 사브리나를 만나러 간 날이었다.

마리아가 아주 어린 나이에 스토 하우스에서 머물 때 십대였던 사브리나를 만났던 것처럼 그녀와 짧게 재회하면서, 마리아는 학생이 100명이 넘는 학교를 운영하는 대담한 60대의 과부를 대면하고는 깜짝 놀랐다. 그녀는 집으로 보내는 편지에 "나는 빅널 부인의 예법과 정신이 많이 바꿘 것을 보고 충격을 받았다"고 썼다. "그녀는 데이 씨가 생각했던 유약하고 게으른 사람이 아니라 매우 부지런한 집사처럼 보인다. 모든 우유부단함과 어리석음은 사라져버렸다."

이 방문은 관련된 모든 사람에게 어렵고 불편한 것이었다. 마리아는 아버지의 회고록에서 나온 친필 원고에 기초해 사브리나의 발탁 과정과 교육에 대한 자세한 이야기를 만들어냈다. 사브리나가 그녀에게 시력이 나빠 손으로 쓴 교본을 읽을 수 없다고 말하자, 마리아는 모든 문장을 그녀에게 크게 소리 내어 읽어주는 수밖에 없었다. "당신이 추측하듯 특별히 고아원에 관한 부분을 읽는 것은 나도 어쩔 수 없었다." 그러자 사브리나는 13년 전에 이미 아들 존이 어머니의 출생에 관한 이야기를 알고 괴로워했다고 말했는데 마리아는 이를 듣고 대경실색했다. 마리아는 "그녀는 아들의 입장을 고려해 그 부분은 내버려두기를 원했다"고 기록했다. 그리고 "덮어두자니 얼마나 지혜롭던지!"라고 덧붙였다. 그녀는 고아원에 대한 언급을 되도록이면 삭제하기로 했다. "나는 그 상처를 다시 건드려 눈물짓는 일은 피하려고 한두 문장을 쉽게 바꾸었다."

존 빅널은 이제 서른세 살이 되었고, 일 년에 2000파운드나 버는 성공한 법률가가 되어 "정원이 딸린 멋진 녹색 집에서" 살고 있었지만 그는 여전히 어머니의 과거를 부끄러워했고 그 비밀이 공개될 때마다 불같이 화를 냈다고 한다. 어떤 잡지에서 그 이야기를 재차 꺼내자 존이 다시 "화를 냈다"고 사브리나가 마리아에게 말했다.31 마리아가 더욱 놀란 것은 사브리나는 키어 부부에게 "엄청난 분노를 가지고" 있다고 말하면서도, 존도 사브리나도 키어가 쓴 전기에 대해 전혀 모르고 있다는 점이었다. 사브리나는 그녀와 데이의 관계에서 키어가 데이의 대리인으로서 몇 년간 중요한 역할을 했다는 느낌을 가지고는 있었다. 그러나 이는 사브리나가 이전에 마리아가 선생(데이—옮긴이)에 대해서 표현했던 괴로움에 비하면 아무것도 아니었다. 데이는 "그녀를 아주 불행하게, 그것도 노예로 만들었다!"며 마리아에게 토로했다.[32] 데이가 노예제 반대 운동에 관여한 부분은 비교적 상세하게 기술했다. 마리아가 사브리나에 대한 아버지의 자상함을 언급한 부분을 읽어주자 그녀는 "너는 충분히 말하지 않았다. 내게 보여준 네 아버지의 친절함에 대해서는 아무리 써도 부족하다"며 대답했다. 마리아는 충실하게 사브리나의 말을 반영해 아버지의 회고록에서 고아원에 대해 짤막하게 언급했고, 사브리나에게 동의해주길 바라며 수정본을 보냈다. 마침내 10월의 끝자락에 아팠던 등이 점차 회복되자 사브리나는 복잡한 감정으로 답장을 보냈다. 답장에서 그녀는 "내가 거부할" 것이 아무것도 없었다고 마리아에게 말하면서 "오히려 내 감정을 다치지 않게 하려는 친절한 배려와 노력에 진정으로 고맙고, 너의 선함에 대한 나의 진심 어린 감사를 받아주길 바란다"고 했다.[33] 사브리나는 마리아가 "고아원에 들어가게 된 상황"을 생략해준 것을 고마워했으며, 그녀에게 "내게 사브리나 시드니라는 이름을 준 데이에 관해 가능한 한 덜 언급해주기를 바란다"는 의견을 전했다.

사브리나는 "내가 바라는 건, 친애하는 고마운 친구인 네 아버지의 인생을 나의 사연 많고 기구한 과거사를 소개하지 않으면서 완성해주는 것"이라고 고백했다. 그리고 다음과 같이 덧붙였다. "이런 이상한 오해들은 젊은 시절에 잘 있다가 때가 되면 화를 내고 사람들의 감정을 상하게 하는 것이다." 그리고 그녀는 책을 읽게 되기를 학수고대하지만, 아마도 "매우 고통스러우면서도 쾌락에 가까운 감정"이 뒤따를 것이라고 말했다. 정말이지 이것은 완벽한 구절의 선택이었다.

1820년에 출간된 에지워스의 회고록에서는 사브리나가 고아원 출신이라는 비밀이 전혀 언급되지 않으면서, 데이와 빅널이 "고아들 중에서 뚜렷한 외모를 지닌 한 아이"를 선택했다고 나온다.[34] 그러나 그 책은 데이가 런던의 고아원에서 두 번째 아이를 어떻게 선택했는가를 묘사함으로써, 몇몇 독자로 하여금 사브리나의 과거를 의심하게 만들었다. 그 책은 사브리나의 출생 비밀을 모호하게 두었음에도 불구하고 그녀가 열일곱 살 때 데이가 관심을 보여 다시 맺어졌던 관계, 데이가 그들 관계의 파국이 오기 전까지는 그녀와 정말로 결혼하려고 했다는 사실과 더불어 사브리나가 빅널과 결혼하게 된 상황에 대한 자세하고도 충격적인 이야기를 적나라하게 드러냈다. 그 책은 불가피하게 사브리나의 이야기에 18세기의 "비뚤어진 비합리성"에 대한 분노가 더해져 언론의 관심을 더욱 끌어냈는데, 그것은 19세기의 감수성에 충격을 주었고[35] 존 빅널에게 또다시 고통을 안겼다.

사브리나가 마침내 버니 학교의 부담으로부터 벗어난 지 5년이 더 흘렀다. 이제 예순여덟 살이며, 7명의 어린아이들의 할머니가 되어 학교 근처 코너의 서커스가 9번지에 있는 괜찮은 집으로 이사했다.[36] 세기가 바뀔 때 지은 집으로, 버니 학교 운동장의 일부를 잘라놓은 듯한 땅에 반원형의 테라스가 딸린 4층 집은 배스의 서커스가를 본떴다. 한평생 내내 남에게 봉사만 하던 사브리나는 이제 전용 하인을 두 명이나 두었다. 숙모의 은퇴 소식을 들은 존 컨스터블은 아내에게 사브리나의 변신은 "빅널 부인이 학교의 일상사를 처리하는 것만 고려해도 완벽하게 정당한 것이라고"[37] 생각한다고 말해주었다. 사브리나가 버니 학교에서 33년 동

완벽한 아내 만들기

안 키워낸 학생들이 기념으로 갖고자 1832년에 그녀의 초상화를 그린 사람은 병적이라고 여길 정도로 풍경화에 집착하던 컨스터블이 아니라 그 시대에 가장 인기 있는 화가 중 한 사람이었던 스티븐 포인츠 데닝이었다.[38] 찰스 파 버니는 데닝에게 그 초상화를 의뢰했는데, 그는 1823년에 미래에 빅토리아 여왕이 될 네 살짜리 소녀를 그린 것으로 잘 알려져 있었다. 데닝이 그린 사브리나 초상화 원본은 사라졌지만 버니가 이전의 학생들에게 나누어줄 목적으로 요청한 인쇄본인 리처드 제임스 레인이 새긴 석판화는 시간의 축복으로 지금까지 남아 있다. 데닝은 인쇄본을 보고 기뻐서 레인에게 "빅널 부인을 그린 당신의 아름다운 그림"에 감사한다며 그것은 "내 기대를 넘어서는 가장 성공적인" 것이었다고 썼다.

유일한 것으로 알려진 사브리나의 초상화를 보면, 가슴이 풍만하고 장밋빛 뺨에 자기 확신에 가득 찬 일흔다섯 살의 여성이 실제 나이보다 젊어 보이며, 풍부하고 반짝이는 곱슬머리가 흰 모자에서 자연스럽게 흘러나와 있고 장난기 가득한 빛나는 눈은 정면을 응시하는 모습이다. 손가락의 반지는 오래전에 죽은 남편을 애도하는 것일 터이다. 그녀는 목에 수건을 두르고 있는데 그것은 그녀의 어린 시절 선생의 정확한 지시에 따라 착용하고 있는 것처럼 보인다. 그리고 그녀는 할 말이 있다는 듯 수수께끼 같은 미소를 띠고 있다. 패니 버니는 초상화의 복사본을 가지고 "글로브에서의 어떤 기억을 떠올릴 만큼 매우 친근한 얼굴이다"라며 크게 기뻐했다.[39] 그러나 그림과 달리 오래지 않아 사브리나는 제 나이로 보이기 시작했다.

찰스 파 버니의 맏딸이 결혼해서 패니 앤 우드가 된 뒤 1837년에 '비키'를 만나고 돌아와서 일기에 "그녀는 맙소사! 정말 많이 늙었다"[40]라고 썼다. 실제로 열여덟 살의 빅토리아가 왕위를 받았던 그해에 구舊세계는 사라진 듯했다. 버니의 학교는 1838년에 문을 닫았고 이듬해에 패니 앤 우드가 실망한 것처럼 "사랑스런 옛집과 정원"은 "작은 벽돌 가게와 집"을 짓기 위해 사라졌다. 사브리나는 창문으로 그녀가 잘 알고 있었던, 음식을 끓이던 스토브와 석조 싱크대와 다리미가 모두 부서지는 것을 지켜봤을 텐데, '버니가'라 이름 지어질 새로운 길을 만들기 위해 그 오래된 집과 학교는 부서졌다.

모든 면에서 이전에는 상상도 못했던 변화가 일어났다. 강 주변의 슬럼가는 정비되었고 구시장은 사라졌으며 새로운 공장이 들어섰고, 1841년에는 철도가 그리니치에서 이어져 한 시간이나 걸리던 마차 여행이 기차로는 15분으로 단축되었으며, 이전에는 고립되었던 마을에 관광객 무리가 들어왔다. 사브리나는 서커스가에 남아 있었지만 패니 앤은 콜레라의 위협을 피해 강을 떠나 좀더 쾌적한 곳으로 옮기면서 그녀 주변의 건물과 사람들의 쇠락을 한탄했다. "나는 이전에는 절대로 보지 못했던 눈썹 위의 회색 머리카락을 본다. 팔다리에는 힘이 없어지고 얼굴에는 주름이 지며 걸음걸이는 처지고 정신은 예전보다 맑지 않으며 어지럽다. 간단히 말해서 내 지인들 대부분이 마술에 의해 늙어간다."[41] 그것은 그녀가 그 여름에 "친애하는 늙은 빅널 부인"을 만났을 때 정말로 사실이었다.

2년 뒤인 1843년 9월 8일, 사브리나는 서커스가에 있는 자신의 집에서 여든여섯 살의 나이로 사망했다.[42] 그녀의 사망 진단서에는 아마도 그리니치의 음울한 분위기에서 50년을 지낸 탓에 걸렸을 천식이 사망 원인으로 지목되었고, 이름은 사브리나 앤 빅널이라고 기록되어 있었다.

완벽한 아내 만들기

그녀는 꽤 많은 돈을 모았다. 유언에 따르면 그녀는 2000파운드(오늘날 36만5000파운드의 가치)를 존에게, 1000파운드를 헨리에게 남겼다. 자식을 차별해서가 아니라 존의 건강은 "전혀 좋아지지 않았고" 그의 직업은 "근심스러우며 노동량이 많은" 반면, 헨리는 보수가 두둑하고 안정적인 지위에 있었기 때문이라고 그녀는 적어두었다. 또 찰스 파 버니와 그의 딸 패니 앤과 수전 사브리나, 그녀의 두 하인을 위한 몫도 남겼고 7명의 손녀도 잊지 않았다.

사브리나는 자신이 태어난 교구에서 8마일밖에 떨어지지 않은 곳에서 사망했지만, 그녀는 인생 내내 긴 길을 걸어왔다. 그녀는 아주 가난하게 태어났고 아마도 사생아였을 것이며 가진 것도 정체성도 심지어 출신을 알려줄 동전 표시도 없는 고아로, 18세기의 사회상을 보건대 가장 밑바닥 출신으로 태어났다. 그런데 그녀는 존경과 큰 사랑을 받으며 매우 부유한 빅토리아 시대의 어머니이자 할머니로, 그녀의 명령에 따라 움직이는 두 명의 하인을 거느리면서 그리니치의 누구나 살아보길 원할 법한 집에서 죽었다. 그녀의 이름은 세 번이나 바뀌었는데(모니미아 버틀러에서 앤 킹스턴으로, 다시 사브리나 시드니에서 마침내는 사브리나 빅널로) 그녀는 자신의 원래 이름이나 태어난 장소를 알지 못했지만 그녀가 고아원에 도착했을 때의 기록은 여전히 충실하게 보관되어 있다.

가족의 이력이나 친척관계도 모른 채 사브리나는 전형적인 익명의 고아, 즉 다른 이들은 신념과 생각을 새길 것이라 예상되는 묘비명에 빈칸뿐인 그들을 대표했다. 그녀는 고아원의 엄격한 체계 속에서 불평을 터뜨리면서 겉으로는 신앙이 깊은 소녀로 만들어졌고, 토머스 데이에 의해 튼튼하고 똑똑하며 호기심 많은 십대를 보냈으며, 서턴 콜드필드 기숙 학교의 교육으로 세련되고 우아한 동시에 사랑스러운 젊은 여성이 되었다. 그녀는 18세기의 가장 위대한 사람들인 리처드 러벌 에지워스, 이래즈머스 다윈, 애나 수어드, 마리아 에지워스, 패니 버니를 비롯해 토머스 데이와 삶을 교류했고, 마리아 에지워스를 제외하고는 그들보다 오래 살았다. 그들 각각은 그녀의 인생과 사상에 어떤 방식으로든 영향을 미쳤다.

그녀를 변화시키기 위해 태어나면서부터 교육을 받아 이름과 신념, 그리고 외모와 행동을 바꾸는 등의 다양한 노력을 기울였음에도 불구하고 사브리나는 근본적으로 그녀 자신으로 남아 있었다. 똑같은 옷을 입은 채 정체성 없는 고아였던 어린 소녀가 데이의 노예 수업과 기이한 실험에 도전했던 씩씩한 십대가 되었고, 두 아들만 남은 돈 한 푼 없는 과부를 거쳐, 자신만의 안목을 가진 기세등등한 집사로 인생을 마무리했다. 그녀는 완전한 여성을 꿈꾸는 한 남자의 이상적인 후보로 발탁되었으나 자신의 운명을 받아들이길 거부했다.

사브리나 빅널은 죽은 뒤 엿새 만에 런던 서북부의 켄잘 그린에 위치한 '모든 영혼의 무덤All Souls Cemetery'에 묻혔는데 그곳은 빅토리아 시기의 영국인들이 가장 원하는 안식처이기도 했다. 존 로런스 빅널은 어머니가 죽고 2년 뒤까지만 살고,[43] 1845년 8월 3일 과로와 불안으로 사망했는데 그의 나이 쉰아홉 살이었다. 그는 어머니 옆에 묻혔다. 그의 외동딸인 메리 그란트 빅널은 20세기까지 살았고 여든한 살의 나이로 1905년에 죽었다. 헨리 에지워스 빅널은 2500파운드의 연금을 받기로 하고(이는 정부가 혈세를 낭비한 하나의 사례로 비난받았다) 은퇴하여 1879년 아흔두 살이 될 때까지 살았다. 그의 살아남은 6명의 아이 중 4명이 독신인 채로 사망했고 다른 딸은 독일로 이민을 갔음에도 불구하고, 그의 딸인 메리 헨리에타가 두 아들을 낳았으며 이 아들들은 오늘날 영국에서 여전히 번창하고 있는 후손의 긴 가계를 형성했다. 즉 그들은 사브리나의 증 – 증 – 증 – 증손자들이다. 사브리나는 소설 속에서는 버지니아 생피에르, 메리 스노, 노라 램버트, 엘리자 둘리틀의 이름으로 영원히 살았으며, 미래의 더 많은 갈라테이아의 현신現身들이 피그말리온 신화에 맞춰 만들어지길 기다리고 있다.

토머스 데이가 완벽한 아내를 만들고자 했던 이야기는 인간의 영원한 욕망을, 즉 초월자를 만들어내겠다는 의지를 상징한다. 완벽한 다른 반쪽을 찾겠다는 욕구는 항상 유혹적이며 호소력 있다. 그 사상에 이야기꾼들이 언제나 매료된다는 것은 전혀 놀랍지 않다. 피그말리온이 상아 소녀를 빚어내는 오비디우스의 피그말리온 신화로부터 메리 셸리의 프랑켄슈타인 박사가 괴물에게 생명을 불어넣는 이야기까지, 그리고 교수가 꽃 가게 소녀를 백작 부인으로 만드는 버나드 쇼의 희곡에서부터 로봇과 사이보그를 만들어내는 신비의 발명가에 이르기까지, 완벽한 존재를 만들겠다는 환상은 항상 강력한 매력을 발산한다. 물론 대부분의 사람에게 그런 개념은 분명히 픽션의 영역에 머무는 것이다.

데이는 지금까지의 그 누구보다 더 완벽한 존재를 만들겠다는 포부를 밀어붙였다. 우리 대부분은 게으른 편이라 최상의 솔메이트를 만나거나 만들겠다는 상상만 할 뿐이지만, 데이는 확신을 가지고 그 꿈을 현실로 만들려고 했다. 그의 방법은 오늘날 우리에게는 비합리적이거나 사디스트적이며 외설적으로 보여 충격을 줄지도 모른다. 오늘날 아내를 만들어보겠다고 고아원에서 두 소녀를 유괴하려든다면 성도착자로 비난받거나 범죄자로 처벌받을 것이다. 그러나 사람들이 자연 상태로 두는 것이 중요한지 양육이 중요한지를 논하면서 갇혀 있던 시대에는, 데이의 계획이 그렇게 이상하거나 비도덕적으로 여겨지지 않았다. 시대나 젠더, 그리고 계급의 산물로 자신의 욕망을 추구할 권력과 돈을 가지고 있었고, 그래서 어떤 인간을 자신의 이상에 맞춰 개조할 권리를 지녔다고 믿었다. 아마도 그는 사악하다기보다는 망상에 빠졌던 듯하다.

데이의 이야기는 오늘날에도 진지한 교훈을 준다. 사브리나를 그의 환상에 끼워넣겠다는 시도는 재난으로 증명되었다. 여성을 기호와 환상에 맞추도록 교육시키려는 그의 노력은 여러 코미디와 익살맞은 소극을 만들어냈다. 데이는 자신의 기준에 맞추려고 에스터마저 끊임없이 교정하려 들었고 끝끝내 실망했다. 데이로부터 알 수 있듯 영원에 대한 갈구는 보상받을 수 없는 과업이다. 완벽한 아내를 창조하겠다는 것은 이루지 못할 목표다. 물론 갈라테이아도 신비의 존재일 따름이다.

나의 고아 찾기

이 책을 구상하고 쓰는 일은 하나의 기쁨이자 도전이었다. 고아를 발견하는 것은 이런 도전 중 가장 힘들었지만 즐거웠다. 연구를 시작할 때 런던 메트로폴리탄 기록소에 보관된 수천 장의 문서 가운데 고아를 발견하리라는 희망은 거의 없었다. 이전의 책에서 얻을 수 있는 것이라곤 토머스 데이가 1769년 후반 리처드 러벌 에지워스에게 견습을 받게 되어 있던, 훗날 사브리나 시드니로 개명한 고아를 선택했다는 것뿐이었다. 고아원에서나 그녀가 도착하기 이전에 그 소녀가 어떻게 불렸는지는 이름을 전혀 알 수 없었다. 모든 이야기의 출처가 불분명했고, 데이가 고아원에서 사브리나를(루크레티아의 경우에도 그렇지만) 직접 데려온 기록은 없었기 때문에 더욱 그러했다.

데이의 이야기를 서술한 이전의 작가들은 슈루즈베리 고아원의 기록에는 데이가 견습을 맡았다는 소녀에 대한 기록이 없다는 주장을 되풀이했다. 이것은 사실이었다. 그러나 고아원 지부의 모든 고아가 런던 본부를 통해 견습을 받았다는 사실을, 그리고 사브리나를 데려간 사람은 데이가 아니라 에지워스였다는 것도 알게 되었다. 나는 전율을 느끼며 1769년 자선 기관의 견습 기록부를 뒤적였다. 거기엔 놀랍게도 두 소녀가 1769년 8월 17일과 9월 20일에 리처드 러벌 에지워스에게 견습생으로 보내졌다고 담담하게 기록되어 있었다. 그들의 이름과 번호까지 (4579번 앤 킹스턴, 10413번 도카스 카) 남아 있었다. 마침내 나의 고아들을 찾아냈다.

납 명찰에 찍힌 번호가 매겨진 서류 더미 속에서 그 아이들이 고아원 정문으로 들어와서 떠날 때까지의 삶을 추적할 수 있었다. 그리고 아주 조심스럽게 그들의 입회 원서 원본을 고아원의 기록원장 더미에서 찾아냈다. 그 서류를 따라 어마어마한 양의 편지와 각종 문서는 물론이고 둘둘 말려 있던 고아원 행정 기록과 그리 좋은 느낌이 들지 않는 이름의 슈루즈베리 '사용 내역 책' 등을 뒤져서 사브리나의 발자국을 따라갔다. 그녀는 도킹 부근 지역에서 강보에 싸여 들어왔고, 슈루즈베리행 마차에 실려서 인근의 수양가족에게 보내졌다가 일곱 살에 슈루즈베리 고아원의 문을 다시 두드렸고 5년 뒤 토머스 데이와 존 빅널과 함께 그 문을 다시 나갔음을 알아냈다. 차라리 여기까지는 쉬웠다.

사브리나의 이후 인생을 찾는 일은 난감했다. 그녀는 부자였던 적이 없었기 때문에 그녀에 관한 법적 서류나 재정적 거래 서류는 거의 없었다. 데이를 제외하고는 제대로 된 연결 고리가 없었기 때문에 다른 사람의 편지나 서류에서도 잘 나타나지 않았다. 또한 그녀는 여성이었고 생애 대부분을 남성의 보호를 받으며 살았던 까닭에 그녀의 의식, 행동과

완벽한 아내 만들기

관점 모두가 그들의 요구 아래 침잠해 있었다. 당연히 데이와 그의 동료들은 사브리나를 기록에서 지우려고 노력했고, 그녀와 가족들은 출생의 비밀을 감추려고 노력했다. 직접 쓴 몇 통의 편지, 그것도 자선가인 찰스 버니와 평생의 동료였던 에지워스 가문에 보낸 것만 겨우 남아 있다. 사브리나를 묘사한 것으로 보이는 낡은 초상화 한 점은 수상쩍어 보인다. 이렇듯 사브리나는 산업이 번창하던 미들랜드의 안개와 연기 속으로 사라졌다가 리치필드와 런던, 그리고 그리니치에 나타나는 출몰을 반복했다.

그래도 그녀는 많은 장소에서 살았고, 그곳에서 먹고 마시고 잠자고 떠들며 살아갔다. 슈루즈베리 고아원은 세번강이 보이는 언덕 위 꼭대기에 지금도 변치 않고 있다. 스토 하우스도 스토 풀 강둑에 유령처럼 허옇게 떠 있다. 그리고 그녀가 생을 마쳤던 그리니치의 집은 아직도 글로스터 서커스라 불리는 초승달 모양의 지역 중앙에 서 있다. 오래 내버려두어 손상되긴 했지만 사브리나라고 짐작되는 그 초상화도 진짜일 것 같지 않았다. 실제로 다른 이름을 가진 아주 비슷해 보이는 다른 사람의 초상화였다. 연구가 끝날 무렵, 국립 초상화 갤러리의 기록소를 방문해 그곳에서 미소를 짓고 자부심에 가득 찬 곱슬머리의 여성이 진짜 사브리나라는 확고한 증거를 잡았다.

사브리나의 무덤을 찾는 것은 그녀의 기원을 찾아가는 것만큼이나 애가 타는 일이었다. 켄잘 그린 공동묘지를 운영하는 제너럴 세머트리 컴퍼니General Cemetery Company의 기록은 고아원 기록만큼이나 잘 보관되어 있었다. 그녀의 매장 장소를 알려주는 숫자들을 헤쳐가면서 얼음처럼 차가운 2월 아침에 어마어마하게 넓은 공동묘지에서 그녀의 무덤을 찾느라 애쓰고 있었다. 그러나 부서지고 가라앉은 비석 사이를 아무리 헤매어도 사브리나의 이름은 발견할 수 없었다. 포기하려는 찰나, 다른 것들에 비해 비교적 새것인 돌 십자가에 눈이 갔고, 빅널이라는 이름을 발견했다. 그것은 사브리나의 손녀인 제인 그랜트 빅널을 기념하는 비석이었는데 거기에는 그녀가 1905년까지 살았다고 적혀 있었다. 그 십자가의 양쪽에 두 개의 석비가 있었다. 오른쪽에서 존 로런스 빅널의 이름을 식별해냈고, 그러므로 왼쪽에 있던 석비는 사브리나의 것이어야 했다. 새겨진 글은 모두 닳아 알아볼 수 없을 지경이어서 묘비는 거의 공백 상태였다. 마침내 그녀를 찾아냈지만 여전히 그녀는 이전처럼 지워지고 침묵하고 있었다. 묘지 입구로 되돌아오는 길에 나는 귀걸이 한 짝을 잃어버렸음을 알았다. 그걸 찾아 도로 돌아가려 했지만, 너무 추웠다. 마치 그 귀걸이 한 짝이 나의 고아를 위한 표식이란 생각을 했고, 그곳에 남겨놓는 것이 올바른 게 아닌가 하는 느낌이 들었다.

완벽한 아내 만들기

감사의 글

이 책은 여러 사람과 기관의 도움과 친절 덕분에 나왔다. 특별히 사서들과 기록관들에게 감사하고 싶은데, 우리 과거를 보호한 숨은 영웅들의 아낌없는 헌신과 값을 매길 수 없는 노력 덕분에 무시무시한 압력과 협박에도 그 자료들이 남아 있을 수 있었다.

이 이야기에 가장 결정적인 자료인 고아원 자료를 열람하도록 허락해준 코램 재단에 감사드린다. 고아원 기록이 보관된 런던 메트로폴리탄 기록소의 직원들의 수고에 빚을 많이 졌다. 에지워스 문서를 인용하도록 허락해준 아일랜드 국립도서관의 호의에 감사드리며 그곳의 제임스 하트와 버니 멧커프의 신속한 도움에 감사드린다. 그리고 미들 템플 기록소가 보관 중인 자료를 이용하도록 허락해준 것에 감사드리며 특별히 그곳의 큐레이터인 레슬리 화이트로의 해박한 지식과 친절한 응대에 감사드린다. 또 리치필드에 있는 새뮤얼 존슨의 생가 박물관이 애나 수어드의 편지를 이용하게 허락해준 데 감사드리고, 특별히 큐레이터 조앤 윌슨에게 감사드린다. 그녀는 업무를 떠나 나의 방문을 언제나 즐겁게 만들어주었다. 패니 버니의 노트를 인용하도록 허락해준 에스터, 레녹스와 틸든 재단의 뉴욕 공공 도서관 영미 문학의 헨리 W. 와 앨버트 A. 버그 컬렉션에도 감사드린다. 제임스 마셜과 마리루이즈 오스본 컬렉션에서 버니 가문 콜렉션에 접할 수 있게 도와준 예일대의 베이네크 희귀본과 수고 도서관 Beinecke Rare Book and Manuscript Library에 감사드린다. 그리고 리치필드 공립 기록 사무소가 자료를 이용하게 해준 것에 감사드리고 싶다. 배링턴 가문의 자료를 이용하도록 허락해준 에식스 공립 기록 사무소에도 감사를 표한다. 또한 소호 기록 보관소에서 볼턴과 와트 문서를 인용하도록 허락해준 버밍엄 중앙 도서관에도 감사드린다. 국립 초상화 갤러리가 조지프 라이트와 리처드 제임스 레인의 회계 장부 각각과 그 밖의 수고 원장을 인용하게 해준 것에 감사드리며 여기에는 특별히 보조 큐레이터 알렉산더 얼트의 도움이 컸다. 피어선 문서에 접속할 수 있게 해준 유니버시티 칼리지 런던 특별 컬렉션에도 감사드린다. 그리고 스네이드 가문의 편지와 일기를 보여준 스태퍼드셔 기록 사무소에도 감사드리고 싶다. 토머스 데이와 애나 수어드의 상호 편지를 인용하게 해준 윌리엄 솔트 도서관과 보조 사서 도미닉 파에게도 감사드린다. 다윈의 문서 인용은 케임브리지 대학 도서관의 이사들 덕분이었으며 특별히 애덤 퍼킨스에게 감사드린다고 기록하고 싶다. 존 그레이엄 편지를 인용하는 데는 램버스 기록 분과의 도움이 컸다. 부가적으로 버니 학교와 그리니치 역사 연구는 그리니치 문화유산 전시 센터의 직원들 덕분이다. 존 손과 로런스 빅널의 관계에 대한 연구에 대한 도움은 존 손 경 박물관의 존 손 문서 보관소에서

완벽한 아내 만들기

일하는 직원의 도움이 컸다. 또한 대영도서관 직원들의 특별히 희귀본과 음악 독서실the Rare Books and Music reading room의 따뜻하고도 효율적인 도움, 웰컴Wellcome 도서관, 고아원 박물관과 왕립 예술 협회, 지리학자 협회, 빅토리아 앤 앨버트 박물관, 하우스홀드 캐블리 기록소Household Cavalry Archive, 이슬링턴 지역사 센터, 서리 역사 센터, 맨체스터 아트 갤러리, 더비 박물관 앤 아트 갤러리, 배스 기록 사무소와 서턴 콜드필드 도서관에게 감사드린다는 기록을 남기고 싶다.

이 책을 기획하면서 리치필드를 방문해 그곳에 사는 많은 분들을 만난 것이 큰 즐거움을 주었다. 나에게 스토 하우스를 보여주려고 시간을 내준 앨런 베이커에서 감사드리고 싶다. 그 집은 현재 지도력과 경영 연구소Institute of Leadership and Management가 소유하고 있다. 제니 아서와 이래즈머스 다윈 집 직원들에게 감사드리며 보기 홀The Bogey Hole의 폴린 듀발의 환대에도 감사드린다. 마찬가지로 슈루즈베리 학교를 방문하는 것도 큰 기쁨이었는데, 그곳은 이전에 슈루즈베리 고아원이었던 곳으로 주요 블록들이 남아 있었다. 특별히 그곳을 둘러보면서 시간을 내준 마이크 머러에게 감사드린다.

이렇듯 많은 사람이 이 책을 구상하고 쓸 수 있도록 결정적인 도움을 주었다. 특별히 버니 협회에서 환대받았고, 2010년에 열린 협회 모임에서 좋은 추억을 보낸 데 감사드린다. 그 협회에서 충고와 조언, 그리고 격려를 아끼지 않은 모든 사람을 일일이 거론할 수는 없지만 특별히 헤스터 대븐포트, 로나 클라크, 피터 세이버, 닉 케임브리지, 케이트 치점, 헬렌 쿠퍼, 케서린 딜, 재클린 그레인저, 잔드라 오도널, 엘리자베스 버니 파커와 소피 바셋에게 감사드린다. 찰스 버니의 손자인 존 코민의 아내

신디아 코민은 나의 요구에 친절하게 정보를 제공해주었다. 에리스무스 다윈의 전기 작가인 데스몬드 킹헬레는 여러 도움을 주었으며 나에게 데이가 엘리자베스 홀과 약식 약혼을 한 적이 있음을 알려주었다. 토머스 데이의 전기를 마지막으로 썼던 피터 롤런드는 그의 책이 출판된 이래로 새로 밝혀진 정보들을 기꺼이 나누어 주었으며 헨리 제임스의 『감시와 감금』을 참고하도록 일러주었다. 에릭 스톡데일은 18세기의 미들 템플 홀을 생생하게 묘사해주었고 나에게 아름다운 이중 수평 들보가 놓인 지붕 아래에서의 멋진 점심을 사주었으며 법제사에 대한 질문에 일일이 답해주었다. 믹 크럼플린은 무기류에 대해 신속하고도 비견할 수 없는 조언을 해주었다. 엘리자베스 E. 바커는 조지프 라이트가 그린 데이 초상화의 정확한 연도를 알아내는 데 도움을 주었으며 케이트 바너드는 애나 수어드에 대한 귀중한 조언을 해주었다. 레이철 홀과 소피 킬리치는 프랑스어 번역을 해주었고, 특히 패니 버니의 단정치 못하고 휘갈겨 쓴 부정확한 18세기 프랑스어를 해독하는 데 도움을 주었다. 마이크 커드모어는 기술 문제에 부딪칠 때마다 지치거나 한마디 불평을 하지도 않고 설명해주었다.

재키 워딩턴은 사브리나 빅널과 다른 이들의 후손을 찾는 데 귀중한 도움을 주느라 몇 세기를 오르락내리락 컴퓨터를 검색하면서 밤을 새기도 했다. 엘리자베스 키들과 줄리아 웰스를 포함해 사브리나의 살아있는 후손들을 접촉할 수 있었던 것도 재키를 통해서였다. 특히 이 후손들은 연구의 깊이를 더했는데, 이 이야기에 과분한 관심을 보였다. 특히 마커스 빅널은 현재 빅널 가문의 가계도 웹사이트를 운영하고 있다.

나는 지금까지 대리인 패트릭 월시의 무한한 지지와 조언 그리고 우정에서 많은 혜택을 누린 행운아다. 영국 웨이든펠드앤 니컬슨에서의 나의 편집자 커스티 던시트는 언제나 그렇듯 내가 이 책을 구상하고 진행시키고 윤색하는 데 귀중한 역할을 해주었다. 키어스티는 내가 아무것도 하지 않았을 때조차 의미하는 바를 잘 알아주는 듯했다. 웨이든펠드앤 니컬슨 사에서 제니퍼 커슬레이크는 사진 기록을 효율적으로 도와주고 있다. 또한 라라 헤이머트에게 무지무지 감사한데 그녀는 미국 베이직 북스의 편집자로 이 기획에 열정과 그리고 용기를 주었으며 케이티 오도널의 교정과 노먼 매카피의 꼼꼼하고도 현명한 편집에 감사드린다.

마지막으로 감사한 이는 가족과 친구들인데, 이들은 이 책의 처음에서부터 끝까지 실질적이고 감정적이며 물리적인 도움을 주었고 이는 이 책을 쓰는 데 아주 요긴했다. 무엇보다도 샘과 수지의 인내와 끈기에 감사하며 나의 첫 독자이자 영원한 조력자인 남편 피터에게 감사를 전한다.

옮긴이의 말

여기 한 남자가 있다. 귀족으로 태어나 많은 특권을 누리며 모든 것을 가졌던 남자가 '완벽한 아내'를 찾는다. 여기에 한 여자도 있다. 고아로 태어나 아무것도 가진 게 없던 여자는 '완벽한 아내' 후보로 선택되어 한 남자의 계획대로 인생을 살게 된다. 어찌 보면 흔하디 흔한 남자의 이야기, 남자와 여자의 연애 이야기인 듯하다. 그러나 단순해 보이는 이 이야기에 역사책의 페이지를 장식했던 18세기 영국과 미국 그리고 프랑스의 지식인 다수가 등장한다. 명성을 날리던 철학가와 과학자를 비롯해 문학사에 빛나는 기여를 한 작가들이 한 남자의 '기상천외한' 아내 만들기 프로젝트에 참여했다.

반전도 있다. 이 책은 유명한 인물이 아닌, 사회의 가장 밑바닥 층이자 무명의 고아였던 여자를 중심으로 18세기 영국 지식계를 재현한다. 오랫동안 사료를 뒤적이며 여성 지식인의 세계를 분석해왔던 옮긴이는 이 책을 번역하면서 기록을 남기지도 아니 남길 수도 없었던 여성들의 목소리를 들었다. 작가 웬디 무어는 고아원 원장 명부나 교구 세례 장부와 학교 회계 문서 등 어쩌면 숫자만 나열되었을 사료와 등장인물의 편지를 연결하여, 그야말로 '두꺼운 묘사thick description'를 통해 과거 특정 시대의 인간사를 생생하게 들려준다. 작가 후기의 고아 찾기 과정을 읽어보라. 언제나 그렇듯 사람들은 유명인의 사생활, 특히 위선적인 사람들의 은밀한 세계에 관심을 갖는다. 이 책은 그런 점에서 독자들의 기대를 저버리지 않는다.

번역 과정은 지난했다. 학술적인 전공서가 아닌 '소설'의 형식을 갖춘 이 책은 저자가 사용한 단어나 편지의 인용 구절 하나하나의 뉘앙스를 제대로 살려야 했다. 옮긴이에게는 정말 어려운 일이었다. 이 책을 번역하는 데 많은 분의 도움을 받았다. 먼저 책의 번역을 권유한 임병철 선생에게 감사를 드린다. 항상 배려와 지지를 보내주고 번역 과정을 끊임없이 체크해주신 곽차섭 선생님께도 감사드린다. 변선경과 이지혜는 원서와 번역 원고를 대조하며 꼼꼼하게 읽어주었다. 교정에서 실수가 드러난다면 전적으로 옮긴이의 몫이다. 무엇보다 가족의 따뜻한 격려가 없었다면 번역은 힘들었을 것이다. 언제나 믿어주는 동생들에게는 고마움을 딸에게는 항상 미안한 마음을 전한다. 누구보다도 옮긴이를 세상에서 가장 잘났다고 생각하시는 아버지께 이 책을 바친다.

부산에서 이진옥

AS   애나 수어드Anna Seward

CB   찰스 버니Charles Burney Jr. (1757~1817)

ED   이래즈머스 다윈Erasmus Darwin

EM   에스터 밀리네스Esther Milines

ERO 에식스 공립 기록 보관소Essex Record Office

FB   패니 버니Fanny Burney

FHA 고아원 기록 보관소Foundling Hospital Archives

GHC 그리니치 문화유산 전시 센터Greenwich Heritage Centre

JB   존 빅널John Bicknell

JJR 장자크 루소Jean-Jacques Rousseau

JK   제임스 키어James Kier

LMA 런던 메트로폴리탄 기록 보관소London Metropolitan Archives

LRO 리치필드 공립 기록 보관소Lichfield Record Office

MB   매슈 볼턴Matthew Boulton

ME   마리아 에지워스Maria Edgeworth

MT   미들 템플Middle Temple

NPG 국립 초상화 갤러리National Portrait Gallery

RLE 리처드 러벌 에지워스Richard Lovell Edgeworth

SJBM 새뮤얼 존슨 생가 박물관Samuel Johnson Birthplace Museum

SOG 계보학 협회Society of Genealogists

SS   사브리나 시드니Sabrina Sidney (나중에는 Bicknell)

TD   토머스 데이Thomas Day

| 1장 |

1 Edgeworth, RL and M, vol. 1, pp. 208~209. 에지위스가 아일랜드로의 방문
   을 묘사한 것은 pp. 196~199 참조. RLE는 그들이 '1768년 봄'에 아일랜드로 떠
   났다고 진술한다. 그러나 *Buttery Books*에서는 그해 미들 템플에서 RLE가 5월 8
   일에서 14일에 이르는 주에 정찬을 베풀었다고 말하고 있다. 그리고 그 여행객은
   여행 중에 다윈을 만났기 때문에 이것은 그해 6월 11일에 있었던 다윈의 마차 사
   고가 나기 전이 틀림없다. 그 사고로 그는 여러 주 동안 지체했다. 그러므로 그들
   은 적어도 5월 말이나 6월 초 사이에 떠났음이 분명하다. 에지위스의 가족사, 가
   족의 집, 주변 지역에 대한 묘사는 *The Black Book Of Edgeworthstown And
   Other Edgeworth Memories*에 있는 것으로 이 책은 에지위스 가문에 내려온다.
   Butler, Harriet Jessie, Harold Edgeworth.
2) Edgeworth, FA, p. 18.
3) Edgeworth, RL and M, vol. 1, p. 175.
4) 같은 책, p. 197.
5 TD to JB, n.d. (10월 11일 소인이 찍혔는데 1768년이 틀림없을 것이다. 그러나 대부분은
   3주 일찍 즉 9월 20일에 쓰였다.) Essex RO, D/DBa C10. 데이는 이 11장의 편지에
   서 마거릿이 이전에 사귄 영국 장교와의 로맨스뿐만 아니라 그녀와 한 연애의 시
   작과 끝에 관해서도 묘사했다.
6 TD to JB, n. d. (c.1765), 데이가 옥스퍼드에서 빅널에게 보낸 이 세 통의 편지와
   세 개의 쪽지에 대해서는 Essex RO, D/DBa C10 참조.
7 TD to AS(March 14, 1771), SJBM(2001. 71. 17.) 이 편지에서는 1771년이라고 표기

되어 있지만 아마도 1772년에 쓰였을 것이다. 왜냐하면 엘리자베스 스네이드가 리치필드에 도착한 것과 데이가 겨울 동안 신랑이 될 준비를 하고 있는 것과 같은 사건들이 그때까지는 아직 일어나지 않았기 때문이다.

8   TD to JB, n.d. Essex RO, D/DBa C10.

| 2장 |

1   Keir, pp. 108~109.
2   데이의 어린 시절은 Kerr, pp. 4~5, Kippis 그리고 Gignilliat, pp. 1~2에 묘사되어 있다. 기그닐리아트는 데이 어머니가 1746년에 결혼했을 때 27세였다고 말하지만, 키어는 그녀가 1791년에 70세였으므로 결혼 당시는 25세라고 주장한다. 1791년 『신사의 잡지Gentleman's Magazine』에 쓴 편지에서 'E'라고 사인하고, 데이를 '나의 오랜 벗playfellow'이라 표현하고 있는데, 이에 따르면 데이의 아버지는 부관세 담당자였고 (키어가 진술했던 수집자가 아니라) 그의 사망 날짜는 1749년 6월 24일이라고 적혀 있다. 아마도 RLE 작가인 이 사람은 필립이 같은 사무실의 수위였다고 진술한다. GM, 1791, vol. 61, part 1, p. 401.
3   Parish register, St. George-in-the-East, LMA.
4   Keir, p. 16.
5   Keir, p. 5.
6   Seward (1804), p. 27.
7   이 지역은 킬른 그린 주변으로 템스 남부에서 5마일 떨어진 곳인데 18세기에는 베어나 베어힐로 불렸지만 지금은 베어 레인Bear Lane으로 알려져 있다.
8   Anon, *Charter-House, Its Foundation and History*(London, 1849); Thornbury Walter, *Old and New London*(London, 1897), vol. 2, pp. 380~404; Wheatley, Henry Benjamin, *London, Past and Present*, vol. 1, pp. 362~366; Quick, Anthony, Charterhouse, *A History of the School* (London, 1990). 18세기 교육에 대한 일반적인 배경은 플레처로부터 참조.
9   Keir, p. 11. 키어는 복싱에 대한 사례를 들면서 윌리엄 수어드를 인용한다.
10   Stephen.
11   Gazetteer and New Daily Advertiser (May 5, August 15, 1764). 이 산문들은 두 부분으로 출판되었다. 그래서 데이와 빅널은 2판 산문이 나올 때 각각 16행과 18행을 썼다. 기그닐리아트는 그 시를 거의 데이가 썼다고 했지만 그것은 분명히 공저다. 이는 데이가 빅널에게 옥스퍼드에서 보낸 편지에서 다음처럼 묻고 있기 때문이다. "나는 나이프와 포크를 러스트에게 맡겼으면 하는데." Essex RO, D/DBa C10.
12   Kippis.
13   Gibbon, Edward, ed. Radice, Betty, *Memoirs of My Life*(Harmondsworth, UK,

1984), pp. 77~86. 옥스퍼드 대학에 대한 일반적인 설명은 Miggley, Graham, *University Life in Eighteenth-Century Oxford*(New Haven; London, 1996) 참조. Corpus Christi에 대한 상세한 설명은 Fowler, Thomas, Corpus Christi (Oxford, 1898)에 있다.

14 *University of Oxford, Alumni Oxonienses, 1715~1886*(London; Oxford, 1887~1888), vol. 1, p. 357. 그 대학 건축물은 지금 크게 바뀌었다.

15 Edgeworth, RL and M, vol.1, pp.248 and 341; vol.2, p. 86. 두 번째 코멘트는 Maria Edgeworth에서 인용한 것이다.

16 Letters, TD to JB, Essex RO, D/DBaC10. 데이가 옥스퍼드에서 빅널에게 보낸 편지는 세 통이 남아 있다. 모두 날짜 미상이지만 여기 언급된 사건은 1765년과 1766년에 쓰였음을 나타낸다.

17 Kippis; Cannon, pp. 21~22.

18 Keir, p. 6.

19 미들 템플 아카이브 학생원부에 따르면 데이는 1765년 2월 12일에 입학했다.

20 Morse, pp. 155~157. 이 문장은 데이의 문서나 그밖에 여기저기에서 재인용된다.

21 Keir, p. 8

22 Keir, Modern refinements, p. 34; TD to JB, n.d. Want of Elegance (c.1765~1766), Essex RO, D/DBa C10.

23 Keir, pp. 88~89.

24 같은 책, p. 41.

25 같은 책, pp. 21~22.

26) 같은 책, pp. 32~33.

27 Kippis.

28 TD, *Commonplace book*, Essex RO,D/DBaZ40.

29 Seward(1804), pp. 20~23. 수어드는 로라에게 보내는 비가를 다시 지었다. 데이의 옥스퍼드 시절 친구인 윌리엄 존스 또한 페트라르카에게서 영감을 얻어 '로라'라는 이름을 붙이지는 않았지만 비슷한 비가를 쓰기도 했다. Cannon, ed., pp. 26~27.

30 TD, *Commonplace book*, Essex RO, D/DBa Z40; Keir, pp. 42~44.

31 TD to JB,n.d. (c. September ~ October 1768) Essex RO, D/DBaC10.

32 St. Andrew's Holborn, 1746년 7월 28일자 세례 명부. 존 빅널은 흔히 인용되듯이 로런스라는 중간 이름으로 세례를 받지 않았다. 이것은 그의 아들 존 로런스 빅널과 혼동되기도 한다. 전반적인 가족 배경은 빅널인 것은 맞으나 그의 가계 내 위치는 불분명하다.

33 Williamson, J. Bruce, *The History of the Temple*(London, 1925); *Middle Temple Hall: Notes Upon Its History*(London,1928); *Notes on the Middle Temple in the Nineteenth Century*(London,1936); Bellot, Hugh H. L., *The Inner and Middle Temple: Legal Literary and Historic Association*(London,

1902); Herber, Mark, *Legal London: A Pictorial History*(Chichester,2007);
Blackham, Robert James, Wig and Gown, *The Story of the Temple* (London,
1932).

34   *Buttery Book*(MT archives, 1795~1772) MT7/BUB/2.

35   Boswell, James, ed. Pottle, Frederick A. *Boswell's London Journal,
1762~1763*(Edinburgh, 1991), pp.234~249.

36   AS to George Hardinge(March 5, 1789). Seward(1811), vol. 2, p. 250. 당시 *The
Buttery Book*은 하딩이 JB와 같은 시간에 식사를 했음을 보여준다. *The Buttery
Book*(1759~1772), MT archives, MT7/BUB/2.

37   Edgeworth, RL and M, vol. 1, pp.21~22. 에지워스 일생에 대한 자세한 것은 다
른 것을 언급하지 않는 이상 이것을 참조. 다른 자료는 버틀러, 해리엇 제시와 해
럴드 에지워스에 대한 것도 포함되어 있다. 그리고 클라크의 책은 비망록을 편집
한 것이다.

38   *Alumni Oxonienses*(1715~1886), p. 408.

39   1764년 2월 21일자 블랙 버튼 교구 기록부. 에지워스와 애나 마리아는 부모의 동
의하에 증명서를 통해 결혼했다. 그때 애나의 나이는 스무 살이었다. 세례 장부에
따르면 애나 마리아는 1743년 10월 20일에 태어났다. 1761년 에지워스가 이들 집
에 들어왔을 때 그녀의 자매들은 각각 열여섯 살, 열다섯 살, 일곱 살과 여섯 살이
었다. 세례 명부에 따르면 딕은 1765년 12월 25일 교구에 "받아졌으며" "이미 사적
으로 세례를 받은 상태"였다.

40   Edgeworth, RL and M,vol.1, p. 179.

41   Butler, Marilyn(1972), p. 37. 이 묘사는 에지워스의 원래 원고에서 발췌한 것으로
Frances Anne, *A Memoir of Maria Edgeworth*에서 인용함. 이 책은 그녀의 계
모와 자매들이 편집한 것이다.

42   Letters RLE to the RSA, RSA archives PR,GE/110/14/134; 22/146;23/7 and
32 and 54;24/86;26/75;30/136,137. 이 협회는 현재 '예술과 공예 그리고 상업 진
흥 왕립협회the Royal Society for the Encourgement of Arts, Manufactures and Commerce'로
흔히 RSA라고 알려져 있다. RLE는 1768년에는 은메달을 1769년에는 금메달을
받았다.

43   Edgeworth, RL and M, vol.1, pp. 156~158.

44   같은 책, pp. 180~181. 루나 협회에 대한 좀더 상세한 설명은 Uglow; schofield;
Robinson; Herbert L. Ganter, William Small, *Jefferson's Beloved Teacher,
in the William and Mary Quarterly,* 4(1947), pp.505~511; King-Hele(2007).
스몰 박사는 버지니아의 윌리엄 앤 메리 대학교에서 자연 철학 교수일 때 토머스
제퍼슨에게 수학을 가르쳤다. 다윈에 대한 좀더 상세한 정보는 King-Hele(1999).

45   ED to Matthew boulton, n.d. (1766) in King-Hele(2007), p. 74. 다윈은 그가
옥스퍼드셔에 있을 때는 블랙 버튼의 에지워스의 장인 집에서 머물렀다.

46   Edgeworth, RL and M, vol.1, pp.175~179; vol.2, p. 102.

47 같은 책, pp.175~177.

48 TD to RLE (1769), from Avignon, in RLE, Memoirs, vol.1, p. 214.

| 3장 |

1 루소에 대한 다윈의 무례함에 대한 이야기는 손자인 찰스 다윈이 말한 것으로 Darwin, p. 47에 있다. 뉘앙스가 약간 다르긴 하지만 Howitt, p. 513에서도 그 이야기가 묘사되어 있다. 일반적인 루소의 배경이나 영국 방문기는 특별히 다음에서 발췌했다. Edmonds and Eidinow; Damrosch; Broome; and Rousseau (2008), JJR, 흄과 데븐포트의 편지는 Rousseau(1965~2012) vols. pp. 29~33 참조. 1712년 제네바에서 출생한 루소는 시계 제조공인 아버지에 의해 자랐다. 그는 이웃 마을의 목사에게 보내졌던 열 살까지 정식 교육을 받지 못했다. 거기서 목판공으로 견습을 받는 도중 열여섯 살에 도망쳐 이후 14년 동안 유럽을 전전하며 별로 뚜렷한 야망도 없이 서른 살에 파리에 정착하기 전까지 잡일을 하며 지냈다. 그러다가 갑자기 문학과 철학에 관심을 보이더니 한 지방의 공모에 『예술과 학문에 관한 소론Discourse on the Arts and Sciences』으로 당선되면서 경력을 쌓는다.

2 Edmonds and Eidinow, p. 120에서 인용. 루소는 London Evening Post, 1766년 1월 31일자에는 존 제임스 루소John James Rousseau로 불렀다.

3 도버행 10일간의 여행에서 보즈웰은 테레즈와 열세 번에 걸쳐 (아니면 그가 일기에 그렇게 떠벌렸을 수도 있다.) 정사를 즐겼다. 같은 책. pp. 144~145.

4 전형적인 편집증 증세에서 루소는 흄이 조지 3세로부터 그의 연금을 받기 위해 벌인 협상을 그를 모욕하는 술수라 여겼고, 그래서 흄과 데븐포트가 런던의 St. James's Chronicle of April 1~3 (1766)에서 출간된 조롱을 담은 편지에 연루되어 있다고 믿었다. 그 편지는 프러시아의 왕이 쓴 것으로 위장되었지만 실제로는 호러스 월폴이 꾸민 것이었다. 월폴은 호러스 만에게 보낸 편지에서 자신이 저자임을 고백했다. Rousseau(1965~2012), vol. 30, p. 83.

5 Rousseau(2008), p. 335. 루소의 아이들은 1740년대 말과 1750년대 초에 태어났다. 루소는 나중에 자식들을 버린 것을 정당화했지만 그 사건은 그의 평생을 괴롭혔다.

6 Wokler, p. 2; Darling, p. 17. 달링은 루소에서 시작해 오늘에 이르기까지 교육 체계의 진화에 대한 분명하고도 영감을 주는 논문을 썼다.

7 Locke, John, *Some Thoughts Concerning Education*(London, 1963), p. 261.

8 Rousseau(2010), p. 161. 가장 최근의 번역본인 *Émile*, eds. Bloom and Kelly (2010)를 사용했는데 몇몇 군데에서는 축약본이나 좀더 명확해 보이는 Boyd 번역본을 참조했다.

9) 같은 책, p. 331.

10 루소가 교육의 중심에 아이를 두어야 한다는 신념으로 예시와 실험을 통한 교육하기를 주창한 것은 지금까지도 교육 이론의 핵심이 되고 있다. 루소의 사후 초기에는 그의 교육안에 기초한 학교가 유럽 전역에 만들어졌다. 그 사상들은 20세기에 대서양을 건너 미국으로 전파되었으며 미국에서 아시아로 확산되기도 했다. 그래서 그가 영국을 방문한 지 200년이 지난 1960년대에도 루소식의 교수 방법이 영국에서도 적용되었고 (숱한 반대 운동에도 불구하고) 아직까지 우월한 교육 체계로 남아 있다. 아이를 뚜렷한 성격과 권리를 지닌 순수한 개인으로 여기는 루소의 관념은 아직도 우세한 개념이다. Darling; Jimack; and Moncrieff 참조.

11 Douthwaite, pp. 134~145. 다우스웨이트는 마담 마농 롤랑이 1781년에 낳은 딸 유도라를 루소식으로 양육한 이야기에 더해 에지워스와 데이의 실험도 묘사하고 있다. Louis-Eugène 왕이 1763년 10월 4일에 루소에게 보낸 편지는 Rousseau(1965~2012), vol. 18, pp. 13~16 참조.

12 Rousseau(1965~2012), vol. 46, pp. 235~237. 루소의 『고백록』에서 그 주석은 이 이야기의 근원인 소녀들 중 한 명을 루셀 태생의 마리 드부르디유라고 한다. 그녀는 1758년에 태어나 1781년 부르디유 공작과 결혼했다. 그녀는 또한 루소의 친구인 드구티에de Gouthier와 1790년의 이야기와 연관되어 있기도 하다.

13 아이 교육과 양육에서의 변화에 대한 배경 지식은 Stone, pp. 254~299; Fletcher; Cunningham; and Jimack 참조. 『에밀』 영역본은 경쟁적으로 두 군데서 출판되었다. Emilius, trans. Thomas Nugent, *an essay on education by John James Rousseau*과 Emilius and Sophia, trans. William Kendrick, *a new system of education*이 있다. 한 권은 1762년에 전시되었음에도 두 책 모두 출판 연도는 1763년으로 되어 있다.

14 Wright, An Experiment on a Bird in the Air Pump(1768). 앞에 스톱워치를 들고 있는 이가 다윈이며 두 소년은 그의 아들로 찰스와 이래즈머스로 간주된다. Daniels, Stephen, Joseph Wright(London, 1999), pp. 37~39, and King-Hele (1999), p. 83.

15 Broome, pp. 22~23; Howitt, p. 514. 데이비스에게 미친 영향을 묘사한 한 편지는 그의 아들 에드워드 데이비스 데븐포트가 손자인 아서 헨리 데븐포트에게 보낸 것으로 Rousseau(1965~2012), vol. 33, pp. 272~275에 나와 있다.

16 에밀리 킬데어의 실험적인 학교는 Tillyard Stella, *Aristocrats: Caroline, Emily, Louisa, and Sarah Lennox 1752~1832*(London, 19194), pp. 244~246 부분 참조.

17 Edgeworth, RL and M, vol. 1, pp. 172~173.

18 Edgeworth, FA, p. 37.

19 딕에 대한 실험은 Edgeworth, RL and M, vol. 1, pp. 177~180에 묘사되어 있다. RLE에 대한 후속 인용도 같은 쪽 참조.

20 Rousseau(2010), p. 253.

21 Edgeworth, RL and M, vol. 1, p. 221. 데이는 루소의 조언을 반복하고 있었다. 『에밀』에서 그는 다음과 같이 썼다. "나는 에밀이 열 살이 되기 전에 완벽하게 읽

고 쓰는 법을 알게 될 것이라고 거의 확신한다. 이는 분명히 나에게는 그가 열다섯 살이 되기 전에 방법을 아는 것과 별 차이가 없을 것이기 때문이다." Rousseau (2010), p. 254.

22 ED to Josia Wedgwood, June 14, 1768, King-Hele(2007), pp. 87~88.

23 Clarke, p. 52.

24 JJR to Philibert Cramer, October 13 1764, Rousseau(1965~2012), vol. 21, pp. 248~249.

25 RLE는 그와 데이가 "1768년 봄"에 이일랜드로 떠났다고 기술한다.

26 마리아의 생년월일은 논쟁적이다. 보통 1767년 1월 1일이거나 1768년 1월 1일로 알려져 있는데, 후자가 옳다. 그녀 자신이 1819년 1월 1일에 쓴 편지에 따르면 "오늘은 나의 51번째 생일이다"라고 기록해두었다. Edgeworth, Maria, p. 153. 블랙버튼 교구의 명부에는 그녀가 1768년 10월 31일에 메리라는 세례명을 받았다고 기록되어 있다.

27 Edgeworth, RL and M, vol. 1, pp. 188~192. 이 희곡은 조지 파퀘아에 의해 1707년에 처음 무대에 올랐다.

28 Émile: Rousseau(2010), pp. 499~531.

29 같은 책, p. 529.

30 Rousseau(1960), p. 152. 블룸 출판사 책에는 이 부분이 다음처럼 기술되어 있다. "그의 소피를 우리의 에밀에게 맡기자. 이 사랑스런 소녀를 소생시키자." Rousseau(2010), p. 587.

31 같은 책, p. 531.

32 Rousseau(1960), p. 137.

33 Rousseau(2010), p. 543.

34 같은 책, p. 546.

35 캐럴라인 홀랜드 부인이 레인스터 공작부인 에밀리에게 1762년 12월 7일자로 보낸 편지의 한 구절, Emily, Duchess of Leinster, Correspondence of Emily, Duchess of Leinster(1731~1814), ed. Fitzgerald, Brian(Dublin, 1949), vol. 1, p. 353.

36 Wollstonecraft, pp. 56~57.

37 TD to JB, n. d. (c. September ~ October 1768), Essex Ro, D/DBa C10.

38 에지워스는 데이와 빅널이 타운에서 같이 지냈다고 기술한다. Edgeworth, RL and M, vol. 1, p. 204.

39 Edgeworth, RL and M, vol. 1, pp. 202~204.

40 Edgeworth, RL and M, vol. 1, pp. 180~181.

41 Seward (1804), p. 18.

42 Ionides, Julia, Thomas Farnolls Pritchard of Shrewsbury: Architect and "Inventer of Cast Iron Bridges"(Ludlow, 1999); Oldham, J. Basil, A History of Shrewsbury School 1552~1952(Oxford, 1952), pp. 135~139. 이오니데스가 제시한 이 빌딩의 가격인 1만6960 파운드는 오늘날 시가로는 거의 3백만 파운드(480

만 달러)이다. 콜브룩데일에 있는 세번강 철교는 세계 최초의 철교로, 1775년에 프리처드가 설계했지만 그의 사후 1777년에서 1779년 사이에 세워졌다. 이전 고아원은 이제 슈루즈베리 학교의 일부가 되었고 건물의 대부분 온전한 상태이다. 이 빌딩을 둘러볼 수 있도록 가이드를 맡아준 슈루즈베리 학교의 마이크 머러에게 감사드린다.

43 슈루즈베리의 하루 일정표는 슈루즈베리 고아원 행정부의 규칙에 나와 있다. FHA: A/FH/M01/13. 1769년 8월 원아의 수는 고아원 당국(슈루즈베리)에 제시되어 있다. FHA: A/FA/D2/15/1. 여기에는 8월에 58명의 남아와 299명의 여아가 있었다고 한다. 애크워스로 100명의 남자아이를 보내라는 지시는 Shrewsbury Letter Book 4 (June 21 1768), FHA: A/FH/D/5/4에 나와 있다.

44 London Letter Book 4 (August 31, 1760), FHA: A/FH/A/6/2/2.

45 Shrewsbury Letter Book 4 (January 2, 1767), FHA: A/FH/D/5/4. 그 소송 건은 London Letter Book 4 (February 1, 1769), FHA: A/FH/A/6/2/2에 기술되어 있다. 1769년 8월 각각 열세 살과 열일곱 살의 두 소녀가 버튼 어폰 트렌트 근처 나무 톱을 만드는 공장에서 견습을 받다 도망쳤는데 이유는 공장주가 자기 침대에서 같이 자는 걸 거절했다고 구타했기 때문이었다.

46 Edgeworth, RL and M, vol. 1, p. 209. Seward (1804), p. 36. 에지워스는 데이가 사브리나를 "수많은 고아 중에서" 골랐다고 말한다. 수어드는 데이와 빅널이 두 소녀를 슈루즈베리에서 "작은 행렬"에서 골랐다고 했으나 실제로 루크레티아는 런던에서 뽑혔다. ME는 사브리나를 처음으로 고른 이는 빅널이었다고 진술한다. Edgeworth, RL and M, vol. 2, p. 110. 이 방문은 6월 22일에서, 데이는 21일이라고 밝히고 있으나, 6월 30일 사이에 분명히 있었는데 30일은 슈루즈베리 위원회가 견습을 인정한 날이다.

47 Seward, p, 26; Edgeworth, RL and M, vol. 1, p. 213.

48 Shrewsbury Committee Minutes(June 30, 1769), FHA: A/FH/D2/1. 앤 킹스턴에 대한 견습 동의서는 August 17, 1769, FHA: A/FH/A/12/4/60/1.

49 토머스 콜링우드가 새뮤얼 머거에게 1769년 10월 9일자로 보낸 답장은 FHA: A/FH/D2/3/16; SM to TC, October 9, 1769, Shrewsbury Letter Book 4, FHA: A/FH/D2/5/4.

| 4장 |

1 Edgeworth, RL and M, vol. 1, p. 210. RLE는 데이가 사브리나를 챈서리 레인 근처의 하숙집에 두었다고 진술했다.

2 Minutes of FH General Committee, 1769~1770, FHA: X041/17; 1784년 ~1786년까지 이사진 명단은 FHA:A/FH/A/2/1/2 and A/FH/A/2/1/4.

3 Ovid, trans. Melville, A,D., ed. Knney, E,J. *Pygmalion, in Metamorphoses* (Oxford, 2008), pp. 232~234. 피그말리온 신화에 매료된 바와 다른 이에게 미친 영향력에 대해서는 Hersey; Stoichita; and Sheriff.

4 피그말리온 신화의 영감을 받은 작품들은 셰익스피어의 *The Winter's Tale, the Willy Russell play and later film Educating Rita*, 알프레드 히치콕의 「버티고Vertigo」와 TV시리즈인 The Man from UNCLE에서 The Galatea Affair 참조. Richard Powers가 쓴 과학 소설 *Galatea 2.2.* 등이 있다. 자세한 논의는 Stoichita.

5 쇼가 데이의 이야기를 알았다는 직접적인 증거는 없지만 그가 「피그말리온」을 썼을 때에는 확실히 알고 있던 듯하고, 그의 책에서도 많은 비유가 나온다. 아마도 그는 1862년에 출간된 앤서니 트롤럽의 소설 『올리 농장』에서 자세한 사항을 알았던 듯하다. 인용은 pp. 32, 30 and 65.

6 JJR, *Pygmalion, A poem*(Eng. trans., London, 1779); Damrosch, p. 462. 루소는 그의 희곡을 1770년 봄, 친구인 오라스 쿠아네와 협연하여 리옹에서 처음 무대에 올렸다.

7 고아원의 역사의 주요 사료와 토머스 코램의 전기는 저자 미상의 *An Account of the Founding Hospital*(1862)에서 주로 인용; Wray and Nicholls; Pugh; Levene(2007); McClure;Clark; Allin. 알린은 일반 접수처의 초기 상황에 관한 주요 정보를 제공했고 매클루어는 코램의 전기와 자선 행위의 초기 역사를 아는 데 결정적 도움을 주었다. 그밖에 일반적인 정보는 고아원 박물관과 고아원 사료에서 발췌한 것이다.

8 McClure, p. 19.

9 Pugh, p. 39.

10 Levene(2007), p. 18.

11 Clark, p. xxxii; FH Museum; FHA: Billet Books. 몇몇 엄마는 아이를 버리면서 시를 남기기도 했다. 하나는 다음과 같이 시작한다. "열정적인 한 쌍의 출산을 불쌍히 여겨라. 어리석은 생각을 했던, 그리고 쾌락은 함정을 불렀다." 다른 것은 이렇게 시작한다. "여기 나는 이름도 없이 버려진다. 나는 엄마의 수치심을 감추러 보내진다. 나는 당신들 모두가 "나는 부끄럽지는 않다"라고 말하길 바란다. 내 엄마는 스물다섯 살인 듯하다. 모성은 옆으로 내팽개친다." 두 시의 출처는 Wray, p. 121. 많은 엄마가 아이에게 이름을 짓고자 했거나 키우려 했다는 사실들을 남겨두었다. 어떤 기록은 조그만 금가락지를 남기면서 "적당한 시기까지만이라도 키워주시길" 간청하기도 했다고 한다. Billet Book, no 10, 416, FHA: A/FH/A/9/1/117. 다른 이는 "부디 마레이가 아닌 몰리 콜린스로 불러주세요"라고 요청하기도 했다. Levene (2006), pp. 133. 이 두 요청 사항은 당연히 무시되었다.

12 Levene (2006), pp. 142.

13 Pugh, p. 35. Billet books 여러 곳.

14 Wilson; Levene (2007), p. 41; Allin, pp. 4~7. 윌슨은 이 시기에 태어난 아이들

중 10퍼센트 정도가 일반 접수처에 입회 허가가 떨어졌을 것이라 하고 레빈은 7퍼센트 남짓이라 하는데 여전히 비율을 산정하기는 어렵다.

15 Allin, p. 112.

16 접수처에 들어온 1만4934명의 아이들 중 오직 4400명(29.5퍼센트)만이 견습을 받을 수 있었다. George, p. 57. 매클루어는 1758년 6월 24일에서 1760년 9월 29일까지 사망률이 81.29퍼센트라는 숫자를 제시하는데 알린은 아이들의 이런 불균형적인 숫자는 그들이 간호사에게 넘겨지기 전에 죽었기 때문에, 즉, 입회 허락이 떨어진 순간에 이미 죽었기 때문이라고 한다. McClure, pp. 102, 261; Allin, p. 95. 레빈은 1741년에서 1791년 사이 아이들이 견습을 받기 전에 65퍼센트의 아이들이 죽었다고 기록되었다. Levene (2007), p. 18.

17 Gentleman's Magazine, 27 (1757), p. 252.

18 아이들 입회 체제는 Regulations of the Founding Hospital, 1757, FHA: A/FH/A/06/015/002.

19 Billet Book 1757, FHA: A/FH/A/9/1/56. no 4579. 다른 6명의 아이들은 4574~4578과 4780번을 받았다. 고아원에 입회 허가를 받은 아이들의 기원에 관한 당시 연구에 따르면 100명의 아이는 세인트제임스 클러큰웰에서 왔고 28명은 "그들 중 대부분은 위에 말한 고아원에서 들어온 아이들이라고 주장한 바에 따라서" 1756년 6월 2일과 1757년 6월 2일 사이에 세인트존스 클러큰웰에서 온 것으로 보인다. St. James's Clerkenwell FHA: A/FH/M/1/8/39~42.

20 세례 명부는 St. James's Church and St. John's Church, Clerkenwell, LMA, X027/029 and X097/244. 두 명부 모두 이전에 12개월 동안 체크된 것이다. 의아하게도 다른 고아원에서 세례를 주었다고 말한 예산 장부에는 기록이 없다. 따라서 무엇인가 대안적인 세례 방식이 있었을 것으로 보인다. 원래 세인트제임스 교회는 사라졌고 현존하는 교회는 1788년과 1791년 사이에 세워졌다. 오트웨이의 희곡은 1757년 벽두에 유명한 배우인 수재나 시버와 데이비드 게릭이 주연을 맡아 드러리 레인의 로얄 극장에서 상연되고 있었다. 또한 1757년에 그 희곡은 출간되기도 했다. 위트 넘치는 이름을 자주 지었던 고아원 집행부는 한 아이에게 모니미아 고아Monamia Orphan라는 세례명을 주기도 했다.

21 George, pp. 175~176. Ackroyd, Peter, *London the Biography* (London, 2000), pp. 461~474. 1798년경에는 7천 명의 기술공들이 시계 제조업에 종사해 일 년에 12만 개의 시계를 만들어 냈다.

22 Zunshine, p. 1; Adair, Richard, *Courtship, Illegitimacy and Marriage in Early Modern England* (Manchester, 1996), pp. 5~11; Laslett, Peter, *Family Life and Illicit Love in Earlier Generations* (Cambridge, 1977), p. 113; Wilson. 라슬렛에 따르면 1650년에서 1800년 사이에 사생아 출산 비율이 전 출산의 1~5퍼센트를 상회할 만큼 상승했다고 한다. 1757년에는 3퍼센트였다. 사생아 비율이 늘어났다는 기록은 사생아 출산 자체 비율이 늘어났기보다는 사람들이 나중에 가난 구제를 증명받기 위해 아이들이 세례를 받도록 애썼기 때문이었다는 반대 견해

도 있다. 개인적으로 계보학회의 엘스 처칠Else Churchill 교수와 이야기를 나눠봤다.

23 General Register, FHA: A/FH/A9/2/1~2 (microfilm X41/3). 4574번(이름은 없고 세례명은 엘리자베스 템플), 4576번(이전에 존으로 세례를 받았고 다시 제임스 비커스태프로 이름이 붙음) 아이들은 살아남아 견습을 받으러 갔다. 나머지 4명의 아이들은 다섯 살이 되기 전에 사망했다.

24 FHA: A/FH/B1/18/10; Nursing Book A/FH/A/10/3/5. 영수증에는 유모의 이름을 메리 펨블이라고 적어두었지만 뒷면에는 펜폴드로 수정된 것으로 보아 처음 기록된 이름이 아마도 실수였던 것으로 생각된다. 메리 펨블은 교구 기록부에서 찾을 수가 없었다. The Inspections Book, microfilm X041/1에 따르면 그날 도킹으로 다섯 명의 아이가 보내졌고 그중 4576번 제임스 비커스태프가 포함되어 있었는데 그는 AK와 같은 날 입회 허락을 받았던 아이다. 유모들이 고아원에 아이를 받으러 와서 집으로 데려가는 것은 흔한 관습이었다. 유모와 관련 책에 따르면 앤은 모유 수유로 길러졌을 확률이 높다.

25 고아원의 유모들에 대한 정보는 Fields를 보라. 고아원은 모든 아이들은 윌리엄 캐도건의 계몽적 열정 덕분에 충분한 나이만큼 수유를 받았다. 그는 1753년부터 고아에게 무료로 의료 봉사를 제공한 자선 단체의 이사였다. William Cadogan, *An Essay upon Nursing*(1948)

26 메리 펜폴드는 메리 포터로 태어났다. 그녀는 1740년 7월 1일 토머스 펜폴드와 결혼했는데 둘 다 서리 남동쪽의 홀레이 교구에서 살고 있었다. 전통적인 연애 관습을 따라 메리는 결혼식을 올릴 때 최소한 임신 5개월째였다. 장남 제임스가 곧 태어났다. 펜폴드 내외는 총 7명의 아이에게 세례를 받게 했는데 Horley and Charlwood 교구 등록부에 따르면 그들은 James(1740), Mary(1742), Betty(1749), Thomas(1751~1757), John(1755), Thomas(1757)과 Sarah(1758)이다. 1757년에 6명의 아이가 살아남았다. 모든 기록은 Surrey History Centre에 있다. 영국의 시골생활에 대한 배경 설명은 Horn Pamela, *Life and Labour in Ritual England, 1760~1850*(Basingstoke, UK, 1986), pp. 12~19.

27 Allin, p. 142. 유모에게 보내기 전에 사망한 아이를 제외하면 1757년에서 1760년 사이에 전체 53.5퍼센트의 아이가 두 살 이전에 사망했다.

28 휴 커Hugh Kerr는 고아원에서 봉사하는 동안 601명의 고아를 감독했는데 그는 그 자선 단체의 두 번째로 바쁜 감독관이었다. FH 아카이브에 남아있는 어마어마한 편지 양은 그의 근면한 봉사 활동을 증명한다. "그곳에서 양육된 아이들의 명단"을 보라. FHA: A/FH/M/1/8/1~371; Allin, pp. 127~128.

29 휴 커가 이사진에게 보낸 편지 K, 1759, FHA: A/FH/A/6/1/12/10/1~73.

30 존 그랜트가 이사진에게 보낸 편지, 1759년 6월 18일 자를 참고했다. FHA: A/FH/A/M/1/5/57~62.

31 Shrewsbury vouchers (bills) 1759, FHA: A/FH/D/2/46.

32 영수증 AK 와 DV, 1759년 8월 24, FHA:A/FH/A/10/1/8/1. 앤 데이비스는 존 케이스웰과 1752년 3월 19일에 결혼해서 두 아이를 낳았는데 메리는 1755년 4월 6

일에 태어났고, 로버트는 1757년 10월 5일에 태어났다. 폰테버리 교구 등록부. 그
들은 롱덴의 오두막에 살았다.

33 앤과 데버라는 1765년 4월 6일에 그 고아원에 보내졌다. Shrewsbury Waste
Book, FHA: A/FH/D2/29/2.

34 슈루즈베리 고아원에서의 경영 규칙은 FHA: A/FH/M01/13참조. 장소 확인에 관
한 출처는 April 9, 1763, Visitors Book, FHA: A/FH/D2/29/2.

35 December 20, Feburary 3, 1762, Letter Book 2, FHA: A/FH/D/5/2. 이 코멘
트는 로저 카이나스턴에 의한 것으로 그는 이사회의 의장으로 런던 고아원 회계
원인 테일러 화이트에게 1760년 12월 6일에 보낸 것이다. K, 1760, FHA: A/FH/
A/6/1/13/11/1~42.

36 Thomas Morgan to Taylor White (April 24, 1762, July 30, 1763), Letter Book 2,
FHA: A/FH/D/5/2. TW는 슈루즈베리의 최초 비서였다가 1765년에 직권 남용으
로 해고되었다. 그가 친절하고 악의가 없었는지는 모르겠지만 그의 조직은 엉망이
었다. 런던에서 보내진 30명의 아이들에 대한 기록이 슈루즈베리 파일에서 빠졌음
이 발견되었다. 여러 아이가 이름이 없었고 몇몇은 사망한 아이의 이름으로 기록되
었거나 몇몇은 추적도 하지 않은 채 사라져버렸다. 거기서 두 여자아이는 메리 베
넷이라는 같은 이름이었고 또 다른 두 명은 똑같이 앤 에드워드로 불렸다.

37 Children in the House 1763~1768, FHA: A/FH/D2/9/3.

38 Letter London to Shrewsbury (March 4, 1769), 런던 소위원회는 1769년 3월 4일
부터 6월 2일까지 열렸다. 1770, FHA: A/FH/A/3/5/8.

39 1754년 견습 안내서는 Mcclure, pp. 263~264에서 인용.

40 데이는 분명 밀턴의 희곡을 자신만의 버전으로 인용해서 '어떤 발라드'라는 제목
으로 1767년이나 1768년 즈음 잡지에 기고했다. 짝사랑을 하다 세번강에서 자살
한 양치기의 이야기를 말하면서 데이의 시는 미래에 울려 퍼질 정도로 이교도 강
의 여신들을 외치면서 불러낸다. "그리고 그대여 단순한 애인을 용서하세요/ 오 아
름다운 사브리나여 홍수를 예찬하니/ 만약 강둑이 넘쳐 죽게 된다면/ 그는 하천
을 그대 처녀의 피로 물들이리라!" TD, *Commonplace book*, Essex RO, D/DBa
Z40.

41 스콧과 같은 다른 작가들은 데이가 사브리나에게 17세기의 공화주의자 순교자인
앨저넌 시드니Algernon Sidney의 이름을 붙인 것이라 주장하기도 한다. 그러나 필립
시드니Sir Philip Sidney(1554~1586)가 더 영감을 주었을 듯하다. 데이의 아동용 책
『샌퍼드와 머튼Sandford and Merton』에서 주인공 해리는 전투에서 치명상을 입은 필
립 경의 이야기를 끌어온다. 그가 어떤 물을 마시라고 요구받자 하인에게 마시게
해서 죽어가던 불쌍한 영국 병사를 대신하도록 했다. 해리는 이 희생을 "위대한 덕
과 인간다움의 한 사례로 묘사한다. Day, ed. *Bending and Bygrave, Sandford
and Merton*, pp. 271~272. 사브리나의 성은 Sidney나 Sydney로 썼는데 (데이
나 사브리나 자신조차도) 이는 18세기에 아주 자주 쓰인 이름의 스펠링이기도 하다.

42 도카스 카의 견습 계약서는 FHA: A/FH/A/12/9/58. 사브리나의 증명서와 달리

여기에는 에지워스의 원래 서명이 있다.

43 Seward (1804), p. 26.

44 Burney, *French Exercise Book*(Berg). 소피 킬릭과 레이철 홀에게 감사드린다.

45 Billet Book 1758, FHA: A/FH/A/9/1/117, no. 10413. 사브리나의 경우처럼 앤 의 세례 기록도 세인트제임스 클러큰웰의 세례 명부에서 찾을 수 없다.

46 Edgeworth, RL and M, vol. 1, pp. 209~210.

47 Seward(1804), pp. 26~27.

| 5장 |

1 데이는 이 파리 여행을 어머니에게 보낸 편지에 묘사했다. 그리고 그는 여행에 동 행한 소녀들에 대해서는 아비뇽에서 에지워스에게 보내는 두 번째 편지에 써두 었다. TD to Jane Phillips(November 18), from Paris, Essex RO, D/DBa C9; TD to RLE, 1769(2nd letter from, Avignon, c. December 1769)는 Edgeworth, RL and M, vol. 1, pp. 217~222. 당시 영국인들의 해외 여행기에 대한 배경 설명은 Black (Stroud, UK, 2003) and (Basingstoke, UK, 2003).

2 Sterne, Laurence, *A Sentimental Journey through France and Italy* (Harmondsworth, 1967, first pub. 1768), pp. 144 and 154.

3 Edgeworth, RL and M, vol. 1, p. 211.

4 TD to RLE, 1769 (2nd letter from, Avignon, c. December 1769), in Edgeworth, RL and M, vol. 1, pp. 217~218.

5 Seward (1804), p. 27.

6 TD to Jane Phillips (his mother), November 17, from Paris, Essex RO, D/DBa C9.

7 Thrale, Hester Lynch (afterward Piozzi), Ann Arbor, MI, *Observations and Reflections Made in the Course of a Journey Through France, Italy and Germany* (1967, first published 1789), p. 11.

8 Black (Stroud, UK, 2003), pp. 254~255.

9 Black (Basingstoke, UK, 2003), pp. 88~89에서 인용.

10 데이는 이 여행에 대해 아비뇽에서 에지워스에게 편지를 두 차례 보내어 설명했 다. TD to RLE, 1769 (1st letter, November 1769; 2nd letter, c. December 1769) Edgeworth, RL and M, vol. 1, pp. 214~217 and 217~222.

11 Elizabeth, Lady Craven (later Margravine of Brandenburg-Ansbach-Bayreuth), Black (Basingstoke, UK, 2003), p. 85에서 인용.

12 Girard, p. 64.

13 TD to RLE, 1769 (1st letter, November 1769), Edgeworth, RL and M, vol. 1,

pp. 214~217. 에지워스의 코멘트는 p. 214에 있다. "다음은 그의 초기 스타일의 견본으로, 들뜬 기분을 표현한 거의 유일한 예로 제시된 것들로 그의 편지에서 사용된 적이 있다." 데이에 관한 인용은 대부분 이 편지에서 나온 것이다. 아비뇽 역사의 대한 배경 설명은 Girard 참고.

14 Sternen, Laurece, The Life and Opinions of Tristram Shandy, Gentleman (Harmondsworth, UK, 1967, first published 1759~1767), p. 508.

15 데이는 에지워스에게 보낸 첫 번째 편지에 주소를 "chez M. Fréderic, vis-à-vis la Madeleine, Avignon"이라고 썼다. TD to RLE, 1769(lst letter, November 1769), in Edgeworth, RL and M, vol. 1, pp. 214~217. 이 교회는 각각 Saint Madeleine and Saint Étienne이라는 이름으로 알려졌는데 the rue Petite-Fusterie와 the rue St-Étienne의 모퉁이에 서 있었으나 1792년 이후에 버려졌고 나중에 무너졌다. Girard, pp. 23~28 and 230~235.

16 Smollett, Tobias, Travels Through France and Italy(London, 1766), pp. 97~98.

17 아비뇽에서 보낸 두 번째 편지는 RLE가 1769년이라고만 적어두었다. 이것은 첫 번째 이후에 보내진 것이 분명하기 때문에 11월일 것인데, 그해의 제일 마지막에 쓰여진 것이었다. 계속되는 데이에 대한 인용은 이 편지에서 따왔다. RLE TD to RLE, 1869 (2nd letter from Avignon, c. December 1769), in Edgeworth, RL and M, vol. 1, pp. 217~218.

18 Rousseau(2010), p. 497.

19 Edgeworth, RL and M, vol. 1, p. 212.

20 같은 책, p. 220.

21 같은 책, p. 211.

22 Seward(1804), p. 27.

23 Keir, p. 110.

24 갈라테이아에 재현된 이상적인 여성과 피그말리온 신화의 지속성에 대한 좀더 많은 논의는 Hersey; Stoichita; and Sheriff.

25 애나 수어드는 어느 저녁 파티에서 비너스 동상을 닮은 여성을 만나고는 애나의 동생 세라에 대한 관심을 저버린 이웃 남자의 이야기를 전하고 있다. 그는 동경하는 동상의 비율과 자신들이 정확하게 일치한다는 것을 확신하기 위해 그 여자의 허리, 목둘레와 발목 길이까지 쟀다고 주장했다. Barnard, p. 52에서 인용.

26 Edgeworth, RL and M, vol. 1, p. 212.

27 Burney, French Exercise Book(Berg).

28 Edgeworth, RL and M, vol. 1, p. 212.

29 Burney, French Exercise Book(Berg).

30 Seward(1804), pp. 27~28.

31 Inoculation Book, girls 1766, FHA: A/FH/A/18/8/10. 사브리나의 예방 접종을 묘사한 기록은 남아 있지 않지만 슈루즈베리 고아원에서는 아이들이 수양모에게

서 돌아오면 곧바로 접종을 하는 것이 관례였다.

32   Edgeworth, RL and M, vol. 1, pp. 212~213; Seward(1804), pp. 27~28.

33   Seward(1804), p. 28. 사브리나가 교외에서 지냈다는 장소와 실제로 빅널 부인과 같이 지냈는지는 확실하지 않다. 빅널의 어머니인 세라는 이 시기 챈서리 레인에 위치한 가족이 사는 집에서 함께 살고 있었다. 그녀의 가족은 또한 런던 출신이었다. 가족사를 다룬 Algernon Sidney Bicknell, Five Pedigrees에 의하면 그녀는 처녀일 때 이름을 세라 브래델밴 캠벨Sarah Breadelbane Campbell이라고 잘못 불렸다는 것이다. 그녀의 이름은 유언에 의하면 앤스테드Ansted or Anstead였다고 1806년에 밝혀졌다. 그녀는 쌍둥이로 남자 형제는 조지프라는 이름으로 1750년 10월 2일에 런던 플리트가, 세인트던스턴웨스트 교회에서 함께 세례를 받았다. 세라 빅널의 유언은 1806년 9월 22일자로 밝혀졌다. NA, prob/11/1452. St. Dunstan-in-the-West parish register, LMA.

| 6장 |

1   애나 수어드의 전기에 대한 정보는 Barnard; Stapleton; Lucas; Oulton참조; 애나 수어드의 엄청난 양의 편지는 출간된 6권짜리 편지 모음집으로 컨스터블이 편집한 Seward(1810); 시와 그 밖의 편지들은 Scott이 편집한 Seward(1811) 그리고 미발간된 편지들은 SJBM 아카이브. 특별히 리치필드에 있는 SJBM의 큐레이터인 조앤 윌슨에게 감사드린다. 또한 참조한 것은 Kelly, Jennifer, *Bluestocking Feminism: Writings of the Bluestocking Circle, 1738~1785* (London, 1999), vol. 4; Faderman, Lilian, *Surpassing the Love of Men*(New York, 1981).

2   Hopkins, p. 210.

3   사춘기 시절의 편지인 AS to Emma, Seward(1810), vol. 1, p. lxviii. 바나드는 수어드의 편지 상대인 에마는 상상의 친구일 것이라 주장한다. Barnard, p. 9에도 있고 그녀와 개인적으로 의견을 교환하기도 했다.

4   AS는 편지에 호노라가 수어드 가족과 보낸 시간을 제시하고 있다. AS to Mrs. Temple(June 19, 1796), Seward(1811), vol. 4, pp. 214~220. 스네이드 가문에는 10명의 남아와 2명의 여아가 있었는데 4명의 소녀는 엄마보다 일찍 사망했다.

5   AS to Mary Powys, December 11, 1784, SJBM 2001.77.10. 세라 수어드는 1764년 6월 16일에 묘지에 묻혔다. 교구등록부 참조, The Close, Lichfield 1744~1797, LRO.

6   AS to Emma, 1764년 4월. Seward(1810), vol. 1, p. cxvii.

7   AS가 1769년 6월에 쓴 기념일. Seward(1810), vol. 1, pp. 68~73; AS to Court Dewes, March 30, 1786, in Seward(1811), vol. 1, p. 144.

8   데이가 리치필드로 이사한 정확한 날짜는 명확하지 않다. 에지워스는 그 자신이

데이가 아일랜드에서 돌아왔을 때 그 지방에 있지 않았다고 말했다. 이 일은 분명히 1779년 4월 이후의 일일 것인데, 그때 수어드는 에지워스가 리치필드를 방문하고 있는 중이라고 썼기 때문이다. 수어드는 데이가 1770년 봄에 도착했다고 말했는데 아마 5월일 것이다.

9 리치필드의 배경에 대한 설명은 Hopkins; Anon, *A Short Account of the Ancient and Modern State of the City and Close of Lichfield*(Lichfield, 1819); Jackson, John, *History of the City and Cathedral of Lichfield*(London, 1805); and Upton, Chris, A History of Lichfield(Chichester, 2001).

10 스토 하우스는 오늘날까지 외관은 크게 변하지 않은 채, 1층은 거의 그대로 보존되어 있다. 그 집은 1750년경에 엘리자베스 애스턴을 위해 지어진 것으로 그녀는 나중에 그 언덕의 다른 집에서 살기도 했다. 스토 하우스의 역사와 인테리어에 대한 상세한 설명은 Dorothea Mary Benson, Baroness Charnwood, *A Habitation's Memories*(The Cornhill Magazine, 63, no. 378 n.s., November 1927), pp. 535~547; *Call Back Yesterday*(London, 1937). 도로시아 챈우드는 스토 하우스에서 자랐다. 스토 하우스는 현재 '지도력과 경영 연구소'가 소유하고 있는 경영 대학이다. 집을 둘러보게 해준 앨런 베이커에게 감사드린다. 그 지역에 대한 정보는 Greenslade, M.W., *The Victoria History of the county of Stafford, "Lichfield"* (Oxford, 1990), vol. 14, pp. 67~72.

11 Barnard, p. 67.

12 AS "리치필드, 비가, 1781년 5월에 쓰다" in Seward(1810), p. 89.

13 이 인용은 Shaw, pp. 29, 33, 34 and 38.

14 Edgeworth, RL and M, vol. 1, p. 240.

15 Rousseau(1960), pp. 156~157.

16 Edgeworth, RL and M, vol. 1, pp. 234~235 and 231~232.

17) 같은 책, p. 232.

18 AS to Mary Powys, April 25, 1770, SJBM, 2001.76.1.

19 월풀은 캐넌 수어드를 사회적 야망가로 묘사한다. Hopkins, p. 63.

20 Edgeworth, RL and M, vol. 1, pp. 234~235.

21 Seward(1804), p. 19.

22 같은 책, p. 26.

23 같은 책, pp. 13~16.

24 라이트가 그린 데이 초상화의 날짜는 정확하게 알 수가 없다. 애나 수어드는 이 것이 1770년에 그려진 것이라 말했다. Seward(1804), pp. 24~25 and 13. 라이트의 회계 장부에는 초상화의 날짜가 기록되어 있지 않지만 1771년과 1772년에 그린 그림의 목록은 있다. Joseph Wright, Account Book, Heinz Archive and Library, NPG. 라이트와 데이 초상화에 대한 좀더 자세한 정보는 Nicolson, Benedict, *Joseph Wright of Derby: Painter of Light*, vol. 2(London; New York, 1968); Egerton, Judy, *Wright of Derby*(London, 1990); Barker, Elizabeth.,

Documents Relatung to Joseph Wright of Derby (1734~1797)," Walpole Society Journal, 71 (2009), pp. 1~181. 엘리자베스 E. 바커에게 도와준 것에 감사드린다. 원래 에지워스가 소유했던 첫 번째 초상화는 지금 국립 초상화 박물관에 있고 이전에 스터프 가문이 소유했던 두 번째 초상화는 맨체스터 아트 갤러리에 있다. 두 갤러리의 직원이 여러 가지로 조언을 해주었다. 수어드는 데이 손에 펼쳐진 책에는 "항해세 교부에 저항한 원로원의 덕망 있는 귀족"(찰스 2세에 맞선 알제논 시드니 경을 언급)의 연설이 쓰여 있다고 하나 실제 그림에서는 식별하기 힘들다. 오히려 이것은 『에밀』인 듯하다.

25　Seward(1804), pp. 24~25 and 13.

26　AS가 호노라의 1770년 가을 배스에서의 귀향을 언급한 것은 1786년의 편지에 있다. AS to Mary Powys, June 25, 1786, Seward(1811), vol. 1, pp. 156~157.

27　AS to Dorothy Sykes, December 10, 1775, SJBM, 2001.72.8. 호노라는 1775년 더비의 폭동이 있기 전 1766년에 리치필드로 이사온 라투피에르Latuffière 부부가 운영한 학교에 다녔다.

28　AS to Henry Cary, May 29, 1789, Seward(1811), vol. 1, p. 282. 수어드는 캐리에게 20년 더 일찍 『에밀』을 읽었더라면 자신의 관점이 어떻게 변했을지를 묘사했다.

29　Seward(1804), pp. 24~25.

30　같은 책, pp. 26~27.

31　King-Hele(2007), pp. 42~43; and King-Hele(1999), p. 91. 메리 다윈은 1770년 6월 4일에 묻혔다. Parish register, The Close(Lichfield 1744~97), LRO.

32　Hopkins, pp. 105~112; Barnard, pp. 74~76, 여러 곳. 리치필드 교구 등록부에는 새빌이 1803년에 묻혔을 때가 예순일곱 살이라 했으니 그는 1736년에 태어났을 것이고, 메리 새빌은 1817년에 여든 살에 묻혔다 하니 그녀는 1737년에 태어났음을 알 수 있다. 그들의 장녀는 1839년 여든네 살에 묻혔으니 1755년이나 1756년에 태어났을 것이다. 그녀는 1777년 11월 25일에 아버지의 동의하에 결혼했으니 그때 스물한 살 이전이었고 따라서 1756년 말에 태어났다고 추정할 수 있다. 달리 말하면 그녀는 1756년 끝자락에서 태어났을 것이다. Burials register, The Close, Lichfield 1744~1797, LRO; marriage register, The Close, Lichfield, November 25, 1777.

33　AS to Emma, in Seward(1810), vol. 1, p. cvi.

34　AS to Dorothy Sykes, Mary 1773, SJBM, 2001.72.1.

35　같은 글.

36　AS, Seward(1810), vol. 1, pp. 25~64.

37　King-Hele(1999), p. 96; King-Hele(2007), p. 140n.

38　같은 책, p. 105. 찰스 다윈은 할아버지가 1771년 6월 29일에 루시 스위프트로 세례를 받은 여자아이의 아버지가 되었다고 말했으니 그녀는 1770년 말에 이미 임신 상태였던 것이다.

39　Samuel Johnson to Hester Thrale, July 7, 11 and 14, 1770, in Johnson, vol. 1, pp. 344~345. 존슨은 리치필드에 6월 2일에서 18일까지 머물렀다.

40 Rousseau(2010), pp. 173 and 192.

41 Bulwer(1883), vol. 1, p. 20.

42 Ottley, Drewry, The Life of John Hunter, FRS, in The Works of John Hunter, ed. Palmer, James(4 vols, London, 1834), vol. 1, p. 29.

43 다양하게 묘사되는 시련에 대한 언급은 Seward(1804), pp. 29~30; 리처드 조지 로빈슨은 Hopkins, p. 148; Anon(1819), p. 155; and Schimmelpenninck, p. 10 에서 인용. AS는 데이가 왁스를 사브리나의 팔에 떨어뜨렸다고 썼지만 시멜페닝크는 등과 팔에 왁스를 떨어뜨렸다고 말했다. 홉킨스에서 인용한 로빈슨의 편지는 추적할 수가 없다.

44 Rousseau(2010), p. 192. 18세기 권총에 대해 조언해준 믹 크럼플린에게 감사한다.

45 TD to SS, May 4, 1783, ERO, D/DBa C13. 이 편지는 많이 삭제되고 수정된 것으로 보아 초안인 듯하다.

46 리처드 조지 로빈슨은 Hopkins, p. 148에서 인용.

47 TD to SS, May 4, 1783, ERO, D/DBa C13.

48 Uglow; Robinson; Schofield.

49 TD to Matthew Boulton, October 29, 1780, Soho archives: Boulton Papers, MS 3782/12/81/104.

50 Matthew Boulton to Matthew Robinson Boulton (his son), October 26, 1789, Soho archives: Boulton Papers, MS 3782/12/57/37.

51 데이는 스몰에게 400파운드를 빌려주었고, 이 의사는 그 돈을 어떤 이에게 건넨 듯하다. 볼턴에게 빌려준 3000파운드는 그가 1772년 신용 불량자로 몰리면 입을 손실을 메워주기 위함이다. 롤런드에 따르면 키어에게도 얼마인지는 알 수 없는 돈을 빌려주었다고 한다. TD to Matthew Boulton, March 17, 1775, Soho archives: Boulton Papers MS 3782/12/81/84; Schofield, p. 53; Rowland, p. 100.

52 King-Hele(1999), p. 83; Uglow, p. 124. 킹헬레에 따르면 라이트의 그림에서 ED 는 왼쪽 가장 눈에 띄는 부분에 서 있고 뒤에 있는 이는 아들 이래즈머스이며 당시 여덟 살이었다. 오른쪽에 새장을 들고 있는 아이는 아홉 살의 아들 찰스라 한다. 수키 웨지우드와 마리아 에지워스는 둘 다 데이와 함께 머물렀다.

53 Mary Anne Schimmelpenninck (neé Galton), Life of Mary Anne Schimmelpenninck, ed. Christianna A. Hankin (London, 1860), p. 31.

54 Moilliet and Smithl Moilliet, A.; Uglow, pp. 155~162; Smith, Barbara M. D., Keir, James (1735~1820), Oxford Dictionary of National Biography(Oxford University Press, 2004), 18세기 스태퍼드셔의 유리 제조 사업과 유리 공업에 대해서는 Timmins, Samuel, James Keir, FRS, (1735~1820), in Transactions, Excursions and Report for the Year 1898, Brimingham and Midland Institute Archaeological Section, 24, no. 74 (1899), pp. 1~5. 스타워브리지 지역은 수많은 유리 집glasshouse이 있었는데, 17세기의 프랑스 프로테스탄트 망명자

들에 의해 지어졌다. 키어가 소유했던 유리 집도 그 시기부터 운영되고 있었다.

55 JK to ED, August 20, 1766, cited in Moilliet, A., p. 48.

56 Keir, pp. 20~28.

57 Lane, Joan, Small, William(1734~1775), *Oxford Dictionary of National Biography*(Oxford University Press, 2004), online edition, accessed April 14, 2008.

58 Edgewrorth, RL and M, vol. 1, p. 331.

59 Keir, p. 31.

60 Edgeworth, RL and M, vol. 1, pp. 331~332.

61 Seward(1804), p. 29.

62 TD to SS, May 4, 1783, ERO, D/DBa C13.

63 Seward(1804), p. 29.

64 ME to Frances Edgeworth, October 13 and 15 1818, in Edgeworth, M, p. 122.

65 TD to SS, May 4, 1783, ERO, D/DBa C13.

66 『감시와 감금Watch and Ward』은 원래 1871년에 연속물의 하나로 출간되었고 제임스의 책으로는 1801년에 처음 출간되었다. 이 인용들은 72페이지와 81페이지에 있다. 이 책에 관심을 갖게 해준 피터 롤런드에게 감사한다.

67 Johnston-Liik, E. M., *History of the Irish Parliament, 1692~1800*(Belfast, 2002), vol. 4, pp. 104~105. 에멀라인은 1770년 11월 29일에 세례를 받았다. Wargrave parish register 1770.

68 Edgeworth, RL and M, vol. 1, p. 213.

69) 같은 책, p. 213.

70 같은 책, p. 240.

71 같은 책, p. 235.

72 AS to Mar Powys, April 26, 1770, SJBM, 2001.76.1; AS to Mary Powys, June 25, 1786, Seward(1811), vol. 1, pp. 156~157.

73 Edgeworth, RL and M, vol. 1, p. 236.

74 같은 책, p. 240.

75 AS는 이 실험들이 12개월간 지속되었다고 말했다. RLE는 사브리나를 1771년 초에 보내버렸다고 서술했다. Seward(1804), p. 29.

76 Seward(1804), pp. 29~30.

77 TD to SS, 4 May 1783, ERO, D/DBa C13.

78 Edgeworth RL and M, vol. 1, p. 240.

1 서턴 콜드필드의 배경 지식에 관한 주요 참고는 Jones, Douglas, *The Royal Town of Sutton Coldfield*(Sutton Coldfield, 1984); Lea, Roger, *The Story of Sutton Coldfield*(Stroud, 2003); Anon, *The History of Sutton-Coldfield by an impartial Hand*(London, 1762); Riland, William Kirkpatrick, *Three Hundred Years of a Family Living, Being a History of the Rilands of Sutton Coldfield* (Birmingham, 1889).

2 Seward(1804), pp. 29~30.

3 Edgeworth, RL and M, vol. 1, p. 241.

4 Burke, vol. 2, pp. 1259~1261; 1766년 샬럿 스네이드가 가지고 있었다는 가족 성경의 이면에는 아이들의 생일이 적혀 있다. Edgeworth Papers, MS 10166/3; Edward Sneyd's 일기에도 가족들의 생일이 적혀 있다. Staffordshire Record Office, HM37/40. 처음에 열 명의 아이는 모두 여자였다. 네 명의 아이 엘리자마리아, 호노라(처음 이 이름을 가졌던 이), 수전과 해리엇은 유아기를 넘기지 못했다. 앤은 1765년 19살의 나이로 죽었다. 다른 아이들 중 루시는 1757년 2월 28일에 태어났고 1768년 9월 19일에 윌리엄 그로브와 결혼해서 5명의 아이를 두었다. 메리는 에드워드의 질녀이자 자신의 사촌이기도 한 독신의 앤 스네이드와 살도록 보내졌는데, 앤은 각종 모임으로의 여행과 다른 스네이드 가문의 딸들에게 준 선물을 포함해 자신과 메리가 산 장갑과 신발과 가운들의 지불 내용을 자세히 적은 가계부와 같은 생생한 자료들을 남겼다.

5 Sherwood, p. 10.

6 Sargent, Winthrop, *The Life and Career of Major John André*(New York, 1902); Garnett, Richard, "André, John, 1750~1780," *Oxford Dictionary of National Biography*(Oxford University Press, 2004) online edition, accessed July 26, 2011. ONDB에는 안드레의 생일이 1750년 5월 2일로 되어 있으나 그가 1769년 10월 3일자 AS에게 보낸 편지에 따르면 그는 1751년에 태어났다고 썼다. 안드레가 AS에게 보낸 편지는 Seward, *Monody on Major André* (Lichfield, 1781), pp. 29~47.

7 Edgeworth, RL and M, vol. 1, p. 236.

8 Seward(1804), p. 24.

9 AS to Mary Powys, n.d. [c 1771], SJBM, 2001.76.2.

10 Edgeworth, RL and M, vol. 1, pp. 241~243.

11 같은 책.

12 Edgeworth, RL and M, vol. 1, pp. 243~245. 데이의 청혼과 호노라의 거절의 내용은 남아 있지 않으나 RLE가 그 내용을 자신의 비망록에 남겨두었다.

13 Seward(1804), p. 30.

14 Edward Sneyd's diaries, Staffordshire ROHM37/40. 1782년에 썼다는 세 번째

일기에 스네이드는 1772년 크리스마스 선물과 Trent and Mersey Canal의 주식으로 £9,371,1.5을 모았다고 한다.

15 AS to Mrs Temple June 19, 1796, Seward(1811), vol. 4, p. 217; AS, "Time Past," written January 1773, in Seward(1810), vol. 1, pp. 87~88.

16 Edgeworth, RL and M, vol. 1, pp. 246~249.

17 같은 책, p. 92; Harriet Butler to Michael Pakenham Edgeworth, September 13, 1838, cited in Butler(1972), p. 41.

18 Edgeworth, RL and M, vol. 1, pp. 247~249.

19 Seward(1804), pp. 30~31.

20 엘리자베스 스네이드Elizabeth Sneyd는 슈루즈베리로 보내져서 사촌인 수재나 포스와 남편 헨리에 의해 키워졌는데 수재나는 메리 포스Mary Powys의 딸로, 그녀는 AS의 친구로 그와 정기적으로 편지를 교환했다.

21 AS to Mary Powys (July 13, 19, 1771), SJBM, 2001.76.3.

22 Edgeworth, RL and M, vol. 1, p. 249.

23 Carter; Barker-Benfield; Davis, Leith, *The Polite Academy, or School of Behaviour for Young Gentlemen and Ladies*(London, 1762); Towle, Matthew, *The Young Gentleman and Lady's Private Tutor*(Oxford; London, 1770); Philpot, Stephen, *An Essay on the Advantages of a Polite Education Joined with a Learned One*(London, 1747). Barker-Benfield discusses Day specifically on pp. 149~153.

24 Philpot, p. 68.

25 The books by Sterne, Mackenzie and Brooke are discussed in Barker-Benfield, pp. 142~149.

26 Gignilliat, p. 264. Brooke, Henry, *The Fool of Quality, or the Hisotry of Henry Earl of Moreland*, vol. 5(London, 1765~1770). 데이와 브룩은 감상적인 이야기에 대한 경향을 공유하는 등 많은 공통점을 지니고 있었다. 브룩도 템플에서 법률 공부를 했으나 열일곱 살에 열두 살짜리 딸을 보살펴달라는 숙모의 유언에 따라 아일랜드로 갔다. 브룩은 그 고아를 더블린의 기숙 학교에 입학시켰지만 2년도 안 되어 그녀를 도피시켜 몰래 결혼했다. 그 커플은 23명의 아이를 낳았지만 살아남은 아이는 2명뿐이었다. 캐서린이 죽자 브룩은 10년을 실의에 빠진 채 살다 죽었다. 브룩의 슬픈 생애는 딸 샬럿이 그의 시 모음집 서문에 묘사해두었다. Brooke, Henry, ed. Brooke, *Charlotte The Poetical Works*(Dublin, 1792).

27 TD to AS, August 31, 1771, SJBM, 2001.71.60. 여기에서 데이는 2주전에 리치필드를 떠났다고 썼다.

28 루소는 60 rue Plâtrière의 5층(영국식, 미국이나 대륙식으로는 6층)에 살았는데 그때 이후로 장자크 루소 거리라 불리고 있다. Damrosch, pp. 466. 그의 파리 지식인들과의 모임이나 생활 방식은 Damrosch, pp. 463~476 참조.

29 Edgeworth, RL and M, vol. 1, pp. 252~254. RLE는 루소 방문기와 루소와 딕

의 산책 상황을 묘사한다.

30 Bentley, p. 67.

31 Edgeworth, RL and M, vol. 1, pp. 252~254.

32 같은 책, p. 255.

33 같은 책, pp. 268~274. 에지워스는 프랑스에서 딕의 교육 방식의 진행 사항을 기록해둔다.

34 데이의 교육은 RLE와 AS모두 남겨두었다. Edgeworth, RL and M, vol. 1, pp. 255~256, 267~268 and 308~309; Seward (1804), p. 31.

35 Kippis.

36 TD to AS, November 13, 1771, William Salt Library, S.MS 478/4/46.

37 TD to AS, December 18, 1771, LRO, D262/1/6.

38 TD to AS, begun December 31, 1771, finished January 1, 1772, SJBM, 2001.71.16.

39 AS to Mary Powys, n.d. (c. 1771~1772), SJBM, 2001.76.4.

40 Barnard, pp. 69~71; Hopkins, pp. 112~118.

41 AS to Dorothy Sykes, SJBM, May 1773, 2001.72.1.

42 Edgeworth, RL and M, vol. 1, p. 267; Butler, Marilyn (1972), p. 43. RLE는 1771년 12월에 애나 마리아에게 회한의 편지를 썼는데, 거기에 의하면 그는 리옹에 남기로 결심했다고 이미 썼다는 것이다. 그녀는 1772년 그를 만나 합류했을 것이다.

43 Edgeworth, RL and M, vol. 1, p. 268; Seward (1804), pp. 31~32; TD to AS, dated March 14, 1771 (혹은 1772), SJBM, 2001.71.17. 데이가 프랑스에서 돌아와 엘리자베스 스네이드의 손을 잡았던 시기를 확실히 기록하기는 힘들다. 다양한 설명이 엇갈리는데, 데이가 AS에게 보낸 특별한 편지에는 1771년 3월 14일이라고 하나 그것이 후에 쓰여진 편지이므로 거의 1772년 3월 14일일 것이다. 여기에 그는 엘리자베스가 거절했다(예의 범절을 교육받았다는 내용)고 언급한다. 그런데 그녀는 1771년 여름 이전에는 리치필드에 온 적이 없으므로 그가 그 이전에 편지를 쓸 수는 없었을 것이다. 그는 또한 애나 수어드가 부모의 반대로 새빌을 만날 수 없고, 리치필드에서 몇몇 사람이 새빌을 비난해 괴로워한다는 얘기를 언급하고 있는데 그 일들은 1772년 초반에 터졌다. 데이는 다른 편지에서도 계속 잘못 쓰고 있다. 이 편지를 인용한 출처는 Hopkins, p. 156인데 여기서 불일치에 대한 어떠한 설명도 없이 1772년 3월 14일이라고 나온다.

44 Kippis.

45 Seward (1804), pp. 31~32.

46 Domestic accounts of Mrs. Anne Sneyd, 1765~1782, Staffordshire RO, HM24/3. 앤 스네이드는 에드워드 스네이드의 질녀로 그의 딸인 메리를 엄마가 죽었을 때부터 키웠다. 그녀의 설명은 1772년 3월에 "내 자신과 E. 스네이드 양을 위한 파티"에 나온다. AS에게 보낸 편지의 말미에 데이의 시 「세실리아」에서 그는 분노와 눈물을 묘사한다. TD to AS, March 14, 1771 (하지만 아마 1772년일 것이다),

SJBM, 2001.71.17.

47 Erasmus Darwin Jr. to Robert Waring Darwin(1776) p. 321.

48 Day, Thomas and Esther(1805), pp. 75~90.

49 TD to Anna Seward(March 14, 1771~1772), SJBM, 2001.71.17.

50 ME(1979), pp. 31 and 40, citing letters from RLE to Charlotte Sneyd, November 18, 1802, and ME to Margaret Ruxton, December 1, 1802. 쉬아르 부부를 만나 RLE는 "믿을 수 있나요? 데이가 30년 전부터 그녀의 관심을 끌려했다는데?"라고 썼고 ME는 수어 부인이 "데이 씨가 사랑에 빠졌다고 말한 그녀를"이라고 말하는 것을 들었다고 썼다.

51 "1772년 6월 24일 T.D라고 서명된 시가 서턴 콜드필드의 Inn Window에서 쓰여진 것으로 추정된다" Pearson papers, 577, UCL Special Collection. 내가 이 시를 주목하게 된 것은 데스몬즈먼드 킹헬레 덕분이다. 그가 이래즈머스 다윈에게 있던 문서에서 이 시를 찾아냈다.

52 Damrosch, pp. 457~458.

53 Edgeworth, RL and M, vol. 1, pp. 310~312.

54 RLE to Anna Maria Edgeworth, January 12, 1773, cited in Butler, Marilyn (1972) p. 45.

55 애나 마리아 에지워스는 1773년 3월 30일에 Black Bourton에 묻혔다. Black Bourton parish register.

56 Edgeworth, FA, pp. 1~2.

57 AS가 1773년 5월에 도러시 사이크스에게 쓴 바에 따르면 에지워스는 아직 프랑스에 있었다며 "이 사건으로 그가 지난 2주일 사이에 돌아왔다"고 말한다. AS to Doroty Sykes, May 1773, SJBM, 2001.72.1.

58 Harriet Butler to Michael Pakenham Edgeworth, January 3, 1838, cited in Butler, Marilyn (1972), p. 46.

59 Edgeworth, RL and M, vol. 1, pp. 318~21; AS to Dorothy Sykes, May 1773, SJBM, 2001.72.1.

60 AS는 그 결혼식과 친구, 가족의 반응을 두 통의 편지에서 묘사한다. AS to Dorothy Sykes, July 27, 1773, and AS to Mary Powys, n.d. (c. July 1773), SJBM, 2001.72.3 and 2001.76.5.

61 AS to Doroty Sykes(July 27, 1773), SJBM, 2001.72.3.

62 Hopkins, p. 114; Sherwood, p. 80.

63 AS to Dorothy Sykes(July 27, 1773), SJBM, 2001.72.3.

64 Edgeworth, RL and M, vol. 1, pp. 321~325.

8장

1 TD and JB, *The Dying Negro*(W. Flexney, London, 1773). 모든 인용은 특별히
설명을 붙이지 않는 한 모두 1773년 초판에서 따왔다. 원래 이 뉴스는 『Morning
Chronicle』(May 28, 1773)에 실렸다. 어서 데이가 소유한 1793년 판본에는 빅널
이 쓴 것과 데이가 쓴 것이 표시되어 있다. 1793년 판본에서는 총 441행이고 빅널
은 181행을 데이는 260행을 썼다. 그 시에 대한 평론이 『Monthly Review』(July
1773) p. 63에 실렸다. 이 시 자체나 시가 노예제 폐지에 미친 영향에 대해서는
Carey, pp. 73~84, and Kitson, Peter J., and Lee, Debbie et al., eds, *Slavery,
Abolition and Emancipation: writings in the British romantic peroid*(8
vols. London, 1995), vol. 4, pp. 9. 케리는 영국 노예제 폐지론자에 대한 유용한 웹
사이트를 운영하고 있다. http://www.brycchancarey.com/. 18세기 런던에서 노
예제에 대한 일반적 배경 지식은 Gerzina 참조.

2 『Lloyd's Evening Post』(July 19, 1773)에 따르면 빅널이 파산 전문가로 임명된 것
은 1773년 7월이었다. 그는 1773년 5월 15일 가든 코트 1번지에 사무소를 열었다.
MT archives, Box 93, bundle 4, 27. 빅널은 1774년부터 런던의 여러 신문에 뉴
코트에서의 파산 관련 사무에 관한 광고를 게재했다.

3 미들 템플에 대한 일반적인 정보나 아메리카인들과 그곳의 연계에 대해서는
Stockdale and Holland; Stockdale; Macasst. 미들 템플의 화려한 과거에 대해
조언해 준 에릭 스톡데일에게 감사드린다.

4 AS to Mary Powys, n.d. (c. July 1773), SJBM, 2001.76.5.

5 Cannon, pp. 55~56. 미들 템플 아카이브에는 데이가 펌프 코트에서 지냈다는
기록이 없다. 아마도 그는 존스의 비공식적 임차인이었던 모양이다. 기록에 따르면
데이가 나중에는 엘름 코트에 방을 빌렸다고 한다.

6 Keir, pp. 131~132. 거미에 대한 우화는 Cannon, pp. 55~56.

7 프랭클린은 다윈과 스몰의 친구였는데 그는 원래 볼턴에게 스몰을 1765년에 소개
했다. 프랭클린이 데이를 처음 만난 것은 1771년 5월에 중부와 북부 여행 중 리치
필드에서였다. 그는 원래 1757년에 노예 둘을 대동하고 영국에 도착했는데 그들은
각각 피터와 킹이었다. 그러나 킹이 프랭클린에게서 도주했을 때, 그는 친절한 영국
여성이 그 노예를 서포크에서 가르치고 있다는 소식을 듣고 행복해했던 것으로 보
인다. 1772년에 가서야 프랭클린은 열렬한 노예제 비판자가 되었다. 1772년 6월
18일~20일자 『London Chronicle』에 보낸 편지에 따르면, 그는 영국과 식민지
에서 85만 명 이상을 노예로 부리고 있으면서 노예 한 명의 해방을 예찬하고 있다
며 영국인들을 비난했다. Labaree, Leonard W., ed., *The Papers of Benjamin
Franklin* (vols. 40, New Haven; London, 1959~1973), vol. 18, pp. 113~116 and
187~188; and vol. 19, pp. 210~212; King-Hele(1999), p. 100. 프랭클린에 대해
더 알고 싶다면 아이작슨의 전기와 Skemp, Sheila L., *Benjamin and William
Franklin: father and son, patriot and loyalist*(Boston, 1994).

8 Williams; Robinson, Eric, R. E. Raspe, *Franklin's 'Club of Thirteen,' and the Lunar Society*, vol. 11(Annals of Science, 1955), pp. 142~144. 윌리엄스로부터의 인용은 피터 프랑스의 추가 연구가 돋보이는 그의 아름다운 자서전 참고.

9 문학 기금은 1790년에 윌리엄스에 의해 만들어졌고 1842년에 왕립 문학 기금 Royal Literary Fund이 되었다. 이는 지금까지 남아 있다.

10 추밀원의 프랭클린 체포나 그가 영국으로부터 완전한 독립을 서서히 지지해간 모습은 Isaacson, pp. 249~250 and 276~278 도처에 있음. 미국의 독립 전쟁에 대한 배경 지식은 Ferling; Rakove; and Black, Jeremy, *War for America: the fight for independence 1775~1783* (Stroud, UK; New York, 1994).

11 *The Middle Temple Buttery Book*에는 데이가 1774년 4월부터 그 홀에서 저녁을 먹기 시작했고, 동시에 존 로런스, 토머스 피크니 등 많은 미국인과 어울렸다고 한다. MT Buttery Book 3, 1773~1776, MT7/BUB/3.

12 Rakove, p. 206.

13 Ferling, Setting the World Ablaze, pp. 44, 48~54; Bernstein, R. B., Thomas Jefferson (New York, 2003),p.111.ReJeffersonseealso http://www.monticello. org/site/plantation-and-slavery/thomas-jefferson-and-sally-hemings- brief-account.

14 18세기 영국에서의 아메리카인들의 생활이나 노예 소유주의 상세한 사항은 Flavell, p. 91, 여러 곳 참조. Gerzina. Flavell, Julie, "A New Tour of Georgian London's Fleet Street Shows: Its mixed race American side" at http:// yalepress.wordpress.com/2011/11/16/.

15 Td and JB, *The Dying Negro*(2nd edn., London, 1774). And see Carey, pp. 73~84. 데이는 덧붙인 54행에서 44행을 썼고 빅널이 10행을 썼다. 1793년 판본의 서문은 데이가 전문을 썼으나 그가 헤이그에서 JB에게 보낸 편지에서 그것을 언급하고 있는 것으로 보아 빅널과 의논하여 쓴 것으로 보인다. 이 편지는 3판에 수록되어 있다. TD and JB, *The Dying Negro*(3rd edn., London, 1793).

16 Seward(1804), p. 36; AS는 사브리나가 학교에 3년 동안 있었다고 써두었다.

17 TD to SS, May 4, 1783, ERO, D/DBa C13. 파킨슨 가족이 어떤 의류 제조업을 했는지는 추적할 수가 없다. 빅토리아 앤 알버트 뮤지엄의 기록 보관사들이 조사해준 것에 감사한다. 만투아 만들기에 대한 배경 지식은 Buck, Anne, *Dress in Eighteenth-century England*(London, 1979), *Mantuamakers and Milliners: women making and selling clothes in eighteenth-century Bedfordshire* (Bedfordshire Historical Miscellany, 72, 1993), pp. 142~155.

18 TD to SS, May 4, 1783, ERO, D/DBa C13. 다음의 인용은 모두 이 편지에서 따왔는데 아마도 초안인 듯하다.

19 Seward(1804), p. 36.

20 William Small to James Watt, October 19, 1771, Soho archives; Boulton Papers, MS 340/17.

21 TD to JB, August 4, 1774, printed in TD and JB, *The Dying Negro* (3rd edn., London, 1793), pp. v~viii; TD to Jane Phillips (his mother), August 10, 1774, printed in Lowndes (1825~1827), vol. 2, pp. 3~5. Collier, Joel (pseudonym for John Bicknell), Musical Travels through England (London, 1774); Lonsdale, Roger, "Dr. Burney, 'Joel Collier,' and Sabrina," in Ribeiro, Alvaro and Wellek, René, eds., *Evidence in Literary Scholarship: essays in memory of James Marshall Osborn* (Oxford, 1979), pp. 281~308. 이 매력적인 에세이에서 론스데일은 이 책이 출판될 때, 데이는 외국에 나가 있었기 때문에 초판과 2판은 빅널 단독으로 쓴 것이며 3판부터 합작이라고 주장한다. 그러나 빅널의 친구인 프랜시스 두스는 데이와 빅널이 함께 쓴 것이라고 주장한다. 소책자에 두 사람의 공통 견해인 듯한 부분이 더러 등장하기에 어느 정도는 합작이라고 보는 것이 옳을 듯하다.

22 Williams, p. 17.

23 John Laurens to Henry Laurens, January 20, 1775, in Laurens, vol. 9, pp. 587~588; vol. 10, p. 34. 존 로런스는 찰스 빅널을 "세상에서 가장 단순한 기계와 같으며 대화를 나눠도 성과가 없고 내가 만난 어느 누구보다 낫다고 할 수 없는 사람"이라고 묘사했지만 존 빅널은 훨씬 더 좋은 사람으로 묘사했다. "큰형은 아주 멋있는 사람이고 그래서 나는 가능한 한 더 친해지려고 한다." 헨리 로런스가 1771년 런던에 왔을 때 그는 스키피오라는 노예를 데리고 왔다. 그 노예는 영국의 가정 생활에 좀더 쉽게 적응하려고 로버트로 이름을 바꾸었다. 헨리와 존 로런스에 대한 다른 정보는 로런스에서 인용했다. Jones, E. Alfred, *American Members of the Inns of Court*(London, 1924); Massey, Gregory D., *John Laurens and the American Revolution* (Columbia, SC, 2000); Stockdale (2005), Stockdale and Holland; Flavell, pp. 7~113; Rakove, pp. 198~238, especially pp. 200~218.

24 TD, *Fragment of an Original Letter on the Slavery of the Negroes, written in the year 1776*(London, 1784). 이 소책자는 데이의 일상적 출판업자인 존 스톡데일에 의해 출판되었다. 데이 편지의 수신자는 익명이다. 서문에서 데이는 편지를 쓰기 위해 존 로런스가 자신에게 아메리카 노예 소유주 한 명을 소개해주었다고 썼다. 아마도 그가 바로 헨리 로런스였을 것으로 보인다.

25 Elizabeth Montagu to Elizabeth Vesey, February 3, 1776, in Montagu, Elizabeth, Mrs. Montagu "Queen of the Blues": her letters and friendships from 1762 to 1800, ed. Blunt, Reginand(London, 1923), vol. 1, p. 139.

26 TD to Matthew Boulton, March 17, 1775, Soho archives: Boulton Papers, MS 3782/12/81/84.

27 Matthew Boulton to James Watt, February 25, 1775, Soho archives: Watt Papers, MS 3219/4/62 and MS 3219/4/66; Keir, pp. 92~93; Uglow, pp. 249~250.

28 에지워스는 데이가 스몰이 죽기 전에 사브리나와의 관계를 다시 시작했다고 쓰고

있지만 그는 데이의 훗날 결혼에 대해 데이의 평판을 보호하기 위해 사건을 희미하게 하려고 노력한 것이 분명해 보였다. Edgeworth, RL and M, vol. 1, p. 332. 데이는 "스몰 박사의 죽음을 보고" 그들의 관계를 회복했다고 사브리나에게 말했다. TD to SS, May 4, 1783, ERO, D/DBa C13.

29 TD to SS, May 4, 1783, ERO, D/DBa C13. 뒤이은 인용도 이 편지에서 따온 것으로 아마 초안인 듯하다.

30 TD to SS, May 4, 1783, ERO, D/DBa C13. 이 마지막 시련에 대한 자세한 내용은 데이가 사브리나에게 보낸 편지에서 인용한 것인데, 여기서 그는 그녀에 대한 자신의 전체 실험을 묘사한다. 패니 버니가 쓴 에지워스의 기억이나 사브리나의 이야기 묘사는 그녀 남편을 위한 연습용 불어판이다. Edgeworth, RL and M, vol. 1, pp. 332~335; Burney, French Exercise Book (Berg).

31 Seward(1804), p. 37.

32 ME to Frances Edgeworth, October 15, 1818, in Edgeworth, M(1971), p. 122.

33 JK to Charles Darwin (ED's son), May 2, 1776, in Moilliet, A., p. 54. 키어가 "너의 손자"를 언급한다. 이 아이는 유아기에 죽었다. 데이는 여전히 많은 시간을 런던에서 법률 공부로 보내고 있었는데 기록에 따르면 그는 1775년에 자주 미들 템플 홀에서 빅널, 윌리엄 존스와 존 로런스와 저녁을 먹었다. MT Buttery Book 3, 1773~1776, MT7/BUB/3.

34 Shaw, p. 101.

35 Burney, French Exercise Book (Berg).

36 Edgeworth, RL and M, vol. 1, pp. 326~329.

37 Honora Edgeworth to Mary Powys, May 5, 1775, Edgeworth Papers, MS 10, 166/9.

38 Butler, HJ and HE, p. 159. 그 소파는 그녀의 고모이자 RLE의 큰누나인 폭스의 것이었다.

39 Edgeworth, RL and M, vol. 1, pp. 332~335. 이어지는 RLE에 의한 인용도 같은 곳에서 찾았다.

40 TD to SS, May 4, 1783, ERO, D/DBa C13.

41 Burney, French Exercise Book (Berg).

42 Edgeworth, RL and M, vol. 1, pp. 334~335.

43 Burney, French Exercise Book (Berg). FB는 여기서 사건들을 더 윤색했을 것이다. 그녀는 사브리나가 빅널과 결혼하려고 도망쳤다고 했지만 이 일은 훨씬 더 뒤에 일어났다.

44 Seward(1804), p. 36. 피카드는 하녀의 일 년치 임금을 6파운드에 8파운드로 제시한다. 아메리카인 법학도인 존 디킨스는 아무리 검소하게 살아도 120파운드가 필요할 것으로 계산했다. Picard, Liza, *Dr. Johnson's London* (London, 2000), p. 297; Colbourn, H. Trevor, "A Pennsylvanian Farmer at the Court of King George: John Dickinson's London Letters, 1754~1756," *Pennsylvania*

Magazine of History and Biography, 86, no. 3 (1962), pp. 241~285, p. 275.

45 Sabrina Bicknell to ME, October 29, 1818, Edgeworth Papers, MS 22470/15.

46 Edgeworth, RL and M, vol. 1, pp. 345~346.

| 9장 |

1 밀네스 가족에 대한 정보는 Walker, John William, *Wakefield, Its History and People*(Wakefield, 1934), pp. 345 and 397~398; Burke, vol. 2, pp. 868~869; Glover, Stephen, *The History and Gazetteer of the County of Derby*(Derby, 1831), p. 323; Betham, William, *The Baronetage of England*(5 vols., London, 1803~1805), vol. 5, p. 449~450; TD and Esther Day(1805). 출판된 자료에서 가족사 정보 대부분은 정확하지 않다. 예를 들면 에스터는 장녀가 아니다. 에스터는 1752년 10월 15일에 세례를 받았다. 체스터필드 교구 등록부, 밀네스 조카를 찾는 데 도움을 준 재키 워딩턴에게 감사드린다.

2 에스터의 시나 노래, 어린 시절의 편지들은 TD and Esther Day(1805)에 다시 실렸다.

3 EM to Caroline Purling (September 2, 1767), Essex RO, D/DBa C14; and EM to Frances Sewell(November 11, 1769), Essex RO, D/DBa C15. 그녀를 매슈 루이스와 1772년에 결혼하도록 설득시킨 다음 프랜시스는 나중에 어떤 음악 선생과 도망을 쳤다.

4 EM to Caroline Purling (c.1768), in TD and Esther Day (1805), pp. 139~144.

5 TD and Esther Day (1805), pp. 151~152.

6 EM, "To Miss M.'s brother in law Mr. L," in TD and Esther Day (1805), pp. 47~48.

7 Ann Wilkinson to EM, March 6, April 8 and October 25 (1769), Essex RO, D/DBa C16. 앤 윌킨슨은 체스터필드의 리처드 윌킨슨과 결혼했는데 그는 에스터의 아버지인 리처드 밀네스의 사촌이었다. 윌킨슨 부부는 EM의 보호자로 활동했다.

8 Esther Milnes (EM's aunt) to Esther Milnes (February 3, 1773), Essex RO, D/DBa C18.

9 미완의 유언(1777)에서 EM은 타비사 파커라는 고아에게 5파운드의 연금을 남겼는데, 그는 고모인 에스터 밀네스와 같이 살던 아이였다. Essex RO, D/DBa F65.

10 에지워스는 EM이 TD를 만났을 때가 스물두 살 또는 스물세 살이었다고 말한다. 그는 TD와 스몰 간의 대화를 묘사한다. 그 만남은 스몰이 1774년 끝 무렵 점차 쇠락해가기 직전에 있었음이 틀림없다. 그러므로 이는 분명히 데이가 사브리나를 두 번째로 데리러 가기 전이었다. Edgeworth, RL and M, vol. 1, p. 336. RLE는 EM과의 연애를 묘사한다. Edgeworth, RL and M, vol. 1, pp. 335~338.

11   Fanny Sewell to EM at Joseph Wilkinson's, Temple Row, Birmingham, (November 5, 1772), ERO, D/DBa C15.

12   에지워스는 데이가 에스터를 스몰이 죽기 전에 만났다고 썼으나 데이는 스몰이 죽자마자 사브리나를 두 번째 데리러 갔다고 담담하게 말했다. Edgeworth, RL and M, vol. 1, pp. 336~337; TD to SS (May 4, 1783), ERO, D/DBa C13.

13   에스터의 덕목을 궁금해 하는 데이의 면밀한 조사는 에지워스가 기록해두었다. Edgeworth, RL and M, vol. 1, pp. 335~38.

14   Esther Day to TD, n.d. (c. 1782), Essex RO, D/DBa C12.

15   같은 글.

16   TD and Esther Day (1805), pp. 1~5. 여기에는 번호가 매겨지지 않은 선행 페이지들이 있다.

17   TD, Esther Day, *Verses Addressed to a Young Lady, 1775* (1805), p. 25.

18   TD, *Ode for the New Year* (J. Almon, London, 1776); Day, *The Devoted Legions* (London, 1776). 데이는 「아메리카의 쓸쓸함The Desolation of America」이라는 더욱 심오한 시를 출판했는데 여기서 그는 1777년 영국 정부의 아메리카 전쟁을 다시 공격했다.

19   Williams, pp. 20~22; Bentley, pp. 59~66. 벤틀리는 루소 방문 여행을 묘사하고 윌리엄스는 그 결과에 관해 쓴다.

20   MB to TD, December 18, 1776, Letter book G, p. 780, Soho archives: Boulton Papers, MS 3782/1/10. 데이와 엘리자베스 홀의 약혼 이야기는 Emma Sophie Galton to Charles Darwin (November 12, 1879), Cambridge University Library, DAR 210.14.34에서 발췌한 것으로 Syndics of Cambridge University Library의 허락을 받았다. 여기에 엘리자베스 홀을 언급할 수 있었던 것은 데즈먼드 킹헬레의 덕택이다. 킹헬레는 그 쟁반이 다윈의 살림을 맡은 여동생 수재나를 위한 것이라고 한다. 수재나는 1777년에 마흔여덟 살이었는데, 그걸 감안하면 그럴 법하다.

21   Smith, E., Vaughton family history (1995), transcript at SOG, p. 18. 데스몬드 킹헬레는 결혼을 서두른 것이 엘리자베스가 이미 데이의 아이를 임신했을 수 있기 때문이라고 주장한다. 그녀의 첫째 아이인 엘리자베스 앤은 1778년 7월 8일에 세례를 받았는데, 세례의 관례상 아이 엄마의 평판을 위해 날짜를 연기하는데 그날은 결혼식을 올린 지 10개월 만이었다. 킹헬레와 개인적인 의견을 교환했다.

22   TD to MB, various letters 1776 and 1777, January 29, 1777, December 13, 1777, Soho archives: Boulton Papers MS 3782/12/81/88 and 95; TD to MB, December 21, 1777, MS 3782/12/81/97.

23   Edgeworth, RL and M, vol. 1, pp. 337~338; Keir, p. 46.

24   EM to TD, scrap of letter, n.d.; and TD to EM, n.d., ERO, D/DBa C12.

25   TD to Richard Wilkinson, n.d. (1778), ERO, D/DBa C12.

26   Smollett, Tobias, *Humphrey Clinker*(London, 1967, first published 1771), p. 75.

27 TD to JB, n.d., cited in European Magazine, 2 (1795), pp. 21~22.

28 Marriage of TD and EM, August 7, 1778, Marriage register St. James's Church, Bath Record Office. Richard Warburton Lytton was one of the witnesses.

29 Josiah Wedgwood to Thomas Bentley, August 24, 1778, Wedgwood, Josiah, Letters of Josiah Wedgwood, ed. Farrar, Katherine Euphemia, Lady (3 vols., Manchester, 1903), vol. 2, p. 443.

30 JK to MB, October 20, 1778, Boulton Papers, MS 3782/12/65/24.

31 AS to Mary Powys, n.d. (1788) SJBM, 2001.76.18.

32 Keir, p. 46; Edgeworth, RL and M, vol. 2, p. 122; TD and Esther Day (1805), p. 34.

33 Edgeworth, RL and M, vol. 1, pp. 339~340. RLE의 이어지는 인용구도 여기서 발췌했다.

34 TD to Erasmus Darwin Jr., January 29, 1779, BL Add. MS 29300 f 55.

35 MB (Boulton and Fothergill) to TD, March 13, 1779, Soho archives: Boulton Papers MS 3782/1/11/387.

36 Edgeworth, RL and M, vol. 1, p. 342.

37 Keir, p. 48.

38 Edgeworth, M (1971), p. 111. 이것은 그녀가 1818년에 그 농장을 방문할 때 ME 에 의해 연루된다.

39 Edgeworth, RL and M, vol. 1, p. 343.

40 TD to JB, n.d., cited in European Magazine, 2 (1795), pp. 21~22.

41 Seward(1804), pp. 34~35.

42 TD to Richard Wilkinson, n.d., ERO, D/DBa C10; Esther Day to TD, n.d. (c. 1782), ERO, D/DBa C12.

43 Rousseau(1783).

44 Esther Day to TD, n.d. (c. 1782) and same to same (March 21, 1783), ERO, D/DBa C12. 데이의 소동에 대한 다음의 인용들도 모두 이 편지에서 발췌했다.

45 Edgeworth, RL and M, vol. 1, pp. 358~369. 호노라의 수신인 미상의 마지막 편지는 Edgeworth Papers, MS 10,166/25. 이 편지는 RLE의 회고록, vol. 1, p. 369에서 다시 볼 수 있다. 인용된 시는 너새니얼 코튼의 「난롯가Fireside」이다. 그 는 당시 유명한 시인이자 의사였다.

46 RLE to ME(May 2, 1780), Edgeworth Papers, MS 10166/31.

47 Edgeworth, RL and M, vol. 1, pp. 367~368. RLE도 데이 가족 방문에 연루된다.

48 AS to Mary Sykes(June 1, 1776), SJBM, 2001.72.9.

49 AS, "Lichfield, An Elegy," in Seward(1810), vol. 1, pp. 89~100.

50 AS to Thomas Sedgewick Whalley (September 3, 1791), p. 56.

51 Edgeworth, RL and M, vol. 1, pp. 371~74.

52 MB to RLE(February 25, 1781), Soho archives, Boulton Papers, MS 3782/12/5/3.

53 에드워드 스네이드의 일기, Staffordshire RO, HM37/40. 1780년 리치필드의 에드워드 스네이드의 (밀봉된) 유언, Staffordshire RO, HM37/37.

54 RLE to Margaret Ruxton(November 28, 1780), Edgeworth Papers, MS 10166/36.

55 Notc, Harriot Edgcworth's hand, Edgeworth Papers, MS 10166/38.

56 데이는 5월 14일에 바에 들렀다. MT archives, Barristers Ledger, MT3/BAL/2. 데이가 법률가 친구인 월터 폴라드에게 보낸 편지에서 Furnival Inn에서의 차용을 묘사한다. BL Add. MS35655. 폴라드는 바베이도스에서 토네이도에 의해 부서지기 전에 아주 큰 병원을 운영하던 의사의 아들이었다. 아메리카 학생들과의 친분 때문에 그는 데이가 아메리카 캠페인에 대한 정보를 제공하는 데 중요한 역할을 했다.

57 데이는 또한 헌법 정보 협회Society of Constitutional Information를 기초하기도 했는데, 헌법 개혁을 일소하기 위해 데이의 연설을 포함한 전복적인 선전을 만들어내고 배포하기 시작했다. 이것의 배경과 개혁 운동에 관한 개설적 지식은 Christie, Ian R., Wilkes, *Wyvill and Reform: the parliamentary reform movement in British politics, 1760~1785*(London, New York, 1962), pp. 68~115; Butterfield, Herbert, George III, *Lord North and the People, 1779~1780*(London, 1949), pp. 256, 284~288, 295 and 350~351; TD, *Two Speeches of Thomas Day, Esq, at the General Meetings of the Counties of Cambridge and Essex* (London, 1780). 이 연설들은 헌법 개혁 협회에서 출판되었다. 데이는 의사인 존 젭 박사Dr. John Jebb와 이래즈머스 다윈에 의해 의회를 지지하도록 고무되었으나 데이는 자신은 "동족을 매수했고 여전히 매수하는" 사람은 아니라고 주장했다. Keir, pp. 121~123.

58 데이와 로런스 간의 편지는 모두 로런스로부터 나온 것으로 다음과 같다. TD to HL(September 1, 1782), in vol. 15, p. 604; HL to Td(December 23, 1782); TD to HL(January 5, 1783); and TD to HL(June 29, 1783), in vol. 16, pp. 94~97, 116~123, 221~223. TD는 간단하게 새로운 미국으로의 이민을 고려했지만 로런스에게는 "나의 미래를 다른 나라에 이식하느니 차라리 나의 고향인 이 땅의 폐허에 묻히겠다"고 말했다. 헨리 로런스와 데이의 우정에 관해서는 Stockdale(2005) 참조.

59 Kippis. Anningsley Park is described in Blackman, pp. 100~101; and WCB and TJR, Handbook of Chertsey and the Neighbourhood(Chertsey, 1870), pp. 76~79.

60 TD to RLE, 1788, and RLE to TD, 1788, in Edgeworth, RL and M, vol. 2, pp. 87~91.

61 Edgeworth, FA, pp. 11~12.

62 Bulwer, pp. 20~21.

63 딕은 노스캐롤라이나와 사우스캐롤라이나 경계에 정착했고 1788년에 엘리자베스 나이트와 결혼했다. 그들은 3명의 아들을 두었는데 너새니얼 러벌, 아킬레스 스네이드와 리처드 러벌이 그들이다. 딕의 후손들은 아메리카 전역에 흩어져 있다. Edgar E. MacDonald (ed.), *The Education of the Heart: the correspondence of Rachel Mordecai Lazarus and Maria Edgeworth*(Chapel Hill, NC, 1977), p. 320.

64 Austen, Jane, Persuasion (Harmondsworth, UK, 1965, first published 1818), pp. 76~77; Douthwaite, pp. 136~138. 다우스웨이트는 데이가 사브리나를 가르쳤던 노력과 마농 롤랑이 딸 유도라를 루소의 사상에 맞추려던 시도를 논의할 뿐만 아니라 딕의 교육에 대한 매력적인 그림을 제시한다.

65 ME는 아버지가 아이를 교육시킨 방법과 교육안을 같이 썼던 그들의 일에 대해서 친절하게 묘사한다. Edgeworth, RL and M, vol, 2, pp. 180~184. 그들의 공통적인 접근법은 영원히 남을 귀중한 책인 RLE and ME, *Practocal Education* (2 vols., London, 1798). 다음의 것도 참조. Douthwaite, Julia, "Experimental Child-rearing After Rousseau," in *Irish Journal of Feminist Studies*, 2, no. 2 (1997), pp. 35~56; and Uglow, pp. 315~316. ME와 RLE는 사랑하면서 결실 있는 파트너 관계를 발전시켰다. 마리아에게 보낸 편지에서 RLE는 스스로를 "너의 비평가, 파트너, 아버지이자 친구"라고 묘사하게 된다. RLE to ME, August 4, 1804, in Edgeworth, RL and M, vol. 2, p. 353.

66 Edgeworth, RL and M, vol. 2, pp. 334~336; Josiah Wedgwood to Ed, 1779, cited in Schofield, p. 132.

67 TD (1783, 1786, 1789). 데이의 책을 많은 작가가 언급했다는 사실을 추적하는 데 피터 롤런드의 도움을 많이 받았다. Rowland, preface, pp. 4~10, 207~248, 351. 토머스 베도스는 1791년 11월 21일에 데이비스 기드브에게 보낸 편지에서 데이가 어린 팬들에게 둘러싸인 모습을 묘사한다. 인용은 Stock, John Edmonds, *Memoirs of T. Beddoes, MD, With an analytical account of his writings*(London, Bristol, 1811), p. 38. 아동용 책 저술가로서의 데이와 그의 책에 대해서는 Doyle, Brian, *The Who's Who of Children's Literature*(London, 1969), pp. 70~72; and Immel, Andrea, "Thomas Day" in Zipes, Jack, ed., *The Oxford Encyclopedia of Children's Literature* (4 vols., Oxford, 2006), vol. 1, p. 390. 바커벤필드는 『샌퍼드와 머튼』이 당대 사상에 어떻게 영향을 주었는지 논하고 있다. Barker-Benfield, pp. 150~53.

68 Uglow, p. 322. 그 텍스트에 대한 새로운 서문과 주석을 단 최종본은 TD, ed. Bending, Stephen and Bygrave, Stephen, *The History of Sanford and Merton*(Peterborough, ON, 2009).

69 Keir, p. 27.

70 TD to RLE, two letters, n.d., in Edgeworth, RL and M, vol. 2, pp. 95~100.

10장

1   Seward, p. 36; Edgeworth, RL and M, vol. 2, p. 109. 수어드에 의한 뒤이은 인
     용도 전부 이 책에서 발췌.

2   Will of Thomas Day(May 26, 1780), probate 11/1188.

3   John Saville to Henry White(August 16, 1780), SJBM, 2001.71.30. Baptism
     register, Lichfield, St. Mary's, August 25, 1780, LRO. 엘리자는 1777년 11월 25일
     에 아버지의 동의하에 리치필드 성당에서 토머스 스미스와 결혼했다. Marriage
     register, The Close (Lichfield, November 25, 1777), LRO.

4   TD to Sabrina Sidney (n.d.), acrostic and draft letter, ERO, D/DBa C13. 그
     편지는 분명히 1783년 이전에 보내졌을 것이다. 데이의 편지 초안만 남아있고 와
     들리의 글자 맞추기 형식의 편지는 추적할 수가 없다. 와들리의 견습권에 대한 세
     목은 apprentice register, Newport (Shropshire, January 3, 1771). 다윈의 편지
     는 ED to Mr. Jarvis Wardley (November 28, 1786), in King-Hele(2007), pp.
     263~264.

5   Schimmelpenninck, p. 10; 장 앙드레 드 뤼크는, 때로는 드뤼크라고도 쓰는데,
     와트에 의해 소개가 된 다음인 1782년에 소호를 방문했다. 그 이듬해 그는 와트와
     몇 가지 실험을 수행했다. Schofield, pp. 240~241. 패니는 스위스에서 1783년에
     돌아왔다. 드 뤼크는 친구에게 1783년 2월에 버밍엄에 있는 딸을 방문할 것이라고
     말했다. De Luc to Gen Haldimand Courlet (February 16, 1783), BL Add. MS
     21731 f 29. 패니를 추적할 수 있게 탐정적인 임무를 도와준 로나 클라크에게 감사
     한다.

6   18세기 버밍엄에 대한 전반적인 설명은 Skipp, Victor, *A History of Greater
     Birmingham: down to 1830*(Birmingham, 1980); Hutton, William, *An
     History of Birmingham*(2nd 2edn., Birmingham, 1783), Langford, John Alfred,
     A Century of Birmingham Life(Birmingham, 1870); Hutton, William, ed.
     Chinn, Carl, *The Life of William Hutton*(Studley, 1998).

7   Edgeworth, RL and M, vol. 2, pp. 110~113; Seward(1804), pp. 37~38.

8   Burney, French Exercise Book (Berg).

9   TD to JB, n.d., cited in European Magazine, 2 (1795), pp. 21~22.

10   The story of Bicknell's proposal to Sabrina is told in Edgeworth, RL and M,
     vol. 2, pp. 110~113 and Seward(1804), pp. 37~38.

11   Burney, French Exercise Book (Berg).

12   TD to SS(May 4, 1783), ERO, D/DBa C13. 이 편지는 아마도 여러 번 삭제와 수
     정을 거친 것으로 보인다.

13   Marriage register, St Philip's Church, Birmingham (Birmingham record
     office, April 16, 1784). 빅널의 결혼 허가 요청서는 일상적인 교회의 고시를 낭독하
     지 않고 결혼을 하겠다는 것으로, 윌리엄 위더링의 사인이 함께 있다. 그는 나중

에 디기탈리스(긴 종 모양의 꽃으로 이파리는 강심제의 원료가 됨)를 발견했던 의사로 가장 늦게 루나 모임에 합류했다. John Bicknell, marriage license application (April 16, 1784), Lichfield RO. Bond between JB and TD (April 16, 1784), ERO, D/DBa L86.

14 존 로런스 빅널의 정확한 생일과 태어난 장소는 알려져 있지 않다. 그는 나중에 본 인이 미들섹스에서 태어났다고 말했다. JLB는 "거의 한 살을 다 채웠고" HEB는 1787년 3월에 "막 태어났다"고 말하곤 했다. 에지워스 빅널은 1787년 4월 2일에 세 례를 받았는데 그의 이름이 헨리 에지워스 빅널로 잘못 표기된 데다 그의 생일은 1786년 12월 18일로 표기되어 있다. St. Pancras baptism register 1783~1793, X102/074, LMA. 그는 아마도 존 로런스의 아버지였던 헨리 로런스의 이름을 따서 헨리로 지은 듯하다. 이상하게도 헨리는 아버지가 런던 북부 끝의 다른 교회에 묻 혔던 그날에 세례를 받은 것으로 기록되어 있다. 시간이 다른 것은 빅널 가문 내의 다툼이 있었거나 아니면 사브리나가 아파서 그리 된 것으로 보인다.

15 Edgeworth, RL and M, vol. 2, p. 113.

16 Burney, French Exercise Book (Berg).

17 Boswell, James, ed. Scott, G. and Pottle, Frederick A, Private Papers of James Boswell from Malahide Castle 18 vols., (New York, 1928~1934), vol. 17, p. 11.

18 List of subscribers in Williams, Helen Maria, Poems vol. 2(London, 1786).

19 Whitehall Evening Post (April 3, 1787); European Magazine (April 1787), p. 296.

20 Burial register, St. Dunstan-in-the-West, April 2, 1787, LMA.

21 어떤 유언도 발견되지 않았다. 이것은 아마 그가 재정 파탄 상태에 있었기 때문에 아무것도 쓸 필요가 없다고 느꼈던 듯하다.

22 Burney, French Exercise Book (Berg).

23 Seward, p. 38.

24 RLE to Sabrina Bicknell (August 28, 1808), BL Add. MS 70949 f. 280; Esther Day to RLE (January 21, 1790), Edgeworth Papers, MS 22470.

25 Burney, French Exercise Book (Berg).

26 Venn, J. A., *Alumni Cantabrigienses, part II, 1752~1900*(Cambridge, 1953), p. 459; Troide, Lars, "Burney, Charles(1757~1817)," *Oxford Dictionary of National Biography*(Oxford, 2004) online edn., accessed (April 14, 2008); Scholes, Percy A., The Great Dr. Burney(Oxford, London, New York, Toronto, 1948), pp. 344~348. 헤스터 스레일은 나중에 아버지 버니에게 딸의 소설인 『에블 리나Evelina』에서의 자살 시도를 묘사한 부분이 "사실에 기초한" 것이냐고 물었다. Thrale, Hester Lynch, *Thraliana: the diary of Mrs Hester Lynch Thrale (later Mrs Piozzi) 1776~1809*, ed. Balderston, Katherine C. (Oxford, 1942), vol. 1, p. 360.

27 Sabrina Bicknell to Charles Burney (May 16, 1787), Burney Family

Collection, The James Marshall and Marie-Louise Osborn Collection, Beinecke Rare Book and Manuscript Library, Yale University.

28 AS to Sophia Weston (February 4, 1789); and AS to George Hardinge (October 19, 1788), (November 19, 1788), (March 5, 1789), Seward (1811), vol. 2, pp. 234, 176, 195, 250. 수어드가 하딩을 통해 기금을 더 모으려고 한 이야기는 위의 편지에서 언급했다.

29 TD to unknown correspondent (part of letter), n.d. (after 1782), BL Add. MS 70949, ff. 275~278; TD to Mary Evans (July 29, 1787), BL Add. MS 52540, ff. 25~28; and TD to MB (June 8, 1785), Soho Archives, Boulton Papers MS 3782/12/115.

30 TD to John Stockdale (July 28, 1789), cited in Stockdale (2005), pp. 205~206; Keir to Td (September 29, 1789), in Moilliet, A., p. 100.

31 Keir, pp. 97~98; Edgeworth, RL and M, vol. 2, pp. 103~105.

32 Esther Day to RLE, January 21, 1790, Edgeworth Papers, MS 22470.

33 Death notice of Esther Day, Gentleman's Magazine (1792), p. 581; Seward (1804), pp. 35~36. 실제로는 에스터가 다시는 떠난 적이 없다는 것은 사실이 아니다. 그녀는 이듬해에 에지워스를 만났다.

34 ED to Robert Darwin, in Darwin, p. 81.

35 Edgeworth, RL and M, vol. 2, pp. 103~105. 엘리자베스 에지워스는 RLE의 열두 번째 아이를 막 출산하려는 시점이었다. 그래서 그들은 아이를 토머스 데이 에지워스라 이름 지었다.

36 Notes by Milnes Lowndes on finding Day's will, ERO, D/DBa L96/10. JB의 남자 형제인 찰스 빅널은 아마도 TD의 변호사로서 데이의 유언을 작성하는 데 관여했을 것이다.

37 Esther Day to RLE (January 21, 1790), Edgeworth Papers, MS 22470/3.

38 Gentleman's Magazine (1789), p. 958.

39 Anon (AS) to the Editor of the General Evening Post (October 11, 1789). 이 편지는 아마도 그녀의 사후 서류 정리 중에 발견되어 편지 모음집에 전문이 들어가 있는 듯하다. Seward (1811), vol. 2, pp. 329~331.

40 RLE to Margaret Ruxton, n.d. (1789), Edgeworth Papers, MS 10166/65.

41 RLE to ED, 1790, in Edgeworth, RL and M, vol. 2, pp. 133; RLE to JK (January 6, 1790), and (March 31, 1790), and RLE to Esther Day (December 18, 1790), Edgeworth Papers, MS 22470/1, 5 and 8.

42 JK to RLE (March 31, 1790), Edgeworth Papers, MS 22470/5 [citing Darwin's view]; JK to ED (March 15, 1790), in Moilliet, A., pp. 108~109.

43 Notes on manuscript, ERO, D/DBa F68/4. 에스터는 키어의 초본에서 "한 학생"(루크레티아)이 "그의 보호자와 상의 없이" 결혼했다는 언급과 빅널에게 "처음부터 여자아이의 교육에 관한 의도와 실행의 비밀을 맡겼다"는 언급을 삭제해줄 것을

요구했다. 비밀 계획에 대해 어떻게 언급하든 데이가 그 소녀들 중 한 명과 결혼할 의도를 갖고 있었음을 드러냈기 때문이다.

44 Rowland, p. x.

45 John Stockdale to JK (15 June, 1792), cited in Moilliet, A., p. 115; *Gentleman's Magazine* (12 June, 1792), p. 581.

46 Samuel Johnson to Hester Thrale (November 14, 1781), in Johnson, vol. 3, p. 373; 헤스터 스레일에 관한 언급은 Charles, The Letters of Dr. Charles Burney, ed. Ribeiro, Alvaro (Oxford, 1991), vol. 1, p. 25. 패니 버니의 일반적인 배경과 버니 가족의 이야기는 Harman, Claire, *Fanny Burney, a biography* (London, 2000)

47 FB to Charlotte Ann Francis (그녀의 동생으로 나중에는 Broome) (October 10, 1791), in Burney, vol. 1, p. 70. 이 추신은 FB to CB (June 16, 1803) in Burney, vol. 6, p. 474.

48 로제트의 실수에 관한 언급은 Burney, vol. 7, p. 52n; vol. 1, pp. 81~82 and vol. 2, pp. 378~379.

49 Sarah Harriet Burney to Mary Young (August 2~4, 1793), in Burney, SH, pp. 9~10.

50 FB to CB (August 8, 1793) in Burney, vol. 2, p. 182.

51 Charles Parr Burney to Rosette Burney with postcript from CB to Sabrina (January 17, 1799), Burney Family Collection, The James Marshall and Marie-Louise Osborn Collection,Beinecke Rare Book and Manuscript Library, Yale University, OSB MSS 3, box 7.

52 Farington, vol. 6, p. 2054.

53 Hester Lynch Piozzi(née Thrale) to John Salusbury Piozzi Salusbury(her stepson) (July 27, 1810), in Piozzi, vol. 4, pp. 296 and 298. 피오지 부인은 CB가 그녀에 관한 사건을 실은 『유럽 잡지European Magazine』의 편집자로 잘못 알고 있었다. 그녀는 또한 CB를 "습관성 알콜 중독자"로 묘사했다. 그녀 편지의 편집자는 사브리나가 CB가 1803년 뎁트퍼드의 수서직에서 은퇴한 뒤에도 로제트와 같이 살았다고 잘못된 주장을 한다. 그녀는 버니 학교에 남았다.

54 Burney, French Exercise Book (Berg).

55 그리니치의 역사적 배경은 Platts, Beryl, *A History of Greenwich*(London, 1986); Lysons, Daniel, *The Environs of London*(London, 1792); Aslet, Clive, *The Story of Greenwich*(London, 1999); Silvester-Carr, Denise, *Greenwich: a history and celebration of the town*(Salisbury, 2005) 참조.

56 버니 학교에 대한 배경 지식은 그리니치 센터에 남아있는 Borney School Folder 의 여러 곳에서 발췌. 위에 언급된 비용은 from James Watt to James Davies Kington (October 17, 1811), copy GHC. The reference to birch rods is from Farington, vol. 3, p. 35n.

57 이 집의 상세한 부분에 대한 설명은 패니 애니 우드의 묘사에서 나온 것으로, 그

녀는 CB의 손녀로 그 집이 무너지기 전에 1839년 경매 카탈로그에서 인용. 경매 카탈로그는 영국 박물관Rare Books이 소장한 그리니치 아카이브 자료에 있다. 이 카탈로그는 존 로런스 빅널이 가진 여러 가지 중에서 입수했다. 그리니치와 관련 된 각가지 종류의 편지는 BL; Wood, p. 61.

58 CB to Robert Gray (December 28, 1805), in George IV, *The Correspondence of George, Prince of Wales, 1770~1812*, ed. Aspinall, A. (London, 1970), vol. 5, pp. 285~287. 이 두 학생은 고아였고, 그 비용은 나중에 조지 4세가 되는 웨일스 공이 지불했다.

59 Sabrina Bicknell to Frances Edgeworth (June 9, 1813) and same to Maria Edgeworth (October 29, 1817), Edgeworth Papers, MS 22470/9 and 15.

60 Edgeworth, RL and M, vol. 2, pp. 341~343. 이 책은 마담 드장리스의 『아델과 테오도르, 교육론Adèle et Théodore, ou les Lettres sur l'Éducation』으로, 루소의 교육론 을 좀더 순화시킨 것이다. 「숙녀에게 주는 충고」는 조지 리텔턴의 시다. Lyttelton, George, *The Poetical Works of George Lord Lyttelton*(London, 1801), pp. 56~62.

61 Edgeworth, Maria, *"Forester" in Moral Tales for Young People*(London, 1801), pp. 1~258. 데이가 ME의 작가적 자질을 질식시킨 영향력에 대한 좀더 깊은 논의는 마이어스 참고. 마이어스는 데이를 "어린 아가씨의 경력을 묶어버린 가부장"이라며 ME는 데이가 말에서 떨어져서야 겨우 "자유로워졌다"고 묘사한다. 마이어스는 또한 데이의 아내 실험에 대한 명확한 예시도 제공한다. 데이가 ME에게 미친 영향에 대한 좀더 심오한 논의는 버틀러 참조.

62 Edgeworth, Maria, *Belinda*(first pub. 1801; Oxford, 1999). 인용들은 pp. 362~377.

63 Edgeworth, RL and M, vol. 2, p. 349.

64 Butler, Marilyn, *Romantics, Rebels and Reactionaries: English literature and its background, 1760~1830*(Oxford, 1981), p. 96.

65 Burney, French Exercise Book (Berg).

66 Trollope, Anthony, Orley Farm (London, 1935). 인용들은 vol. 1, pp. 176, 330, 226과 vol. 2, p. 137. 그 플롯의 주요 요소인 그레이엄 또한 말에서 떨어졌다. 그러나 데이와 달리 그는 팔만 골절되고 살았다. 트롤럽의 책에 주목하도록 일러준 틸리 탠시에게 감사한다.

| 11장 |

1 프랑스 공격에 대한 지식은 Fortescue, Sir John William, *A History of the British Army*(13 vols., London, 1910), vol. 5, pp. 167~244; Schom, Alan,

Trafalgar: Countdown to Battle 1803~1805(London, 1990); Pocock, Tom, *The Terror before Trafalgar*(London, 2002).

2 존 로런스 빅널이 언제 수어드가 쓴 다윈의 전기를 읽고 그녀에게 편지를 보냈는
   지는 그의 편지가 남아 있지 않기에 정확하게 알 수 없으나 수어드는 그의 편지를
   1805년 1월에 언급한다. AS는 리치필드를 1804년 12월까지 5개월 동안 떠나 있
   었다. 그의 생일을 정확하게 추정하기는 어렵지만 그는 1785년에서 1786년으로 넘
   어가는 겨울에 태어났다. 데이와 관련된 묘사와 인용은 수어드의 회고록에서 발
   췌. Seward(1804), pp. 12~38.

3 윌리엄 블랙스턴은 사생아는 "아무것도 상속받을 수 없으며 누구의 아들로도 간
   주되지 않는다"라고 서술한다. Blackstone, William, *Commentaries on the
   Laws of England* (2 vols., London, 1765~1769), vol. 1, p. 447. 패니 버니는 소설
   에서 사생아 출신이라는 것이 그녀의 여주인공에게 "수치와 불명예"를 줄 것이라고
   썼다. Fanny Burney, *Evelina*(first published 1778; Oxford, 2008), p. 337.

4 사브리나는 후에 계모와 관련된 이야기를 쓴 ME에 대해 아들이 어떻게 반
   응했는지를 기술했다. ME to Frances Edgeworth (October 13, 15), 1818, in
   Edgeworth (1971), pp. 121~122.

5 AS to R. Fellowes (August 31, 1803), Seward (1811), vol. 6, p. 101.

6 Robert Darwin to AS, (March 5, 1804), LRO, D262/1/34; Darwin, pp. 70~75.

7 AS to Rev. Thomas Sedgewick Whalley (January 22, 1805), in Whalley, vol. 1,
   pp. 263~334. AS는 JB에 대한 자신의 반응을 월리에게 보낸 편지에서 묘사한다.

8 Annual Review (January 1804); Universal Magazine (April 1804); *British
   Critic*, October 1804.

9 ME to Frances Edgeworth (October 13, 15, 1818) in Edgeworth (1971), pp.
   121~122.

10 Sabrina Bicknell to RLE (April 21, 13, 1817), Edgeworth Papers, MS 22470/10
    and 12.

11 Peach, Annette, "Wainewright, Thomas Griffiths (1794~1847)" *Oxford
    Dictionary of National Biography*(Oxford, 2004) online edn., accessed
    (December 29, 2011).

12 John Graham to his mother, M. Graham (Februry 24, 1808) transcript at
    GHC. 20년 뒤에 GB의 여동생인 세라 해리엇은 그 소요에 관련된 소년 중 하나
    인 윌러비 크레웨를 만났는데 그는 큐레이터가 되어 있었다. SHB to Charlotte
    Barratt and Charlotte Broome (February 17, 1828), in Burney, SH, p. 273. 다
    른 학교에서의 반란에 대한 배경 지식은 Moncrieff, pp. 210~211. 윈체스터, 럭
    비Lugby, 해로나 이튼 스쿨에서의 소요 사태는 18세기 말에서 19세기 초에는 빈번
    히 있었다. 찰스 디킨스는 『니컬러스 니클비Nicolas Niclkleby』에서 도로시보이즈 홀
    의 교장인 잔혹한 워퍼드 스키어즈(이 소설에 등장하는 교장, 이후에 정평이 난 악당으
    로 불림)를 만들어 낸 것은 결코 과장이 아니었다. 스키어즈는 진짜 교장이었던 윌

완벽한 아내 만들기

리엄 쇼를 모델로 한 것이었는데 그는 요크셔의 보웨스 아카데미의 수장으로 비위 생적이고 무자비한 처신으로 결국 맹인이 되었다.

13 RLE to Sabrina Bicknell (August 28, 1808), BL Add. MS 70949 f 280.

14 John Graham to his mother, Mrs. Graham (September 22, August 29), 1805, Lambeth Archives, IV/4/50 and IV/4/48.

15 나는 재키 워딩턴의 도움으로 존과 헨리 빅널의 후손들을 찾을 수 있었고, 또한 빅널 가문이 내 책에 관심을 갖게 해 준 것에 감사드린다.

16 Portrait of Henry Edgeworth Bicknell by Charles Baugniet(1853), NPG D31757. Portrait of John Laurens Bicknell by Charles Baugniet(1845), Wellcome Library.

17 Hughes New Las List(1809), p. 47; Rates Books, Greenwich West, from 1814, at GHC.

18 Sabrina Bicknell to Frances Edgeworth(June 9, 1813), Edgeworth Papers, MS 22470/9.

19 Maria Bicknell to John Constable, February 24, 1816, in Constable, vol. 2, p. 178. 컨스터블과 마리아 빅널에 관한 전체 이야기는 Gayford, Martin, *Constable in Love: love, landscape, money and the making of a great painter* (London, 2009), pp. 295~302.

20 John Constable to Maria Constable (née Bicknell) (January 21, 1825), in Constable, vol. 2, pp. 372~373.

21 Sabrina Bicknell to RLE, April 21, Edgeworth Papers, MS 22470/10.

22 Sabrina Bicknell to RLE (May 13, 1817), Edgeworth Papers, MR 22470/12.

23 Edgeworth, RL and M, vol. 2, pp. 445~453.

24 Sabrina Bicknell to ME (June 30, 1817), Edgeworth Papers, MS 22470/13.

25 ME to Sabrina Bicknell (August 17, 1817), BL Add. MS 70949 f. 271.

26 Wood, p. 123.

27 수전 사브리나 버니는 1818년 2월 25일에 태어났고, 1818년 12월 21일에 세례를 받았다. St. Alfege baptism register, LMA. 사브리나는 유언장에서 그녀를 대손녀로 묘사했다.

28 Edgeworth (1971), pp. 75~99. 런던으로 가는 도중에 ME는 여러 친구 집에서 머물며 아버지의 회고록의 원고를 보여주었다. ME에 따르면 제네바 태생의 작가이자 편집자로 RLE의 오랜 친구였던 에티엔 듀몽은 "데이가 훌륭한 자질을 가졌음에도 불구하고 싫어한다." 그녀는 다음과 같이 썼다. "'그는 쓸데없는 자부심을 지니고 사소한 것에도 그렇게 싫은 눈치를 보이면서 당연한 사랑의 축복에는 거대한 도덕 원리를 내세우는' 어떤 남자를 알고 있는데 그를 견딜 수 없다." 윌트셔의 주인이었던 루이자 랜즈돈 부인은 정반대의 견해를 지녔는데 "그녀는 데이 씨를 듀몽 씨가 싫어하는 만큼이나 사랑하며 존경한다". 마리아는 현명하게도 다음을 덧붙였다. "그러나 그녀가 그와 함께 24시간만 딱 지내보면 절대로 같이 있고 싶지

않을 것이다."

29 Butler, M, p. 3.

30 ME to Frances Edgeworth (October 13, 15, 1818), in Edgeworth (1971), pp. 109~111, pp. 121~122. 사브리나의 답변은 ME가 계모에게서 들은 것이다. ME 는 햄프스테드에서 시인 조애나 베일리와 그녀의 동생 아그네스와 지냈는데 이들 은 외과의 존 헌터의 질녀들이었다. 에식스와 그리니치의 여행에 대해서는 집에서 쓴 편지에 묘사되어 있다.

31 이 기분 상하는 기사는 아마도 전 달에 「『샌퍼드와 머튼』의 저자 데이의 별난 특성들」이라는 제목으로 출간된 La Belle Assemblée, or Bell's Court and Fashionable Magazine (September, 1818) pp. 105~106.이라는 잡지의 한 칼럼 이었을 것이다. 이것은 수어드가 쓴 『이래즈머스 다윈 박사의 인생 회고록Memoirs of the Life of Dr. Darwin』에서 발췌하여 재수록한 것이다.

32 Edgeworth, RL and M, vol. 2, p. 114.

33 Sabrina Bicknell to ME (October 29, 1818), Edgeworth Papers, MS 22470/15.

34 Edgeworth, RL and M, vol. 1, p. 209.

35 Quarterly Review(July 1810), p. 523.

36 Bonwitt, W., Michael Searles: a Georgian architect and surveyor (London, 1987), pp. 20~22; Bonwitt, W., "Gloucester Circus," in Transactions of the Greenwich and Lewisham Antiquarian Society, vol. 10, pp. 21~30.

37 John Constable to Maria Constable (January 21, 1825), in Constable, vol. 2, p. 373.

38 "Mrs. Bicknell," by Richard James Lane, after Stephen Poyntz Denning, lithograph(1832), NPG D22174; Richard James Lane, account books, NPG MS 56, vol. 1, pp. 34 and 36; S. P. Denning to Richard James Lane (April 1, 1833), in RJL, correspondence, NPG MS 61, vol. 1, p. 22. 내가 사브리나 빅널 의 초상화가 진본임을 밝히는 데 많은 도움을 준 NPG의 보조 큐레이터인 알렉산 드라 올트에게 감사드린다.

39 FB to Charles Parr Burney (May 3, 1836), in Burney, vol. 12, p. 890.

40 Wood, p. 123. 이 내용과 물건의 판매는 버니 학교의 경매 카탈로그에 묘사되어 있다. (May 14, 1839) in Mascellaneous papers relating th Greenwich, BL(Rare Books).

41 Wood, pp. 306, pp. 326~327.

42 Death certificate of Sabrina Bicknell (September 9, 1843), GRO, 1231703~1; Will of Sabrina Bicknell, Prob 11/1986. 사브리나의 무덤은 no. 4371 in squire 108 터이다. 아들 존 로런스는 그녀의 무덤 오른쪽에 묻혔고, 손녀인 메리 그랜트 빅널은 아버지 묘의 오른쪽에 있다.

43 Death certificate of John Laurens Bicknell(August 9, 1845), GRO 1408910~1.

이 책에 인용된 토머스 데이의 작품(출간 순)

TD and JB, *The Dying Negro* (London, 1773)
TD, *The Devoted Legions* (London, 1776)
TD, *Ode for the New Year 1776* (London, 1776)
TD, *The Desolation of America* (London, 1777)
TD, *Fragment of an Original Letter on the Slavery of the Negroes, written in the year 1776* (London, 1784)
TD, *The History of Sandford and Merton, A Work Intended for the Use of Children* (3 vols., London, 1783, 1786 and 1789)
TD and Esther Day, *Select Miscellaneous Productions, of Mrs Day, and Thomas Day, Esq in verse and prose . . .* , ed. Lowndes, Thomas (London, 1805)
TD et al., *Tracts in Prose and Verse*, ed. Lowndes, Thomas (2 vols., Dover; London, 1825-1827)

토머스 데이의 전기를 다룬 도서

Blackman, John, *A Memoir of the Life and Writings of Thomas Day, author of "Sandford and Merton"* (London, 1862)
Gignilliat, George Warren, *The Exemplary Mr. Day, 1748-1789, author of*

"Sandford and Merton" (London, 1935)

Kier, James, *An Account of the Life and Writings of Thomas Day, Esq.* (London, 1791)

Kippis, Andrew, *"Thomas Day" in Biographia Britannica* (London, 1793), vol. 5, pp. 21-32.

Sadler, Sir Michael, Thomas Day, *an English disciple of Rousseau* (Cambridge, 1928)

Seward, Anna, *Memoirs of the Life of Dr. Darwin, chiefly during his residence in Lichfield, with anecdotes of his friends, and criticisms on his writings* (London, 1804)

Stephen, Sir Leslie, ed., *Dictionary of National Biography* (London, 1888), vol. 14, pp. 239-41.

Rowland, Peter, *The Life and Times of Thomas Day, 1748-1789, English philanthropist and author, virtue almost personified* (Lewiston, NY; Lampeter, 1966)

| 그 외 |

(본문 중에 한 번 언급된 것은 미주에서 표기, 여기선 따로 표기하지 않았다)

Allins, D. S., *The Early Years of the Foundling Hospital, 1739/41-1773* (London, 2010)

Anon, *A Short Account of the Ancient and Modern State of the City and Close of Lichfield* (Lichfield, 1819)

Anon, *An Account of the Foundling Hospital* (London, 1826)

Barker-Benfield, G. J., *The Culture of Sensibility: sex and society in eighteenth-century Britain* (Chicago; London, 1992)

Barnard, Teresa, *Anna Seward: a constructed life* (Aldershot, UK, 2009)

Bentley, Thomas, *Journal of a Visit to Paris, 1776, ed. France, Peter* (Brighton, 1977)

Bicknell, Algernon Sidney, *Five Pedigrees* (London, 1912)

Bicknell, John (under pseudonym Joel Collier), *Musical Travels Through England* (London, 1774)

Black, Jeremy, *The British Abroad: the Grand Tour in the eighteenth century* (Stroud, UK, 2003)

_____ , *France and the Grand Tour* (Basingstoke, UK, 2003)

Boswell, James, *Boswells's London Journal, 1762-1763, ed. Pottle, Frederick A.*

완벽한 아내 만들기

(New Haven: London, 1991)

Broome, Jack Howard, *Jean-Jacques Rousseau in Staffordshire, 1766-1767* (Keele, UK, 1966)

Bulwer, Edward, Baron Lytton, *The Life, Letters and Literary Remains of Edward Bulwer, Lord Lytton*, ed. Bulwer-Lytton, Edward (his son) (2 vols., London, 1883)

Burke, John, *A Genealogical and Heraldic Dictionary of the Landed Gentry of Great Britain and Ireland* (3 vols., London, 1846)

Burney, Fanny, *The Journals and Letters of Fanny Burney* (Madame d'Arblay), 1791-1840, ed. Hemlow, Joyce et al. (12 vols., Oxford, 1972-84)

Burney, Sarah Harriet, *The Letters of Sarah Harriet Burney*, ed. Clark, Lorna J. (Athens, GA: London, 1997)

Butler, Harriet Jessie and Edgeworth, Harold (eds.), *The Black Book of Edgeworthstown and Other Edgeworth Memories, 1585-1817* (London, 1927)

Butler, Marilyn, "Edgeworth's Stern Father: Escaping Thomas Day, 1795-1801" in Ribeiro, Alvaro, and Basker, James G. (eds.), *Tradition in Transition: women writers, marginal texts, and the eighteenth-century canon* (Oxford, 1996), pp. 75-93.

_____ , *Maria Edgeworth: a literary biography* (Oxford, 1972)

Cannon, Garland, *The Life and Mind of Oriental Jones: William Jones, the father of modern linguistics* (Cambridge, 1990)

_____ , ed., *The Letter of Sir William Jones* (Oxford, 1970)

Carey, Brycchan, *British Abolitionism and the Rhetoric of Sensibility: writing, sentiment, and slavery, 1760-1807* (Basingstoke, UK, 2005)

Carter, Philip, *Men and the Emergence of Polite Society, Britain, 1660-1800* (New York, 2000)

Clark, Gillian, *Correspondence of the Foundling Hospital Inspectors in Berkshire, 1757-1768* (Reading, UK, 1994)

Clark, Desmond John, *The Ingenious Mr. Edgeworth* (London, 1965)

Constable, John, *John Constable's Correspondence*, ed. Beckett, R. B. (4 vols., London, 1964)

Cunningham, Hugh, *The Invention of Childhood* (London, 2006)

Damrosch, Leo, *Jean-Jacques Rousseau: restless genius* (New York, 2007)

Darling, John, *Child-Centred Education and Its Critics* (London, 1994)

Darwin, Charles, *Charles Darwin's The Life of Erasmus Darwin*, ed. King-Hele, Desmond (Cambridge, 2002)

Douthwaite, Julia, *The Wild Girl, Natural Man, and the Monster: dangerous experiments in the Age of Enlightenment* (Chicago: London, 2002)

Edgeworth, Frances Anne, *A Memoir of Maria Edgeworth, with Selections from Her Letters* (London, 1867)

Edgeworth, Maria, *Letters from England, 1813-1844,* ed. Colvin, Christina (Oxford, 1971)

_____, *Maria Edgeworth in France and Switzerland: selections from the Edgeworth family letters,* ed. Colvin, Christina (Oxford, 1979)

Edgeworth, Richard Lovell and Maria, *Memoirs of Richard Lovell Edgeworth, Esq. Begun by Himself and Concluded by His Daughter* (2 vols., London, 1821)

Edmonds, David, and Eidinow, John, *Rousseau's Dog: two great thinkers at war in the age of enlightenment* (London, 2006)

Evans, Tanya, *Unfortunate Objects: lone mothers in eighteenth-century London* (Basingtoke, UK, 2005)

Farington, Joseph, *The Farington Diary,* ed. Greig, James (8 vols., London, 1922)

Farington, John E., *Setting the World Ablaze* (Oxford, 2000)

Fildes, Valerie, *Wet Nurshing* (Oxford, 1988)

Flavell, Julie, *When London Was Capital of America* (New Haven; London, 2010)

Fletcher, Anthony, *Growing Up in England: the experience of childhood, 1600-1914* (New Haven, 2008)

Girard, Joseph, *Évocation du Vieil Avignon* (Paris, 1958)

George, M. Dorothy, *London Life in the Eighteenth Century* (Harmondsworth, UK, 1976)

Gerzina, Gretchen, *Black London: life before emancipation* (New Brunswick, NJ; London, 1995)

Hare, Augustus J. C., *The Life and Letters of Maria Edgeworth* (2 vols., London, 1894)

Hersey, George L., *Falling in Love with Statues: artificial humans from Pygmalion to the present* (Chicago; London, 2008)

Heywood, Colin, *A History of Childhood: children and childhood in the West from medieval to modern times* (Cambridge, 2001)

Hopkins, Mary Alden, *Dr. Johnson's Lichfield* (London, 1956)

Howitt, William, *Visits to Remarkable Places* (London, 1840)

Inglis-Jones, Elisabeth, *The Great Maria: a portrait of Maria Edgeworth* (London, 1959)

Isaacson, Walter, *Benjamin Franklin: an American life* (New York; London, 2003)

Jaeger, Muriel, *Experimental Lives from Cato to George Sand* (London, 1932)

James, Henry, *Watch and Ward* (Boston, 1978)

_____, *Watch and Ward,* ed. Edel, Leon (London, 1960)

Jimack, Peter, *Rousseau: Emile* (London, 1983)

Johnson, Samuel, *The Letters of Samuel Johnson*, ed. Redford, Bruce (3 vols., Princeton; Oxford; 1992)

King-Hele, Desmond, *The Collected Letters of Erasmus Darwin* (Cambridge, 2007)

_____ , *Erasmus Darwin: a life of unequalled achievement* (London, 1999)

Laurens, Henry, *The Papers of Henry Laurens*, ed. Hamer, Philip M. *et al.* (16 vols., Columbia, SC, 1968-2002)

Lemire, Beverly, *Dress, Culture and Commerce: The English clothing trade before the factory, 1660-1800* (Basingstoke, UK, 1997)

Levene, Alysa, *Childcare, Health and Mortality at the London Foundling Hospital, 1741-1800: "left to the mercy of the world"* (Manchester, UK, 2007)

_____ , ed., *Narratives of the Poor in Eighteenth-Century Britain*, vol. 3 (London, 2006)

Lucas, E. V., *A Swan and Her Friends* (London, 1907)

McClure, Ruth K., *Coram's Children: The London Foundling Hospital in the eighteenth century* (New Haven; London, 1981)

Macassey, Sir Lynden, *Middle Templars' Associations with America* (London, 1998)

Moilliet, Amelia, *Sketch of the Life of J. Keir, with a Selection from His Correspondence*, ed. Moilliet, J. K. (London, 1868)

Moilliet, J. L. and Smith, Barbara M D., *"A Mighty Chemist": James Keir of the Lunar Society* (Birmingham, UK, 1982)

Moncrieff, Ascott Robert Hope, *A Book about Schools, Schoolboys, Schoolmasters, and Schoolbooks* (London, 1925)

Morse, David, *The Age of Virtue: British culture from the Restoration to Romanticism* (Basingstoke, UK, 2000)

Myers, Mitzi, "My Art Belongs to Daddy? Thomas Day, Maria Edgeworth, and the Pre-Texts of Belinda: Women Writers and Patriarchal Authority," in Backscheider, Paula, ed., *Revising Women: Eighteenth-Century "Women's Fiction" and social engagement* (Baltimore, 2000), pp. 104-146.

Nicholls, Reginald Hugh, and Wray, F. A., *The History of the Foundling Hospital* (Oxford, 1935)

Oulton, W. C., *The Beauties of Anna Seward* (London, 1813)

Pearson, Hesketh, *Extraordinary People* (London, 1965)

Picard, Liza, *Dr. Johnson's London: life in London, 1740-1770* (London, 2000)

Piozzi, Hester Lynch, *The Piozzi Letters: correspondence of Hester Lynch Piozzi 1784-1821* (formerly Mrs Thrale), ed. Bloom, Edward A. and Lillian D. (4 vols.,

Newark; London; 1996)

Pugh, Gillian, *London's Forgotten Children: Thomas Coram and the Foundling Hospital* (Stroud, 2007)

Rakove, Jack, *Revolutionaries: a new history of the invention of America* (London, 2010)

Robinson, Eric, "The Lunar Society: its membership and organisation," in *Transactions of the Newcomen Society*, vol. 35 (1962-3), pp. 153-77.

Rousseau, Jean-Jacques, *Confessions*, trs. Scholar, Angela; ed. Coleman, Patrick (Oxford, 2008)

_____, *Correspondance Complète de Jean-Jacques Rousseau*, ed. Leigh, R. A. (52 vols., Geneva; Oxford, 1965-2012)

_____, *Emile, or on Education*, trs. Nugent, Thomas (London, 1763)

_____, *Emile, or on Education, includes Emile and Sophie, or, The solitaries*, ed. Bloom, Allan and Kelly, Christopher (Hanover, NH; London, 2010)

_____, *Emile for Today: The Emile of Jean Jacques Rousseau*, ed. Boyd, William (London, Melbourne, Toronto, 1960)

_____, *Emilius and Sophia; or, The solitaries* (London, 1783)

Schimmelpennick, Mary Anne (née Galton), *Life of Mary Anne Schimmelpennick*, ed. Hankin, Christina A. (2 vols., London, 1860)

Schofield, Robert, *The Lunar Society of Birmingham: a social history of provincial science and industry in eighteenth-century England* (Oxford, 1963)

Scholes, Percy Alfred, *The Great Dr. Burney* (Oxford, 1948)

Seward, Anna, *Letters of Anna Seward, Written Between the Years 1784 and 1807*, ed. Constable, Archibald (6 vols., Edinburgh, 1811)

_____, *The Poetical Works of Anna Seward, with Extracts from Her Literary Correspondence*, ed. Scott, Walter (3 vols., Edinburgh, 1810)

Shaw, George Bernard, *Pygmalion*, ed. Laurence, Dan H. (London, 2003)

Sheriff, Mary D., *Moved by Love: inspired artists and deviant women in eighteenth-century France* (Chicago; London, 2004)

Sherwood, Martha Mary, *The Life and Times of Mrs. Sherwood from the Diaries of Captain and Mrs. Sherwood (1775-1851)*, ed. Darton, F. J. Harvey (London, 1910)

Stapleton, Martin, *Anna Seward and Classic Lichfield* (Worcester, UK, 1909)

Stockdale, Eric and Holland, Randy J., *Middle Temple Lawyers and the American Revolution* (Eagan, MN, 2007)

Stoichita, Victor, *The Pygmalion Effect: from Ovid to Hitchcock*, trs. Anderson, Alison (Chicago; London, 2008)

Stone, Lawrence, *The Family, Sex and Marriage in England 1500-1800* (London,

1990)

Uglow, Jenny, *The Lunar Men: the friends who made the future* (London, 2002)

Whalley, Thomas Sedgewick, *Journals and Correspondence of Thomas Sedgewick Whalley*, ed. Wickham, Reverend Hill (2 vols., London, 1863)

Williams, David, *Incidents in My Own Life Which Have Been Thought of Some Importance*, ed. France, Peter (Brighton, UK, 1980)

Wilson, Adrian, "Illegitimacy and Its Implications in Mid-18th Century London," in *Continuity and Change*, vol. 4 (1989), pp. 103-64.

Wokler, Robert, *Rousseau: a very short introduction* (Oxford, 2001)

Wollstonecraft, Mary, *A Vindication of the Rights of Woman*, ed. Broody, Miriam (London, 2004)

Wood, Frances Anne, *A Great-Niece's Journals: being extracts from the journal of Fanny Anne Burney, Mrs Wood, from 1830 to 1842*, ed. Rolt, Margaret S. (London, 1926)

Zipes, Jack, ed., *The Oxford Encyclopedia of Children's Literature* (4 vols., Oxford, 2006)

Zunshine, Lisa, *Bastards and Foundlings: illegitimacy in eighteenth-century England* (Columbus, OH, 2005)

| 자료 출처 |

Barrington Family Papers, Essex Record Office

Burney Family Collection, The James Marshall and Marie-Louise Osborn Collection, Beinecke Rare Book and Manuscript Library, Yale University

Burney, Fanny, Fanny Burney Notebooks, in the Berg Collection (Henry W. and Albert A. Berg) of English and American Literature, New York Public Library, Astor, Lenox and Tilden Foundations

British Library Add. MSS

Darwin Papers, Cambridge University Library

Edgeworth Papers, National Library of Ireland

Egerton Papers, British Library

Foundling Hospital Archives, London Metropolitan Archives

Greenwich Heritage Centre (Burney School documents)

Heinz Archive and Library, National Portrait Gallery, London

Lambeth Archives Department (Graham family correspondence)

Lichfield Record Office

Middle Temple Archives, London
Pearson Papers, University College London Special Collections
Royal Society of Arts (Letters of Richard Lovell Edgeworth)
Samuel Johnson Birthplace Museum, Lichfield
Sir John Soane Archives, Sir John Soane's Museum, London
Soho Archives (Boulton Papers and Watt Papers), Birmingham Reference Library
Staffordshire Record Office (Edward Sneyd and Ann Sneyd papers), Stafford
William Salt Library (Letters of Thomas Day and Anna Seward), Staffort

| ㄱ |

『감시와 감금Watch and Ward』 199, 373, 412

『감정의 인간The Man of Feeling』 227

계몽Enlightenment 37, 225

『고백록Confessions』 139, 318

「공기 펌프 안의 새에 대한 실험An Experiment on a bird in the Air Pump」 73, 176

기, 피에르Guy, Pierre 139

기번, 에드워드Gibbon, Edward 36~37, 42

『꿀벌의 우화: 개인의 악덕, 사회의 이익 The Fable of the Bees: Or Private Vices, Public Benefits』 42

| ㄴ |

나이프와 포크Knife and Fork 35, 254, 272

노동의 집workhouses 351~352

| ㄷ |

『다윈 박사의 인생 회고록Memoirs of the Life of Dr. Darwin』 379

다윈, 이래즈머스Darwin, Erasmus 67, 73, 82, 89, 164, 219, 339

다윈, 찰스Darwin, Charles 69, 183, 308

독립선언서American Declaration of Independence 305

디킨스, 찰스Dickens, Charles 332~333

| ㄹ |

라이트, 조지프Wright, Joseph 73

레이놀즈, 조슈아Reynolds, Joshua 73

레인, 리처드 제임스Lane, Richard James 399, 410

로런스, 존Laurens, John 273~274

로런스, 헨리Laurens, Henry 273~274, 327~328

루소, 장자크Rousseau, Jean-Jacques 21, 67~86, 105, 135, 139, 146~150, 170~171, 178, 185~188, 227~232, 305~307, 318~319, 328~330

르바쇠르, 테레즈Levasseur, Thérèse 68, 70, 229

| ㅁ |

「마이 페어 레이디My Fair Lady」 106
매켄지, 헨리Mackenzie, Henry 227
맨더빌, 버나드Mandeville, Bernard 42
몬터규, 메리 워틀리Montagu, Mary Wortley
46
미들 템플 41, 53~55, 92, 254~255,
272~273

| ㅂ |

버니, 찰스Burney, Charles 271~272,
353~356, 362~368, 374, 385~393
버니, 패니Burney, Fanny 171, 270, 372
『벌린다Belinda』 370~372, 394
『변신 이야기Metamorphoses』 105
보스턴 차 사건Boston Tea Party 261
보즈웰, 제임스Boswell, James 54, 68, 350
볼테르Voltaire 40, 42, 155
브룩, 헨리Brooke, Henry 227

| ㅅ |

사드 후작Marquis de Sade 129, 141, 286
『사회계약론Du contrat social』 67, 69, 229
샤프, 그랜빌Sharp, Granville 256
『샌퍼드와 머튼의 이야기, 아이들을 위해
기획한 작품The History of Sanford and Merton,
A Work Intended for the use of Children』 (『샌퍼
드와 머튼』) 331~333, 341, 356, 372, 384
『선녀여왕The Faerie Queene』 124
셰익스피어 163
쇼, 조지 버나드Shaw, George Bernard 106,
200, 374, 403
스몰렛, 토비아스Smollet, Tobias 143,
311~312
스턴, 로런스Sterne, Laurence 134, 227
「신년 송가Ode for the New Year」 305

『신사 트리스트럼 샌디의 인생과 생각 이
야기The life and Opinions of Tristram Shandy,
Gentleman』 142
『신엘루아즈Julie ou la nouvelle Héloïse』 69,
178, 318
『실용 교육Practical Education』 330, 370

| ㅇ |

「안드레 장군의 비가Monody on Major André」
212
『에밀Emile』 67, 69~70, 73~76, 79,
83~85, 105, 139, 146, 170, 176~178
『에블리나Evelina』 171, 270
『여류 문학가를 위한 편지Letters for Literary
Ladies』 370
『여성의 권리 옹호A vindication of the rights
of men and rights of woman』 85
『영국의 음악여행Musical Travels Through
England』 271~272, 350
오비디우스Ovidius 105~107, 403
오스틴, 제인Austen, Jane 44, 330, 372
『올리 농장Orley Farm』 373
울스턴크래프트, 메리Wollstonecraft, Mary
25, 85
『인간의 이해력에 관한 탐구An enquiry
concerning human understanding』 41

| ㅈ |

자코바이트 봉기Jacobite uprisings 142
『정말 바보The Fool of Quality』 227
제임스, 헨리James, Henry 199, 373, 412
존스, 윌리엄Jones, William 60, 259
『죽어가는 검둥이The Dying Negro』 253~
257, 262~264, 302~306, 350

완벽한 아내 만들기

| ㅊ |

차터하우스Charterhouse 32~37, 353
『철학 사전Dictionnaire Philosophique』 40, 42

| ㅋ |

카우프만, 앙겔리카Kauffmann, Angelika 46
카터, 엘리자베스Carter, Elizabeth 46
『코무스Comus』 124

| ㅌ |

「태양의 위치에 램프가 걸린 오레리에 관한 강의를 하는 철학자A Philosopher giving that Lecture on the Orrery, in which a lamp is put in the place of the Sun」 176
트라팔가르 해전Battle of Trafalgar 385
트롤럽, 앤서니Trollope, Anthony 373~374

| ㅍ |

팔코네, 에티엔 모리스Falconet, Étienne Maurice 155
『폴과 비르지니Paul et Virginie』 371
『풍류 여정기A Sentimental Journey Through France and Italy』 134, 227
「피그말리온Pygmalion」 105~107, 155, 168, 281, 374

| ㅎ |

『험프리 클링커Humphrey Clinker』 311
흄, 데이비드Hume, David 41, 68~69
히긴스 교수Professor Higgins 106~107, 168~169, 192, 281

옮긴이 이진옥

서강대학교 사학과를 졸업하고 동대학원과 부산대 대학원에서 석사와 박사를 받았다. 서강대를 거쳐 현재 부산대와 부산 외국어대에서 강사로 재직 중이다. 석사 논문으로 「메리 울스턴크래프트의 페미니즘 연구」를 쓰고, 「19세기 영국 블루스타킹 서클 연구」로 박사 학위를 받았다. 관심 분야는 영국사, 여성사, 미시 문화사이며, 논문으로는 「결혼은 의무인가? —18세기 영국 지식인 여성들의 선택」 「근대 시기 영국의 '아내팔기Wife-Sale'와 그 역사적 의의」 등이 있으며 현재 18세기 영국의 모성 담론을 연구 중이다.

완벽한 아내 만들기

1판 1쇄	2018년 1월 19일
1판 2쇄	2018년 2월 14일

지은이	웬디 무어
옮긴이	이진옥
펴낸이	강성민
편집장	이은혜
편집	박은아 곽우정 김지수 이은경
편집보조	임채원
마케팅	정민호 이숙재 정현민 김도윤 오혜림 안남영
홍보	김희숙 김상만 이천희
독자모니터링	황치영

펴낸곳	(주)글항아리	출판등록 2009년 1월 19일 제406-2009-000002호
주소	10881 경기도 파주시 회동길 210
전자우편	bookpot@hanmail.net
전화번호	031-955-2670(편집부) 031-955-8891(마케팅)
팩스	031-955-2557

ISBN	978-89-6735-475-6 03900

글항아리는 (주)문학동네의 계열사입니다.

이 도서의 국립중앙도서관 출판예정도서목록(CIP)은 서지정보유통지원시스템 홈페이지(http://seoji.nl.go.kr)와 국가자료공동목록시스템(http://www.nl.go.kr/kolisnet)에서 이용하실 수 있습니다.(CIP제어번호: CIP2017035602)